检察业务技能丛书
JIANCHA YEWU JINENG CONGSHU

检察业务文书 修订版

制作方法与范例

JIANCHA YEWU WENSHU
ZHIZUO FANGFA YU FANLI

刘 晴 / 主编

中国检察出版社

《检察业务文书制作方法与范例》编委会

主　编　刘　晴

撰稿人（以姓氏笔画为序）

　　　　孙　琳　陈　涛　陈璋剑　肖　波
　　　　李　波　张　倩　段明学　桑　骊
　　　　唐显超　樊长丽　戴小冬

目录 Catalogue

绪论　检察业务文书概述　　　　　　　　　　　　　　　　1

第一编　刑事检察业务文书

第一章　侦查监督业务文书　　　　　　　　　　　　　　9

第一节　审查逮捕案件意见书　　　　　　　　　　　　9
第二节　不捕理由说明书　　　　　　　　　　　　　　18
第三节　不批准逮捕案件或不予逮捕案件补充侦查提纲　　19
第四节　逮捕案件继续侦查取证提纲　　　　　　　　　21
第五节　通知立案书、通知撤销案件书　　　　　　　　23
第六节　应当逮捕犯罪嫌疑人建议书、报请逮捕犯罪嫌疑人通知书、
　　　　移送审查逮捕犯罪嫌疑人建议书　　　　　　　25
第七节　纠正违法通知书　　　　　　　　　　　　　　28
第八节　释放建议书、变更强制措施建议书　　　　　　29
第九节　侦查监督业务填充式法律文书　　　　　　　　31

第二章　审查起诉业务文书　　　　　　　　　　　　　　124

第一节　补充侦查提纲　　　　　　　　　　　　　　　124
第二节　提供法庭审判所需证据材料通知书　　　　　　126
第三节　报送（移送）案件意见书　　　　　　　　　　128
第四节　交办案件通知书　　　　　　　　　　　　　　129
第五节　纠正非法取证意见书　　　　　　　　　　　　130
第六节　提供证据收集合法性证据材料通知书　　　　　131
第七节　纠正审理违法意见书　　　　　　　　　　　　132
第八节　补充移送起诉通知书　　　　　　　　　　　　133
第九节　起诉案件审查报告　　　　　　　　　　　　　134
第十节　量刑建议书　　　　　　　　　　　　　　　　147

第十一节　起诉书	150
第十二节　刑事附带民事财产保全申请书	162
第十三节　证人（鉴定人）名单	164
第十四节　申请证人（鉴定人、有专门知识的人）出庭名单	165
第十五节　不起诉决定书	166
第十六节　检察意见书	177
第十七节　检察建议书	179
第十八节　纠正案件错误决定通知书	181
第十九节　纠正违法通知书	182
第二十节　移送有关主管机关处理违法所得清单	184
第二十一节　补充移送起诉通知书	185
第二十二节　审查起诉业务填充式法律文书	186

第三章　出庭支持公诉业务文书　227

第一节　公诉意见书	227
第二节　追加起诉决定书	233
第三节　变更起诉决定书	236
第四节　出庭支持公诉业务填充式法律文书	239

第四章　特别程序公诉文书　245

第一节　社会调查报告	245
第二节　附条件不起诉决定书	246
第三节　附条件不起诉考察意见书	250
第四节　不起诉决定书	251
第五节　和解协议书	252
第六节　"没收程序"补充证据通知书	254
第七节　要求说明不启动违法所得没收程序理由通知书	255
第八节　要求启动违法所得没收程序通知书	256
第九节　没收违法所得申请书	257
第十节　不提出没收违法所得申请决定书	260
第十一节　"强制医疗程序"补充证据通知书	262
第十二节　要求说明不启动强制医疗程序理由通知书	263
第十三节　要求启动强制医疗程序通知书	264
第十四节　采取临时保护性约束措施建议书	265

第十五节	强制医疗申请书	266
第十六节	不提出强制医疗申请决定书	268
第十七节	纠正强制医疗案件不当决定意见书	269
第十八节	特别程序公诉业务填充式法律文书	270

第五章 抗诉业务文书 288

第一节	抗诉（上诉）案件审查报告	288
第二节	提请抗诉报告书	297
第三节	审查提请抗诉通知书	301
第四节	刑事抗诉书	303
第五节	支持刑事抗诉意见书	312
第六节	抗诉（上诉）案件出庭检察员意见书	314
第七节	指令抗诉决定书	317
第八节	抗诉业务填充式法律文书	318

第六章 刑罚执行监督业务文书 328

第一节	停止执行死刑建议书	328
第二节	撤销停止执行死刑建议通知书	331
第三节	纠正不当假释裁定意见书	332
第四节	纠正不当减刑裁定意见书	336
第五节	纠正不当暂予监外执行决定意见书	338
第六节	减刑、假释案件出庭意见书	341
第七节	暂予监外执行提请检察意见书	344
第八节	减刑建议检察意见书	346
第九节	假释建议检察意见书	348

第二编 职务犯罪侦查与预防业务文书

第七章 职务犯罪侦查业务文书 353

第一节	提请立案报告书	353
第二节	提请补充立案报告书	356
第三节	侦查终结报告	358
第四节	补充侦查终结报告	363

第五节	起诉意见书	366
第六节	不起诉意见书	371
第七节	职务犯罪侦查业务填充式法律文书	375

第八章　职务犯罪预防检察建议书　467

第一节	检察建议书概述	467
第二节	检察建议书基本内容及范例	468

第三编　民事行政诉讼监督业务文书

第九章　民事行政诉讼监督业务叙述式文书　473

第一节	民事行政申诉案件审查终结报告	473
第二节	提请抗诉报告书	481
第三节	民事抗诉书	487
第四节	行政抗诉书	497
第五节	民事行政检察不支持监督申请决定书	502
第六节	再审检察建议书（民事、行政）	504
第七节	改进民事（行政）审判（执行）工作检察建议书	510
第八节	检察建议书（对行政机关发出的）	512
第九节	中止（恢复）审查通知书	515
第十节	终止审查决定书	517
第十一节	出庭意见书	518

第十章　民事行政诉讼监督业务填充式法律文书　522

第一节	民事行政申诉案件调查取证审批表	522
第二节	民事行政申诉案件公开听证审批表	524
第三节	民事行政申诉案件中止审查审批表	525
第四节	民事行政申诉案件恢复审查审批表	526
第五节	民事行政申诉案件终止审查审批表	528
第六节	民事行政申诉案件调（借）阅案卷通知书	530
第七节	民事行政检察询问通知书	532
第八节	民事行政检察撤回抗诉决定书	534
第九节	民事行政检察撤销抗诉决定书	537

| 第十节　民事行政检察出庭通知书 | 539 |
| 第十一节　民事行政检察指令出庭通知书 | 541 |

第四编　控告申诉检察业务文书

第十一章　刑事申诉业务文书　　547

第一节　刑事申诉审查报告　　547
第二节　刑事申诉审查结果通知书　　550
第三节　刑事申诉提请立案复查报告　　552
第四节　刑事申诉复查终结报告　　554
第五节　刑事申诉复查决定书　　558
第六节　刑事申诉复查通知书　　561
第七节　纠正案件错误通知书　　563
第八节　刑事申诉中止复查通知书　　565
第九节　恢复刑事申诉复查通知书　　566
第十节　刑事申诉终止复查通知书　　568

第十二章　刑事赔偿业务文书　　570

第一节　审查刑事赔偿申请通知书　　570
第二节　刑事赔偿立案通知书　　572
第三节　审查终结报告　　573
第四节　刑事赔偿决定书　　576
第五节　刑事赔偿复议决定书　　579
第六节　赔偿监督立案通知书　　583
第七节　赔偿监督申请审查结果通知书　　584
第八节　重新审查意见书　　585
第九节　赔偿监督案件审查结果通知书　　588
第十节　国家赔偿金支付申请书　　590

第十三章　不立案复议业务文书　　592

第一节　不立案复议审查报告　　592
第二节　不立案复议决定书　　595

第十四章　控告申诉检察业务填充式法律文书　　　597

第一节　纠正阻碍辩护人/诉讼代理人依法行使诉讼权利通知书　　　597
第二节　辩护人/诉讼代理人申诉/控告答复书　　　600

绪论
检察业务文书概述

一、检察业务文书的概念及特征

检察业务文书是人民检察院在履行法律监督职能过程中，依照法律规定制作的具有法律效力的司法公文。根据我国宪法规定，人民检察院是国家的法律监督机关，其职能由宪法、人民检察院组织法、刑事诉讼法、民事诉讼法、行政诉讼法等法律规定，依法行使批准或决定逮捕、审查起诉、侦查职务犯罪案件、对公安机关的侦查活动和人民法院的刑事审判活动实施监督、监督刑罚的执行、对人民法院的民事审判和行政审判活动实行监督等职权。检察业务文书既是人民检察院履行职能活动的依据又是行使检察权的书面载体。

检察业务文书具有合法性、规范性和强制性特征。

(一) 检察业务文书的合法性

首先，要求制作主体必须合法。检察业务文书的制作主体只能是依照法律规定承担批准或决定逮捕、审查起诉、侦查、诉讼监督职责的人民检察院，任何其他机关、团体、组织和个人都无权制作，否则是违法的，并且不具有法律效力。如批准逮捕决定书是对侦查机关提请批准逮捕的犯罪嫌疑人进行审查后依照法律的规定作出的许可限制犯罪嫌疑人的人身自由的决定，而批准逮捕权由宪法、刑事诉讼法等相关法律只授予了人民检察院，因此，任何人民检察院以外的单位和个人都无权制作批准逮捕决定书。其次，人民检察院制作检察业务文书必须有法律依据。检察业务文书必须依据宪法、有关实体法律和刑事诉讼法、民事诉讼法、行政诉讼法的规定制作，任何一种检察业务文书都必须有相应的法律条文规定，违反法律规定的检察业务文书是无效的，必须予以纠正，如《刑事诉讼法》第173条第2款——"对于犯罪情节轻微，依照刑法规定不需要判处刑罚或者免除刑罚的，人民检察院可以作出不起诉决定"——是制作微罪不起诉决定书的法律依据，如果对情节严重的刑事犯罪案件或者情节显著轻微不认为是犯罪的案件适用这种法律文书就是违法的和无效的。最后，检察业务文书的制作程序必须合法。检察业务文书从拟稿、审核、签发到加盖印章都有相应的程序要求，如《刑事诉讼法》第87条规定："人民检察院审查批准逮捕犯罪嫌疑人由检察长决定。重大案件应当提交检察委员会讨论决定。"《人民检察院刑事诉讼规则（试行）》第304条第1款规定："侦查监督部门办理审查逮捕案件，应当指定办案人员进行审查。办案人员应当审阅案卷材料和证据，依法讯问犯罪嫌疑人、询问证人等诉讼参与人、听取辩护律师意见，制作审查逮捕意见书，提出批准或者决定逮捕、不批准或者不予逮捕的意见，经部门负责人审核后，报请检察长批准或者决定；重大案件应当经检察委员会讨论决定。"没有经过这些法定程序的审查逮捕法律文书是无效的。

（二）检察业务文书的规范性

首先，检察业务文书制作的内容都有明确的规范要求。每部分内容必须把应当具备的要素叙述清楚、全面，才能使文书在诉讼活动中发挥应有的作用。如当事人基本情况的表述，必须写明其姓名、性别、年龄、民族、籍贯、文化程度、工作单位及职务、住址等基本要素，刑事起诉书中对被告人还要写明别名、外号、曾用名、出生年月日、身份证号码等，对单位的表述不能用简称要用全称，这些规范性要求可以使当事人特定，不致张冠李戴。又如对犯罪事实的叙写要将实施犯罪行为的时间、地点、手段、过程、情节、后果以及认罪态度表述清楚。处理意见中法律依据必须表述准确，引用法律条款必须具体、规范。其次，检察业务文书的形式规范，即具有形式上的程式性。一是格式划一，检察业务文书的格式、名称、文号、内容要素、文字表述、适用对象等必须统一、规范、符合标准化要求。最高人民检察院制定的《人民检察院刑事诉讼法律文书格式样本》对检察工作中基本的业务文书格式作了统一，是制作检察业务文书的标准化文本。二是结构固定，检察业务文书一般分为首部、正文和尾部三个基本部分，每一部分的结构比较固定。三是用语规范，在文书中有一套准确、统一、简明的规范用语，如"本案由××公安局侦查终结，以被告人××涉嫌××罪，于××××年××月××日向本院移送审查起诉……""经依法审查查明……""本院认为……其行为触犯了……"等。

（三）检察业务文书的强制性

检察业务文书是为实施法律监督以宪法和法律为依据制作的，具有国家强制力保证执行的强制性。文书一经制发，任何机关、单位和个人都必须认可其效力并予以执行，不得违抗或随意改变。无论是诉讼参与人，还是公安机关、审判机关、刑罚执行机关或者其他单位和个人都有义务遵照执行。如有违抗将受到强制执行或者法律追究。例如，人民检察院签发的《查询犯罪嫌疑人存款、汇款通知书》、《冻结犯罪嫌疑人存款、汇款通知书》，银行等金融机构或邮政部门收到通知后应当遵照通知书的要求办理，否则，就要承担法律责任。

二、检察业务文书的分类及制作要求

（一）检察业务文书的分类

根据检察业务工作的分工、诉讼阶段的划分和文书制作的方法，检察业务文书有以下几种分类：

1. 以人民检察院参加诉讼的类型为划分标准，检察业务文书分为刑事诉讼检察业务文书、民事诉讼检察业务文书和行政诉讼检察业务文书。刑事诉讼检察业务文书是检察工作中使用数量最多、最为重要的业务文书，在刑事诉讼各个阶段都要制作相应的检察业务文书。民事行政检察业务文书是人民检察院对生效民事行政判决和裁定进行监督过程中制作的业务文书。

2. 以人民检察院内部制作文书的业务部门为划分标准，检察业务文书分为：（1）侦查监督业务文书，包括立案监督文书、批准或决定逮捕文书、侦查活动监督文书；（2）审查起诉业务文书，包括审查起诉文书、起诉（含不起诉）文书、出庭支持公诉文书、刑事审判活动监督文书、刑事抗诉文书、执行死刑临场监督文书；（3）职务犯罪侦查业务文书，包括立案文书、适用侦查措施的文书、采取强制措施的文书、侦查终结文书；（4）职务犯罪预防业务文书，主要是检察建议书；（5）监所检察业务文书，包括刑罚执行监督文书、狱政管理监督文书；（6）控告申诉检察业务文书，包括受理举报、控告、申诉文书、办理申诉案件文书、办理赔偿案件文书；（7）民事检察业务文书、行政检察业务文书，包括受理民事行政案件申诉文书、民事行政案件抗诉文书、出席民事行政案件再审法庭文书。

3. 以人民检察院参与刑事诉讼阶段为划分标准，检察业务文书分为立案文书、侦查文书、审查批准或决定逮捕文书、审查起诉文书、出庭支持公诉文书、抗诉业务文书（包括审判监督程序抗诉文书）、刑罚执行监督文书。

4. 以检察业务文书的性质为划分标准，检察业务文书分为：（1）检察诉讼文书，即人民检察院依照刑事诉讼法、民事诉讼法、行政诉讼法和有关法律、司法解释所制作的能够引起诉讼活动启动、进行或终止并向有关机关送达或向诉讼参与人宣布或告知的业务文书；（2）证据文书，即人民检察院在履行法律监督职能中依法收集、调取证据材料所制作的各种笔录；（3）检察工作文书，即人民检察院内部业务工作环节和作出决定过程中各内设业务机构之间和上下级之间制作的文书。

5. 以检察业务文书的制作方法为划分标准，检察业务文书分为：（1）填充式文书，即有固定项目以统一的标准格式印制，使用时根据具体案件的情况填写相关内容的检察业务文书，如立案决定书、批准逮捕决定书等；（2）叙述式文书，即没有印制固定的格式，根据具体案件的情况按照一定的基本格式汇总叙述案情并依据法律规定作出处理而使用的检察业务文书，一般由首部、正文、尾部三部分构成，包括当事人基本情况、办案过程、案件事实、证据、法律依据和结论等内容，如审查逮捕案件意见书、起诉书、民事抗诉书等。

（二）检察业务文书的制作要求

检察业务文书是人民检察院行使检察权的书面载体，具有合法性、规范性、强制性特征。因此其制作有较严格的要求：

1. 检察业务文书的制作必须合法。第一，制作主体必须合法。检察业务文书的制作主体只能是人民检察院，任何其他机关、团体、组织和个人都无权制作，在检察机关内部也只能是担负相应职能的检察长、检察员有权制作相应的检察业务文书，其他未承担相关职责的检察人员无权制作，如起诉书只能由担负审查起诉职责的检察长或检察员制作，担负侦查职责的检察员无权制作批准逮捕决定书。第二，制作检察业务文书必须有相应的实体和程序法律条文依据。第三，制作检察业务文书的程序必须合法。检察业务文书的制作程序一般是由承办案件的检察员提出初步意见，部门负责人审核，经检察长签署后制发，重大案件还应当经检察委员会讨论决定。

2. 检察业务文书的制作必须准确。第一，文书种类的适用对象要准确。每一种文书都有其适用范围，不可混用，如逮捕决定书只能适用于人民检察院自行侦查的案件，批准逮捕决定书适用于公安机关提请批准逮捕的案件，两种文书不可混用。第二，文书内容必须准确。填充式文书必须在空白处准确填写相应的内容，叙述式文书必须准确地写明案件事实、人物、时间、地点、行为的目的、动机、手段、情节、行为后果等基本要素，罪名适用、法律条文引用不能有差错。第三，涉案当事人要表述准确。自然人要写明出生年月日，以免混淆。第四，文书中的数据、适用罪名、引用法律依据要准确。

3. 检察业务文书的制作必须规范。第一，文书格式符合规范。最高人民检察院对223种主要的检察业务文书格式作了统一的规定，在制作具体的文书时一定要符合基本的格式规范要求。第二，罪名、法律术语符合规范。最高人民法院和最高人民检察院对刑法分则中的罪名已有明确规定，检察业务文书中罪名的表述必须符合该规定。对事实、情节以及法律术语的表述要符合有关实体法和程序法法条的规定。第三，单位名称、数据、计量单位要符合法定规范。特别是涉案单位一般不用简称要用全称。第四，语言文字表述要符合语言规范。文书中的字、词、句、标点符号以至于修辞必须符合语言和语法规范，做到文字简洁、用语确切。

第一编

刑事检察业务文书

第一章
侦查监督业务文书

第一节 审查逮捕案件意见书

一、审查逮捕案件意见书概述

审查逮捕案件意见书是人民检察院侦查监督部门承办案件的检察人员依据《刑事诉讼法》第85—88条，《人民检察院刑事诉讼规则（试行）》第139—146条、第316—350条的规定，对公安机关提请批准逮捕或者省级以下（不含省级）人民检察院及监所、林业等派出人民检察院的侦查部门报请审查逮捕或者省级以上人民检察院侦查部门移送决定逮捕的案件进行审查后，为将所审查认定的案件事实、证据情况以及对犯罪嫌疑人是否应当逮捕的意见报请检察长或检察委员会决定而制作的检察业务工作文书。

人民检察院审查批准或者决定逮捕犯罪嫌疑人由侦查监督部门办理。公安机关要求逮捕犯罪嫌疑人时，应当写出提请批准逮捕书，连同案卷及证据材料一并移送同级人民检察院审查批准。最高人民检察院、省级人民检察院直接立案侦查的案件需要逮捕犯罪嫌疑人的，由侦查部门、监所检察部门制作逮捕犯罪嫌疑人意见书，连同案卷、讯问犯罪嫌疑人录音、录像及证据材料一并移送本院侦查监督部门审查。本院公诉部门在审查起诉中认为需要逮捕犯罪嫌疑人的，由公诉部门制作逮捕犯罪嫌疑人意见书,连同案卷、讯问犯罪嫌疑人录音、录像及证据材料一并移送本院侦查监督部门审查。下级人民检察院报请审查逮捕的案件,由侦查部门制作报请逮捕书,报检察长或者检察委员会审批后,连同案卷材料、讯问犯罪嫌疑人录音、录像一并报上一级人民检察院审查。由本院侦查部门移送审查逮捕的案件,由侦查部门制作逮捕犯罪嫌疑人意见书,移送本院侦查监督部门办理。侦查监督部门承办人依法审查后,应当就审查认定的案件事实、证据情况及是否逮捕写出书面意见,经侦查监督部门负责人审核后,报请检察长或检察委员会决定。

最高人民检察院2002年8月22日印发了《审查逮捕案件意见书》样本,样本共分六个部分。审查逮捕案件意见书全面记载审查逮捕工作过程、犯罪嫌疑人基本情况、发案立案破案经过、对案件事实和证据的分析认定,以及需要说明的问题和处理意见,是检察长或检察委员会决定案件的重要依据。

二、审查逮捕案件意见书的基本内容与制作要求

(一) 受案和审查过程

这一部分应包括收案时间、提请、报请单位或者移送部门、提请文书编号、犯罪嫌疑人姓名及案由、受案后的基本审查过程。用简要的语句对这些基本要素作概括性的叙述即可。如对公安机关提请批准逮捕的案件可写为"本院×××年××月××日接到×公安局×字〔×〕×号提请批准逮捕犯罪嫌疑人×××涉嫌××罪的文书及案卷材料、证据后,承办人(助理)检察员×××审阅了案卷,讯问了犯罪嫌疑人,询问了证人,听取了辩护律师的意见,核实了有关证据,现已依法对本案审查完毕"。对下级人民检察院报请审查逮捕的案件,可表述为"我院×××年××月××日接到×院××检报请捕〔×〕×号报请审查逮捕犯罪嫌疑人×××涉嫌××罪的文书及案卷材料、证据后,承办人(助理)检察员×××审阅了案卷,讯问了犯罪嫌疑人,询问了证人,听取了辩护律师的意见,核实了有关证据,现已依法对本案审查完毕"。对本院侦查部门、监所检察部门或公诉部门等有关办案部门(本章以下用侦查部门指代)移送审查逮捕的案件,可表述为"本处(厅)××××年××月××日接到本院×局(处)(厅)×号移送逮捕犯罪嫌疑人×××涉嫌××罪的文书及案卷材料、证据后,承办人(助理)检察员×××审阅了案卷,讯问了犯罪嫌疑人,询问了证人,听取了辩护律师的意见核实了有关证据,现已依法对本案审查完毕"。

(二) 犯罪嫌疑人基本情况

包括犯罪嫌疑人的姓名、性别、出生年月日(以公历为准)、身份证号

码、民族、文化程度、户口所在地及住址、职业和职务及任职单位。担任人大代表或政协委员的，要写明任职的人大或政协的全称及届别。"本人简历、家庭情况（配偶和直系亲属）"对审查逮捕有影响的，应当写明；没有影响的，可省略。有无前科。有无影响羁押的严重疾病。女性犯罪嫌疑人若正在怀孕或哺乳自己婴儿的应作说明。

（三）发、立、破案经过

简要叙述发案、报案和破案的情况以及立案和犯罪嫌疑人到案的情况。

（四）经审查认定的案件事实及证据

包括以下三部分：（1）侦查机关或侦查部门认定的案件事实。简要概括侦查机关提请审查批准逮捕或或下级人民检察院报请审查逮捕、侦查部门移送审查逮捕的案件事实。（2）经审查认定的案件事实。如果审查后认定的案件事实与侦查机关或侦查部门的认定一致，说明即可。如果与侦查机关或侦查部门的认定不一致，要作客观的叙述。（3）据以认定案件事实的证据。承办人应当在认真审查的基础上，将重点放在对证据的分析判断和待证事实的论证上。

首先，根据案件类型将同类证据集中排列，对单个证据进行分析、判断，对证据的客观性、关联性和合法性以及证明力作出说明。在此基础上，对单个证据的证明内容摘抄或归纳概括。排列证据时，先表明证据特征，如证人姓名及其基本情况、取证或出证次数及每次的时间，书证、物证的名称、数量、规格等；再对证据的内容进行必要摘抄或归纳并对其证明对象、证明力加以分析。分析证据时，如果犯罪嫌疑人多次供述比较一致，且与承办人认定事实相符，可以只摘抄或归纳一次，其他用"均作如实供述"省略；如果有多名证人的证言且内容比较一致，可以只摘抄或归纳一次，其他用"证明发案过程"或"与某某证言相同"加以概括；如果同一人同一单位对同一事实提供两次（份）以上内容不同的证据，应当具体予以说明，并对其证明力进行分析。

其次，对各证据进行对比分析。判断证据反映的事实与待证的案件事实是否存在客观内在的联系或矛盾，各证据之间是否有联系或矛盾，从而得出各证据之间的一致性或矛盾点。对于矛盾点予以排除，对于一致性予以说明。对证据进行分析时，要审慎地对非法证据予以排除，根据《刑事诉讼法》第54条之规定，采用刑讯逼供等非法方法收集的犯罪嫌疑人、被告人供述和采用暴力、威胁等非法方法收集的证人证言、被害人陈述，应当予以排除。收集物证、书证不符合法定程序，可能严重影响司法公正的，应当予以补正或者作出合理解释；不能补正或者作出合理解释的，对该证据应当予以排除。

最后，对全案证据进行综合分析。在审查认定证据客观性、合法性的基础上，重点对证据的关联性进行分析，即对全案各证据之间所证明的对象是否一致、是否能够达到有证据证明有犯罪事实的证明标准进行判断，从而得出是否有证据证明有犯罪事实的结论。

（五）需要说明的问题

1. "需要进行立案监督或者侦查活动监督的事项及处理意见"，应当将侦查机关或者侦查部门立案或者侦查活动中的违法情况列明，然后提出处理意见。

2. "需要补充侦查的事项"，对于现有证据不足以证明有犯罪事实而拟不批准逮捕或不予逮捕的案件，提出补充侦查要达到的目的和侦查提纲。

3. "继续侦查的事项"，对于拟作出批准逮捕决定，但侦查机关或者侦查部门必须进一步侦查的案件，要指出案件中目前还存在的不足以及在下一步的侦查中需要巩固的证据和继续侦查取证提纲。

4. "听取律师意见情况"，根据《刑事诉讼法》第86条规定，人民检察院审查批准逮捕，可以询问证人等诉讼参与人，听取辩护律师意见；辩护律师提出要求的，应当听取辩护律师意见。根据《刑事诉讼法》第269条的规定，人民检察院对未成年犯罪嫌疑人批准逮捕，应当听取辩护律师的意见。

5. "逮捕条件分析"，根据《刑事诉讼法》第79条的规定，综合全案证据，详细阐述犯罪嫌疑人是否符合逮捕的条件。一是对有证据证明有犯罪事实，可能判处徒刑以上刑罚的犯罪嫌疑人，采取取保候审尚不足以防止发生下列社会危险性的，应当予以逮捕：（1）可能实施新的犯罪的；（2）有危害国家安全、公共安全或者社会秩序的现实危险的；（3）可能毁灭、伪造证据，干扰证人作证或者串供的；（4）可能对被害人、举报人、控告人实施打击报复的；（5）企图自杀或者逃跑的。二是对有证据证明有犯罪事实，可能判处10年有期徒刑以上刑罚的，或者有证据证明有犯罪事实，可能判处徒刑以上刑罚，曾经故意犯罪或者身份不明的，应当予以逮捕。三是被取保候审、监视居住的犯罪嫌疑人违反取保候审、监视居住规定，情节严重的，可以予以逮捕。

（六）处理意见

根据犯罪概念、犯罪构成以及逮捕的条件对案情进行高度概括归纳。对是否符合逮捕条件，应当根据《刑事诉讼法》第79条之规定进行必要的论证，说明犯罪嫌疑人具有逮捕的必要性。

1. 承办人认为拟批准（决定）逮捕的，应当写明："犯罪嫌疑人×××……（简要概括犯罪构成），涉嫌××罪，根据《中华人民共和国刑法》第××条、《中华人民共和国刑事诉讼法》第七十九条之规定，建议批准（决定）逮捕。"

2. 拟不批准逮捕或不予逮捕的，应根据案件的具体情况有针对性地写明意见和理由，不能笼统地写为"不符合逮捕条件"。《刑事诉讼法》第268条规定："公安机关、人民检察院、人面法院办理未成年人刑事案件，根据情况可以对未成年犯罪嫌疑人、被告人的成长经历、犯罪原因、监护教育等情况进行调查。"2006年《人民检察院办理未成年人刑事案件的规定》第14条规定，在作出不批准逮捕决定前，应当审查其监护情况，参考其法定代理人、学校、居住地公安派出所的意见，并在《审查逮捕意见书》中对未成年犯罪嫌疑人是否具备有效监护条件或者社会帮教措施进行具体说明。故涉及未成年犯罪嫌疑人不捕的，要对社会调查情况作出特别说明。不捕的意见和理由应分不同情况具体写明：

（1）因行为符合《刑事诉讼法》第15条之规定或者犯罪嫌疑人没有犯罪事实而不批准逮捕或不予逮捕的，应写明："犯罪嫌疑人×××……（对案情进行高度概括），其行为不构成犯罪或者犯罪嫌疑人没有犯罪事实根据《中华人民共和国刑事诉讼法》第七十九条、第八十八条之规定，建议不批准逮捕（不予逮捕）。"

（2）对现有证据不足以证明有犯罪事实而不批准逮捕或不予逮捕的，应写明："现有证据不足以证明犯罪嫌疑人×××涉嫌××（罪名）犯罪事实，根据《中华人民共和国刑事诉讼法》第七十九条、第八十八条，建议不批准逮捕（不予逮捕）。"

（3）对有证据证明有犯罪事实，但不可能判处徒刑以上刑罚，或者可能判处徒刑以上刑罚，但采取取保候审不致发生社会危险性，无逮捕必要而不批准逮捕或不予逮捕的，应写明："犯罪嫌疑人×××的行为涉嫌××犯罪，但犯罪情节较轻或者投案自首、立功，系从犯等，无逮捕必要，根据《中华人民共和国刑事诉讼法》第七十九条、第八十八条之规定，建议不批准逮捕（不予逮捕）。"

（4）犯罪嫌疑人符合逮捕条件，但采取监视居住更为适宜的，应写明："犯罪嫌疑人×××的行为涉嫌××犯罪，可能判处徒刑以上刑罚，但患有严重疾病、生活不能自理；系怀孕或者正在哺乳自己婴儿的妇女；系生活不能自理的人的唯一抚养人；因为案件的特殊情况或者办理案件的需要，采取监视居住措施更为适宜的等），根据《中华人民共和国刑事诉讼法》第七十九条之规定，建议不批准逮捕（不予逮捕）。"

（七）审签意见

1. 部门负责人意见。写明犯罪嫌疑人是否涉嫌犯罪及涉嫌罪名，是否同意批准或不批准逮捕、决定逮捕（不予逮捕）的意见，并由部门负责人签名。

2. 检察长或检察委员会意见。由检察长签署，批准逮捕或者决定逮捕的，写明犯罪嫌疑人涉嫌罪名及批准逮捕或者决定逮捕；决定不批准逮捕或不予逮捕的，写明原因及不批准逮捕或不予逮捕。

三、审查逮捕案件意见书范例

检察长或检察委员会意见：

  犯罪嫌疑人刘××涉嫌盗窃罪。同意批准逮捕。向公安机关发出纠正违法通知书，并要求其回复处理结果。

×××

××××年××月××日

处长意见：

  犯罪嫌疑人刘××涉嫌盗窃罪。同意批准逮捕。向公安机关发出纠正违法通知书，并要求其回复处理结果。

×××

××××年××月××日

××市人民检察院
审查逮捕案件意见书

×检侦监刑捕〔×〕×号

一、受案和审查过程

  本院××××年××月××日接到××市公安局×公网监字〔×〕×号提请批准逮捕犯罪嫌疑人刘××涉嫌盗窃罪的法律文书及案卷材料、证据后，承办人检察员×××审查了案卷，讯问了犯罪嫌疑人，询问了证人，听取了辩护律师的意见，核实了有关证据，经与侦查机关交换意见，侦查机关于××××年××月××日将补充侦查材料报送我院审查，现已对该案审查完毕。

二、犯罪嫌疑人基本情况

  犯罪嫌疑人刘××，男，××××年××月××日，身份证号：×××××，汉族，大学文化，户口所在地××自治区××县××乡××村××组，现住北京市海淀区肖家河×××，北京××科技公司员工。××××年××月××日因涉嫌盗窃罪被××市公安局刑事拘留，现押于××市第二看守所。无前科。无影响羁押的严重疾病。

三、发、立、破案经过

××××年××月××日××钱保公司工作人员向××市公安局报案称有人利用其在钱保网上注册的账户，连续5次在钱保网上盗窃了价值人民币2491元的移动手机充值卡30张，××市公安局于××××年××月××日立案，于××××年××月××日将犯罪嫌疑人刘××抓获。

四、经审查认定的案件事实及证据

（一）侦查机关认定的案件事实

犯罪嫌疑人刘××于××××年××月通过互联网学到利用漏洞在××钱保公司开设的www.×××××××.com网站上盗取手机充值卡的方法。随后，多次用自己在网站上注册的"lq2w3e"、"windows"、"chinaren"三个账号，盗取该网站上销售的手机充值卡。直至案发，犯罪嫌疑人刘××通过这种方法共盗得价值2500元手机充值卡。

（二）经审查认定的案件事实与侦查机关基本一致

不同点：盗窃手机充值卡的价值为2100元。

（三）证明以上事实的证据

1. 物证

北京××英语教育发展有限公司机号为807号的计算机硬盘一块（SN：Y36H11XE）证明：犯罪嫌疑人刘××进行盗窃的手段、方法事实。

2. 书证

（1）接受刑事案件登记表、报案材料、立案决定书、传唤通知书、拘留证。证明：××××年××月××日××钱保科技有限公司向××市公安局报案，××××年××月××日××市公安局立案，××××年××月××日犯罪嫌疑人刘××被刑事拘留。

（2）招商银行和工商银行开户资料及交易明细。证明：犯罪嫌疑人刘××利用招商银行和工商银行账户进行支付货款。

（3）××钱保科技有限公司出具的关于××钱保公司购物网站开业以来被盗情况的说明。证明：自××××年××月××日××钱保公司购物网站开业以来，黑客多次利用系统漏洞采用非法手段盗取其公司站点所售数字卡的卡号、密码，总价值人民币29626元。同时还对其公司数据库进行攻击、拷贝。

（4）××钱保科技有限公司出具的关于××钱保公司购物网站开业以来被盗情况的说明及附表。证明：钱保公司购物网站的漏洞是利用计算机COOKIE欺骗造成的。犯罪嫌疑人刘××在五个不同时间，以不同的用户名，利用该漏洞，共盗窃价值 2491 元的手机充值卡。

（5）钱保科技有限公司出具的情况说明书。证明：犯罪嫌疑人刘××从网上购买的 34 张手机充值卡，其中有 22 张已经充值到手机中，给公司造成损失 2100 元。

（6）××钱保科技有限公司出具的证明。证明：××钱保科技有限公司的实际地址与工商营业执照的登记地址一致，均为××市××区××村 78 号××商会大厦 11 楼。

以上（3）—（6）项为××市公安局于××××年××月××日补充提供的相关案件材料。

（7）人口信息材料。证明：犯罪嫌疑人刘××的基本情况。

3. 证人证言

（1）王××（男，23 岁，北京××集团时代广告有限公司员工）××××年××月××日证实：××××年××月××日下旬我的同学刘××让我帮他通过网上银行向一网上支付平台的账户充值 50 元，我通过我的同学郭×在招商银行的账户充的值。充完值后，我找他买了 100 元的充值卡，他通过短信的方式告诉我充值卡的密码，我自己按密码进行充值。当天我就充了 50 元，另外 50 元我过几天充的时候就已经无效了。

（2）郭×（男，25 岁，北京××英语教育发展有限公司员工）××××年××月××日证实：××××年××月××日中午，我的同学王××通过 MSN 告诉我帮他通过网上银行向一个链接支付 50 元钱，我就用我的招商银行的卡号为 622588100205×××的账户汇去 50 元，事后王××直接把钱还给了我。

（3）贾×（女，25 岁，××钱保公司客服人员）××××年××月××日证实：××××年××月××日，我在检查工作的时候发现××钱保网上有三个账户（"lq2w3e"、"windows"、"chinaren"）出现交易异常，这三个账户每次交易只用 0.6 元人民币就购得价值 498.2 元人民币的手机充值卡，共进行了 5 次交易。账户"lq2w3e"的注册时间是××××年××月××日，注册 IP 地址是 221.221.××.163；账户"windows"的注册时间是同日，注册 IP 地址是 221.221.××.163；账户"chinaren"的注册时间是次日，注册 IP 地址是 221.221.××.157。账户"lq2w3e"使用的工行卡号是 95588602007003××8；账户"windows"使用的工行卡号是 95588602007004×××6；账户"chinaren"使用的招行卡号是 622588100205×××。

4. 犯罪嫌疑人的供述与辩解

犯罪嫌疑人刘××分别于××××年××月××日、××××年××月××日、××××年××月××日三次供述：××××年××月××日左右，有个陌生人通过QQ告诉我在www.×××××××.com里可以买到很便宜的东西，并告诉我具体的操作方法。就是在www.×××××××.com.网站上注册一个账户，然后先在这个网上商城随便买一样东西，再选取其他的东西，最后结账。这样就可以用买第一样东西的钱把后面所选的东西全买下来。9月我通过注册的"lq2w3e"、"windows"、"chinaren"三个账号先后几次用0.6元的价格买了一共是2500元钱的手机充值卡。事后我又给那个陌生人4张手机充值卡，价值400元。我用自己的银行卡在网上支付，并让我同学王××帮忙充过钱。

5. 勘验、检查笔录

××市公安局公共信息网络安全监察总队出具的现场勘验检查笔录及光盘一张。证明：犯罪嫌疑人刘××用"lq2w3e"、"windows"、"chinaren"三个账号在×××年××月××日至××月××日之间利用××钱保公司网站漏洞多次购买的中国移动全国移动充值卡，每次仅支付0.6元。

6. 电子数据

××市公安局公共信息网络安全监察总队提取的电子数据及出具的电子数据证据提取、固定笔录。证明：犯罪嫌疑人刘××从网上购物的原始记录。

五、需要说明的问题

1. 公安机关补充侦查材料证实犯罪嫌疑人刘××从网上所购的手机充值卡实际造成××钱保公司2100元的损失，刘××辩解自己购买的一部分卡不能充值，是因为××钱保公司发现该漏洞后冻结了还未充值的卡。

2. 犯罪嫌疑人刘××被刑事拘留长达30日，不属于《刑事诉讼法》第89条第2款规定的"流窜作案、多次作案、结伙作案"的情况，公安机关在本案的侦查中存在违法超期羁押。建议向公安机关发出纠正违法通知书，并要求其回复处理结果。

六、处理意见

犯罪嫌疑人刘××秘密窃取公私财物，数额较大，其行为触犯《中华人民共和国刑法》第二百六十四条的规定，涉嫌盗窃罪。可能判处徒刑以上刑罚，可能毁灭证据或逃跑。根据《中华人民共和国刑事诉讼法》第七十九条之规定，建议以涉嫌盗窃罪批准逮捕犯罪嫌疑人刘××。

承办人：×××

××××年××月××日

第二节 不捕理由说明书

一、不捕理由说明书概述

不捕理由说明书是人民检察院侦查监督部门在办理公安机关、国家安全机关等侦查机关提请批准逮捕犯罪嫌疑人的案件,办理下一级人民检察院报请逮捕的职务犯罪案件过程中,根据《刑事诉讼法》第88条和《人民检察院刑事诉讼规则(试行)》第319条、第334条的规定,经审查认为有下列三种情况而作出不批准逮捕或不予逮捕决定时,向侦查机关或下级人民检察院作出说明不捕理由的检察业务工作文书:(1)犯罪嫌疑人没有犯罪事实或其行为不构成犯罪;(2)犯罪情节轻微无逮捕必要;(3)犯罪事实不清、证据不足。

二、不捕理由说明书的基本内容和制作要求

不捕理由说明书分为首部、正文和尾部三部分。

1. 首部。包括制作文书的人民检察院名称;文书名称"不捕理由说明书";文书编号,即"×检×不捕说〔×〕×号","检"字前填写制作文书的人民检察院的简称,"检"与"不捕说"之间填写人民检察院具体办案部门的简称,即"侦监",括号内填写文书的制作年度,"号"之前填写本文书在该年度的序号。

2. 正文。抬头为提请批准逮捕的侦查机关或报请逮捕的下一级人民检察院名称。以报请逮捕为例,以下依次为下一级人民检察院的简称,如××检察院(分院)等;报请逮捕的具体年月日;报请逮捕的犯罪嫌疑人姓名;犯罪嫌疑人涉嫌的罪名;决定不予逮捕的犯罪嫌疑人的姓名;下一级人民检察院简称;不予逮捕的说明。

3. 尾部。包括制作文书的年月日;加盖发文的人民检察院院印。

本文书为一式二份,一份送达侦查机关或报请逮捕的下一级人民检察院,一份附检察内卷。必须与不批准逮捕决定书或不予逮捕决定书同时使用。

三、不捕理由说明书范例

××市人民检察院
不捕理由说明书

×检侦监不捕说〔×〕×号

××公安（分）局

你局××××年××月××日以×捕〔×〕×号文书提请我院批准逮捕的犯罪嫌疑人高××涉嫌合同诈骗罪的证据不足，根据《中华人民共和国刑事诉讼法》第八十八条的规定，决定不批准逮捕犯罪嫌疑人高××。现将不批准逮捕理由说明如下：

认定犯罪嫌疑人高××非法占有故意的证据不足，高××在行为中的地位、作用不明，因此不批准逮捕逮捕犯罪嫌疑人高××。

××××年××月××日
（院印）

第三节 不批准逮捕案件或不予逮捕案件补充侦查提纲

一、不批准逮捕案件或不予逮捕案件补充侦查提纲概述

不批准逮捕案件或不予逮捕案件补充侦查提纲是人民检察院侦查监督部门在办理公安机关、国家安全机关等侦查机关提请批准逮捕案件，办理下一级人民检察院报请逮捕的职务犯罪案件的过程中，经审查认为案件事实不清、证据不足，依法作出不批准逮捕犯罪嫌疑人或不予逮捕犯罪嫌疑人的决定，要求侦查机关、下一级人民检察院补充侦查时所制作的检察业务工作文书。

根据《刑事诉讼法》第88条和《人民检察院刑事诉讼规则（试行）》第319条、第334条的规定，人民检察院对于案件事实不清、证据不足需要补充侦查的案件，在作出不批准逮捕决定或不予逮捕决定的同时，必须提出补充侦查提纲作为侦查机关继续侦查的依据，对于提高侦查质量、及时查处犯罪、保护公民合法权益具有重要作用。不批准逮捕案件或不予逮捕案件补充侦查提纲

是检察引导侦查的重要形式。制作方法是结合案件事实、证据和犯罪构成要件，对审查中发现的问题进行分解、细化，归纳出各种待证事项，逐一写明查什么、为什么查、怎样查三项内容。

二、不批准逮捕案件或不予逮捕案件补充侦查提纲的基本内容与制作要求

不批准逮捕案件或不予逮捕案件补充侦查提纲分为首部、正文和尾部三部分。

1. 首部。包括制作文书的人民检察院名称；文书名称"不批准逮捕案件或不予逮捕案件补充侦查提纲"；文书编号，即"×检×捕补〔×〕×号"，"检"字前填写制作文书的人民检察院的简称，"检"与"捕补"之间填写人民检察院具体办案部门的简称，即"侦监"，括号内填写文书的制作年度，"号"之前填写本文书在该年度的序号。

2. 正文。抬头为提请批准逮捕的侦查机关、报请逮捕的下一级人民检察院或本院侦查部门名称。以提请批准逮捕案件为例，以下依次为侦查机关的简称，如××公安（安全）局（厅）等；提请批准逮捕的具体年月日；提请批准逮捕的犯罪嫌疑人姓名；犯罪嫌疑人涉嫌的罪名；决定不予批准逮捕的犯罪嫌疑人的姓名；侦查机关简称；要求侦查机关补充侦查的具体事项；补充侦查完毕后的要求，即"补充侦查完毕后，请依法提请本院审查批准逮捕，如撤销案件或者作其他处理，请及时通知本院"。补充侦查事项必须要求明确具体、逐项列出、逻辑清晰，根据案件的具体情况，就犯罪的构成要件和情节提出需要查明的具体事实和需要获取的证据以及要达到的证明程度。

3. 尾部。包括制作文书的年月日；加盖发文的人民检察院院印。

本文书为一式二份，一份送达侦查机关、报请逮捕的下一级人民检察院或本院侦查部门，一份附检察内卷。必须与不批准逮捕决定书或不予逮捕决定书同时使用。

三、不批准逮捕案件或不予逮捕案件补充侦查提纲范例

××省××市人民检察院
不批准逮捕案件补充侦查提纲

×检侦监捕补〔×〕×号

××省××市公安局：

你局××××年××月××日提请批准逮捕犯罪嫌疑人张××涉嫌合同诈骗罪一案，经本院审查，根据《中华人民共和国刑事诉讼法》第88条的规定，决定对犯罪嫌疑人张××不批准逮捕。现将该案退回你局，请补充侦查下列事项：

1. 犯罪嫌疑人张××于××××年至××××年间分四次高价买进低价卖出摩托车1600辆的事实，请查清每次先找买家谈妥，再高价购进摩托车立即转手低价卖出这一事实中，先与买家谈妥的具体时间和购进摩托车后转手卖出的具体时间以及每次卖出的具体价格。

2. 犯罪嫌疑人张××每次卖出摩托车后所收货款的具体数额和货款去向。

3. 犯罪嫌疑人张××辩称与卖出摩托车的××集团摩托车销售公司业务员向××在××××年七八月份谈判过支付货款事宜，且有口头还款计划。请查证是否属实。

补充侦查完毕后，请依法提请本院审查批准逮捕，如撤销案件或者作其他处理，请及时通知本院。

××××年××月××日

（院印）

第四节 逮捕案件继续侦查取证提纲

一、逮捕案件继续侦查取证提纲概述

逮捕案件继续侦查取证提纲是人民检察院侦查监督部门在办理公安机关、国家安全机关等侦查机关提请批准逮捕的案件、下一级人民检察院报请逮捕的案件以及最高人民检察院、省级人民检察院侦查部门移送逮捕的案件过程中，

经审查认为符合批准或决定逮捕条件的，批准或决定逮捕犯罪嫌疑人，按照《人民检察院刑事诉讼规则（试行）》第318条、第333条、第344条的规定，对侦查机关收集证据、适用法律方面提出意见时候使用的检察业务工作文书。

二、逮捕案件继续侦查取证提纲的基本内容与制作要求

本文书分为五个部分：

1. 首部。制作文书的人民检察院名称；文书名称，即"逮捕案件继续侦查取证提纲"；文书编号，即"×检侦监提侦〔×〕×号"，叉号处依次填写制作文书的人民检察院简称、年度、文书序号。

2. 抬头为送达单位，即侦查机关名称。

3. 案由和法律依据。表述为："本院作出批准逮捕决定的犯罪嫌疑人×××涉嫌××罪一案，为有效地指控犯罪，根据《人民检察院刑事诉讼规则（试行）》第三百一十八条、第三百三十三条、第三百四十四条的规定，请在继续侦查过程中注意收集下列证据。"

4. 需要在继续侦查中注意收集的证据。这一部分是本文书的重点，必须根据犯罪嫌疑人涉嫌罪名的犯罪构成要件和量刑情节列出具体的侦查建议。重点注意侦查机关容易忽视或出现遗漏的地方，以利于充分发挥与侦查机关形成合力、引导侦查工作的作用。

5. 尾部。制作文书的人民检察院名称及制作时间，并加盖院印。

本文书一式三份，一份随批准逮捕决定书送达侦查机关，一份抄送公诉部门，一份附批捕内卷。

三、逮捕案件继续侦查取证提纲范例

××市人民检察院第×分院
逮捕案件继续侦查取证提纲

×检×分院侦监提侦〔×〕×号

××市公安局：

本院作出批准逮捕决定的犯罪嫌疑人李××涉嫌故意杀人罪一案，为有效地指控犯罪，根据《人民检察院刑事诉讼规则（试行）》第三百一十八条的规定，请在继续侦查过程中注意收集下列证据：

1. 对作案工具砍刀上的血迹进行血型鉴定，查明是否与被害人血型相同。同时鉴定砍刀上是否有犯罪嫌疑人的指纹。

2. 收集发案当天晚上的气象资料。

3. 对证人王××所说当晚在三楼家中阳台上看到小区大门外案件发生的过程进行侦查实验，以查明其证言的可靠性。

4. 犯罪嫌疑人供述只朝被害人前面捅了两刀，请查清被害人背部同样致命的一刀是如何形成的。

××市人民检察院第×分院（印）

××××年××月××日

第五节　通知立案书、通知撤销案件书

一、通知立案书、通知撤销案件书概述

通知立案书是人民检察院认为侦查机关说明的不立案理由不能成立，或者侦查机关不说明不立案理由，但经审查符合立案条件，通知侦查机关立案时使用的法律文书。通知立案书是诉讼类检察业务文书。

通知撤销案件书是人民检察院认为侦查机关说明的立案理由不能成立，或者侦查机关不说明立案理由，但经审查不符合立案条件，通知侦查机关撤销立案决定时使用的法律文书。通知撤销案件书是诉讼类检察业务文书。

《刑事诉讼法》第111条和《人民检察院刑事诉讼规则（试行）》第553条、第554条、第558条规定，经人民检察院侦查监督部门审查，认为公安机关不立案理由不能成立的、立案理由不能成立的，经检察长或者检察委员会讨论决定，应当通知公安机关立案或者撤销案件。《人民检察院刑事诉讼规则（试行）》第559条规定："人民检察院通知公安机关立案或撤销案件，应当制作通知立案书或者通知撤销案件书，说明依据和理由，连同证据材料送达公安机关，并且告知公安机关应当在收到通知立案书后十五日内立案，对通知撤销案件书没有异议的应当立即撤销案件，并将立案决定书或者撤销案件决定书及时送达人民检察院。"

二、通知立案书和通知撤销案件书的基本内容与制作要求

通知立案书和通知撤销案件书包括首部、正文和尾部三个部分。

（一）首部

包括制作文书的人民检察院名称、文书名称"通知立案书"或"通知撤案书"、文书编号"×检×通立〔×〕×号"或"×检×通撤〔×〕×号"。

叉号处依次填写制作文书的人民检察院的简称、具体办案部门简称、制作文书年度和当年序号。

（二）正文

要求包括下列内容：

1. 受文单位，即发往侦查机关的具体名称。

2. 写明发出"要求说明不立案理由通知书"或"要求说明立案理由通知书"的时间和文号，侦查机关回复的时间和文书的文号。以要求说明不立案理由通知书为例，如"本院于××××年××月××日以××号文书要求你局说明对黎××强奸一案不立案的理由，并于××××年××月××日收到你局说明不立案的理由的×号文书"。

3. 应当立案或不应当立案的事实根据和法律依据。此部分是公安机关不立案或立案理由不能成立的原因，因此应当作为重点来写。在明确提出人民检察院经审查认为侦查机关说明的不立案理由或立案理由不能成立的前提下，写明人民检察院查明的案件事实，分析犯罪嫌疑人的犯罪行为特征、涉嫌的罪名和所触犯的刑法条文，并指出本案是否符合刑事诉讼法规定的立案条件，对应当立案或不应当立案的事实和适用的法律进行充分论述。

4. 通知立案或通知撤销案件的法律依据和要求事项。法律依据可表述为"根据《中华人民共和国刑事诉讼法》第一百一十一条的规定，本院现通知你局立案或撤销案件"。要求事项指人民检察院要求公安机关立案或撤销案件的期限。表述为"请你局在××××年××月××日以前立案或撤销案件，并将立案或撤销案件决定书副本送达我院"。

（三）尾部

写明制作文书的日期，并加盖制作文书的人民检察院院印。

本文书一式三份，一份送达侦查机关，一份报上一级人民检察院备案，一份存档。

三、通知立案书、通知撤销案件书范例

××市××区人民检察院
通知立案书

×检侦监通立〔×〕×号

××市公安局××区分局：

本院于××××年××月××日以×检侦监不立通〔×〕×号要求说明

不立案理由通知书要求你局说明对刘××强奸一案不立案的理由,并于××××年××月××日收到你局说明不立案理由的×公回复〔×〕×号文书。

本院经审查认为,你局不立案理由不能成立。现已查明,犯罪嫌疑人刘××于××××年××月××日22时许,经事先与李××共谋,伙同李××窜至××区梨树镇东风村独居女青年黄××家中欲对黄实施轮奸。李在卧室对黄实施强奸过程中,刘在卧室门外堂屋中等待,李奸淫得逞后,刘进入卧室欲实施奸淫,正在脱衣裤过程中遇邻居赶来敲门,二犯罪嫌疑人立即逃离现场,刘实施奸淫未能得逞。犯罪嫌疑人刘××事前与李××共谋,主观上具有与李共同奸淫妇女的故意,客观上实施了奸淫妇女的行为,且犯罪嫌疑人李××的犯罪行为已得逞,虽然刘××因意志以外的原因,奸淫未能得逞,但二犯罪嫌疑人的轮奸行为以李××的行为得逞而达到既遂。为保护公民人身权利不受侵犯,本院认为,刘××的行为已触犯《中华人民共和国刑法》第二百三十六条之规定,涉嫌犯有强奸罪。

根据《中华人民共和国刑事诉讼法》第八十七条之规定,本院现通知你局立案。请你局在××××年××月××日以前立案,并将立案决定书副本送达我院。

××××年××月××日

(院印)

第六节 应当逮捕犯罪嫌疑人建议书、报请逮捕犯罪嫌疑人通知书、移送审查逮捕犯罪嫌疑人建议书

一、应当逮捕犯罪嫌疑人建议书、报请逮捕犯罪嫌疑人通知书、移送审查逮捕犯罪嫌疑人建议书概述

应当逮捕犯罪嫌疑人建议书是人民检察院侦查监督部门在办理公安机关、国家安全机关等侦查机关提请批准逮捕和本院侦查部门移送审查逮捕的案件过程中,经过审查发现有应当逮捕而侦查机关或侦查部门没有提请或移送审查逮捕的犯罪嫌疑人,为保证刑事诉讼的顺利进行,根据《人民检察院刑事诉讼规则(试行)》第321条的规定建议侦查机关提请批准逮捕和侦查部门移送审查逮捕时制作的检察业务工作文书。

报请逮捕犯罪嫌疑人通知书是人民检察院侦查监督部门在办理下一级人民

检察院报请逮捕的案件过程中，经审查发现有应当逮捕而下一级人民检察院没有报请逮捕的犯罪嫌疑人，根据《人民检察院刑事诉讼规则（试行）》第335条的规定通知下级人民检察院报请逮捕犯罪嫌疑人时制作的检察业务工作文书。

移送审查逮捕犯罪嫌疑人建议书是最高人民检察院、省级人民检察院侦查监督部门在办理本院侦查部门移送审查逮捕的案件过程中，经审查发现有应当逮捕而本院侦查部门未移送审查逮捕的犯罪嫌疑人，根据《人民检察院刑事诉讼规则（试行）》第346条的规定向侦查部门提出移送审查逮捕犯罪嫌疑人的建议时制作的检察业务工作文书。

《人民检察院刑事诉讼规则（试行）》第321条规定："人民检察院办理审查逮捕案件，发现应当逮捕而公安机关未提请批准逮捕的犯罪嫌疑人的，应当建议公安机关提请批准逮捕。如果公安机关不提请批准逮捕的理由不能成立的，人民检察院也可以直接作出逮捕决定，送达公安机关执行。"第335条规定："对应当逮捕而下级人民检察院未报请逮捕的犯罪嫌疑人，上一级人民检察院应当通知下级人民检察院报请逮捕犯罪嫌疑人。下级人民检察院不同意报请逮捕犯罪嫌疑人的，应当说明理由。经审查理由不成立的，上一级人民检察院可以依法作出逮捕决定。"第346条规定："对应当逮捕而本院侦查部门未移送审查逮捕的犯罪嫌疑人，侦查监督部门应当向侦查部门提出移送审查逮捕犯罪嫌疑人的建议。如果建议不被采纳，侦查监督部门可以报请检察长提交检察委员会决定。"

二、应当逮捕犯罪嫌疑人建议书的基本内容与制作要求

应当逮捕犯罪嫌疑人建议书、报请逮捕犯罪嫌疑人通知书、移送审查逮捕犯罪嫌疑人建议书的内容基本一致，下面以应当逮捕犯罪嫌疑人建议书为例。

应当逮捕犯罪嫌疑人建议书为叙述式文书，分为首部、正文、尾部三个部分。

1. 首部。包括制作文书的人民检察院名称；文书名称，即"应当逮捕犯罪嫌疑人建议书"；文书编号，即"×检×应捕建〔×〕×号"，"检"前填写制作文书的人民检察院的简称，"检"和"应捕建"之间填写人民检察院具体办案部门的简称，即"侦监"，括号内填写制作文书的年度，括号与"号"之间填写本文书在该年度的序号。

2. 正文。依次叙写送达的侦查机关名称；侦查机关的简称，如"你局（厅）"；提请批准逮捕书或移送逮捕书的文号；提请批准逮捕或移送逮捕的犯

罪嫌疑人的姓名；犯罪嫌疑人涉嫌的罪名；提请批准逮捕的侦查机关简称；文书中未列明的犯罪嫌疑人，即需追捕的人的姓名、性别、出生年月日及年龄，涉嫌的犯罪事实，主要围绕犯罪构成及情节写明需要追捕的人实施的犯罪事实及主要证据，并说明其社会危险性。触犯的法律规定及涉嫌罪名；《人民检察院刑事诉讼规则（试行）》的相关规定及处理情况。

3. 尾部。制作文书的时间，具体到年月日，加盖制作文书的人民检察院院印。

本文书一式二份，一份送达提请批准逮捕的侦查机关，一份附检察内卷。

三、应当逮捕犯罪嫌犯人建议书范例

××市××区人民检察院
应当逮捕犯罪嫌疑人建议书

×检侦监应捕建〔×〕×号

××市公安局××区分局：

你局××号提请批准逮捕书移送的犯罪嫌疑人王××、林××、洪××涉嫌盗窃一案，本院经审查认为：

你局提请批准逮捕书未列明的犯罪嫌疑人韦××，男，23岁（××××年××月××日生），有证据证明有下列犯罪事实：××××年××月××日下午，在犯罪嫌疑人韦××与犯罪嫌疑人王××、林××、洪××在××区名人茶艺馆喝茶过程中，王××、林××、洪××三人提出找个地方"找点钱"用（意指盗窃），犯罪嫌疑人韦××提出在自己曾经担任保安的××大学××园有很多值钱的盆景，还有一棵三百多年的罗汉松，很好"搞"。韦向三人详细描述了地形和进出路线，并详细提供了学校保安巡逻的情况。次日凌晨二时许，犯罪嫌疑人王××、林××、洪××三人租借一辆长安牌货车窜至××大学××园将价值一百多万元的罗汉松盗往外地销赃，获赃款四万元，事后，由犯罪嫌疑人王××分给犯罪嫌疑人韦××现金两千元并告知系卖罗汉松所得。认定犯罪嫌疑人韦××涉嫌盗窃犯罪的证据有：四名犯罪嫌疑人的供述、××大学的报案材料、现场勘查笔录、追回的罗汉松一棵、收买罗汉松的××市××园林公司经办人徐××的证言、犯罪嫌疑人王××所写的收条。

本院认为，犯罪嫌疑人韦××的行为已触犯《中华人民共和国刑法》第二百六十四条之规定，涉嫌犯有盗窃罪，可能判处徒刑以上刑罚，曾经故意犯罪，有逮捕必要。依照《中华人民共和国刑事诉讼法》第七十九条第二款的规定，应当予以逮捕。请你局写出提请批准逮捕书，连同案卷材料、证据，一并移送本院审查批准逮捕。

×××× 年 ×× 月 ×× 日
（院印）

第七节　纠正违法通知书

一、纠正违法通知书概述

纠正违法通知书是人民检察院侦查监督部门在办理公安机关、国家安全机关等侦查机关提请批准逮捕的案件过程中，发现侦查机关的侦查活动有违法行为，依法向侦查机关提出纠正违法意见时使用的检察业务文书。

制作本文书的法律依据是《刑事诉讼法》第 98 条，该条规定："人民检察院在审查批准逮捕工作中，如果发现公安机关的侦查活动有违法情况，应当通知公安机关予以纠正，公安机关应当将纠正情况通知人民检察院。"纠正违法通知书是侦查活动监督的一种重要形式。

二、纠正违法通知书的基本内容与制作要求

纠正违法通知书分为首部、正文和尾部三个部分。

1. 首部。包括制作文书的人民检察院名称；文书名称"纠正违法通知书"；文书编号，即"×检×纠违〔×〕×号"，叉号处依次填写制作文书的人民检察院简称、具体办案部门简称即"侦监"、年度和序号。

2. 正文。包括：（1）发往单位。（2）发现的违法情况。要写明发生违法情况的单位和人员，违法人员的姓名、所在单位、职务；违法事实及违法时间、地点、经过、手段、目的和后果。（3）认定违法的理由和法律依据。（4）纠正意见及纠正结果的回复要求。

3. 尾部。发文的年、月、日，并加盖发文的人民检察院院印。

三、纠正违法通知书范例

××市××区人民检察院
纠正违法通知书

×检侦监纠违〔×〕×号

××市××区公安局：

本院在审查你局提请批准逮捕犯罪嫌疑人江××、林××涉嫌贩卖毒品罪一案中，经检察发现，你局禁毒大队民警明××、陈×、刘××三人于××××年××月××日9时至12时在××看守所同时讯问犯罪嫌疑人江××、林××。该项侦查行为违反了《中华人民共和国刑事诉讼法》第九十一条关于"讯问的时候，侦查人员不得少于二人"之规定，导致此侦查行为无效。根据《中华人民共和国刑事诉讼法》第九十八条的规定，特通知你局予以纠正，请将纠正结果书面告知我院。

××××年××月××日

第八节 释放建议书、变更强制措施建议书

一、释放建议书、变更强制措施建议书概述

释放建议书、变更强制措施建议书是人民检察院侦查监督部门在犯罪嫌疑人被逮捕后，依法对羁押必要性进行审查，认为不需要继续羁押，向侦查机关或者人民法院提出释放或者变更强制措施的建议时使用的法律文书。按照《刑事诉讼法》第93条的规定，向侦查机关或下一级人民检察院制发的建议书即为本文书。公诉部门或监所部门制发的此类文书格式相同。

《刑事诉讼法》第93条的规定："犯罪嫌疑人、被告人被逮捕后，人民检察院仍应当对羁押的必要性进行审查。对不需要继续羁押的，应当建议予以释放或者变更强制措施。有关机关应当在十日以内将处理情况通知人民检察院。"

二、释放建议书、变更强制措施建议书的基本内容与制作要求

本文书分为三个部分：

1. 首部。制作文书的人民检察院名称；文书名称，即"释放建议书、变更强制措施建议书"；文书编号，即"×检×羁审建〔×〕×号"，叉号处依次填写制作文书的人民检察院简称，制作的部门，如侦监、公诉或监所，年度，文书序号。

2. 正文。依次叙写送达的侦查机关或下一级人民检察院名称，羁押地点，犯罪嫌疑人姓名，释放或者变更强制措施的理由和依据，犯罪嫌疑人姓名。

3. 尾部。制作文书的人民检察院名称及制作时间，并加盖院印。

本文书一式三份，一份送达被建议的侦查机关，一份审查部门附卷，一份本院统一留存。

三、释放建议书、变更强制措施建议书范例

××市人民检察院
释放建议书、变更强制措施建议书

×检侦监羁审建〔×〕×号

××市××区人民检察院：

我院根据《中华人民共和国刑事诉讼法》第九十三条的规定，依法对逮捕后羁押于××看守所的犯罪嫌疑人王××的羁押必要性进行了审查。经审查，我院认为不需要继续羁押犯罪嫌疑人王××，理由是：案件事实基本查清，证据已经收集固定，符合取保候审或者监视居住条件。上述事实有以下证据予以证明：

1. ×××的证人证言证实王××受贿的事实。
2. ××银行明细证实王××在××××年××月的资金往来。

根据《中华人民共和国刑事诉讼法》第九十三条的规定，建议你院对犯罪嫌疑人王××予以变更强制措施。请你院将处理情况十日以内通知我院。未采纳我院建议的，请说明理由和依据。

××××年××月××日

（院印）

第九节 侦查监督业务填充式法律文书

一、要求说明（不）立案理由通知书

（一）要求说明（不）立案理由通知书范例

×××人民检察院
要求说明不立案理由通知书
（存根）

检不立通〔 〕 号

案由_____
犯罪嫌疑人_____
发现途径_____
侦查机关不立案时间___年__月__日
送达机关_____
批准人_____
承办人_____
填发人_____
填发时间_____

第一联统一保存

×××人民检察院
要求说明不立案理由通知书
（副本）

检不立通〔 〕 号

根据《中华人民共和国刑事诉讼法》第一百一十一条的规定，请在收到本通知书以后七日以内向本院书面说明_____一案的不立案理由。

年 月 日
（院印）

第二联附卷

×××人民检察院
要求说明不立案理由通知书

检不立通〔 〕 号

根据《中华人民共和国刑事诉讼法》第一百一十一条的规定，请收到本通知书以后七日以内向本院书面说明_____一案的不立案理由。

年 月 日
（院印）

第三联送达侦查机关

×××人民检察院要求说明立案理由通知书

检立通〔　〕　号

根据《人民检察院刑事诉讼规则（试行）》第五百五十七条的规定，请在收到本通知书以后七日以内向本院书面说明——一案的立案理由。

年　月　日
（院印）

第三联送达公安机关

×××人民检察院要求说明立案理由通知书（副本）

检立通〔　〕　号

根据《人民检察院刑事诉讼规则（试行）》第五百五十七条的规定，请在收到本通知书以后七日以内向本院书面说明——一案的立案理由。

年　月　日
（院印）

第二联附卷

×××人民检察院要求说明立案理由通知书（存根）

检立通〔　〕　号

案由＿＿＿＿＿＿＿＿＿＿＿
犯罪嫌疑人＿＿＿＿＿＿＿＿
发现途径＿＿＿＿＿＿＿＿＿
公安机关立案时间　年　月　日
送达机关＿＿＿＿＿＿＿＿＿
批准人＿＿＿＿＿＿＿＿＿＿
承办人＿＿＿＿＿＿＿＿＿＿
填发人＿＿＿＿＿＿＿＿＿＿
填发时间＿＿＿＿＿＿＿＿＿

第一联统一保存

32

(二) 要求说明 (不) 立案理由通知书概述

要求说明不立案理由通知书是人民检察院发现侦查机关对应当立案侦查的案件不立案侦查，以及被害人认为侦查机关对应当立案侦查的案件不立案侦查向人民检察院提出的，人民检察院认为需要侦查机关说明不立案理由时使用的法律文书。要求说明立案理由通知书是人民检察院发现侦查机关不应当立案侦查的案件立案侦查，以及当事人认为不应当立案而立案向人民检察院提出的，人民检察院认为需要侦查机关说明立案理由时使用的法律文书。要求说明(不)立案理由通知书是检察机关进行立案监督的基本形式。其制作依据是《刑事诉讼法》第 111 条和《人民检察院刑事诉讼规则（试行）》第 553 条、第 554 条、第 557 条的规定。

《刑事诉讼法》第 111 条规定："人民检察院认为公安机关应当立案侦查的案件而不立案侦查的，或者被害人认为公安机关对应当立案侦查的案件而不立案侦查，向人民检察院提出的，人民检察院应当要求公安机关说明不立案的理由。人民检察院认为公安机关不立案理由不能成立的，应当通知公安机关立案，公安机关接到通知后应当立案。"《人民检察院刑事诉讼规则（试行）》第 553 条规定："被害人及其法定代理人、近亲属或者行政执法机关，认为公安机关对其控告或者移送的案件应当立案侦查而不立案侦查，或者当事人认为公安机关不应当立案而立案，向人民检察院提出的，人民检察院应当受理并进行审查。人民检察院发现公安机关可能存在应当立案侦查而不立案侦查情形的，应当依法进行审查。人民检察院接到控告、举报或者发现行政执法机关不移送涉嫌犯罪案件的，应当向行政执法机关提出检察意见，要求其按照管辖规定向公安机关或者人民检察院移送涉嫌犯罪案件。"第 554 条规定："人民检察院控告检察部门受理对公安机关应当立案而不立案或者不应当立案而立案的控告、申诉，应当根据事实和法律进行审查，并可以要求控告人、申诉人提供有关材料，认为需要公安机关说明不立案或者立案理由的，应当及时将案件移送侦查监督部门审查。"第 557 条规定："人民检察院要求公安机关说明不立案或立案理由，应当制作要求说明不立案理由通知书或者要求说明立案理由通知书，及时送达公安机关，并且告知公安机关在收到要求说明不立案理由通知书或者要求说明立案理由通知书后七日以内，书面说明不立案或者立案的情况、依据和理由，连同有关证据材料回复人民检察院。"

(三) 要求说明 (不) 立案理由通知书的基本内容及制作要求

本文书以案为单位制作，共分三联，第一联统一保存备查，第二联附内卷，第三联送达侦查机关。各联之间须填写文书编号，并加盖骑缝章。各联的基本内容与要求如下：

1. 第一联存根

本联主要用于审批程序,不附入卷中,而是由侦查监督部门统一存留。

(1) 首部。包括制作文书的人民检察院名称;文书名称,即"要求说明不立案理由通知书"或"要求说明立案理由通知书"和文书编号。文书名称下方标注"(存根)"字样。文书编号为固定格式,为"检不立通〔〕号"或"检立通〔〕号",其中"检"前为发文的人民检察院的简称;在"检"与"不立通"或"立通"之间填写人民检察院具体办案部门的简称,即"侦监",在"〔〕"内注明文书制作年度,在"号"前写明文书在该年度的序号。

(2) 正文。依次写明:涉嫌罪名(案由);犯罪嫌疑人姓名;发现途径,必须写明是办案中发现还是被害人控告或是其他人举报;公安机关不立案或立案时间即被害人何时提出侦查机关对应当立案侦查的案件而未立案侦查的,或者当事人何时提出侦查机关对不应当立案侦查的案件而立案侦查的;送达机关,即要求说明不立案理由的侦查机关;批准人、承办人、填发人姓名;填发日期。

(3) 在表格的下方注明"第一联统一保存"。

2. 第二联副本

本联由承办人附入内卷。

(1) 首部。本部分与存根叙写内容基本相同,唯一不同之处在于文书名称下方注"(副本)"字样。

(2) 正文。依次填写受文单位,即要求说明不立案或立案理由的侦查机关;说明不立案或立案理由的案件名称。

(3) 尾部。写明填发文书的日期,并加盖院印。

(4) 备注。在表格下方注明"第二联附卷"。

3. 第三联正本

本联送达公安机关。

正本与副本的制作内容与要求基本相同,不同之处在于:一是在首部文书名称下方无须加注;二是在表格的下方注明"第三联送达公安机关"。

二、不立案理由审查意见通知书

(一) 不立案理由审查意见通知书范例

×××人民检察院
不立案理由审查意见通知书
（存根）

检不立审〔　〕　号

案由
被害人
被控告人
不立案侦查机关
批准人
承办人
填发人
填发时间

第一联统一保存

×××人民检察院
不立案理由审查意见通知书
（副本）

检不立审〔　〕　号

　　　　　：
　　关于你指控　　　涉嫌　　　案，向本院提出　　　对于对应当立案侦查的案件不立案侦查，已向本院说明不立案的理由。根据《中华人民共和国刑事诉讼法》第一百一十一条的规定，经本院审查认为：　　　　说明的不立案理由成立。

特此通知。

年　月　日
（院印）

第二联附卷

×××人民检察院
不立案理由审查意见通知书

检不立审〔　〕　号

　　　　　：
　　关于你指控　　　涉嫌　　　案，向本院提出　　　对于对应当立案侦查的案件不立案侦查，已向本院说明不立案的理由。根据《中华人民共和国刑事诉讼法》第一百一十一条的规定，经本院审查认为：　　　　说明的不立案理由成立。

特此通知。

年　月　日
（院印）

第三联送达被通知人

（二）不立案理由审查意见通知书概述

不立案理由审查意见通知书是被害人认为公安机关对应当立案侦查的案件而不立案侦查，向人民检察院提出的，人民检察院应当要求公安机关说明不立案的理由。人民检察院审查侦查机关说明的不立案理由后，认为其不立案理由成立，通知被害人时使用的法律文书。本文书的制作依据是《刑事诉讼法》第111条和《人民检察院刑事诉讼规则（试行）》第553条的规定。

（三）不立案理由审查意见通知书的基本内容及制作要求

本文书共分三联，第一联统一保存备查，第二联附内卷，第三联送达被通知人。各联之间须填写文书编号，并加盖骑缝章。各联的基本内容与要求如下：

1. 第一联存根

本联主要用于审批程序，不附入卷中，而是由侦查监督部门统一存留。

（1）首部。包括制作文书的人民检察院名称；文书名称，即"不立案理由审查意见通知书"和文书编号。文书名称下方标注"（存根）"字样。文书编号为固定格式，为"检不立审〔〕号"，其中"检"前填写发文的人民检察院的简称；在"检"与"不立审"之间填写人民检察院具体办案部门的简称；在"〔〕"内应注明文书制作年度；在"号"前写明文书在该年度的序号。

（2）正文。依次写明：案由（涉嫌罪名）；被害人姓名；被控告人姓名；不立案侦查机关；批准人、承办人、填发人姓名；填发日期。

（3）在表格的下方注明"第一联统一保存"。

2. 第二联副本

本联由承办人附入内卷。

（1）首部。本部分与存根叙写内容基本相同，唯一不同之处在于文书名称下方注"（副本）"字样。

（2）正文。被通知人即被害人的姓名（或单位名称）；被害人指控的犯罪嫌疑人的姓名；犯罪嫌疑人涉嫌的罪名；应当立案而不立案的侦查机关名称；已向人民检察院说明不立案理由的侦查机关名称。

（3）尾部。写明填发文书的日期，并加盖制文的人民检察院院印。

（4）备注。在表格下方注明"第二联附卷"。

3. 第三联正本

本联送达被通知人。

正本与副本的制作内容与要求基本相同，不同之处在于：一是在首部文书名称下方无须加注；二是在表格的下方注明"第三联送达被通知人"。

三、立案理由审查意见通知书

（一）立案理由审查意见通知书范例

×××人民检察院
立案理由审查意见通知书
（存根）

检立审〔　　〕　　号

案由
控告人（申诉人）
立案侦查机关
批准人
承办人
填发时间

第一联统一保存

×××人民检察院
立案理由审查意见通知书
（副本）

检立审〔　　〕　　号

　　关于你指控_____涉嫌_____案，向本院提出_____对于对不应当立案侦查的案件立案侦查，_____已向本院说明立案的理由。根据《人民检察院刑事诉讼规则》第五百五十三条的规定，经本院审查认为：_____说明的立案理由成立。特此通知。

年　　月　　日
（院印）

第二联附卷

×××人民检察院
立案理由审查意见通知书

检立审〔　　〕　　号

　　关于你指控_____涉嫌_____案，向本院提出_____对于对不应当立案侦查的案件立案侦查，_____已向本院说明立案的理由。根据《人民检察院刑事诉讼规则》第五百五十三条的规定，经本院审查认为：_____说明的立案理由成立。特此通知。

年　　月　　日
（院印）

第三联送达被通知人

（二）立案理由审查意见通知书概述

立案理由审查意见通知书是控告人（申诉人）认为公安机关不应当立案而立案侦查的案件，向人民检察院提出的，人民检察院应当要求公安机关说明立案理由。人民检察院审查公安机关说明的立案理由后，认为其立案理由成立，通知控告人（申诉人）时使用的法律文书。本文书的制作依据是《人民检察院刑事诉讼规则（试行）》第553条、第558条第2款的规定。《人民检察院刑事诉讼规则（试行）》第553条规定："被害人及其法定代理人、近亲属或者行政执法机关，认为公安机关对其控告或者移送的案件应当立案侦查而不立案侦查，或者当事人认为公安机关不应当立案而立案，向人民检察院提出的，人民检察院应当受理并进行审查。人民检察院发现公安机关可能存在应当立案侦查而不立案侦查情形的，应当依法进行审查。人民检察院接到控告、举报或者发现行政执法机关不移送涉嫌犯罪案件的，应当向行政执法机关提出检察意见，要求其按照管辖规定向公安机关或者人民检察院移送涉嫌犯罪案件。"第558条第2款规定："侦查监督部门认为公安机关不立案或者立案理由成立的，应当通知控告检察部门，由其在十日以内将不立案或者立案的理由和根据告知被害人及其法定代理人、近亲属或者行政执法机关。"

（三）立案理由审查意见通知书的基本内容及制作要求

本文书共分三联，第一联统一保存备查，第二联附入内卷，第三联送达被通知人。各联之间须填写文书编号，并加盖骑缝章。各联的基本内容与要求如下：

1. 第一联存根

本联主要用于审批程序，不附入卷中，而是由侦查监督部门统一存留。

（1）首部。包括制作文书的人民检察院名称；文书名称，即"立案理由审查意见通知书"和文书编号。文书名称下方标注"（存根）"字样。文书编号为固定格式，为"检立审〔〕号"，其中"检"前填写发文的人民检察院的简称；在"检"与"立审"之间填写人民检察院具体办案部门的简称；在"〔〕"内应注明文书制作年度；在"号"前写明文书在该年度的序号。

（2）正文。依次写明：案由（涉嫌罪名）；控告人（申诉人）姓名；立案侦查机关；批准人、承办人、填发人姓名；填发日期。

（3）在表格的下方注明"第一联统一保存"。

2. 第二联副本

本联由承办人附入内卷。

（1）首部。本部分与存根叙写内容基本相同，唯一不同之处在于文书名称下方注"（副本）"字样。

（2）正文。被通知人即控告人（申诉人）的姓名（或单位名称）；控告人（申诉人）指控的犯罪嫌疑人的姓名；犯罪嫌疑人涉嫌的罪名；不应当立案而立案的侦查机关名称；已向人民检察院说明立案理由的侦查机关名称。

（3）尾部。写明填发文书的日期，并加盖制文的人民检察院院印。

（4）备注。在表格下方注明"第二联附卷"。

3．第三联正本

本联送达被通知人。

正本与副本的制作内容与要求基本相同，不同之处在于：一是在首部文书名称下方无须加注；二是在表格的下方注明"第三联送达被通知人"。

四、立案监督案件催办函

（一）立案监督案件催办函范例

×××人民检察院
立案监督案件催办函
（存根）

检立审〔 〕 号

案由
犯罪嫌疑人
立案时间
侦查机关
承办人
填发人
填发时间

第一联统一保存

×××人民检察院
立案监督案件催办函
（副本）

检立审〔 〕 号

　　根据《最高人民检察院、公安部关于刑事立案监督有关问题的规定（试行）》第十一条的规定，请将　　　　　一案的侦查进展情况函告我院，并及时侦查终结。

　　　　　　　　　　　年　月　日
　　　　　　　　　　　（院印）

第二联附卷

×××人民检察院
立案监督案件催办函

检立审〔 〕 号

　　根据《最高人民检察院、公安部关于刑事立案监督有关问题的规定（试行）》第十一条的规定，请将　　　　　一案的侦查进展情况函告我院，并及时侦查终结。

　　　　　　　　　　　年　月　日
　　　　　　　　　　　（院印）

第三联送达侦查机关

(二) 立案监督案件催办函概述

立案监督案件催办函是人民检察院根据《刑事诉讼法》第 111 条、《人民检察院刑事诉讼规则（试行）》第 560 条和最高人民检察院、公安部《关于刑事立案监督有关问题的规定（试行）》第 11 条的规定对人民检察院对监督公安机关立案后 3 个月内未侦查终结的案件，催促公安机关反馈侦查进展情况时使用的法律文书。

《刑事诉讼法》第 111 条规定："人民检察院认为公安机关对应当立案侦查的案件而不立案侦查的，或者被害人认为公安机关对应当立案侦查的案件而不立案侦查，向人民检察院提出的，人民检察院应当要求公安机关说明不立案的理由。人民检察院认为公安机关不立案理由不能成立的，应当通知公安机关立案，公安机关接到通知后应当立案。"《人民检察院刑事诉讼规则（试行）》第 560 条规定："人民检察院通知公安机关立案或者撤销案件的，应当依法对执行情况进行监督。公安机关在收到通知立案书或者通知撤销案件书后超过十五日不予立案或者既不提出复议、复核也不撤销案件的，人民检察院应当发出纠正违法通知书予以纠正。公安机关仍不纠正的，报上一级人民检察院协商同级公安机关处理。公安机关立案后三个月以内未侦查终结的，人民检察院可以向公安机关发出立案监督案件催办函，要求公安机关及时向人民检察院反馈侦查工作进展情况。"最高人民检察院、公安部《关于刑事立案监督有关问题的规定（试行）》第 11 条规定："公安机关对人民检察院监督立案的案件应当及时侦查。犯罪嫌疑人在逃的，应当加大追捕力度；符合逮捕条件的，应当及时提请人民检察院批准逮捕；侦查终结需要追究刑事责任的，应当及时移送人民检察院审查起诉。监督立案后三个月未侦查终结的，人民检察院可以发出《立案监督案件催办函》，公安机关应当及时向人民检察院反馈侦查进展情况。"

(三) 立案监督案件催办函的基本内容及制作要求

本文书共分三联，第一联统一保存备查，第二联附内卷，第三联送达侦查机关。各联之间须填写文书编号，并加盖骑缝章。各联的基本内容与要求如下：

1. 第一联存根

本联主要用于审批程序，不附入卷中，而是由侦查监督部门统一存留。

(1) 首部。包括制作文书的人民检察院名称；文书名称，即"立案监督案件催办函"和文书编号。文书名称下方标注"（存根）"字样。文书编号为固定格式，为"检立催〔〕号"，其中"检"前填写发文的人民检察院的简称；在"检"与"立催"之间填写人民检察院具体办案部门的简称，即"侦监"；在"〔〕"内应注明文书制作年度；在"号"前写明文书在该年度的序号。

（2）正文。依次写明：案由；犯罪嫌疑人基本情况，包括姓名、性别、年龄、工作单位、住址、身份证号码、是否人大代表或政协委员；立案时间；侦查机关名称；批准人、承办人、填发人姓名；填发日期。

（3）在表格的下方注明"第一联统一保存"。

2. 第二联副本

本联由承办人附入内卷。

（1）首部。本部分与存根叙写内容基本相同，唯一不同之处在于文书名称下方注"（副本）"字样。

（2）正文。依次填写受文单位即侦查机关名称，立案监督案件名称。

（3）尾部。写明填发文书的日期，并加盖制文的人民检察院院印。

（4）备注。在表格下方注明"第二联附卷"。

3. 第三联正本

本联送达侦查机关。

正本与副本的制作内容与要求基本相同，不同之处在于：一是在首部文书名称下方无须加注；二是在表格的下方注明"第三联送达侦查机关"。

五、撤销纠正违法意见决定书

（一）撤销纠正违法意见决定书范例

×××人民检察院
撤销纠正违法意见决定书
（存根）

检 撤纠〔 〕 号

案由
犯罪嫌疑人基本情况
纠正违法通知书文号
撤销纠正违法意见的理由
送达机关
批准人
承办人
填发人
填发时间

第一联统一保存

×××人民检察院
撤销纠正违法意见决定书
（副本）

检 撤纠〔 〕 号

：

本院＿＿年＿月＿日以＿＿号作出的纠正违法意见。现经本院重新审查认为：

根据《人民检察院刑事诉讼规则（试行）》第五百七十一条的规定，决定予以撤销。

年 月 日
（院印）

第二联附卷

×××人民检察院
撤销纠正违法意见决定书

检 撤纠〔 〕 号

：

本院＿＿年＿月＿日以＿＿号作出的纠正违法意见。现经本院重新审查认为：

根据《人民检察院刑事诉讼规则（试行）》第五百七十一条的规定，决定予以撤销。

年 月 日
（院印）

第三联送达侦查机关

（二）撤销纠正违法意见决定书概述

撤销纠正违法意见决定通知书是人民检察院根据《人民检察院刑事诉讼规则（试行）》第571条的规定，为公安机关提出对人民检察院纠正违法意见不服的复查时，人民检察院经复查后，认为纠正违法意见错误，撤销纠正违法意见时所制作的法律文书。本文书的制作依据是《人民检察院刑事诉讼规则（试行）》第571条的规定。《人民检察院刑事诉讼规则（试行）》第571条规定："人民检察院提出的纠正意见不被接受，公安机关要求复查的，应当在收到公安机关的书面意见后七日以内进行复查。经过复查，认为纠正违法意见正确的，应当及时向上一级人民检察院报告；认为纠正违法意见错误的，应当及时撤销。上一级人民检察院经审查，认为下级人民检察院的纠正意见正确的，应当及时通知同级公安机关督促下级公安机关纠正；认为下级人民检察院的纠正意见不正确的，应当书面通知下级人民检察院予以撤销，下级人民检察院应当执行，并及时向公安机关及有关侦查人员说明情况。同时，将调查结果及时回复申诉人、控告人。"

（三）撤销纠正违法意见决定通知书的基本内容及制作要求

本文书一式三份，第一联统一保存，第二联附卷，第三联送达侦查机关。

1. 第一联存根

本联主要用于审批程序，不附入卷中，而是由侦查监督部门统一存留。

（1）首部。包括制作文书的人民检察院名称；文书名称，即"撤销纠正违法意见决定书"和文书编号。文书名称下方标注"（存根）"字样。文书编号为固定格式，为"检撤纠〔〕号"，其中"检"前填写发文的人民检察院的简称；"检"和"撤纠"之间填写人民检察院具体办案部门的简称，即"侦监"；在"〔〕"内应注明文书制作年度；在"号"前写明文书在该年度的序号。

（2）正文。依次写明：案由；犯罪嫌疑人基本情况，包括姓名、性别、年龄、工作单位、住址、身份证号码、是否人大代表或政协委员；纠正违法通知书文号；撤销纠正违法意见的理由；送达机关；批准人、承办人、填发人姓名；填发日期。

（3）在表格的下方注明"第一联统一保存"。

2. 第二联副本

本联附卷。

（1）首部。本部分与存根叙写内容基本相同，唯一不同之处在于文书名称下方注"（副本）"字样。

（2）正文。依次填写受文单位即侦查机关名称，发出纠正违法通知书的时间和文书号；撤销纠正违法意见的理由。

（3）尾部。写明填发文书的日期，并加盖制文的人民检察院院印。

（4）备注。在表格下方注明"第二联附卷"。

3. 第三联正本

本联送达侦查机关。

第二联与第三联的制作内容与要求基本相同，不同之处在于：一是在首部文书名称下方无须加注；二是在表格的下方注明"第三联送达侦查机关"。

六、复验、复查通知书

（一）复验、复查通知书范例

××× 人民检察院
复验、复查通知书
（存根）

检复查通〔　〕　　号

案由

犯罪嫌疑人基本情况（姓名、性别、年龄、身份证号码、工作单位、住址、是否人大代表、政协委员）

复验、复查内容

复验、复查理由

批准人

送检人

填发人

填发时间

第一联统一保存

××× 人民检察院
复验、复查通知书
（副本）

检复查通〔　〕　　号

　　于　　年　　月　　日以　　　　　号文书移送本院审查犯罪嫌疑人　　　　　一案，经审查，本院认为　　　　　　　。

根据《中华人民共和国刑事诉讼法》第一百三十二条的规定，特请你院进行复验（复查）。

届时本院派（不派）检察人员参加。

（检察院印）
　　年　　月　　日

第二联附卷

××× 人民检察院
复验、复查通知书

检复查通〔　〕　　号

你于　　年　　月　　日以　　　　　号文书移送本院审查犯罪嫌疑人　　　　　一案，经审查，本院认为　　　　　　　。

根据《中华人民共和国刑事诉讼法》第一百三十二条的规定，特请你院进行复验（复查）。

届时本院派（不派）检察人员参加。

（检察院印）
　　年　　月　　日

第三联送送侦查机关

（二）复验、复查通知书概述

复验、复查通知书是人民检察院根据《刑事诉讼法》第132条和《人民检察院刑事诉讼规则（试行）》第369条的规定对侦查机关的勘验、检查，认为需要复验、复查，而要求侦查机关复验、复查时制作的法律文书。

《刑事诉讼法》第132条规定："人民检察院审查案件的时候，对公安机关的勘验、检查，认为需要复验、复查时，可以要求公安机关复验、复查，并且可以派检察人员参加。"《人民检察院刑事诉讼规则》第369条规定："人民检察院审查案件的时候，对公安机关的勘验、检查，认为需要复验、复查时，可以要求公安机关复验、复查，人民检察院可以派员参加；也可以自行复验、复查，商请公安机关派员参加，必要时也可以聘请专门技术人员参加。"

（三）复验、复查通知书的基本内容及制作要求

本文书共分三联，第一联统一保存备查，第二联附内卷，第三联送达侦查机关。各联之间须填写文书编号，并加盖骑缝章。各联的基本内容与要求如下：

1. 第一联存根

本联主要用于审批程序，不附入卷中，而是由侦查监督部门统一存留。

（1）首部。包括制作文书的人民检察院名称；文书名称，即"复验、复查通知书"和文书编号。文书名称下方标注"（存根）"字样。文书编号为固定格式，为"检复查通〔〕号"，其中"检"前填写发文的人民检察院的简称；在"检"与"复查通"之间填写人民检察院具体办案部门的简称，即"侦监"；在"〔〕"内应注明文书制作年度；在"号"前写明文书在该年度的序号。

（2）正文。依次写明：案由；犯罪嫌疑人基本情况，包括姓名、性别、年龄、工作单位、住址、身份证号码、是否人大代表或政协委员；复验、复查内容；复验、审查理由；批准人、承办人、填发人姓名；填发日期。

（3）在表格的下方注明"第一联统一保存"。

2. 第二联副本

本联由承办人附入内卷。

（1）首部。本部分与存根叙写内容基本相同，唯一不同之处在于文书名称下方注"（副本）"字样。

（2）正文。依次填写受文单位即侦查机关名称，案件移送人民检察院的时间，文书编号，犯罪嫌疑人姓名及案由，"本院认为"后空格为人民检察院要求复验、复查的内容和理由，受文单位简称即厅或局，本院派或不派检察人员参加。

(3) 尾部。写明填发文书的日期，并加盖制文的人民检察院院印。

(4) 备注。在表格下方注明"第二联附卷"。

3. 第三联正本

本联送达侦查机关。

正本与副本的制作内容与要求基本相同，不同之处在于：一是在首部文书名称下方无须加注；二是在表格的下方注明"第三联送达侦查机关"。

七、提供法律援助通知书

(一) 提供法律援助通知书范例

×××人民检察院
提供法律援助通知书
（存根）

检援〔　〕　号

案由 _____
案件编号 _____
犯罪嫌疑人 _____ 性别 ____ 年龄 ____
法律援助机构 _____
批准人 _____
承办人 _____
填发人 _____
填发时间 _____

第一联 统一保存

×××人民检察院
提供法律援助通知书
（副本）

检援〔　〕　号

我院办理的 _____ 案，犯罪嫌疑人 _____（性别 ____，年龄 ____），其属于 _____，符合《中华人民共和国刑事诉讼法》第二百六十七条第 ____ 款/第二百八十四条规定的情形，请依法指派律师为其提供辩护。

年　月　日
（院印）

本通知书已收到。
法律援助机构收件人：

年　月　日

第二联 附卷

×××人民检察院
提供法律援助通知书

检援〔　〕　号

我院办理的 _____ 案，犯罪嫌疑人 _____（性别 ____，年龄 ____），其属于 _____，符合《中华人民共和国刑事诉讼法》第二百六十七条第 ____ 款/第二百八十四条规定的情形，请依法指派律师为其提供辩护。

年　月　日
（院印）

第三联 送法律援助机构

（二）提供法律援助通知书概述

提供法律援助通知书是人民检察院根据《刑事诉讼法》第 34 条第 2、3 款和第 267 条的规定，在犯罪嫌疑人、被告人出现下列情况：（1）盲、聋、哑人；（2）尚未完全丧失辨认或者控制自己行为能力的精神病人；（3）可能被判处无期徒刑、死刑；（4）未成年人，而没有委托辩护人的时候，通知法律援助机构指派律师为其提供辩护所使用的法律文书。

（三）提供法律援助通知书的基本内容和制作要求

本文书共分三联，第一联统一保存备查，第二联附内卷，第三联送达法律援助机构。

1. 第一联存根

本联主要用于审批程序，不附入卷中，而是由侦查监督部门统一存留。各联之间须填写文书编号，并加盖骑缝章。各联的基本内容与要求如下：

（1）首部。包括制作文书的人民检察院名称；文书名称，即"提供法律援助通知书"和文书编号。文书名称下方标注"（存根）"字样。文书编号为固定格式，为"检援〔〕号"，其中"检"前填写发文的人民检察院的简称；在"检"与"援"之间填写人民检察院具体办案部门的简称，即"侦监"；在"〔〕"内应注明文书制作年度；在"号"前写明文书在该年度的序号。

（2）正文。依次写明：案由；案件编号；犯罪嫌疑人姓名、性别、年龄；法律援助机构名称；批准人、承办人、填发人姓名；填发日期。

（3）在表格的下方注明"第一联统一保存"。

2. 第二联副本

本联由承办人附入内卷。

（1）首部。本部分与存根叙写内容基本相同，唯一不同之处在于文书名称下方注"（副本）"字样。

（2）正文。依次填写受文单位，即法律援助机构全称；犯罪嫌疑人姓名、案由；说明通知法律援助机构指派律师为犯罪嫌疑人提供辩护的理由。

（3）尾部。写明填发文书的日期，并加盖院印；附注中注明法律援助机构收件人的姓名及签收日期。

（4）备注。在表格下方注明"第二联附卷"。

3. 第三联正本

本联送达法律援助机构。

正本与副本的制作内容与要求基本相同，不同之处在于：一是在首部文书名称下方无须加注；二是法律援助机构收件人无须签字；三是在表格的下方注明"第三联送达法律援助机构"。

八、未成年人法定代理人到场通知书

（一）未成年人法定代理人到场通知书范例

×××人民检察院
未成年人法定代理人到场
通知书
（存根）

检 未代到 〔 〕 号

案由
未成年犯罪嫌疑人（被害人、证人）
法定代理人
批准人
承办人
填发人
填发时间

第一联 存根

×××人民检察院
未成年人法定代理人到场
通知书
（副本）

检 未代到 〔 〕 号

：
我院办理的_____案，定于____年____月____日对犯罪嫌疑人/被害人/证人____进行讯问/询问。因其系未成年人，根据《中华人民共和国刑事诉讼法》第二百七十条的规定，通知你届时到场。你到场后可以代为行使未成年人的诉讼权利，认为办案人员在讯问/询问中侵犯未成年人合法权益的，可以提出意见。

本通知书已收到。
未成年人法定代理人：

（院印）
年 月 日

第二联 附卷

×××人民检察院
未成年人法定代理人到场
通知书

检 未代到 〔 〕 号

：
我院办理的_____案，定于____年____月____日对犯罪嫌疑人/被害人/证人____进行讯问/询问。因其系未成年人，根据《中华人民共和国刑事诉讼法》第二百七十条的规定，通知你届时到场。你到场后可以代为行使未成年人的诉讼权利，认为办案人员在讯问/询问中侵犯未成年人合法权益的，可以提出意见。

（院印）
年 月 日

第三联 送达未成年人的法定代理人

(二) 未成年人法定代理人到场通知书概述

未成年人法定代理人到场通知书是人民检察院对未成年犯罪嫌疑人进行讯问或者对未成年被害人、证人进行询问时，通知其法定代理人到场时使用的法律文书。本文所的制作依据是《刑事诉讼法》第270条的规定。《刑事诉讼法》第270条规定："对于未成年人刑事案件，在讯问和审判的时候，应当通知未成年犯罪嫌疑人、被告人的法定代理人到场。无法通知、法定代理人不能到场或者法定代理人是共犯的，也可以通知未成年犯罪嫌疑人、被告人的其他成年亲属，所在学校、单位、居住地基层组织或者未成年人保护组织的代表到场，并将有关情况记录在案。到场的法定代理人可以代为行使未成年犯罪嫌疑人、被告人的诉讼权利。

到场的法定代理人或者其他人员认为办案人员在讯问、审判中侵犯未成年人合法权益的，可以提出意见。讯问笔录、法庭笔录应当交给到场的法定代理人或者其他人员阅读或者向他宣读。

讯问女性未成年犯罪嫌疑人，应当有女工作人员在场。

审判未成年人刑事案件，未成年被告人最后陈述后，其法定代理人可以进行补充陈述。

询问未成年被害人、证人，适用第一款、第二款、第三款的规定。"

(三) 未成年人法定代理人到场通知书的基本内容及制作要求

本文书共分三联，第一联统一保存备查，第二联附内卷，第三联送达未成年人的法定代理人。各联之间须填写文书编号，并加盖骑缝章。各联的基本内容与要求如下：

1. 第一联存根

本联主要用于审批程序，不附入卷中，而是由侦查监督部门统一存留。

（1）首部。包括制作文书的人民检察院名称；文书名称，即"未成年人法定代理人到场通知书"，文书名称下方标注"（存根）"字样，文书编号。文书编号为固定格式，为"检未代到〔〕号"。其中，"检"前为通知未成年人法定代理人的人民检察院的简称；"未代到"前空格处为具体办案部门简称即"侦监"；在"〔〕"内注明文书签发年度；在"号"前空格处填写文书在当年的序号。

（2）正文。依次填写：案由；未成年人犯罪嫌疑人或未成年人被害人或未成年人证人姓名；法定代理人姓名；批准人、承办人、填发人姓名；填发日期。

（3）在表格的下方标注"第一联统一保存"。

2. 第二联副本

本联由承办人附卷。

（1）首部。本部分与存根叙写内容基本相同，唯一不同之处在于文书名称下方注"（副本）"字样。

（2）正文。依次填写通知到场的未成年人法定代理人的姓名；案件情况，包括犯罪嫌疑人姓名，罪名等；讯问或询问的时间；进行讯问的犯罪嫌疑人姓名或询问的被害人或证人姓名。

（3）尾部。填发文书的日期，并加盖制文的人民检察院院印。未成年法定代理人签名及收到本通知书的日期。

（4）在表格的下方标注"第二联附卷"。

3. 第三联正本

本联送达未成年人的法定代理人。

正本与副本的制作内容与要求基本相同，不同之处在于：一是在首部文书名称下方无须加注；二是未成年人法定代理人无须签字；三是在表格的下方注明"第三联送达未成年人的法定代理人"。

九、未成年人成年亲属、有关组织代表到场通知书

（一）未成年人成年亲属、有关组织代表到场通知书范例

×××人民检察院
未成年人成年亲属、
有关组织代表到场通知书
（存根）

检未成到〔　〕　号

案由
未成年犯罪嫌疑人（被害人、证人）
通知对象（注明身份）
批准人
承办人
填发人
填发时间

第一联——保存

×××人民检察院
未成年人成年亲属、
有关组织代表到场通知书
（副本）

检未成到〔　〕　号

　　：
　　我院办理的　　　　　　案，定于　　年　　月　　日对犯罪嫌疑人/被害人/证人　　　　　进行讯问/询问。因其系未成年人，且其法定代理人因　　　　　不能到场，根据《中华人民共和国刑事诉讼法》第二百七十条的规定，通知你届时到场。你到场后认为办案人员在讯问/询问中侵犯未成年人合法权益的，可以提出意见。

（院印）
　　年　　月　　日

本通知书已收到。
未成年人成年亲属、有关组织：

第二联——附卷

×××人民检察院
未成年人成年亲属、
有关组织代表到场通知书

检未成到〔　〕　号

　　：
　　我院办理的　　　　　　案，定于　　年　　月　　日对犯罪嫌疑人/被害人/证人　　　　　进行讯问/询问。因其系未成年人，且其法定代理人因　　　　　不能到场，根据《中华人民共和国刑事诉讼法》第二百七十条的规定，通知你届时到场。你到场后认为办案人员在讯问/询问中侵犯未成年人合法权益的，可以提出意见。

（院印）
　　年　　月　　日

第三联——送达未成年人的成年亲属、有关组织代表

（二）未成年人成年亲属、有关组织代表到场通知书概述

未成年人成年亲属、有关组织代表到场通知书是人民检察院对未成年犯罪嫌疑人进行讯问或者对未成年被害人、证人进行询问时，在无法通知法定代理人、法定代理人不能到场或者法定代理人是共犯的情况下，通知其他成年亲属、有关组织代表到场时使用的法律文书。本文书的制作依据是《刑事诉讼法》第270条的规定。

（三）未成年人成年亲属、有关组织代表到场通知书的基本内容及制作要求

本文书共分三联，第一联统一保存备查，第二联附内卷，第三联送达未成年人的成年亲属、有关组织代表。各联之间须填写文书编号，并加盖骑缝章。各联的基本内容与要求如下：

1. 第一联存根

本联主要用于审批程序，不附入卷中，而是由侦查监督部门统一存留。

（1）首部。包括制作文书的人民检察院名称；文书名称，即"未成年人成年亲属、有关组织代表到场通知书"，文书名称下方标注"（存根）"字样，文书编号。文书编号为固定格式，为"检未成到〔〕号"。其中，"检"前为通知未成年人成年亲属、有关组织代表的人民检察院的简称；"未成到"前空格处为具体办案部门简称即"侦监"；在"〔〕"内注明文书签发年度；在"号"前空格处填写文书在当年的序号。

（2）正文。依次填写：案由；未成年犯罪嫌疑人或未成年人被害人或未成年人证人姓名；通知对象的身份；批准人、承办人、填发人姓名；填发日期。

（3）在表格的下方标注"第一联统一保存"。

2. 第二联副本

本联由承办人附卷。

（1）首部。本部分与存根叙写内容基本相同，唯一不同之处在于文书名称下方注"（副本）"字样。

（2）正文。依次填写通知到场的未成年人成年亲属的姓名或有关组织的名称；案件情况，包括犯罪嫌疑人姓名，罪名等；讯问或询问的时间；进行讯问的犯罪嫌疑人姓名或询问的被害人或证人姓名；未成年人法定代理人不能到场的原因。

（3）尾部。填发文书的日期，并加盖制文的人民检察院院印。未成年成年亲属及有关组织代表的签名及收到本通知书的日期。

（4）在表格的下方标注"第二联附卷"。

3. 第三联正本

本联送达未成年人的成年亲属、有关组织代表。

正本与副本的制作内容与要求基本相同，不同之处在于：一是在首部文书名称下方无须加注；二是未成年成年亲属及有关组织代表无须签字；三是在表格的下方注明"第三联送达未成年人的成年亲属、有关组织代表"。

十、报请许可采取强制措施报告书

（一）报请许可采取强制措施报告书范例

×××人民检察院
报请许可采取强制措施报告书
（存根）

检 强许 〔 〕 号

案由_____
犯罪嫌疑人_____ 性别____ 年龄____
工作单位_____
住址_____
身份证号码_____
犯罪嫌疑人系_____人大代表。
采取强制措施时间_____
执行处所_____
批准人_____
承办人_____
填发人_____
填发时间_____

第一联统一保存

×××人民检察院
报请许可采取强制措施报告书
（副本）

检 强许 〔 〕 号

犯罪嫌疑人_____，因涉嫌_____，根据《中华人民共和国刑事诉讼法》第____的规定，应当依法逮捕（监视居住、取保候审、拘传）。因该犯罪嫌疑人系本届人民代表大会代表，根据《中华人民共和国全国人民代表大会和地方各级人民代表大会代表法》第三十二条的规定，特提请许可。

年 月 日
（院印）

附：案件情况报告

第二联附卷

×××人民检察院
报请许可采取强制措施报告书

检 强许 〔 〕 号

犯罪嫌疑人_____，因涉嫌_____，根据《中华人民共和国刑事诉讼法》第____的规定，应当依法逮捕（监视居住、取保候审、拘传）。因该犯罪嫌疑人系本届人民代表大会代表，根据《中华人民共和国全国人民代表大会和地方各级人民代表大会代表法》第三十二条的规定，特提请许可。

年 月 日
（院印）

附：案件情况报告

第三联报送人大主席团或常委会

(二) 报请许可采取强制措施报告书概述

报请许可采取强制措施报告书是人民检察院在办理案件过程中,对涉嫌犯罪的县级以上各级人民代表大会的代表采取逮捕、监视居住、取保候审、拘传等限制人身自由的强制措施,依据《全国人民代表大会和地方各级人民代表大会代表法》第 32 条和《人民检察院刑事诉讼规则(试行)》第 132 条、第 146 条的规定,报请同级人民代表大会主席团或者常务委员会许可时使用的法律文书。

《全国人民代表大会和地方各级人民代表大会代表法》第 32 条规定:"县级以上的各级人民代表大会代表,非经本级人民代表大会主席团许可,在本级人民代表大会闭会期间,非经本级人民代表大会常务委员会许可,不受逮捕或者刑事审判。如果因为是现行犯被拘留,执行拘留的机关应当立即向该级人民代表大会主席团或者人民代表大会常务委员会报告。对县级以上的各级人民代表大会代表,如果采取法律规定的其他限制人身自由的措施,应当经该级人民代表大会主席团或者人民代表大会常务委员会许可。人民代表大会主席团或者常务委员会受理有关机关依照本条规定提请许可的申请,应当审查是否存在对代表在人民代表大会各种会议上的发言和表决进行法律追究,或者对代表提出建议、批评和意见等其他执行职务行为打击报复的情形,并据此作出决定。乡、民族乡、镇的人民代表大会代表,如果被逮捕、受刑事审判或者被采取法律规定的其他限制人身自由的措施,执行机关应当立即报告乡、民族乡、镇的人民代表大会。"

《人民检察院刑事诉讼规则(试行)》第 132 条规定:"担任县级以上人民代表大会代表的犯罪嫌疑人因现行犯被拘留,人民检察院应当立即向该代表所属的人民代表大会主席团或者常务委员会报告;因为其他情形需要拘留的,人民检察院应当报请该代表所属的人民代表大会主席团或者常务委员会许可。人民检察院拘留担任本级人民代表大会代表的犯罪嫌疑人,直接向本级人民代表大会主席团或者常务委员会报告或者报请许可。拘留担任上级人民代表大会代表的犯罪嫌疑人,应当立即层报该代表所属的人民代表大会同级的人民检察院报告或者报请许可。拘留担任下级人民代表大会代表的犯罪嫌疑人,可以直接向该代表所属的人民代表大会主席团或者常务委员会报告或者报请许可,也可以委托该代表所属的人民代表大会同级的人民检察院报告或者报请许可;拘留担任乡、民族乡、镇的人民代表大会代表的犯罪嫌疑人,由县级人民检察院报告乡、民族乡、镇的人民代表大会。拘留担任两级以上人民代表大会代表的犯罪嫌疑人,分别按照本条第二、三、四款的规定报告或者报请许可。拘留担任办案单位所在省、市、县(区)以外的其他地区人民代表大会代表的犯罪嫌疑人，应当委托该代表所属的人民代表大会同级的人民检察院报告或者报请许可；担任两级以上人民代表大会代表的，应当分别委托该代表所属的人民代表大会同级的人民检察院报告或者报请许可。"第146条规定："人民检察院对担任本级人民代表大会代表的犯罪嫌疑人批准或者决定逮捕，应当报请本级人民代表大会主席团或者常务委员会许可。报请许可手续的办理由侦查机关负责。对担任上级人民代表大会代表的犯罪嫌疑人批准或者决定逮捕，应当层报该代表所属的人民代表大会同级的人民检察院报请许可。对担任下级人民代表大会代表的犯罪嫌疑人批准或者决定逮捕，可以直接报请该代表所属的人民代表大会主席团或者常务委员会许可，也可以委托该代表所属的人民代表大会同级的人民检察院报请许可；对担任乡、民族乡、镇的人民代表大会代表的犯罪嫌疑人批准或者决定逮捕，由县级人民检察院报告乡、民族乡、镇的人民代表大会。对担任两级以上的人民代表大会代表的犯罪嫌疑人批准或者决定逮捕，分别依照本条第一、二、三款的规定报请许可。对担任办案单位所在省、市、县（区）以外的其他地区人民代表大会代表的犯罪嫌疑人批准或者决定逮捕，应当委托该代表所属的人民代表大会同级的人民检察院报请许可；担任两级以上人民代表大会代表的，应当分别委托该代表所属的人民代表大会同级的人民检察院报请许可。"对人大代表采取强制措施实行报请许可制度既有利于加强对各级人民代表大会代表的司法保障，也是为了保证刑事诉讼的顺利进行。

（三）报请许可采取强制措施报告书的基本内容及制作要求

本文书分三联，第一联统一保存备查，第二联附内卷，第三联报送人民代表大会主席团或者常务委员会。拟决定对人大代表采取强制措施的人民检察院委托该人大代表所属的人民代表大会同级的人民检察院报请许可的，受委托报请许可的人民检察院应当将本文书第二联复印一份送交拟决定采取强制措施的人民检察院。各联之间须填写文书编号，并加盖骑缝章。各联的基本内容与要求如下：

1. 第一联存根

本联主要用于审批程序，不附入卷中，而是由侦查监督部门统一存留。

（1）首部。包括制作文书的人民检察院名称；文书名称，即"报请许可采取强制措施报告书"；文书名称下方标注"（存根）"字样；文书编号。文书编号为固定格式——"检强许〔〕号"，其中"检"前填写发文的人民检察院的简称；在"检"与"强许"之间填写人民检察院具体办案部门的简称；在"〔〕"内应注明文书制作年度；在"号"前写明文书在该年度的序号。

（2）正文。依次写明：案由，犯罪嫌疑人姓名、性别、年龄、工作单位，住址，身份证号码，犯罪嫌疑人所属人民代表大会名称及届别，采取强制措施时间，执行处所，批准人、承办人、填发人姓名，填发日期。

（3）在表格的下方注明"第一联统一保存"。

2. 第二联副本

本联由承办人附入内卷。

（1）首部。本部分与存根叙写内容基本相同，唯一不同之处在于文书名称下方注"（副本）"字样。

（2）正文。依次填写受文单位名称（人民代表大会主席团或常务委员会），犯罪嫌疑人的姓名，该犯罪嫌疑人所涉嫌的罪名，拟采取的强制措施适用的刑事诉讼法条文。

（3）尾部。写明填发文书的日期，并加盖制文的人民检察院院印。

（4）附注：案件情况报告。

（5）在表格下方注明"第二联附卷"。

3. 第三联正本

本联报送人大主席团或者常委会。

正本与副本的制作内容与要求基本相同，不同之处在于：一是在首部文书名称下方无须加注；二是在表格的下方注明"第三联报送人大主席团或者常委会"。

十一、"检捕"逮捕决定书[①]

(一)"检捕"逮捕决定书范例

×××人民检察院 逮捕决定书 (存根)
检 捕 〔 〕 号
案由 _____ 犯罪嫌疑人基本情况(姓名、性别、年龄、工作单位、住址、身份证号码、是否为人大代表或政协委员) _____ 送达机关 _____ 批准人 _____ 承办人 _____ 填发人 _____ 填发时间 _____

第一联 统一保存

×××人民检察院 逮捕决定书 (副本)
检 捕 〔 〕 号
犯罪嫌疑人 _____ 涉嫌 _____ 犯罪,根据《中华人民共和国刑事诉讼法》第七十九条和第一百六十三条的规定,决定予以逮捕。请依法立即执行,并将执行情况在三日以内通知本院。 此致 　　　　　年　月　日 　　　　　　(院印)

第二联 侦查监督部门附卷

×××人民检察院 逮捕决定书 (副本)
检 捕 〔 〕 号
犯罪嫌疑人 _____ 涉嫌 _____ 犯罪,根据《中华人民共和国刑事诉讼法》第七十九条和第一百六十三条的规定,决定予以逮捕。请依法立即执行,并将执行情况在三日以内通知本院。 此致 　　　　　年　月　日 　　　　　　(院印)

第三联 侦查部门附卷

[①] 此为省级以上人民检察院在办理本院直接立案侦查的案件时,认为犯罪嫌疑人的行为符合逮捕条件,决定逮捕犯罪嫌疑人时使用的文书。为做区别,本部分标题定为:"检捕"逮捕决定书。

```
        ×××人民检察院
          逮捕决定书

        检  捕〔  〕  号

  犯罪嫌疑人_____涉嫌
_____犯罪，根据《中华人民共
和国刑事诉讼法》第七十九条和第一
百六十三条的规定，决定予以逮捕。
请依法立即执行，并将执行情况在三
日以内通知本院。

    此致


           年    月    日
              （院印）


  附：犯罪嫌疑人基本情况
```

第四联送达执行机关

```
        ×××人民检察院
          逮捕决定书
            （回执）

_____人民检察院：
  根据《中华人民共和国刑事诉讼法》
第八十八条的规定，现将你院____年____
月____日_____号逮捕决定书的执行
情况通知如下：犯罪嫌疑人_____
已于____年____月____日由_____
执行逮捕。

    特此通知。


           年    月    日
              （公章）
```

第五联执行机关执行后退回附卷

（二）"检捕"逮捕决定书概述

此逮捕决定书是人民检察院在办理案件过程中，依据《刑事诉讼法》第79条、第163条的规定，决定逮捕犯罪嫌疑人时使用的法律文书。

《刑事诉讼法》第79条规定："对有证据证明有犯罪事实，可能判处徒刑以上刑罚的犯罪嫌疑人、被告人，采取取保候审尚不足以防止发生下列社会危险性的，应当予以逮捕：（一）可能实施新的犯罪的；（二）有危害国家安全、公共安全或者社会秩序的现实危险的；（三）可能毁灭、伪造证据，干扰证人作证或者串供的；（四）可能对被害人、举报人、控告人实施打击报复的；（五）企图自杀或者逃跑的。对有证据证明有犯罪事实，可能判处十年有期徒刑以上刑罚的，或者有证据证明有犯罪事实，可能判处徒刑以上刑罚，曾经故意犯罪或者身份不明的，应当予以逮捕。被取保候审、监视居住的犯罪嫌疑人、被告人违反取保候审、监视居住规定，情节严重的，可以予以逮捕。"根据《刑事诉讼法》第163条的规定，人民检察院对自行侦查的案件需要逮捕犯罪嫌疑人的和公安机关、国家安全机关应当提请批准逮捕的犯罪嫌疑人而不提请批准逮捕的理由不能成立的，可以直接决定逮捕。

（三）"检捕"逮捕决定书的基本内容及制作要求

此逮捕决定书为五联填充式文书，各联之间须填写文书编号，并加盖骑缝章。各联的基本内容与制作要求如下：

1. 第一联存根

本联主要用于审批程序，不附入卷中，而是由侦查监督部门统一存留。

（1）首部。本部分包括决定逮捕的人民检察院名称，文书名称即"逮捕决定书"，文书名称下方标注"（存根）"字样，文书编号。文书编号为固定格式，为"检捕〔〕号"。其中"检"前为决定逮捕的人民检察院的简称；"捕"前空格处为具体办案部门简称即"侦监"；在"〔〕"内注明文书签发年度；在"号"前空格处填写文书在当年的序号。

（2）正文。依次填写：案由；犯罪嫌疑人基本情况，包括姓名、性别、年龄、工作单位、住址、身份证号码、是否人大代表或政协委员；送达机关名称；批准人、承办人、填发人姓名；填发日期。

（3）在表格的下方标注"第一联统一保存"。

2. 第二联副本

本联由承办人附卷。

（1）首部。本部分与存根叙写内容基本相同，唯一不同之处在于文书名称下方注"（副本）"字样。

（2）正文。依次填写犯罪嫌疑人姓名，涉嫌的罪名。送达机关为本院侦查部门。

（3）尾部。填发文书的日期，并加盖决定逮捕的人民检察院院印。

（4）在表格的下方注明"侦查监督部门附卷"。

3. 第三联副本

本联由侦查部门附卷，其他内容与第二联相同。

4. 第四联正本

本联送达执行机关即公安机关。

正本与副本的制作内容与要求基本相同，不同之处在于：一是在首部文书名称下方无须加注；二是在表格的下方注明"第三联送达执行机关"；三是有"附：犯罪嫌疑人基本情况"字样。

5. 第五联回执

执行机关执行后退回附卷。

（1）首部。本部分与前四联基本一致，不同之处在文书名称下方注有"（回执）"字样。

（2）正文。依次填写决定逮捕的人民检察院名称，决定逮捕的时间，逮捕决定书文号，犯罪嫌疑人姓名，已执行逮捕的时间，执行逮捕的机关名称。

（3）尾部。填发文书的日期，并加盖执行机关公章。

（4）在表格的下方注明"第五联执行机关执行后退回附卷"。

逮捕决定书实行一人一文书，同案中有多个犯罪嫌疑人的必须一人填写一份。

十二、"检提捕"逮捕决定书[①]

(一) "检提捕"逮捕决定书范例

×××人民检察院
逮捕决定书
（存根）

检 提 捕 〔 〕 号

案由
犯罪嫌疑人基本情况
报请机关
送达机关
批准人
承办人
填发人
填发时间

第一联 统一保存

×××人民检察院
逮捕决定书
（副本）

检 提 捕 〔 〕 号

你院于____年__月__日以_____号报报请逮捕书报请审查逮捕犯罪嫌疑人_____，经本院审查认为，该犯罪嫌疑人涉嫌_____犯罪，根据《中华人民共和国刑事诉讼法》第七十九条和第一百六十三条的规定，决定对犯罪嫌疑人_____予以逮捕。请依法立即通知公安机关执行，并在公安机关执行逮捕三日以内将执行情况报本院。

年 月 日
（院印）

第二联 上级人民检察院侦查监督部门附卷

×××人民检察院
逮捕决定书

检 提 捕 〔 〕 号

你院于____年__月__日以_____号报报请逮捕书报请审查逮捕犯罪嫌疑人_____，经本院审查认为，该犯罪嫌疑人涉嫌_____犯罪，根据《中华人民共和国刑事诉讼法》第七十九条和第一百六十三条的规定，决定对犯罪嫌疑人_____予以逮捕。请依法立即通知公安机关执行，并在公安机关执行逮捕三日以内将执行情况报本院。

年 月 日
（院印）

第三联 支下级人民检察院

[①] 此为下级人民检察院报请上一级人民检察院审查逮捕案件时使用的文书。为做区别，本部分标题定为："检提捕"逮捕决定书。

```
┌─────────────────────────────┐   ┌─────────────────────────────┐
│      ×××人民检察院           │   │      ×××人民检察院           │
│       逮捕决定书             │   │       逮捕决定书             │
│                             │   │         （回执）             │
│                             │   │                             │
│      检　提捕〔　〕　号      │   │　　　　　　　：（同级人民检察院）│
│                             │   │    根据《中华人民共和国刑事诉讼│
│_____：（下级人民检察院同 │   │ 法》第八十八条的规定，现将____│
│级公安机关）                 │   │ ____人民检察院____年___月___ │
│    ____人民检察院于____年___│   │ ____号逮捕决定书的执行情况通知如│
│月___日以_____号报请逮捕书报│ │ 下：逮捕决定书决定逮捕的犯罪嫌疑人│
│请逮捕犯罪嫌疑人_____，经本院审│ │_____已于____年___月___日由│
│查认为，该犯罪嫌疑人涉嫌_____犯│ │_____执行逮捕。            │
│罪，根据《中华人民共和国刑事诉讼│   │                             │
│法》第七十九条和第一百六十三条的规│ │    特此通知。                │
│定，决定对犯罪嫌疑人_____予以逮│ │                             │
│捕。请依法立即执行，并在三日以内将│ │                             │
│执行情况通知_____人民检察院。│ │                             │
│                             │   │                             │
│          年　　月　　日      │   │          年　　月　　日      │
│            （院印）         │   │            （公章）         │
└─────────────────────────────┘   └─────────────────────────────┘
  第四联由下级人民检察院              第五联执行回执
     送达同级执行机关
```

（二）"检提捕"逮捕决定书概述

此逮捕决定书为上一级人民检察院在办理下级人民检察院立案侦查的案件时，认为犯罪嫌疑人的行为符合逮捕条件，决定逮捕犯罪嫌疑人时使用的法律文书。其制作的法律依据是依据《刑事诉讼法》第79条、第163条的规定。

（三）"检提捕"逮捕决定书的基本内容及制作要求

此类逮捕决定书为五联填充式文书，各联之间须填写文书编号，并加盖骑缝章。各联的基本内容与制作要求如下：

1. 第一联存根

本联主要用于审批程序，不附入卷中，而是由侦查监督部门统一存留。

（1）首部。本部分包括决定逮捕的人民检察院名称，文书名称即"逮捕决定书"，文书名称下方标注"（存根）"字样，文书编号。文书编号为固定格式，为"检提捕〔〕号"。其中"检"前为决定逮捕的人民检察院的简称；"提捕"前空格处为具体办案部门简称即"侦监"；在"〔〕"内注明文书签发年度；在"号"前空格处填写文书在当年的序号。

（2）正文。依次填写：案由；犯罪嫌疑人基本情况，包括姓名、性别、年龄、工作单位、住址、身份证号码、是否人大代表或政协委员；报请机关名称；送达机关名称；批准人、承办人、填发人姓名；填发日期。

（3）在表格的下方标注"第一联统一保存"。

2. 第二联副本

本联由承办人附卷。

（1）首部。本部分与存根叙写内容基本相同，唯一不同之处在于文书名称下方注"（副本）"字样。

（2）正文。本联送达报请逮捕的下级人民检察院，依次填写报请逮捕的时间，报请逮捕的文书号，犯罪嫌疑人姓名，涉嫌的罪名。

（3）尾部。填发文书的日期，并加盖决定逮捕的人民检察院院印。

（4）在表格的下方注明"第二联附卷"。

3. 第三联正本

本联送达报请逮捕的下级人民检察院。

正本与副本的制作内容与要求基本相同，不同之处在于：一是在首部文书名称下方无须加注；二是在表格的下方注明"第三联交下级人民检察院"。

4. 第四联正本

本联送达报请逮捕的人民检察院的同级公安机关。

其他部分与第三联相同，不同之处在于：一是正文部分的内容依次填写报请逮捕的下级人民检察院名称，报请逮捕的时间、文书号，犯罪嫌疑人姓名，涉嫌的罪名，并将执行情况通知的人民检察院；二是在表格的下方注明"第四联由下级人民检察院送达同级执行机关"。

5. 第五联回执

执行机关执行后退回附卷。

（1）首部。本部分与前三联基本一致，不同之处在文书名称下方注有"（回执）"字样。

（2）正文。依次填写决定逮捕的人民检察院名称，决定逮捕的时间，逮捕决定书文号，犯罪嫌疑人姓名，已执行逮捕的时间，执行逮捕的机关名称。

（3）尾部。填发文书的日期，并加盖执行机关公章。

（4）在表格的下方注明"第五联执行回执"。

逮捕决定书实行一人一文书，同案中有多个犯罪嫌疑人的必须一人填写一份。

十三、"检追捕"逮捕决定书

(一) "检追捕"逮捕决定书范例

×××人民检察院逮捕决定书
(存根)

检追捕〔 〕 号

案由
犯罪嫌疑人基本情况(姓名、性别、年龄、工作单位、住址、身份证号码、是否为人大代表或政协委员)
送达机关
批准人
承办人
填发人
填发时间

第一联——保存

×××人民检察院逮捕决定书
(副本)

检追捕〔 〕 号

犯罪嫌疑人_____涉嫌_____犯罪,根据《中华人民共和国刑事诉讼法》第七十九条和《人民检察院刑事诉讼规则》第三百二十一条的规定,决定予以逮捕。请依法立即执行,并将执行情况在三日以内通知本院。

年 月 日
(院印)

第二联侦查监督部门附卷

×××人民检察院逮捕决定书

检追捕〔 〕 号

犯罪嫌疑人_____涉嫌_____犯罪,根据《中华人民共和国刑事诉讼法》第七十九条和《人民检察院刑事诉讼规则》第三百二十一条的规定,决定予以逮捕。请依法立即执行,并将执行情况在三日以内通知本院。

年 月 日
(院印)

附:犯罪嫌疑人基本情况

第三联送达执行机关

×××人民检察院逮捕决定书
(回执)

_____人民检察院:

根据《中华人民共和国刑事诉讼法》第八十八条的规定,现将你院_____年_____月_____日_____号逮捕决定书的执行情况通知如下:犯罪嫌疑人_____已于_____年_____月_____日由_____执行逮捕。(或者因_____未执行逮捕。)

特此通知。

年 月 日
(公章)

第四联执行机关执行后退回附卷

① 此为人民检察院直接作出逮捕决定时适用的法律文书。为做区别,本部分标题定为:"检追捕"逮捕决定书。

第一章 侦查监督业务文书

69

（二）"检追捕"逮捕决定书概述

此逮捕决定书为人民检察院发现应当逮捕的犯罪嫌疑人而公安机关未提请批准逮捕，人民检察院直接作出逮捕决定时使用的法律文书。其制作的法律依据为《刑事诉讼法》第79条和《人民检察院刑事诉讼规则（试行）》第321条。《人民检察院刑事诉讼规则（试行）》第321条的规定："人民检察院办理审查逮捕案件，发现应当逮捕而公安机关未提请批准逮捕的犯罪嫌疑人的，应当建议公安机关提请批准逮捕。如果公安机关仍不提请批准逮捕或者不提请批准逮捕的理由不能成立的，人民检察院也可以直接作出逮捕决定，送达公安机关执行。"

（三）"检追捕"逮捕决定书的基本内容及制作要求

该文书为四联填充式文书，各联之间须填写文书编号，并加盖骑缝章。各联的基本内容与制作要求如下：

1. 第一联存根

本联主要用于审批程序，不附入卷中，而是由侦查监督部门统一存留。

（1）首部。本部分包括决定逮捕的人民检察院名称，文书名称即"逮捕决定书"，文书名称下方标注"（存根）"字样，文书编号。文书编号为固定格式，为"检追捕〔〕号"。其中"检"前为决定逮捕的人民检察院的简称；"追捕"前空格处为具体办案部门简称即"侦监"；在"〔〕"内注明文书签发年度；在"号"前空格处填写文书在当年的序号。

（2）正文。依次填写：案由；犯罪嫌疑人基本情况，包括姓名、性别、年龄、工作单位、住址、身份证号码、是否人大代表或政协委员；送达机关名称；批准人、承办人、填发人姓名；填发日期。

（3）在表格的下方标注"第一联统一保存"。

2. 第二联副本

本联由承办人附卷。

（1）首部。本部分与存根叙写内容基本相同，唯一不同之处在于文书名称下方注"（副本）"字样。

（2）正文。依次填写送达机关名称即公安机关，犯罪嫌疑人姓名及涉嫌罪名。

（3）尾部。填发文书的日期，并加盖决定逮捕的人民检察院院印。

（4）在表格的下方注明"第二联侦查监督部门附卷"。

3. 第三联正本

本联送达执行机关即公安机关。

正本与副本的制作内容与要求基本相同，不同之处在于：一是在首部文书名称下方无须加注；二是在表格的下方注明"第三联送达执行机关"；三是有

"附：犯罪嫌疑人基本情况"字样。

4. 第四联回执

执行机关执行后退回附卷。

（1）首部。本部分与前三联基本一致，不同之处在文书名称下方注有"（回执）"字样。

（2）正文。依次填写决定逮捕的人民检察院名称，决定逮捕的时间，逮捕决定书文号，犯罪嫌疑人姓名，执行时间，执行情况，执行逮捕的机关名称。

（3）尾部。填发文书的日期，并加盖执行机关公章。

（4）在表格的下方注明"第四联执行机关执行后退回附卷"。

逮捕决定书实行一人一文书，同案中有多个犯罪嫌疑人的必须一人填写一份。

十四、批准逮捕决定书

（一）批准逮捕决定书范例

××× 人民检察院
批准逮捕决定书
（存根）

检 批捕 〔 〕 号

案由
犯罪嫌疑人基本情况（姓名、性别、年龄、工作单位、住址、身份证号码、是否为人大代表或政协委员）
送达机关
批准人
承办人
填发时间

第一联统一保存

××× 人民检察院
批准逮捕决定书
（副本）

检 批捕 〔 〕 号

你_____于_____年_____月_____日以_____号提请批准逮捕书提请批准逮捕犯罪嫌疑人_____，该犯罪嫌疑人涉嫌_____罪，符合《中华人民共和国刑事诉讼法》第七十九条规定的逮捕条件，决定批准逮捕犯罪嫌疑人_____，请依法立即执行，并将执行情况在三日以内通知本院。

年　月　日
（院印）

第二联附卷

××× 人民检察院
批准逮捕决定书

检 批捕 〔 〕 号

你_____于_____年_____月_____日以_____号提请批准逮捕书提请批准逮捕犯罪嫌疑人_____，经本院审查认为，该犯罪嫌疑人涉嫌_____犯罪，符合《中华人民共和国刑事诉讼法》第七十九条规定的逮捕条件，决定批准逮捕犯罪嫌疑人_____，请依法立即执行，并将执行情况在三日以内通知本院。

年　月　日
（院印）

第三联送达侦查机关

××× 人民检察院
批准逮捕决定书
（回执）

人民检察院：
根据《中华人民共和国刑事诉讼法》第八十八条的规定，现将你院_____年_____月_____日_____号批准逮捕决定书的执行情况通知如下：（犯罪嫌疑人_____）
已于_____年_____月_____日由_____执行逮捕，或者因_____未执行逮捕）。

特此通知。

年　月　日
（公章）

第四联侦查机关退回后附卷

（二）批准逮捕决定书概述

批准逮捕决定书是人民检察院在侦查机关提请批准逮捕犯罪嫌疑人时，认为犯罪嫌疑人的行为构成犯罪，依据《刑事诉讼法》第88条和《人民检察院刑事诉讼规则（试行）》第316条、第318条、第321条的规定签发的法律文书。

《刑事诉讼法》第88条规定："人民检察院对于公安机关提请批准逮捕的案件进行审查后，应当根据情况分别作出批准逮捕或者不批准逮捕的决定。对于批准逮捕的决定，公安机关应当立即执行，并且将执行情况及时通知人民检察院。……"

（三）批准逮捕决定书的基本内容及制作要求

批准逮捕决定书为四联填充式文书，各联之间须填写文书编号，并加盖骑缝章。各联的基本内容与制作要求如下：

1. 第一联存根

本联主要用于审批程序，不附入卷中，而是由侦查监督部门统一存留。

（1）首部。本部分包括批准逮捕的人民检察院名称，文书名称即"批准逮捕决定书"，文书名称下方标注"（存根）"字样，文书编号。文书编号为固定格式，为"检批捕〔〕号"，其中"检"前为批准逮捕的人民检察院的简称；"批捕"前空格处为具体办案部门简称即"侦监"；在"〔〕"内注明文书签发年度；在"号"前空格处填写文书在当年的序号。

（2）正文。依次填写：案由；犯罪嫌疑人基本情况，包括姓名、性别、年龄、工作单位、住址、身份证号码、是否人大代表或政协委员；送达机关名称；批准人、承办人、填发人姓名；填发日期。

（3）在表格的下方标注"第一联统一保存"。

2. 第二联副本

本联由承办人附卷。

（1）首部。本部分与存根叙写内容基本相同，唯一不同之处在于文书名称下方注"（副本）"字样。

（2）正文。依次填写提请批准逮捕的机关名称，提请批准逮捕机关简称如"你局"或"你厅"，提请批准逮捕的时间，提请批准逮捕书的文号，犯罪嫌疑人姓名，涉嫌的罪名，批准逮捕犯罪嫌疑人的姓名。

（3）尾部。填发文书的日期，并加盖批准逮捕的人民检察院院印。

（4）在表格的下方注明"第二联附卷"。

3. 第三联正本

本联送达侦查机关即公安机关。

正本与副本的制作内容与要求基本相同，不同之处在于：一是在首部文书名称下方无须加注；二是在表格的下方注明"第三联送达侦查机关"。

4. 第四联回执

执行机关执行后退回附卷。

（1）首部。本部分与前三联基本一致，不同之处在文书名称下方注有"（回执）"字样。

（2）正文。依次填写批准逮捕的人民检察院名称，批准逮捕的时间，批准逮捕决定书的文号，犯罪嫌疑人的姓名，执行日期和执行情况。

（3）尾部。填发文书的日期，并加盖执行机关公章。

（4）在表格的下方注明"第四联侦查机关退回后附卷"。

批准逮捕决定书实行一人一文书，同案中有多个犯罪嫌疑人的必须一人填写一份。

十五、"检提不捕"不予逮捕决定书[1]

（一）"检提不捕"不予逮捕决定书范例

×××人民检察院
不予逮捕决定书
（存根）

检提 不捕〔 〕 号

案由
犯罪嫌疑人基本情况
不予逮捕原因
报请机关
送达机关
批准人
承办人
填发人
填发时间

第一联——保存

×××人民检察院
不予逮捕决定书
（副本）

检提 不捕〔 〕 号

你院于_____年_____月_____日以_____号文书报请逮捕犯罪嫌疑人_____，经本院审查认为：

_____，根据《中华人民共和国刑事诉讼法》第七十九条、第一百六十五条的规定，决定不予逮捕犯罪嫌疑人_____。犯罪嫌疑人已被拘留的，请依法通知公安机关立即执行，并在公安机关执行三日以内将执行情况报本院。

年 月 日
（院印）

第二联上级人民检察院报请逮捕犯罪嫌疑人的案件门附卷

×××人民检察院
不予逮捕决定书

检提 不捕〔 〕 号

你院于_____年_____月_____日以_____号文书报请逮捕犯罪嫌疑人_____，经本院审查认为：

_____，根据《中华人民共和国刑事诉讼法》第七十九条、第一百六十五条的规定，决定不予逮捕犯罪嫌疑人_____。犯罪嫌疑人已被拘留的，请依法通知公安机关立即执行，并在公安机关执行三日以内将执行情况报本院。

年 月 日
（院印）

第三联交下级人民检察院

[1] 此为省级以下人民检察院在审查下一级人民检察院报请逮捕犯罪嫌疑人的案件中使用的法律文书。为做区别，本部分标题定为："检提不捕"不予逮捕决定书。

×××人民检察院 不予逮捕决定书

检提　不捕〔　〕　号

_____：

_____人民检察院于____年____月____日以_____号文书报请逮捕犯罪嫌疑人_____，经本院审查，根据《中华人民共和国刑事诉讼法》第七十九条、第一百六十五条的规定，决定不予逮捕犯罪嫌疑人_____。请依法立即执行，并在三日以内将执行情况通知_____人民检察院。

年　月　日
（院印）

第四联由下级人民检察院送达同级执行机关

×××人民检察院 不予逮捕决定书
（回执）

_____：（同级人民检察院）

现将_____人民检察院____年____月____日_____号不予逮捕决定书的执行情况通知如下：决定不予逮捕的犯罪嫌疑人_____已于____年____月____日由_____释放/变更为_____。

特此通知。

年　月　日
（公章）

第五联执行回执

（二）"检提不捕"不予逮捕决定书概述

此不予逮捕决定书是省级以下人民检察院在审查下一级人民检察院报请逮捕犯罪嫌疑人时，认为犯罪嫌疑人的行为不符合逮捕条件或无需逮捕，根据《刑事诉讼法》第79条、第165条的规定，决定不予逮捕犯罪嫌疑人时使用的法律文书。

（三）"检提不捕"不予逮捕决定书的基本内容及制作要求

该文书为五联填充式文书，各联之间须填写文书编号，并加盖骑缝章。各联的基本内容与制作要求如下：

1. 第一联存根

本联主要用于审批程序，不附入卷中，而是由侦查监督部门统一存留。

(1) 首部。本部分包括决定不予逮捕的人民检察院名称，文书名称即"不予逮捕决定书"，文书名称下方标注"（存根）"字样，文书编号。文书编号为固定格式，为"检提不捕〔〕号"。其中"检提"前为决定不予逮捕的人民检察院的简称；"不捕"前空格处为具体办案部门简称即"侦监"；在"〔〕"内注明文书签发年度；在"号"前空格处填写文书在当年的序号。

(2) 正文。依次填写：案由；犯罪嫌疑人基本情况，包括姓名、性别、年龄、工作单位、住址、身份证号码、是否人大代表或政协委员；报请机关名称；送达机关名称；批准人、承办人、填发人姓名；填发日期。

(3) 在表格的下方标注"第一联统一保存"。

2. 第二联副本

本联由承办人附卷。

(1) 首部。本部分与存根叙写内容基本相同，唯一不同之处在于文书名称下方注"（副本）"字样。

(2) 正文。本联送达报请逮捕的下级人民检察院，依次填写报请逮捕的时间，报请逮捕的文书号，犯罪嫌疑人姓名，涉嫌的罪名。

(3) 尾部。填发文书的日期，并加盖决定不予逮捕的人民检察院院印。

(4) 在表格的下方注明"第二联附卷"。

3. 第三联正本

本联送达报请逮捕的下级人民检察院。

正本与副本的制作内容与要求基本相同，不同之处在于：一是在首部文书名称下方无须加注；二是在表格的下方注明"第三联交下级人民检察院"。

4. 第四联正本

本联送达报请逮捕的人民检察院的同级公安机关。

其他部分与第三联相同，不同之处在于：一是正文部分的内容依次填写报请逮捕的下级人民检察院名称，报请逮捕的时间、文书号，犯罪嫌疑人姓名，涉嫌的罪名，并将执行情况通知的人民检察院；二是在表格的下方注明"第四联由下级人民检察院送达同级执行机关"。

5. 第五联回执

执行机关执行后退回附卷。

(1) 首部。本部分与存根叙写内容基本相同，不同之处在文书名称下方注有"（回执）"字样。

(2) 正文。依次填写决定不予逮捕的人民检察院名称，决定不予逮捕的时间，不予逮捕决定书文号，犯罪嫌疑人姓名，不予逮捕的执行时间，执行机关名称及释放或变更强制措施的种类。

（3）尾部。填发文书的日期，并加盖执行机关公章。

（4）在表格的下方注明"第五联执行回执"。

逮捕决定书实行一人一文书，同案中有多个犯罪嫌疑人的必须一人填写一份。

十六、不予逮捕决定书[①]

（一）不予逮捕决定书范例

×××人民检察院不予逮捕决定书（存根）

检 不捕 〔 〕 号

案由
犯罪嫌疑人基本情况
不予逮捕原因
送达机关
批准人
承办人
填发人
填发时间

第一联 统一保存

×××人民检察院不予逮捕决定书（副本）

检 不捕 〔 〕 号

对 年 月 日号文书移送审查逮捕的犯罪嫌疑人 涉嫌 犯罪一案，经审查认为：

，决定不予逮捕。根据《中华人民共和国刑事诉讼法》第一百六十五条的规定，请依法立即执行，并在三日以内将执行情况通知本院。

此致

年 月 日
（院印）

第二联 侦查监督部门附卷

×××人民检察院不予逮捕决定书

检 不捕 〔 〕 号

对 年 月 日号文书移送审查逮捕的犯罪嫌疑人 涉嫌 犯罪一案，经审查认为：

，决定不予逮捕。根据《中华人民共和国刑事诉讼法》第一百六十五条的规定，请依法立即执行，并在三日以内将执行情况通知本院。

此致

年 月 日
（院印）

第三联 侦查部门附卷

[①] 此为省级以上人民检察院办理的直接立案侦查的案件中适用的文书。

×××人民检察院 不予逮捕决定书	×××人民检察院 不予逮捕决定书 （回执）
检　不捕〔　〕　号 对＿＿年＿＿月＿＿日＿＿＿号文书移送审查逮捕的犯罪嫌疑人＿＿＿＿涉嫌＿＿＿＿犯罪一案，经审查认为：＿＿＿＿＿＿＿＿＿＿＿＿＿＿＿＿＿＿＿＿，决定不予逮捕犯罪嫌疑人＿＿＿＿。根据《中华人民共和国刑事诉讼法》第一百六十五条的规定，请依法立即执行，并在三日以内将执行情况通知本院。 此致 　　　年　　月　　日 （院印）	＿＿＿＿＿人民检察院： 　　根据《中华人民共和国刑事诉讼法》第一百六十五条的规定，现将你院＿＿＿年＿＿月＿＿日＿＿号不予逮捕决定书的执行情况通知如下：（犯罪嫌疑人＿＿＿＿已于＿＿＿＿年＿＿月＿＿日由＿＿＿＿释放/变更为＿＿＿＿。） 特此通知。 　　　年　　月　　日 （公章）
第四联送达执行机关	第五联执行机关退回后附卷

（二）不予逮捕决定书概述

本文书适用于省级以上人民检察院在办理本院直接立案侦查的案件中，认为犯罪嫌疑人的行为不符合逮捕条件或者无须逮捕，根据《刑事诉讼法》第165条的规定，决定不予逮捕犯罪嫌疑人时使用的法律文书。

（三）不予逮捕决定书的基本内容及制作要求

不予逮捕决定书为五联填充式文书，各联之间须填写文书编号，并加盖骑缝章。各联的基本内容与制作要求如下：

1. 第一联存根

本联主要用于审批程序，不附入卷中，而是由侦查监督部门统一存留。

（1）首部。本部分包括决定不予逮捕的人民检察院名称，文书名称即

"不予逮捕决定书",文书名称下方标注"(存根)"字样,文书编号。文书编号为固定格式,为"检不捕〔〕号"。其中"检"前为决定不予逮捕的人民检察院的简称;"不捕"前空格处为具体办案部门简称即"侦监";在"〔〕"内注明文书签发年度;在"号"前空格处填写文书在当年的序号。

（2）正文。依次填写：案由；犯罪嫌疑人基本情况,包括姓名、性别、年龄、工作单位、住址、身份证号码、是否人大代表或政协委员；不予逮捕原因；送达机关名称；批准人、承办人、填发人姓名；填发日期。

（3）在表格的下方标注"第一联统一保存"。

2. 第二联副本

本联由侦查监督部门附卷。

（1）首部。本部分与存根叙写内容基本相同,唯一不同之处在于文书名称下方注"(副本)"字样。

（2）正文。依次填写移送审查逮捕的时间,移送审查逮捕的文书号,犯罪嫌疑人姓名,涉嫌的罪名,审查结论,即作出不予逮捕的理由和依据；犯罪嫌疑人姓名；移送审查逮捕的部门名称。

（3）尾部。填发文书的日期,并加盖决定不予逮捕的人民检察院院印。

（4）在表格的下方注明"第二联侦查监督部门附卷"。

3. 第三联正本

本联由侦查部门附卷。

正本与副本的制作内容与要求基本相同,不同之处在于：一是在首部文书名称下方无须加注；二是在表格的下方注明"第三联侦查部门附卷"。

4. 第四联正本

本联送达执行机关。

其他部分与第三联相同,不同之处在于：一是正文部分最后填写执行机关的名称；二是在表格的下方注明"第四联送达执行机关"。

5. 第五联回执

执行机关执行后退回附卷。

（1）首部。本部分与前三联基本一致,不同之处在文书名称下方注有"(回执)"字样。

（2）正文。依次填写决定不予逮捕的人民检察院名称,决定不予逮捕的时间,不予逮捕决定书文号,执行情况,包括犯罪嫌疑人姓名,执行机关及已释放或变更的强制措施种类。

（3）尾部。填发文书的日期,并加盖执行机关公章。

（4）在表格的下方注明"第五联执行机关退回后附卷"。

逮捕决定书实行一人一文书,同案中有多个犯罪嫌疑人的必须一人填写一份。

十七、不批准逮捕决定书

（一）不批准逮捕决定书范例

×××人民检察院不批准逮捕决定书（存根）

检 不批捕〔 〕 号

案由	
犯罪嫌疑人基本情况	
不批准逮捕原因	
送达机关	
批准人	
承办人	
填发人	
填发时间	

第一联统一保存

×××人民检察院不批准逮捕决定书（副本）

检 不批捕〔 〕 号

　　　　人民检察院：

　　你　 于　　年　月　日以　　号文书提请批准逮捕犯罪嫌疑人　　　，经本院审查认为：　　　　　　　　，根据《中华人民共和国刑事诉讼法》第八十八条的规定，决定不批准逮捕犯罪嫌疑人　　　。请依法立即执行，并在三日以内将执行情况通知本院。

　　　　　　　　　　　年　月　日
　　　　　　　　　　　　（院印）

第二联附卷

×××人民检察院不批准逮捕决定书

检 不批捕〔 〕 号

　　　　人民检察院：

　　你　 于　　年　月　日以　　号文书提请批准逮捕犯罪嫌疑人　　　，经本院审查认为：　　　　　　　　，根据《中华人民共和国刑事诉讼法》第八十八条的规定，决定不批准逮捕犯罪嫌疑人　　　。请依法立即执行，并在三日以内将执行情况通知本院。

　　　　　　　　　　　年　月　日
　　　　　　　　　　　　（院印）

第三联送达侦查机关

×××人民检察院不批准逮捕决定书（回执）

　　　　人民检察院：

　　根据《中华人民共和国刑事诉讼法》第八十九条的规定，现将你院　　年　　月　　日　　号不批准逮捕决定书的执行情况通知如下：犯罪嫌疑人　　　已于　　年　月　日由　　释放或者变更为　　　　。

　　特此通知。

　　　　　　　　　　　年　月　日
　　　　　　　　　　　　（公章）

第四联侦查机关退回后附卷

82

（二）不批准逮捕决定书概述

不批准逮捕决定书是人民检察院在审查侦查机关提请批准逮捕犯罪嫌疑人时，认为犯罪嫌疑人无犯罪事实或其行为不构成犯罪，根据《刑事诉讼法》第88条和《人民检察院刑事诉讼规则（试行）》第316条、第319条、第320条的规定，决定不批准逮捕犯罪嫌疑人时使用的法律文书。

《人民检察院刑事诉讼规则（试行）》第320条规定："对于人民检察院批准逮捕的决定，公安机关应当立即执行，并将执行回执及时送达作出批准决定的人民检察院；如果未能执行，也应当将回执送达人民检察院，并写明未能执行的原因。对于人民检察院决定不批准逮捕的，公安机关在收到不批准逮捕决定书后，应当立即释放在押的犯罪嫌疑人或者变更强制措施，并将执行回执在收到不批准逮捕决定书后的三日以内送达作出不批准逮捕决定的人民检察院。"

（三）不批准逮捕决定书的基本内容及制作要求

不批准逮捕决定书为四联填充式文书，各联之间须填写文书编号，并加盖骑缝章。各联的基本内容与制作要求如下：

1. 第一联存根

本联主要用于审批程序，不附入卷中，而是由侦查监督部门统一存留。

（1）首部。本部分包括不批准逮捕的人民检察院名称，文书名称即"不批准逮捕决定书"，文书名称下方标注"（存根）"字样，文书编号。文书编号为固定格式，为"检不批捕〔〕号"，其中"检"前为不批准逮捕的人民检察院的简称；"不批捕"前空格处为具体办案部门简称即"侦监"；在"〔〕"内注明文书签发年度；在"号"前空格处填写文书在当年的序号。

（2）正文。依次填写：案由；犯罪嫌疑人基本情况，包括姓名、性别、年龄、工作单位、住址、身份证号码、是否人大代表或政协委员；不批准逮捕原因，即犯罪嫌疑人行为不构成犯罪、事实不清、证据不足、不可能判处徒刑以上刑罚、没有社会危险性或者认为符合适用监视居住的条件等；批准人、承办人、填发人姓名；填发日期。

（3）在表格的下方标注"第一联统一保存"。

2. 第二联副本

本联由承办人附卷。

（1）首部。本部分与存根叙写内容基本相同，唯一不同之处在于文书名称下方注"（副本）"字样。

（2）正文。依次填写提请批准逮捕的机关名称，提请批准逮捕机关简称如"你局"或"你厅"，提请批准逮捕的时间，提请批准逮捕书的文号，犯罪嫌疑人姓名，审查结论即不批准逮捕的原因，不批准逮捕的犯罪嫌疑人的姓名。

（3）尾部。填发文书的日期，并加盖不批准逮捕的人民检察院院印。

（4）在表格的下方注明"第二联附卷"。

3. 第三联正本

本联送达侦查机关即公安机关。

正本与副本的制作内容与要求基本相同，不同之处在于：一是在首部文书名称下方无须加注；二是在表格的下方注明"第三联送达侦查机关"。

4. 第四联回执

执行机关执行后退回附卷。

（1）首部。本部分与前三联基本一致，不同之处在文书名称下方注有"（回执）"字样。

（2）正文。依次填写不批准逮捕的人民检察院名称，不批准逮捕决定书的文号，执行不批准逮捕决定书的情况，包括是否执行、执行的时间、未能执行的原因，对检察机关的不批准逮捕决定书是否有异议，是否提请复议。

（3）尾部。填发文书的日期，并加盖执行机关公章。

（4）在表格的下方注明"第四联侦查机关退回后附卷"。

不批准逮捕决定书实行一人一文书，同案中有多个犯罪嫌疑人的必须一人填写一份。

十八、撤销逮捕决定书、通知书

(一) 撤销逮捕决定书、通知书范例

×××人民检察院
撤销逮捕决定书、通知书
（存根）

检 撤捕〔 〕 号

案由
犯罪嫌疑人基本情况
送达机关
批准人
承办人
填发人
填发时间

第一联统一保存

×××人民检察院
撤销逮捕决定书
（副本）

检 撤捕〔 〕 号

本院于＿＿＿年＿＿＿月＿＿＿日＿＿＿号文书决定以涉嫌＿＿＿犯罪逮捕犯罪嫌疑人＿＿＿。现经本院审查认为＿＿＿，根据《中华人民共和国刑事诉讼法》第九十四条的规定，决定撤销＿＿＿号逮捕决定书。

年 月 日
（院印）

第二联侦查监督部门附卷

×××人民检察院
撤销逮捕决定书

检 撤捕〔 〕 号

本院于＿＿＿年＿＿＿月＿＿＿日＿＿＿号文书决定以涉嫌＿＿＿犯罪逮捕犯罪嫌疑人＿＿＿。现经本院审查认为＿＿＿，根据《中华人民共和国刑事诉讼法》第九十四条的规定，决定撤销＿＿＿号逮捕决定书。

年 月 日
（院印）

第三联交下级人民检察院

×××人民检察院撤销逮捕决定书
（回执）

检撤捕〔 〕 号

_____人民检察院：

_____人民检察院于___年___月___日_____号文书决定撤销对涉嫌_____犯罪的犯罪嫌疑人_____的逮捕决定。该犯罪嫌疑人已于___年___月___日被释放/变更为_____强制措施。

特此通知。

年　月　日
（公章）

第六联执行回执

×××人民检察院撤销逮捕通知书

检撤捕〔 〕 号

_____：

本院于___年___月___日_____号文书决定以涉嫌_____犯罪逮捕犯罪嫌疑人_____。根据《中华人民共和国刑事诉讼法》第九十四条的规定，决定撤销对其逮捕决定。

年　月　日
（院印）

第五联由下级人民检察院送达同级执行机关

×××人民检察院撤销逮捕决定书

检撤捕〔 〕 号

_____：

根据《中华人民共和国刑事诉讼法》第九十四条的规定，本院决定撤销对你的逮捕决定。

年　月　日
（院印）

第四联送达犯罪嫌疑人

（二）撤销逮捕决定书、通知书概述

撤销逮捕决定书、通知书是上一级人民检察院发现对犯罪嫌疑人采取逮捕措施不当，而予以撤销原逮捕决定时使用的法律文书。其制作依据是《刑事诉讼法》第94条的规定。

《刑事诉讼法》第94条规定："人民法院、人民检察院和公安机关如果发现对犯罪嫌疑人、被告人采取强制措施不当的，应当及时撤销或者变更。公安机关释放被逮捕的人或者变更逮捕措施的，应当通知原批准的人民检察院。"

（三）撤销逮捕决定书、通知书的基本内容及制作要求

撤销逮捕决定书、通知书为六联填充式文书，各联之间须填写文书编号，并加盖骑缝章。各联的基本内容与制作要求如下：

1. 第一联存根

本联主要用于审批程序，不附入卷中，而是由侦查监督部门统一存留。

（1）首部。本部分包括撤销逮捕决定的人民检察院名称，文书名称即"撤销逮捕决定书、通知书"，文书名称下方标注"（存根）"字样，文书编号。文书编号为固定格式，为"检撤捕〔〕号"。其中，"检"前为撤销逮捕决定的人民检察院的简称；"撤捕"前空格处为具体办案部门简称即"侦监"；在"〔〕"内注明文书签发年度；在"号"前空格处填写文书在当年的序号。

（2）正文。依次填写：案由，犯罪嫌疑人基本情况，提请批捕机关，送达机关，批准人，承办人，填发人姓名，填发日期。

（3）在表格的下方标注"第一联统一保存"。

2. 第二联副本

本联由侦查监督部门附卷。

（1）首部。本部分与存根叙写内容基本相同，不同之处在于：一是文书名称为"撤销逮捕决定书"；二是文书名称下方注"（副本）"字样。

（2）正文。依次填写下级人民检察院名称，即原报请逮捕的人民检察院名称，逮捕决定的时间，逮捕决定书文号，涉嫌罪名，犯罪嫌疑人姓名，撤销逮捕决定的理由，逮捕决定书文号。

（3）尾部。填发文书的日期，并加盖撤销逮捕决定的人民检察院院印。

（4）在表格的下方注明"第二联侦查监督部门附卷"。

3. 第三联正本

本联交下级人民检察院。

正本与副本的制作内容与要求基本相同，不同之处在于：一是在首部文书名称下方无须加注；二是在表格的下方注明"第三联交下级人民检察院"。

4. 第四联正本

本联交犯罪嫌疑人。

（1）首部。本部分与第三联内容相同。

（2）正文。填写犯罪嫌疑人姓名。

（3）尾部。填发文书的日期，并加盖撤销逮捕决定的人民检察院院印。

5. 第五联撤销逮捕通知书

本联送达执行机关。

（1）首部。本部分与第四联内容基本相同，唯一不同之处在于文书名称为"撤销逮捕通知书"。

（2）正文。依次填写执行机关名称，即与下级人民检察院同级的侦查机关名称，作出逮捕决定的时间，逮捕决定书的文号，涉嫌罪名，犯罪嫌疑人姓名。

（3）尾部。填发文书的日期，并加盖撤销逮捕决定的人民检察院院印。

6. 第六联回执

执行机关执行后退回附卷。

（1）首部。本联与第三联内容基本相同，不同之处在文书文明下方注有"（回执）"字样。

（2）正文。依次填写与执行机关同级的人民检察院名称，作出撤销逮捕决定的人民检察院名称，撤销逮捕决定的时间，撤销逮捕决定书文号，涉嫌罪名，犯罪嫌疑人姓名，执行时间，变更强制措施种类。

（3）尾部。填发文书的日期，并加盖执行机关公章。

撤销逮捕决定书实行一人一文书，同案中有多个犯罪嫌疑人的必须一人填写一份撤销逮捕决定书。

十九、维持不予逮捕决定通知书

（一）维持不予逮捕决定通知书范例

×××人民检察院
维持不予逮捕决定通知书
（存根）

检维不捕〔 〕 号

案由_____
犯罪嫌疑人基本情况_____
报请机关_____
送达机关_____
批准人_____
承办人_____
填发人_____
填发时间_____

第一联 统一保存

×××人民检察院
维持不予逮捕决定通知书
（副本）

检维不捕〔 〕 号

_____：
本院于　年　月　日以_____号文书决定不予逮捕犯罪嫌疑人_____，你院于　年　月　日以_____号文书报请重新审查。经本院重新审查认为：_____。根据《人民检察院刑事诉讼规则（试行）》第三百三十九条的规定，决定维持原不予逮捕决定。

年　月　日
（院印）

第二联 附卷

×××人民检察院
维持不予逮捕决定通知书

检维不捕〔 〕 号

_____：
本院于　年　月　日以_____号文书决定不予逮捕犯罪嫌疑人_____，你院于　年　月　日以_____号文书报请重新审查。经本院重新审查认为：_____。根据《人民检察院刑事诉讼规则（试行）》第三百三十九条的规定，决定维持原不予逮捕决定。

年　月　日
（院印）

第三联 交下级人民检察院

（二）维持不予逮捕决定通知书概述

维持不予逮捕决定通知书是上级人民检察院在下级人民检察院对本院作出的不予逮捕决定提出异议报请重新审查时，重新审查后作出维持原不予逮捕决定时使用的法律文书。其制作依据是《人民检察院刑事诉讼规则（试行）》第339条的规定。

《人民检察院刑事诉讼规则（试行）》第339条规定："下级人民检察院认为上一级人民检察院作出的不予逮捕决定有错误的，应当在收到不予逮捕决定书后五日以内报请上一级人民检察院重新审查，但是必须将已被拘留的犯罪嫌疑人立即释放或者变更为其他强制措施。上一级人民检察院侦查监督部门在收到报请重新审查逮捕意见书和案卷材料后，应当另行指派办案人员审查，在七日以内作出是否变更的决定。"

（三）维持不予逮捕决定通知书的基本内容及制作要求

该文书为三联填充式文书，各联之间须填写文书编号，并加盖骑缝章。各联的基本内容与制作要求如下：

1. 第一联存根

本联主要用于审批程序，不附入卷中，而是由侦查监督部门统一存留。

（1）首部。本部分包括维持不予逮捕决定的人民检察院名称，文书名称即"维持不予逮捕决定通知书"，文书名称下方标注"（存根）"字样，文书编号。文书编号为固定格式，为"检维不捕〔〕号"。其中，"检"前为维持不予逮捕决定的人民检察院的简称；"维不捕"前空格处为具体办案部门简称即"侦监"；在"〔〕"内注明文书签发年度；在"号"前空格处填写文书在当年的序号。

（2）正文。依次填写案由；犯罪嫌疑人基本情况；报请机关；送达机关；批准人、承办人、填发人姓名；填发日期。

（3）在表格的下方标注"第一联统一保存"。

2. 第二联副本

本联由承办人附卷。

（1）首部。本部分与存根叙写内容基本相同，唯一不同之处在于文书名称下方注"（副本）"字样。

（2）正文。依次填写下级人民检察院名称，作出不予逮捕决定的时间，不予逮捕决定书文号，报请重新审查的时间，报请重新审查的文书号，维持原不予逮捕决定的理由。

（3）尾部。填发文书的日期，并加盖维持不予逮捕决定的人民检察院院印。

（4）在表格的下方注明"第二联附卷"。

3. 第三联正本

本联交下级人民检察院。

正本与副本的制作内容与要求基本相同，不同之处在于：一是在首部文书名称下方无须加注；二是在表格的下方注明"第三联交下级人民检察院"。

维持不予逮捕决定通知书实行一人一文书，同案中有多个犯罪嫌疑人的必须一人填写一份维持不予逮捕决定通知书。

二十、撤销不予逮捕决定书

（一）撤销不予逮捕决定书范例

×××人民检察院
撤销不予逮捕决定书
（存根）

检　撤不捕〔　〕　号

案由
犯罪嫌疑人基本情况
报请逮捕机关
不予逮捕决定书文号
撤销不予逮捕决定的理由
送达机关
批准人
承办人
填发人
填发时间

第一联——保存

×××人民检察院
撤销不予逮捕决定书
（副本）

检　撤不捕〔　〕　号

本院　　年　　月　　日以　　　号不予逮捕决定书作出对涉嫌　　　犯罪的犯罪嫌疑人　　　的不予逮捕决定，你院于　　年　　月　　日以　　　号文书报请重新审查，现经本院重新审查认为：

根据《人民检察院刑事诉讼规则（试行）》第三百三十九条的规定，决定撤销对犯罪嫌疑人　　　的不予逮捕决定，　　　号不批准逮捕决定书作废。

年　　月　　日
（院印）

第二联——附卷

×××人民检察院
撤销不予逮捕决定书

检　撤不捕〔　〕　号

本院　　年　　月　　日以　　　号不予逮捕决定书作出对涉嫌　　　犯罪的犯罪嫌疑人　　　的不予逮捕决定，你院于　　年　　月　　日以　　　号文书报请重新审查，现经本院重新审查认为：

根据《人民检察院刑事诉讼规则（试行）》第三百三十九条的规定，决定撤销对犯罪嫌疑人　　　的不予逮捕决定，　　　号不批准逮捕决定书作废。

年　　月　　日
（院印）

第三联——支下级人民检察院

（二）撤销不予逮捕决定书概述

撤销不予逮捕决定书是在审查逮捕"上提一级"案件中，上级人民检察院在下级人民检察院对本院作出的不予逮捕决定提出异议报请重新审查时，重新审查后，发现原不予逮捕决定不当而予以撤销时使用的法律文书。其制作依据是《人民检察院刑事诉讼规则（试行）》第339条的规定。

（三）撤销不予逮捕决定书的基本内容及制作要求

撤销不予逮捕决定书为三联填充式文书，各联之间须填写文书编号，并加盖骑缝章。各联的基本内容与制作要求如下：

1. 第一联存根

本联主要用于审批程序，不附入卷中，而是由侦查监督部门统一存留。

（1）首部。本部分包括撤销不予逮捕决定的人民检察院名称，文书名称即"撤销不予逮捕决定书"，文书名称下方标注"（存根）"字样，文书编号。文书编号为固定格式，为"检撤不捕〔〕号"。其中，"检"前为撤销不予逮捕决定的人民检察院的简称；"撤不捕"前空格处为具体办案部门简称即"侦监"；在"〔〕"内注明文书签发年度；在"号"前空格处填写文书在当年的序号。

（2）正文。依次填写：案由；犯罪嫌疑人基本情况；报请逮捕机关；不予准逮捕决定书文号；撤销不予准逮捕决定的理由；送达机关；批准人、承办人、填发人姓名；填发日期。

（3）在表格的下方标注"第一联统一保存"。

2. 第二联副本

本联由承办人附卷。

（1）首部。本部分与存根叙写内容基本相同，唯一不同之处在于文书名称下方注"（副本）"字样。

（2）正文。依次填写报请重新审查的下级人民检察院名称，作出不予准逮捕决定的时间，不予准逮捕决定书文号，涉嫌罪名，犯罪嫌疑人姓名，撤销不予准逮捕决定的理由，犯罪嫌疑人的姓名，不予准逮捕决定书文号。

（3）尾部。填发文书的日期，并加盖撤销不予逮捕决定的人民检察院院印。

（4）在表格的下方注明"第二联附卷"。

3. 第三联正本

本联交下级人民检察院。

正本与副本的制作内容与要求基本相同，不同之处在于：一是在首部文书名称下方无须加注；二是在表格的下方注明"第三联交下级人民检察院"。

撤销不予逮捕决定书实行一人一文书，同案中有多个犯罪嫌疑人的必须一人填写一份撤销不予逮捕决定书。

二十一、撤销不批准逮捕决定书

（一）撤销不批准逮捕决定书范例

×××人民检察院
撤销不批准逮捕决定书
（存根）

检　撤不批〔　〕　号

案由
犯罪嫌疑人基本情况
提请批准逮捕机关
不批准逮捕决定书文号
撤销不批准逮捕决定的理由
送达机关
批准人
承办人
填发人
填发时间

第一联统一保存

×××人民检察院
撤销不批准逮捕决定书
（副本）

检　撤不批〔　〕　号

本院　　　年　月　日以　　　号不批准逮捕决定书作出对涉嫌　　　犯罪的犯罪嫌疑人　　　不批准逮捕决定。现经本院审查认为：　　　根据《人民检察院刑事诉讼规则（试行）》第三百二十二条的规定，决定撤销对犯罪嫌疑人　　　的不批准逮捕决定。　　　号不批准逮捕决定书作废。

年　月　日
（院印）

第二联附卷

×××人民检察院
撤销不批准逮捕决定书

检　撤不批〔　〕　号

本院　　　年　月　日以　　　号不批准逮捕决定书作出对涉嫌　　　犯罪的犯罪嫌疑人　　　不批准逮捕决定。现经本院审查认为：　　　根据《人民检察院刑事诉讼规则（试行）》第三百二十二条的规定，决定撤销对犯罪嫌疑人　　　的不批准逮捕决定。　　　号不批准逮捕决定书作废。

年　月　日
（院印）

第三联送达侦查机关

（二）撤销不批准逮捕决定书概述

撤销不批准逮捕决定书是人民检察院发现原对公安机关提请批准逮捕的案件作出的不批准逮捕决定确有错误，而予以撤销时使用的法律文书。其制作依据是《人民检察院刑事诉讼规则（试行）》第322条第2款的规定。

《人民检察院刑事诉讼规则（试行）》第322条第2款规定："对已作出的不批准逮捕决定发现确有错误，需要批准逮捕的，人民检察院应当撤销原不批准逮捕决定，并重新作出批准逮捕决定，送达公安机关执行。"

（三）撤销不批准逮捕决定书的基本内容及制作要求

撤销不批准逮捕决定书为三联填充式文书，各联之间须填写文书编号，并加盖骑缝章。各联的基本内容与制作要求如下：

1. 第一联存根

本联主要用于审批程序，不附入卷中，而是由侦查监督部门统一存留。

（1）首部。本部分包括撤销不批准逮捕的人民检察院名称，文书名称即"撤销不批准逮捕决定书"，文书名称下方标注"（存根）"字样，文书编号。文书编号为固定格式，为"检撤不批〔〕号"。其中，"检"前为撤销不批准逮捕的人民检察院的简称；"撤不批"前空格处为具体办案部门简称即"侦监"；在"〔〕"内注明文书签发年度；在"号"前空格处填写文书在当年的序号。

（2）正文。依次填写：案由；犯罪嫌疑人基本情况；提请批捕机关；不批准逮捕决定书文号；撤销不批准逮捕决定的理由；送达机关；批准人、承办人、填发人姓名；填发日期。

（3）在表格的下方标注"第一联统一保存"。

2. 第二联副本

本联由承办人附卷。

（1）首部。本部分与存根叙写内容基本相同，唯一不同之处在于文书名称下方注"（副本）"字样。

（2）正文。依次填写侦查机关名称，不批准逮捕决定的时间，不批准逮捕决定书文号，涉嫌罪名，犯罪嫌疑人姓名，撤销不批准逮捕决定的理由，犯罪嫌疑人的姓名，不批准逮捕决定书文号。

（3）尾部。填发文书的日期，并加盖撤销不批准逮捕决定的人民检察院院印。

（4）在表格的下方注明"第二联附卷"。

3. 第三联正本

本联送达侦查机关。

正本与副本的制作内容与要求基本相同，不同之处在于：一是在首部文书名称下方无须加注；二是在表格的下方注明"第三联送达侦查机关"。

撤销不批准逮捕决定书实行一人一文书，同案中有多个犯罪嫌疑人的必须一人填写一份撤销不批准逮捕决定书。

二十二、撤销不批准逮捕决定通知书

（一）撤销不批准逮捕决定通知书范例

×××人民检察院
撤销不批准逮捕决定通知书
（存根）

检　撤不批通〔　〕　号

案由
犯罪嫌疑人基本情况
提请侦查机关
不批准逮捕决定书文号
撤销不批准逮捕决定的理由
批准人
承办人
填发人
填发时间

第一联——保存

×××人民检察院
撤销不批准逮捕决定通知书
（副本）

检　撤不批通〔　〕　号

　　　　　人民检察院：
　　　　年　　月　　日以　　号不批准逮捕决定书作出对犯罪嫌疑人　　　不批准逮捕决定。现本院审查认为：　　　　　　　　。根据《人民检察院刑事诉讼规则（试行）》第三百二十四条的规定，请你院依法撤销对犯罪嫌疑人　　　的不批准逮捕决定。

年　　月　　日
（院印）

第二联附卷

×××人民检察院
撤销不批准逮捕决定通知书

检　撤不批通〔　〕　号

　　　　　人民检察院：
　　　　年　　月　　日以　　号不批准逮捕决定书作出对犯罪嫌疑人　　　不批准逮捕决定。现本院审查认为：　　　　　　　　。根据《人民检察院刑事诉讼规则（试行）》第三百二十四条的规定，请你院依法撤销对犯罪嫌疑人　　　的不批准逮捕决定。

年　　月　　日
（院印）

第三联送达下级人民检察院

（二）撤销不批准逮捕决定通知书概述

撤销不批准逮捕决定通知书是人民检察院发现原对公安机关提请批准逮捕的案件作出的不批准逮捕决定不当，而予以撤销时使用的法律文书。其制作依据是《人民检察院刑事诉讼规则（试行）》第324条的规定。

《人民检察院刑事诉讼规则（试行）》第324条规定："对公安机关提请上一级人民检察院复核的不批准逮捕的案件，上一级人民检察院侦查监督部门应当在收到提请复核意见书和案卷材料后的十五日以内由检察长或者检察委员会作出是否变更的决定，通知下级人民检察院和公安机关执行。如果需要改变原决定，应当通知作出不批准逮捕决定的人民检察院撤销原不批准逮捕决定，另行制作批准逮捕决定书。必要时，上级人民检察院也可以直接作出批准逮捕决定，通知下级人民检察院送达公安机关执行。"

（三）撤销不批准逮捕决定通知书的基本内容及制作要求

撤销不批准逮捕决定通知书为三联填充式文书，各联之间须填写文书编号，并加盖骑缝章。各联的基本内容与制作要求如下：

1. 第一联存根

本联主要用于审批程序，不附入卷中，而是由侦查监督部门统一存留。

（1）首部。本部分包括撤销不批准逮捕的人民检察院名称，文书名称即"撤销不批准逮捕决定通知书"，文书名称下方标注"（存根）"字样，文书编号。文书编号为固定格式，为"检撤不批通〔〕号"。其中，"检"前为撤销不逮捕的人民检察院的简称；"撤不批通"前空格处为具体办案部门简称即"侦监"；在"〔〕"内注明文书签发年度；在"号"前空格处填写文书在当年的序号。

（2）正文。依次填写：案由；犯罪嫌疑人基本情况；提请的侦查机关；不批准逮捕决定书文号；撤销不批准逮捕决定的理由；批准人、承办人、填发人姓名；填发日期。

（3）在表格的下方标注"第一联统一保存"。

2. 第二联副本

本联由承办人附卷。

（1）首部。本部分与存根叙写内容基本相同，唯一不同之处在于文书名称下方注"（副本）"字样。

（2）正文。依次填写作出不批准逮捕决定的人民检察院名称，不批准逮捕决定的时间，不批准逮捕决定书文号，犯罪嫌疑人姓名，撤销不批准逮捕决定的原因，犯罪嫌疑人的姓名。

（3）尾部。填发文书的日期，并加盖撤销不批准逮捕决定的人民检察院院印。

（4）在表格的下方注明"第二联附卷"。

3. 第三联正本

本联送达侦查机关。

正本与副本的制作内容与要求基本相同，不同之处在于：一是在首部文书名称下方无须加注；二是在表格的下方注明"第三联送达下级人民检察院"。

撤销不批准逮捕决定通知书实行一人一文书，同案中有多个犯罪嫌疑人的必须一人填写一份撤销不批准逮捕决定通知书。

二十三、撤销强制措施决定、通知书

（一）撤销强制措施决定、通知书范例

×××人民检察院
撤销强制措施决定书
（存根）

检　撤强〔　〕　号

案由
犯罪嫌疑人基本情况
执行机关
强制措施种类
撤销原因
批准人
承办人
填发人
填发时间

第一联统一保存

×××人民检察院
撤销强制措施决定书
（副本）

检　撤强〔　〕　号

根据《中华人民共和国刑事诉讼法》第九十四条的规定，本院决定撤销对你_____的决定。

年　月　日
（院印）

第二联附卷

×××人民检察院
撤销强制措施决定书

检　撤强〔　〕　号

根据《中华人民共和国刑事诉讼法》第九十四条的规定，本院决定撤销对你_____的决定。

年　月　日
（院印）

第三联送达犯罪嫌疑人

```
×××人民检察院
撤销强制措施通知书

            检  撤强 〔   〕  号

_____:（公安机关）
_____院____年____月____
日决定对涉嫌_____的犯罪嫌疑人__
_____采取_____措施，根据
《中华人民共和国刑事诉讼法》第九十
四条的规定，现决定撤销对其_____
__的决定。请依法立即执行，并在三日
内将执行情况通知本院。

    特此通知。


              年  月  日
                  （院印）
```

第四联送达执行机关

```
×××人民检察院
撤销强制措施通知书
         （回执）

            检  撤强 〔   〕  号

_____人民检察院：
    你院____年____月____日
_____号文书决定撤销对涉嫌_____
犯罪的犯罪嫌疑人_____的_____
决定，根据《中华人民共和国刑事诉
讼法》第九十四条的规定，现将执行
情况通知如下：（犯罪嫌疑人_____已
于____年____月____日释放或者变更
为_____。）

    特此通知。


              年  月  日
                  （公章）
```

第五联侦查机关退回后附卷

（二）撤销强制措施决定书、通知书概述

撤销强制措施决定书、通知书是人民检察院在对犯罪嫌疑人批准或决定采取强制措施后，发现采取强制措施不当的，根据《刑事诉讼法》第94条和《人民检察院刑事诉讼规则（试行）》第322条第1款、第3款的规定，依法决定撤销该强制措施时所使用的法律文书。

《刑事诉讼法》第94条规定："人民法院、人民检察院和公安机关如果发现对犯罪嫌疑人、被告人采取强制措施不当的，应当及时撤销或者变更。公安机关释放被逮捕的人或者变更逮捕措施的，应当通知原批准的人民检察院。"《人民检察院刑事诉讼规则（试行）》第322条第1款、第3款规定："对已作出的批准逮捕决定发现确有错误的，人民检察院应当撤销原批准逮捕决定，送达公安机关执行。对因撤销原批准逮捕决定而被释放的犯罪嫌疑人或者逮捕后公安机关变更为取保候审、监视居住的犯罪嫌疑人，又发现需要逮捕的，人民检察院应当重新作出逮捕决定。"

（三）撤销强制措施决定书、通知书的基本内容及制作要求

撤销强制措施决定书、通知书为五联填充式文书，各联之间须填写文书编号，并加盖骑缝章。各联的基本内容与制作要求如下：

1. 第一联存根

本联主要用于审批程序，不附入卷中，而是由侦查监督部门统一保存备查。

（1）首部。本部分包括撤销强制措施的人民检察院名称，文书名称即"撤销强制措施决定书、通知书。文书名称下方标注"（存根）"字样，文书编号，文书编号为固定格式，为"检撤强〔〕号"，其中"检"前为撤销强制措施的人民检察院的简称；"撤强"前空格处为具体办案部门简称即"侦监"；在"〔〕"内注明文书签发年度；在"号"前空格处填写文书在当年的序号。

（2）正文。依次填写：案由；犯罪嫌疑人基本情况，包括姓名、性别、年龄、工作单位、住址、身份证号码、是否人大代表或政协委员；执行机关；强制措施种类；撤销原因；批准人、承办人、填发人姓名；填发日期。

（3）在表格的下方标注"第一联统一保存"。

2. 第二联副本

本联由承办人附卷。

（1）首部。本部分与存根叙写内容基本相同，不同之处在于：一是文书名称为"撤销强制措施决定书"；二是文书名称下方注"（副本）"字样。

（2）正文。依次填写犯罪嫌疑人姓名，强制措施的种类。

（3）尾部。填发文书的日期，并加盖撤销强制措施的人民检察院院印。

（4）在表格的下方注明"第二联附卷"。

3. 第三联正本

本联送达犯罪嫌疑人。

本联与副本的制作内容与要求基本相同，不同之处在于：一是在首部文书名称下方无须加注；二是在表格的下方注明"第三联送达犯罪嫌疑人"。

4. 第四联撤销强制措施通知书

本联送达执行机关。

（1）首部。本部分包括撤销强制措施的人民检察院名称，文书名称即"撤销强制措施通知书"，文书编号。文书编号为固定格式，为"检撤强〔〕号"，其中"检"前为撤销强制措施的人民检察院的简称；"撤强"前空格处

为具体办案部门简称即"侦监";在"〔〕"内注明文书签发年度;在"号"前空格处填写文书在当年的序号。

(2)正文。依次填写执行机关名称,原批准采取强制措施的人民检察院名称、决定采取强制措施的时间,犯罪嫌疑人涉嫌的罪名,犯罪嫌疑人姓名,强制措施的种类。

(3)尾部。填发文书的日期,并加盖撤销强制措施的人民检察院院印。

(4)在表格的下方注明"第四联送达执行机关"。

5. 第五联回执

执行机关执行后退回附卷。

(1)首部。本部分与第四联基本相同,不同之处在文书名称下方注有"(回执)"字样。

(2)正文。依次填写撤销强制措施的人民检察院名称,撤销强制措施的时间及文书号,涉嫌罪名,犯罪嫌疑人姓名,强制措施种类,执行情况,包括犯罪嫌疑人姓名,释放或者变更为强制措施的时间和种类。

撤销强制措施决定书、通知书实行一人一文书,同案中有多个犯罪嫌疑人的必须一人填写一份。

二十四、复议决定书[①]

(一) 复议决定书范例

```
×××人民检察院
  复议决定书
   (存根)

检  议 〔  〕    号

案由_____
犯罪嫌疑人基本情况_____
复议决定内容_____
送达单位_____
批准人_____
承办人_____
填发人_____
填发时间_____
```
第一联——保存

```
×××人民检察院
  复议决定书
   (副本)

检  议 〔  〕    号

  对本院     号 经本院复
你 书要求复议的意见书收悉。
议认为:_____
_____
  根据《中华人民共和国刑事诉讼法》第
___条的规定,本院决定_____
_____
   此致

            年    月    日
               (院印)
```
第二联——附卷

```
×××人民检察院
  复议决定书

检  议 〔  〕    号

  对本院     号 经本
你 书要求复议的意见书收悉。
院复议认为:_____
_____
  根据《中华人民共和国刑事诉讼法》第
___条的规定,本院决定_____
_____
   此致

            年    月    日
               (院印)
```
第三联送达侦查机关

[①] 侦查机关对人民检察院的不起诉决定提出复议的,人民检察院作出复议决定时也适用本文书,只是引用的刑事诉讼法条款不同而已。

（二）复议决定书概述

复议决定书是人民检察院根据《刑事诉讼法》第90条和《人民检察院刑事诉讼规则（试行）》第323条的规定，在对侦查机关要求复议的不批捕案件复议后作出复议决定时使用的法律文书。

《刑事诉讼法》第90条规定，公安机关对人民检察院不批准逮捕的决定，认为有错误的，可以要求复议。《人民检察院刑事诉讼规则（试行）》第323条规定："对公安机关要求复议的不批准逮捕的案件，人民检察院应当另行指派审查逮捕部门办案人员复议，并在收到提请复议书和案卷材料后的七日以内作出是否变更的决定，通知公安机关。"

（三）复议决定书的基本内容及制作要求

复议决定书为三联填充式文书，各联之间须填写文书编号，并加盖骑缝章。各联的基本内容与制作要求如下：

1. 第一联存根

本联主要用于审批程序，不附入卷中，而是由侦查监督部门统一存留。

（1）首部。本部分包括作出复议决定的人民检察院名称，文书名称即"复议决定书"，文书名称下方标注"（存根）"字样，文书编号。文书编号为固定格式，为"检议〔〕号"。其中，"检"前为作出复议决定的人民检察院的简称；"议"前空格处为具体办案部门简称即"侦监"；在"〔〕"内注明文书签发年度；在"号"前空格处填写文书在当年的序号。

（2）正文。依次填写：案由；犯罪嫌疑人姓名；送达单位，即提请复议的侦查机关；复议决定内容；批准人、承办人、填发人姓名；填发日期。

（3）在表格的下方标注"第一联统一保存"。

2. 第二联副本

本联由承办人附卷。

（1）首部。本部分与存根叙写内容基本相同，唯一不同之处在于文书名称下方注"（副本）"字样。

（2）正文。依次填写提请复议的机关的简称如"你局"或"你厅"，不（予）批准逮捕决定书文号，不（予）批准逮捕决定的文书名称，复议结论，复议决定依据的刑事诉讼法条文，复议决定内容，提请复议的机关名称。

（3）尾部。填发文书的日期，并加盖作出复议决定的人民检察院院印。

（4）在表格的下方注明"第二联附卷"。

3. 第三联正本

本联送达侦查机关。

正本与副本的制作内容与要求基本相同，不同之处在于：一是在首部文书名称下方无须加注；二是在表格的下方注明"第三联送达侦查机关"。

二十五、复核决定书[①]

（一）复核决定书范例

×××人民检察院复核决定书（存根）

检核〔　〕　号

案由　_____
犯罪嫌疑人基本情况　_____
复核决定内容　_____
送达单位　_____
批准人　_____
承办人　_____
填发人　_____
填发时间　_____

×××人民检察院复核决定书（副本）

检核〔　〕　号

　　你　_____　人民检察院　_____　号意见书及案件材料收悉。提请复核的意见书及案件材料收悉。经本院复核认为：_____

　　根据《中华人民共和国刑事诉讼法》第　_____　条的规定，本院决定　_____

　　此致

　　　　　　　　　年　月　日
　　　　　　　　　　（院印）

×××人民检察院复核决定书

检核〔　〕　号

　　你　_____　人民检察院　_____　号意见书及案件材料收悉。提请复核的意见书及案件材料收悉。经本院复核认为：_____

　　根据《中华人民共和国刑事诉讼法》第　_____　条的规定，本院决定　_____

　　此致

　　　　　　　　　年　月　日
　　　　　　　　　　（院印）

×××人民检察院复核决定通知书

检核〔　〕　号

　_____　人民检察院：

　　对你院　_____　号提请本院复核的　_____　书，经本院复核认为：_____

　　根据《中华人民共和国刑事诉讼法》第　_____　条的规定，本院决定　_____

　　特此通知

　　　　　　　　　年　月　日
　　　　　　　　　　（院印）

第一联统一保存　　第二联附卷　　第三联送达下级侦查机关　　第四联送达作出决定的下级人民检察院

① 侦查机关对人民检察院的不起诉决定提出复核的，人民检察院作出复核决定时也适用本文书，只是引用的刑事诉讼法条款不同而已。

106

（二）复核决定书概述

复核决定书是人民检察院在侦查机关认为不批捕决定有错误，要求作出决定的人民检察院复议，意见未被接受，向上一级人民检察院提请复核，上一级人民检察院对此作出复核决定时使用的法律文书。该文书的制作依据是《刑事诉讼法》第 90 条和《人民检察院刑事诉讼规则（试行）》第 324 条的规定。

《刑事诉讼法》第 90 条规定："公安机关对人民检察院不批准逮捕的决定，认为有错误的，可以要求复议，但是必须将被拘留的人立即释放。如果意见不被接受，可以向上一级人民检察院提请复核。上级人民检察院应当立即复核，作出是否变更的决定，通知下级人民检察院和公安机关执行。"《人民检察院刑事诉讼规则（试行）》第 324 条规定："对公安机关提请上一级人民检察院复核的不批准逮捕的案件，上一级人民检察院应当在收到提请复核意见书和案卷材料后的十五日以内由检察长或者检察委员会作出是否变更的决定，通知下级人民检察院和公安机关执行。如果需要改变原决定，应当通知作出不批准逮捕决定的人民检察院撤销原决定，另行制作批准逮捕决定书。必要时，上级人民检察院也可以直接作出批准逮捕决定，通知下级人民检察院和公安机关执行。"

（三）复核决定书的基本内容及制作要求

复核决定书为四联填充式文书，各联之间须填写文书编号，并加盖骑缝章。各联的基本内容与制作要求如下：

1. 第一联存根

本联主要用于审批程序，不附入卷中，而是由侦查监督部门统一保存备查。

（1）首部。本部分包括作出复核决定的人民检察院名称，文书名称即"复核决定书"，文书名称下方标注"（存根）"字样，文书编号。文书编号为固定格式，为"检核〔〕号"。其中，"检"前为作出复核决定的人民检察院的简称；"核"前空格处为具体办案部门简称即"侦监"；在"〔〕"内注明文书签发年度；在"号"前空格处填写文书在当年的序号。

（2）正文。依次填写：案由；犯罪嫌疑人姓名；送达单位，即提请复核的侦查机关名称；复核决定内容，即是维持原不批捕决定还是撤销下级人民检察院的不批捕决定；批准人、承办人、填发人姓名；填发日期。

（3）在表格的下方标注"第一联统一保存"。

2. 第二联副本

本联由承办人附卷。

（1）首部。本部分与存根叙写内容基本相同，唯一不同之处在于文书名称下方注"(副本)"字样。

(2) 正文。依次填写提请复核机关的简称,如"你局"或"你厅";下一级人民检察院名称;下一级人民检察院不批捕决定书文号;不批捕决定书名称;复核结论,即对下级人民检察院不批捕的理由作出判断,如在"经本院复核认为"后填写"本案事实不清、证据不足";复核决定,即是维持原不批捕决定还是撤销下级人民检察院的不批捕决定;提请复核机关的名称。

(3) 尾部。填发文书的日期,并加盖作出复核决定的人民检察院院印。

(4) 在表格的下方标注"第二联附卷"。

3. 第三联正本

本联送达提请复核的侦查机关。

本联与副本的制作内容与要求基本相同,不同之处在于:一是在首部文书名称下方无须加注;二是在表格的下方注明"第三联送达下级侦查机关"。

4. 第四联复核决定通知书

本联送达作出不批捕决定的下级人民检察院。

(1) 首部。本部分包括作出复核决定的人民检察院名称;文书名称,即"复核决定通知书";文书编号。文书编号为固定格式,为"检核〔〕号"。其中,"检"前为作出复核决定的人民检察院的简称;"核"前空格处为具体办案部门简称即"侦监";在"〔〕"内注明文书签发年度;在"号"前空格处填写文书在当年的序号。

(2) 正文。依次填写下级人民检察院名称;提请复核的侦查机关名称;不批捕决定书文号;不批捕决定书名称;复核结论,即对下级人民检察院不批捕的理由作出判断,如在"经本院复核认为"后填写"本案事实不清、证据不足";复核决定,即是维持原不批捕决定还是撤销下级人民检察院的不批捕决定。

(3) 尾部。填发文书的日期,并加盖作出复核决定的人民检察院院印。

(4) 在表格的下方为"第四联送达作出决定的下级人民检察院"。

二十六、提请批准延长侦查羁押期限报告书

（一）提请批准延长侦查羁押期限报告书范例

**×××人民检察院
提请批准延长
侦查羁押期限报告书**
（存根）

检请延〔 〕 号

案由
犯罪嫌疑人基本情况
提请批准延长理由
提请批准延长期限
批准人
承办人
填发人
填发时间

第一联统一保存

**×××人民检察院
提请批准延长
侦查羁押期限报告书**
（副本）

检请延〔 〕 号

　　　　人民检察院：
　　　　人民检察院　年　月　日以　号逮捕决定书决定逮捕并于　年　月　日予以执行的涉嫌　犯　罪的犯罪嫌疑人　，因期限届满不能侦查终结，经本院审查认为该犯罪嫌疑人　（说明继续羁押必要性的理由和依据）
，仍有继续羁押的必要，根据《中华人民共和国刑事诉讼法》第　条的规定，特提请批准对该犯罪嫌疑人延长侦查羁押期限　个月，自　年　月　日至　年　月　日。

（院印）
　　　年　月　日

第二联附卷

**×××人民检察院
提请批准延长
侦查羁押期限报告书**

检请延〔 〕 号

　　　　人民检察院：
　　　　人民检察院　年　月　日以　号逮捕决定书决定逮捕并于　年　月　日予以执行的涉嫌　犯　罪的犯罪嫌疑人　，因期限届满不能侦查终结，经本院审查认为该犯罪嫌疑人　（说明继续羁押必要性的理由和依据）
，仍有继续羁押的必要，根据《中华人民共和国刑事诉讼法》第　条的规定，特提请批准对该犯罪嫌疑人延长侦查羁押期限　个月，自　年　月　日至　年　月　日。

（院印）
　　　年　月　日

第三联报送有权批准的人民检察院

(二) 提请批准延长侦查羁押期限报告书概述

提请批准延长侦查羁押期限报告书是人民检察院对需要延长侦查羁押期限的案件，依据《刑事诉讼法》第154—157条和《人民检察院刑事诉讼规则（试行）》第274—277条的规定，报请上级人民检察院批准延长侦查羁押期限时制作的法律文书。

《刑事诉讼法》第154条规定："对犯罪嫌疑人逮捕后的侦查羁押期限不得超过二个月。案情复杂、期限届满不能侦查终结的案件，可以经上一级人民检察院批准延长一个月。"第155条规定："因为特殊原因，在较长时间内不宜交付审判的特别重大复杂的案件，由最高人民检察院报请全国人民代表大会常务委员会批准延期审理。"第156条规定："下列案件在本法第一百五十四条规定的期限届满不能侦查终结的，经省、自治区、直辖市人民检察院批准或者决定，可以延长二个月：（一）交通十分不便的边远地区的重大复杂案件；（二）重大的犯罪集团案件；（三）流窜作案的重大复杂案件；（四）犯罪涉及面广，取证困难的重大复杂案件。"第157条规定："对犯罪嫌疑人可能判处十年有期徒刑以上刑罚，依照本法第一百五十六条规定延长期限届满，仍不能侦查终结的，经省、自治区、直辖市人民检察院批准或者决定，可以再延长二个月。"

根据《人民检察院刑事诉讼规则（试行）》第275条、第276条规定，省级人民检察院直接立案侦查的案件，案件属于《刑事诉讼法》第156条、第157条规定的情形的，可以直接决定延长2个月。第277条规定："最高人民检察院直接受理立案侦查的案件，依照刑事诉讼法的规定需要延长侦查羁押期限的，直接决定延长侦查羁押期限。"

(三) 提请批准延长侦查羁押期限报告书的基本内容及制作要求

提请批准延长侦查羁押期限报告书为三联填充式文书，各联之间须填写文书编号，并加盖骑缝章。各联的基本内容与制作要求如下：

1. 第一联存根

本联主要用于审批程序，不附入卷中，而是由侦查监督部门统一存留。

（1）首部。本部分包括提请延长侦查羁押期限的人民检察院名称；文书名称，即"提请批准延长侦查羁押期限报告书"；文书名称下方标注"（存根）"字样；文书编号。文书编号为固定格式，为"检请延〔〕号"。其中，"检"前为提请延长侦查羁押期限的人民检察院的简称；"请延"前空格处为具体办案部门简称即"侦监"；在"〔〕"内注明文书签发年度；在"号"前空格处填写文书在当年的序号。

（2）正文。依次填写：案由；犯罪嫌疑人基本情况，包括姓名、性别、年龄、工作单位、住址、身份证号码、是否人大代表或政协委员；提请批准延长理由；提请批准延长期限；批准人、承办人、填发人姓名；填发日期。

（3）在表格的下方标注"第一联统一保存"。

2. 第二联副本

本联由承办人附卷。

（1）首部。本部分与存根叙写内容基本相同，唯一不同之处在于文书名称下方注"（副本）"字样。

（2）正文。依次填写：有权批准延长侦查羁押期限的人民检察院名称；案件批准或决定逮捕的人民检察院名称；案件批准或决定逮捕的时间；批准或决定逮捕文书的文号；执行逮捕时间；涉嫌罪名犯罪嫌疑人姓名；期限届满不能侦查终结的原因；犯罪嫌疑人姓名；继续羁押必要性的理由和依据适用刑事诉讼法的条文；延长侦查羁押的期限；起止年月日。

（3）尾部。填发文书的日期，并加盖提请延长侦查羁押期限的人民检察院院印。

（4）在表格的下方标注"第二联附卷"。

3. 第三联正本

本联报送有权批准延长侦查羁押期限的人民检察院。

正本与副本的制作内容与要求基本相同，不同之处在于：一是在首部文书名称下方无须加注；二是在表格的下方注明"第三联报送有权批准的人民检察院"。

二十七、批准延长侦查羁押期限决定书

（一）批准延长侦查羁押期限决定书范例

×××人民检察院
批准延长
侦查羁押期限决定书
（存根）

检准延〔　〕　号

案由
犯罪嫌疑人基本情况
送达机关
批准延长理由
延长期限自＿＿＿年＿＿＿月＿＿＿日起至＿＿＿年＿＿＿月＿＿＿日止，共＿＿＿个月。
批准人
承办人
填发人
填发时间

第一联统一保存

×××人民检察院
批准延长侦查羁押期限决定书
（副本）

检准延〔　〕　号

：
你＿＿＿于＿＿＿年＿＿＿月＿＿＿日以＿＿＿号文书提请批准延长羁押期限，经审查认为＿＿＿的侦查羁押期限，经审查认为＿＿＿的理由），（延长羁押期限的理由），且＿＿＿（说明继续羁押必要性的理由，依据），确有羁押的必要，根据《中华人民共和国刑事诉讼法》第＿＿＿条的规定，批准对犯罪嫌疑人＿＿＿延长羁押期限＿＿＿个月，自＿＿＿年＿＿＿月＿＿＿日至＿＿＿年＿＿＿月＿＿＿日。

年　　月　　日
（院印）

第二联附卷

×××人民检察院
批准延长侦查羁押期限决定书

检准延〔　〕　号

：
你＿＿＿于＿＿＿年＿＿＿月＿＿＿日以＿＿＿号文书提请批准延长羁押期限，经审查认为＿＿＿的侦查羁押期限，经审查认为＿＿＿的理由），（延长羁押期限的理由），且＿＿＿（说明继续羁押必要性的理由，依据），确有羁押的必要，根据《中华人民共和国刑事诉讼法》第＿＿＿条的规定，批准对犯罪嫌疑人＿＿＿延长羁押期限＿＿＿个月，自＿＿＿年＿＿＿月＿＿＿日至＿＿＿年＿＿＿月＿＿＿日。

年　　月　　日
（院印）

第三联送送提请机关

112

（二）批准延长侦查羁押期限决定书概述

批准延长侦查羁押期限决定书是上级人民检察院依据《刑事诉讼法》第154—157条和《人民检察院刑事诉讼规则（试行）》第274—279条的规定，批准下级人民检察院或侦查机关提请批准延长侦查羁押期限时所制作的法律文书。

（三）批准延长侦查羁押期限决定书的基本内容及制作要求

批准延长侦查羁押期限决定书为三联填充式文书，各联之间须填写文书编号，并加盖骑缝章。各联的基本内容与制作要求如下：

1. 第一联存根

本联主要用于审批程序，不附入卷中，而是由侦查监督部门统一存留。

（1）首部。本部分包括批准延长侦查羁押期限的人民检察院名称；文书名称，即"批准延长侦查羁押期限决定书"；文书名称下方标注"（存根）"字样；文书编号。文书编号为固定格式，为"检准延〔〕号"。其中，"检"前为批准延长侦查羁押期限的人民检察院的简称；"准延"前空格处为具体办案部门简称即"侦监"；在"〔〕"内注明文书签发年度；在"号"前空格处填写文书在当年的序号。

（2）正文。依次填写：案由；犯罪嫌疑人基本情况，包括姓名、性别、年龄、工作单位、住址、身份证号码、是否人大代表或政协委员；送达机关；批准延长理由；延长期限起止时间及期限；批准人、承办人、填发人姓名；填发日期。

（3）在表格的下方标注"第一联统一保存"。

2. 第二联副本

本联由承办人附卷。

（1）首部。本部分与存根叙写内容基本相同，唯一不同之处在于文书名称下方注"（副本）"字样。

（2）正文。依次填写：提请批准延长侦查羁押期限的人民检察院名称；提请批准延长侦查羁押期限的侦查的名称；侦查机关的简称，如"你局"、"你厅（院）"；提请批准延长侦查羁押期限的时间；提请批准延长侦查羁押期限报告书的文号；犯罪嫌疑人的姓名；延长羁押期限的理由；说明继续羁押必要性的理由和依据；批准延长侦查羁押期限适用的刑事诉讼法条款；犯罪嫌疑人的姓名；批准延长侦查羁押的期限；起止年月日。

（3）尾部。填发文书的日期，并加盖批准延长侦查羁押期限的人民检察院院印。

（4）在表格的下方标注"第二联附卷"。

3. 第三联正本

本联送达提请批准延长侦查羁押期限的机关。

正本与副本的制作内容与要求基本相同,不同之处在于:一是在首部文书名称下方无须加注;二是在表格的下方注明"第三联送达提请机关"。

二十八、不批准延长侦查羁押期限决定书

（一）不批准延长侦查羁押期限决定书范例

×××人民检察院
不批准延长侦查羁押期限决定书
（存根）

检 不准延 〔 〕 号

案由
犯罪嫌疑人基本情况
送达机关
不批准理由
审批人
承办人
填发人
填发时间

第一联统一保存

×××人民检察院
不批准延长侦查羁押期限决定书
（副本）

检 不准延 〔 〕 号

你____于____年____月____日以____号文书提请批准延长犯罪嫌疑人____的侦查羁押期限，经审查认为____，决定不批准延长该犯罪嫌疑人侦查羁押期限。

年 月 日
（院印）

第二联附卷

×××人民检察院
不批准延长侦查羁押期限决定书

检 不准延 〔 〕 号

你____于____年____月____日以____号文书提请批准延长犯罪嫌疑人____的侦查羁押期限，经审查认为____，决定不批准延长该犯罪嫌疑人侦查羁押期限。

年 月 日
（院印）

第三联送达提请机关

（二）不批准延长侦查羁押期限决定书概述

不批准延长侦查羁押期限决定书是上级人民检察院不批准下级人民检察院或侦查机关提请批准延长侦查羁押期限时使用的法律文书。其制作依据是《刑事诉讼法》第154—157条和《人民检察院刑事诉讼规则（试行）》第274—279条的规定。

（三）不批准延长羁押期限决定书的基本内容及制作要求

不批准延长侦查羁押期限决定书为三联填充式文书，各联之间须填写文书编号，并加盖骑缝章。各联的基本内容与制作要求如下：

1. 第一联存根

本联主要用于审批程序，不附入卷中，而是由侦查监督部门统一留存备查。

（1）首部。本部分包括不批准延长侦查羁押期限的人民检察院名称；文书名称，即"不批准延长侦查羁押期限决定书"；文书名称下方标注"（存根）"字样；文书编号。文书编号为固定格式，为"检不准延〔〕号"，其中"检"前为不批准延长侦查羁押期限的人民检察院的简称；"不准延"前空格处为具体办案部门简称即"侦监"；在"〔〕"内注明文书签发年度；在"号"前空格处填写文书在当年的序号。

（2）正文。依次填写：案由；犯罪嫌疑人基本情况，包括姓名、性别、年龄、工作单位、住址、身份证号码、是否人大代表或政协委员；送达机关；不批准理由；审批人、承办人、填发人姓名；填发日期。

（3）在表格的下方标注"第一联统一保存"。

2. 第二联副本

本联由承办人附卷。

（1）首部。本部分与存根叙写内容基本相同，唯一不同之处在于文书名称下方注"（副本）"字样。

（2）正文。依次填写：提请批准延长侦查羁押期限的单位名称；提请批准延长侦查羁押期限的单位的简称，如"你院"、"你局"；提请批准延长侦查羁押期限的时间；提请延长侦查羁押期限报告书的文号；犯罪嫌疑人的姓名；审查结论，此栏简要填写不批准延长侦查羁押期限的理由。

（3）尾部。填发文书的日期，并加盖不批准延长侦查羁押期限的人民检察院院印。

（4）在表格的下方标注"第二联附卷"。

3. 第三联正本

本联送达提请机关。

（1）首部。本部分与副本的制作内容与要求基本相同，不同之处在于文书名称下方无须加注。

（2）正文。依次填写：提请延长侦查羁押期限机关的名称；提请延长侦查羁押期限机关的简称，如"你院"、"你局"；提请批准延长侦查羁押期限的时间；提请延长侦查羁押期限报告书的文号；犯罪嫌疑人的姓名；审查结论，此栏简要填写不批准延长侦查羁押期限的理由。

（3）尾部。填发文书的日期，并加盖不批准延长侦查羁押期限的人民检察院院印。

（4）在表格的下方注明"第三联送达提请机关"。

二十九、延长侦查羁押期限决定、通知书

（一）延长侦查羁押期限决定、通知书范例

×××人民检察院延长侦查羁押期限决定、通知书（存根）

检延决〔 〕号

案由_____

犯罪嫌疑人基本情况_____

送达机关_____

延长期限原因_____

延长羁押期限自___年___月___日起至___年___月___日止，共___个月。

批准人_____

承办人_____

填发人_____

填发时间_____

第一联统一保存

×××人民检察院延长侦查羁押期限决定书（副本）

检延决〔 〕号

本院于___年___月___日以___号逮捕决定书决定逮捕犯罪嫌疑人_____涉嫌_____一案，因_____，经本院审查认为_____（说明继续羁押必要性的理由和依据），仍有继续羁押的必要，根据《中华人民共和国刑事诉讼法》第___条的规定，决定延长对犯罪嫌疑人_____的侦查羁押期限___个月，自___年___月___日起至___年___月___日止。

（院印）

___年___月___日

第二联侦查监督部门附卷

×××人民检察院延长侦查羁押期限决定书

检延决〔 〕号

本院于___年___月___日以___号逮捕决定书决定逮捕犯罪嫌疑人_____涉嫌_____一案，因_____，经本院审查认为_____（说明继续羁押必要性的理由和依据），仍有继续羁押的必要，根据《中华人民共和国刑事诉讼法》第___条的规定，决定延长对犯罪嫌疑人_____的侦查羁押期限___个月，自___年___月___日起至___年___月___日止。

（院印）

___年___月___日

本决定已于___年___月___日向我宣告。

宣告人：

犯罪嫌疑人宣告后侦查部门附卷

第三联向犯罪嫌疑人宣告后侦查部门附卷

×××人民检察院延长侦查羁押期限通知书

检延决〔 〕号

_____：（看守所/监狱名称）

本院于___年___月___日以___号逮捕决定书决定逮捕犯罪嫌疑人_____涉嫌_____一案，因犯罪嫌疑人_____满不能侦查终结，根据《中华人民共和国刑事诉讼法》第___条的规定，决定延长对犯罪嫌疑人_____的侦查羁押期限___个月，自___年___月___日起至___年___月___日止。

（院印）

___年___月___日

第四联送送看守所

118

（二）延长侦查羁押期限决定、通知书概述

延长侦查羁押期限决定、通知书是省级以上人民检察院根据《刑事诉讼法》第 156 条、第 157 条和《人民检察院刑事诉讼规则（试行）》第 275—277 条的规定，对本院自行侦查的案件直接决定延长侦查羁押期限时使用的法律文书。

《刑事诉讼法》第 156 条规定："下列案件在本法第一百五十四条规定的期限届满不能侦查终结的，经省、自治区、直辖市人民检察院批准或者决定，可以延长二个月：（一）交通十分不便的边远地区的重大复杂案件；（二）重大的犯罪集团案件；（三）流窜作案的重大复杂案件；（四）犯罪涉及面广，取证困难的重大复杂案件。"第 157 条规定："对犯罪嫌疑人可能判处十年以上有期徒刑以上刑罚，依照本法第一百五十六条规定延长期限届满，仍不能侦查终结的，经省、自治区、直辖市人民检察院批准或者决定，可以再延长二个月。"根据《人民检察院刑事诉讼规则（试行）》第 275 条、第 276 条规定，省级人民检察院直接立案侦查的案件，案件属于《刑事诉讼法》第 156 条、第 157 条规定的情形的，可以直接决定延长 2 个月。第 227 条规定："最高人民检察院直接立案侦查的案件，依照刑事诉讼法的规定需要延长侦查羁押期限的，直接决定延长侦查羁押期限。"

（三）延长侦查羁押期限决定、通知书的基本内容及制作要求

延长侦查羁押期限决定、通知书为四联填充式文书，各联之间须填写文书编号，并加盖骑缝章。各联的基本内容与制作要求如下：

1. 第一联存根

本联主要用于审批程序，不附入卷中，而是由侦查监督部门统一保存备查。

（1）首部。本部分包括作出延长侦查羁押期限决定、通知的人民检察院名称；文书名称，即"延长侦查羁押期限决定、通知书"，文书名称下方标注"(存根)"字样；文书编号。文书编号为固定格式，为"检延决〔〕号"。其中，"检"前为作出延长侦查羁押期限决定、通知的人民检察院的简称；"延决"前空格处为具体办案部门简称即"侦监"；在"〔〕"内注明文书签发年度；在"号"前空格处填写文书在当年的序号。

（2）正文。依次填写：案由；犯罪嫌疑人基本情况，包括姓名、性别、年龄、工作单位、住址、身份证号码、是否人大代表或政协委员；送达机关；延长原因；延长期限批准人、承办人、填发人姓名；填发日期。

（3）在表格的下方标注"第一联统一保存"。

2. 第二联副本

本联由侦查监督部门附卷。

（1）首部。本部分与存根叙写内容基本相同，不同之处在于：一是文书名称为"延长侦查羁押期限决定书"；二是文书名称下方注"（副本）"字样。

（2）正文。依次填写：逮捕决定书的时间；逮捕决定书的文号；犯罪嫌疑人涉嫌的罪名；犯罪嫌疑人的姓名；期限届满不能侦查终结的原因；说明继续羁押必要性的理由和依据；决定延长侦查羁押期限适用的刑事诉讼法条文；犯罪嫌疑人的姓名；延长侦查羁押的期限及起止时间。

（3）尾部。填发文书的日期，并加盖作出决定的人民检察院院印。

（4）在表格的下方标注"第二联侦查监督部门附卷"。

3. 第三联正本

本联向犯罪嫌疑人宣告后侦查部门附卷。

本联与副本的制作内容与要求基本相同，不同之处在于：一是在首部文书名称下方无须加注；二是在尾部增加一栏，犯罪嫌疑人填写宣告时间并签名，宣告人签名；三是在表格的下方注明"第三联向犯罪嫌疑人宣告后侦查部门附卷"。

4. 第四联延长侦查羁押期限通知书

本联送达羁押犯罪嫌疑人的看守所。

（1）首部。本部分包括作出延长侦查羁押期限决定的人民检察院名称；文书名称，即"延长侦查羁押期限通知书"；文书编号。文书编号为固定格式，为"检延决〔〕号"。其中，"检"前为作出延长侦查羁押期限决定的人民检察院的简称；"延决"前空格处为具体办案部门简称即"侦监"；在"〔〕"内注明文书签发年度；在"号"前空格处填写文书在当年的序号。

（2）正文。依次填写：羁押犯罪嫌疑人的看守所名称；逮捕决定书的时间；逮捕决定书的文号；犯罪嫌疑人涉嫌的罪名；犯罪嫌疑人的姓名；期限届满不能侦查终结的原因；决定延长侦查羁押期限适用的刑事诉讼法条文；犯罪嫌疑人的姓名；延长侦查羁押的期限及起止时间。

（3）尾部。填发文书的日期，并加盖作出延长侦查羁押期限决定的人民检察院院印。

（4）在表格的下方为"第四联送达看守所"。

三十、重新计算侦查羁押期限决定、通知书

（一）重新计算侦查羁押期限决定、通知书范例

×××人民检察院重新计算侦查羁押期限决定、通知书
（存根）

检重计〔 〕 号

案由	
犯罪嫌疑人基本情况	
逮捕时间	
涉嫌罪名	
侦查中发现另有的重要罪行	
重新计算羁押期限开始时间	
批准人	
承办人	
填发人	
填发时间	

第一联统一保存

×××人民检察院重新计算侦查羁押期限决定书
（副本）

检重计〔 〕 号

　　___院___年___月___日___号逮捕决定书以涉嫌___罪逮捕的犯罪嫌疑人___，侦查中发现其另犯有___罪行，根据《中华人民共和国刑事诉讼法》第一百五十八条的规定，决定自___年___月___日起重新计算侦查羁押期限。

　　　　　　　　　　　　年　月　日
　　　　　　　　　　　　（院印）

第二联侦查监督部门附卷

×××人民检察院重新计算侦查羁押期限决定书

检重计〔 〕 号

　　___院___年___月___日___号逮捕决定书以涉嫌___罪逮捕的犯罪嫌疑人___，侦查中发现其另犯有___罪行，根据《中华人民共和国刑事诉讼法》第一百五十八条的规定，决定自___年___月___日起重新计算侦查羁押期限。

　　本决定已于___年___月___日向我宣告。

　　　　　　　　　　　　（院印）

　　犯罪嫌疑人：
　　宣告人：

第三联向犯罪嫌疑人宣告后侦查部门附卷

×××人民检察院重新计算侦查羁押期限通知书

检重计〔 〕 号

看守所：

　　___院___年___月___日___号逮捕决定书以涉嫌___罪逮捕的犯罪嫌疑人___，侦查中发现其另犯有___罪行，根据《中华人民共和国刑事诉讼法》第一百五十八条的规定，决定自___年___月___日起重新计算侦查羁押期限。特此通知。

　　　　　　　　　　　　年　月　日
　　　　　　　　　　　　（院印）

第四联送达看守所

（二）重新计算侦查羁押期限决定、通知书概述

重新计算侦查羁押期限决定、通知书是人民检察院对已被逮捕的犯罪嫌疑人在侦查期间发现另有重要罪行，根据《刑事诉讼法》第158条第1款和《人民检察院刑事诉讼规则（试行）》第281条、第282条的规定，决定自发现之日起重新计算侦查羁押的期限时使用的法律文书。

《刑事诉讼法》第158条第1款规定："在侦查期间，发现犯罪嫌疑人另有重要罪行的，自发现之日起依照本法第一百五十四条的规定重新计算侦查羁押期限。"《人民检察院刑事诉讼规则（试行）》第281条第2款规定："另有罪行是指与逮捕时的罪行不同种的重大犯罪和同种的将影响罪名认定、量刑档次的重大犯罪。"第282条规定："人民检察院重新计算侦查羁押期限，应当由侦查部门提出重新计算侦查羁押期限的意见，移送本院侦查监督部门审查。侦查监督部门审查后应当提出是否同意重新计算侦查羁押期限的意见，报检察长决定。"

（三）重新计算侦查羁押期限决定、通知书的基本内容及制作要求

重新计算侦查羁押期限决定、通知书为四联填充式文书，各联之间须填写文书编号，并加盖骑缝章。各联的基本内容与制作要求如下：

1. 第一联存根

本联主要用于审批程序，不附入卷中，而是由侦查监督部门统一保存备查。

（1）首部。本部分包括作出重新计算侦查羁押期限决定的人民检察院名称；文书名称即"重新计算侦查羁押期限决定、通知书"，文书名称下方标注"（存根）"字样；文书编号。文书编号为固定格式，为"检重计〔〕号"。其中，"检"前为作出重新计算侦查羁押期限决定的人民检察院的简称；"重计"前空格处为具体办案部门简称即"侦监"；在"〔〕"内注明文书签发年度；在"号"前空格处填写文书在当年的序号。

（2）正文。依次填写：案由；犯罪嫌疑人基本情况，包括姓名、性别、年龄、工作单位、住址、身份证号码、是否人大代表或政协委员；逮捕时间；涉嫌罪名；侦查中发现另有的重要罪行；重新计算羁押期限开始时间；批准人、承办人、填发人姓名；填发日期。

（3）在表格的下方标注"第一联统一保存"。

2. 第二联副本

本联由侦查监督部门附卷。

（1）首部。本部分与存根叙写内容基本相同，不同之处在于：一是文书名称为重新计算侦查羁押期限决定书；二是文书名称下方注"（副本）"字样。

（2）正文。依次填写：作出决定逮捕的人民检察院名称；逮捕决定书的时间；逮捕决定书的文号；犯罪嫌疑人涉嫌的罪名；犯罪嫌疑人的姓名；侦查中发现其另犯有的罪行；决定重新计算羁押期限开始的时间。

（3）尾部。填发文书的日期，并加盖作出决定的人民检察院院印。

（4）在表格的下方标注"第二联侦查监督部门附卷"。

3. 第三联正本

本联向犯罪嫌疑人宣告后侦查部门附卷。

本联与副本的制作内容与要求基本相同，不同之处在于：一是在首部文书名称下方无须加注；二是在尾部增加一栏，犯罪嫌疑人填写宣告时间并签名，宣告人签名；三是在表格的下方注明"第三联向犯罪嫌疑人宣告后侦查部门附卷"。

4. 第四联重新计算侦查羁押期限通知书

本联送达羁押犯罪嫌疑人的看守所。

（1）首部。本部分包括作出重新计算侦查羁押期限决定的人民检察院名称；文书名称，即"重新计算侦查羁押期限通知书"；文书编号。文书编号为固定格式，为"检重计〔〕号"。其中，"检"前为作出重新计算侦查羁押期限决定的人民检察院的简称；"重计"前空格处为具体办案部门简称即"侦监"；在"〔〕"内注明文书签发年度；在"号"前空格处填写文书在当年的序号。

（2）正文。依次填写：逮捕决定书的时间；逮捕决定书的文号；犯罪嫌疑人涉嫌的罪名；犯罪嫌疑人的姓名；侦查中发现其另犯有的罪行；决定重新计算羁押期限开始的时间；羁押犯罪嫌疑人的看守所名称。

（3）尾部。填发文书的日期，并加盖作出重新计算侦查羁押期限决定的人民检察院院印。

（4）在表格的下方标注"第四联送达看守所"。

第二章
审查起诉业务文书

第一节 补充侦查提纲

一、补充侦查提纲范例

孙××诈骗案补充侦查提纲

犯罪嫌疑人孙××在整个案件中,有一些涉嫌诈骗的客观行为,但仅凭现有证据,还不能证实孙××主观上明知宋×、稼×等人以××公司的名义进行诈骗,以及孙××参与了诈骗。还给孙××留下了许多辩解空间。例如他可以辩称自己是打工的,不了解××公司的具体情况,老板叫做什么就做什么,不知道宋×、稼×在搞诈骗。而且现有证据表明,稼×在骗取钱财时,孙××的确不在场;稼×也不指证孙××参与了诈骗。因此,需要进一步补充孙××主观明知的证据。

1. 根据孙××的供述,他与宋×、稼×认识是通过袁××(已判刑)介绍认识的,并将其介绍到山东济宁,在宋×、稼×的××公司工作。可否通过正在服刑的袁××了解,他是如何向孙××介绍宋×、稼×的情况,如何介绍××公司的情况?如果袁××能够证实他给孙××已讲明宋×、稼×以及××公司的真实情况,就能够证实孙××早已从袁××处知道了宋×、稼×就是以××公司的名义进行诈骗活动，从而推定孙××主观上的明知。

2. 孙××在第一次向××公安局经侦总队供述中主动谈道："在到重庆之前，我、宋×、稼×等人一起，在山东济宁商业大厦以××公司的名义采取搞投资修建的方式，进行诈骗。"可否以此为线索，查明宋×、稼×、孙××等人在到重庆进行诈骗之前就结伙诈骗，由此也能推定孙××主观上的明知。考虑做以下工作：在进一步讯问孙××、稼×的情况下，向山东济宁警方了解、调取相关情况及资料；向济宁商业大厦了解、调取××公司的宋×、稼×、孙××租用商业大厦的相关资料，以及该公司及工作人员的情况；最好能够找到被骗的人核实相关情况。

3. 详细询问蔡×、廉××、祁××、梁××等被害人及相关证人，查清：（1）他们是如何认识孙××的？孙××及其同伙是怎样介绍孙××的？（2）蔡×称："孙××介绍稼×是重庆太平洋公司常务副董事长，兼永泸公司常务副董事长。"当时祁××在场。请找祁××印证此事，以查清孙××是否虚构事实、编造谎言。（3）宋×、孙××与广东人谈工程时，宋×、孙××是否都在场？孙××是否参与？他们各自有何作为？

二、补充侦查提纲的法律依据及概述

根据《刑事诉讼法》第171条第2款、第199条及《人民检察院刑事诉讼规则（试行）》第380条、第457条的规定，检察机关可将案件在审查起诉阶段、法庭审理阶段退回公安机关补充侦查。在制发退回补充侦查的决定书（退回报送案件的下级人民检察院）及退回补充侦查函件（退回同级的公安侦查机关及本院的侦查部门）时，应当提出具体的补充侦查方向和通过侦查所要获取的证据类型、名称，以充分、有力地指控犯罪。

补充侦查提纲是指检察机关在审查侦查案卷时对侦查机关侦查终结后指控证据不充分，不能形成证据锁链排除合理怀疑时，决定补充侦查，引导侦查工作的业务文书。

制作补充侦查提纲的意义在于，让侦查机关明白需要补充什么证据、用于证明什么问题、达到什么目的，以更准确、更好地达到补充侦查的目的和效果。

三、补充侦查提纲的基本内容与制作要求

（一）基本内容

1. 写明在案证据所能证明事实与侦查机关移送起诉意见书中认定的涉嫌犯罪的事实是否同一。
2. 写明在案证据本身有无证据能力上的瑕疵，可否重新收集。
3. 写明侦查机关补充证据应达到的目的和效果。
4. 写明每一项补充收集的证据的制作要求。
5. 列明需要侦查机关补充收集的具体证据，包括证人证言、鉴定意见、书证等。

（二）制作要求

1. 清晰明确。补充侦查提纲具有极强的可操作性，要求制作时必须把检察机关的意见表述清楚，使侦查机关能够按照提纲补充、完善证据。
2. 客观规范。补充侦查提纲应写明各项证据的收集要求，合法、客观、规范。对于指控证据要补充收集，对于有利于犯罪嫌疑人的辩护证据同样也要补充，以反映案件的全貌和客观事实。
3. 符合法律。对于已经因为程序违法而丧失证据效力无法再补充的证据，如扣押物品清单无见证人的签名等，不能要求侦查机关违法补充。

第二节　提供法庭审判所需证据材料通知书

一、提供法庭审判所需证据材料通知书范例

×××人民检察院
提供法庭审判所需证据材料通知书

×检公诉提证〔×〕×号

××区公安局：

你局以____号起诉意见书移送审查起诉（或者侦查）的犯罪嫌疑人李××涉嫌盗窃一案，为有效地指控犯罪，根据《中华人民共和国刑事诉讼法》第一百七十一条第一款的规定，请提供法庭审判所必需的下列证据材料：

1. 请查清犯意的提起以及赃款、赃物的下落和分配；

2. 进一步查找买赃人，确定赃物数量。

×××人民检察院（院印）
××××年××月××日

二、提供法庭审判所需证据材料通知书的法律依据及概述

根据《刑事诉讼法》第171条第1款，最高人民检察院公诉厅会同公安部刑事侦查局、海关总署走私犯罪侦查局会签下发的《加强工作联系的通知》的规定，此文书供检察机关要求侦查机关提供法庭审判所必需的证据材料时使用。

提供法庭审判所需证据材料通知书是指人民检察院审查起诉时，对于公安机关侦查的案件，要求公安机关提供法庭审判所需证据材料时制作的法律文书。

提供法庭审判所需证据材料通知书与补充侦查提纲的适用范围和诉讼阶段不同。补充侦查提纲是在案件审查起诉阶段因证据缺欠较多，甚至案件事实不清时，将案件退回到侦查阶段时使用。提供法庭审判所需证据材料通知书则是在审查起诉时限内，立足于法庭举证的具体要求，直接通知公安机关补充案件的某些证据，不必将案件退回补充侦查。

三、提供法庭审判所需证据材料通知书的基本内容与制作要求

1. 首部。包括制作文书的检察院名称、"提供法庭审判所需证据材料通知书"的文书名称、文书编号。文书编号由制作文书的检察院简称、"诉提证"简称、制作年份及编号组成。

2. 致送的侦查机关名称。写明送达的侦查机关全称。

3. 案由及法律依据。案由表述为犯罪嫌疑人的姓名和涉嫌的具体罪名。法律依据为《刑事诉讼法》第171条第1款。

4. 需要提供的证据材料。详细列明需要公安机关补充收集提供的证据名称及证据事实。

提供法庭审判所需证据材料通知书要求详细明确。列举的证据材料必须明确、合法，具有操作性，使侦查人员能够迅速收集到指定的证据材料。

5. 本文书一式两份，一份附卷，一份送达侦查机关。

第三节 报送（移送）案件意见书

一、报送（移送）案件意见书范例

×××人民检察院
报送（移送）案件意见书

×检×报（移）诉〔×〕×号

×××人民检察院：

　　×××（侦查机关名称）于××××年××月××日以×××号起诉意见书向我院移送审查起诉的犯罪嫌疑人×××（姓名）涉嫌××（罪名）一案，经我院审查：

　　……（以下写明查明的案件情况，包括：犯罪嫌疑人基本情况，本院审查认定的该案犯罪事实及其证据、适用法律的意见，以及报送上级检察机关或者移送有管辖权的其他同级人民检察院审查起诉的理由。）

　　根据《中华人民共和国刑事诉讼法》第一百六十九条及《人民检察院刑事诉讼规则（试行）》第三百六十二条的规定，现将案件报送（或者移送）你院，请予审查。

××××年××月××日
（院印）

二、报送（移送）案件意见书法律依据及制作说明

1. 本文书依据《刑事诉讼法》第169条的规定制作。为人民检察院受理同级侦查机关移送审查起诉的案件后，认为属于上一级人民检察院或移送同级人民检察院审查起诉的，而报送上一级人民检察院或移送同级人民检察院时使用。

2. 本文书一式三份，一份附卷，一份报送上一级人民检察院或移送同级人民检察院，一份送达移送审查起诉的侦查机关。

第四节 交办案件通知书

一、交办案件通知书范例

×××人民检察院
交办案件通知书

×检×交诉〔×〕×号

×××人民检察院：

×××（侦查机关名称）于××××年××月××日以××号起诉意见书向我院移送审查起诉的犯罪嫌疑人××（姓名）涉嫌××（罪名）一案，[对于自侦部门，写为本院于××××年××月××日侦查终结的犯罪嫌疑人××（姓名）涉嫌××（罪名）一案]经审查：

……（以下写明查明的案件情况，本院审查认定的该案犯罪事实及其证据、适用法律的意见，以及交由下级检察机关办理的理由。）根据《中华人民共和国刑事诉讼法》第一百六十九条及《人民检察院刑事诉讼规则（试行）》第三百六十二条的规定，现将案件移交你院审查办理。

××××年××月××日
（院印）

二、交办案件通知书法律依据及制作说明

1. 本文书依据《刑事诉讼法》第169条的规定制作。为上级人民检察院向下级人民检察院交办需要改变管辖的审查起诉案件时使用。

2. 本文书一式三份，一份附卷，一份送达下级人民检察院，一份送达移送审查起诉的侦查机关（部门）。

3. 对自侦案件，本文书一式两份，一份附卷，一份送达下级人民检察院。

第五节 纠正非法取证意见书

一、纠正非法取证意见书范例

×××人民检察院
纠正非法取证意见书

×检×纠证〔×〕×号

一、发往单位。
二、说明人民检察院接到报案、控告、举报或者发现的非法取证的情况。
三、对涉嫌的非法取证行为进行调查核实的情况。
四、认定存在非法取证行为的理由和法律依据。
五、提出纠正意见。

××××年××月××日
（院印）

二、纠正非法取证意见书的法律依据及概述

《刑事诉讼法》第55条规定："人民检察院接到报案、控告、举报或者发现侦查人员以非法方法收集证据的，应当进行调查核实。对于确有以非法方法收集证据情形的，应当提出纠正意见；构成犯罪的，依法追究刑事责任。"《人民检察院刑事诉讼规则（试行）》第379条规定："人民检察院公诉部门在审查中发现侦查人员以非法方法收集犯罪嫌疑人供述、被害人陈述、证人证言等证据材料的，应当依法排除非法证据并提出纠正意见，同时可以要求侦查机关另行指派侦查人员重新调查取证，必要时人民检察院也可以自行调查取证。"

该文书是人民检察院在审查起诉中依法纠正侦查机关非法取证行为时使用，系新刑事诉讼法新增加的一种法律文书。

三、纠正非法取证意见书的制作要求

1. 本文书根据《刑事诉讼法》第55条的规定制作。
2. 本文书一式二份，一份送达侦查机关，一份附卷。

第六节　提供证据收集合法性证据材料通知书

一、提供证据收集合法性证据材料通知书范例

提供证据收集合法性证据材料通知书

×检公提收〔×〕×号

×××公安局（侦查机关名称）：

　　你局（侦查机关简称）移送审查起诉（或者侦查）的犯罪嫌疑人李××（姓名）涉嫌××（罪名）一案，为证明证据收集的合法性，根据《中华人民共和国刑事诉讼法》第五十四条、第一百七十一条第一款的规定，请对证据收集的合法性作出说明。

　　1. 同步录音录像；

　　2. 犯罪嫌疑人李××羁押看守所时及现在身体健康情况材料……（列出具体要求）

×××人民检察院（院印）
××××年××月××日

二、提供证据收集合法性证据材料通知书的法律依据及概述

　　提供证据收集合法性证据材料通知书是指检察机关在审查起诉阶段，发现侦查机关可能存在《刑事诉讼法》第54条规定的以非法方法收集证据情况的，依法通知侦查机关提供证明其证据收集合法的证据材料使用的文书。《刑事诉讼法》第54条第1款规定："采用刑讯逼供等非法方法收集的犯罪嫌疑人、被告人供述和采用暴力、威胁等非法方法收集的证人证言、被害人陈述，应当予以排除。收集物证、书证不符合法定程序，可能严重影响司法公正的，应当予以补正或者作出合理解释；不能补正或者作出合理解释的，对该证据应当予以排除。"第168条规定："人民检察院审查案件的时候，必须查明：……（五）侦查活动是否合法。"第171条第1款规定："人民检察院审查案件，可以要求公安机关提供法庭审判所必需的证据材料；认为可能存在本法第五十四条规定的以非法方法收集证据情形的，可以要求其对证据收集的合法性作出说明。"

《人民检察院刑事诉讼规则（试行）》第363条规定："人民检察院审查移送起诉的案件，应当查明：……（五）证据是否确实、充分是否依法收集，有无应当排除非法证据的情形……"第378条规定："人民检察院在审查起诉中，发现可能存在刑事诉讼法第五十四条规定的以非法方法收集证据情形的，可以要求侦查机关对证据收集的合法性作出书面说明和提供相应证据材料。"根据相关规定，检察机关在审查起诉阶段发现侦查机关可能存在非法收集证据的情况时，可以要求侦查机关提供证据材料来证明证据的合法性，核实是否存在非法证据。

三、提供证据收集合法性证据材料通知书的基本内容与制作要求

1. 首部。包括制作文书的检察院名称、"提供证据收集合法性证据材料通知书"的文书名称、文书编号。文书编号由制作文书的检察院简称、"诉提收"简称、制作年份及编号组成。

2. 致送的侦查机关名称。写明送达的侦查机关全称。

3. 案由及法律依据。案由表述为犯罪嫌疑人的姓名和涉嫌的具体罪名。法律依据为《刑事诉讼法》第171条第1款。

4. 需要提供的证据材料。详细列明需要公安机关提供的证据名称及证据事实。提供证据收集合法性证据材料通知书要求详细明确。列举的证据材料必须明确、合法，具有操作性，使侦查人员能够迅速收集到指定的证据材料。

5. 本文书一式两份，一份附卷，一份送达侦查机关。

第七节　纠正审理违法意见书

一、纠正审理违法意见书范例

×××人民检察院
纠正审理违法意见书

×检×纠审〔×〕×号

一、发往单位。

二、说明在审理中发现违法的情况。

三、认定违法的事实和依据。

四、认定违法的理由和法律依据。

五、提出纠正意见。

×××人民检察院

（院印）

××××年××月××日

二、纠正审理违法意见书法律依据及概述

《刑事诉讼法》第203条规定："人民检察院发现人民法院审理案件违反法律规定的诉讼程序，有权向人民法院提出纠正意见。"《人民检察院刑事诉讼规则（试行）》第580条第1款条规定："人民检察院在审判活动监督中，如果发现人民法院或者审判人员审理案件违反法律规定的诉讼程序，应当向人民法院提出纠正意见。"纠正审理违法意见书是人民检察院在纠正审判机关审理案件违法时使用的一种法律文书。

三、纠正审理违法意见书制作要求

1. 本文书依据《刑事诉讼法》第203条的规定制作。为人民检察院在纠正审判机关审理案件违法时使用。

2. 本文书一式二份，一份送达人民法院，一份附卷。

第八节 补充移送起诉通知书

一、补充移送起诉通知书范例

×××人民检察院
补充移送起诉通知书

×检×补诉〔×〕×号

一、送达单位。

二、写明原起诉意见书文号及犯罪嫌疑人姓名、涉嫌罪名、移送审查起诉时间。

三、写明需要补充移送起诉的犯罪嫌疑人姓名，犯罪事实，触犯的刑法条

款，需要审查起诉的理由（如果需要补充移送起诉多名犯罪嫌疑人的，应分别叙写）。

四、写明要求补充移送起诉的法律依据（刑事诉讼法第一百六十八条第二项）和要求（及时或者在一定期限内补充移送起诉，并提供必需的证据材料）。

××××年××月××日
（院印）

二、补充移送起诉通知书法律依据及制作说明

1. 该文书依据《刑事诉讼法》第168条第2项的规定制作的，是人民检察院在要求补充移送起诉遗漏罪行或者其他应当追究刑事责任的犯罪嫌疑人时使用的文书。

2. 本文书一式两份，一份给送达单位，一份附卷。

第九节 起诉案件审查报告

一、起诉案件审查报告范例

关于犯罪嫌疑人宾××涉嫌故意伤害案
审查报告

收案时间：××××年××月××日
案件来源：××县公安局
移送案由：故意伤害
犯罪嫌疑人：宾××
强制措施：监视居住
××县公安局承办人：敖××、黄××
××市××县人民检察院承办人：邓××
承办人意见：宾××的行为构成故意伤害罪，应依法提起公诉。
××县公安局以×公刑诉字〔×〕×号起诉意见书移送本院审查起诉的犯罪嫌疑人宾××涉嫌故意伤害一案，我院于××××年××月××日收到案件卷宗二册，依照《中华人民共和国刑事诉讼法》第三十三条第二款、第三十

六条、第四十条第一款、第一百三十七条、第一百三十九条规定,于××××年××月××日,已告知犯罪嫌疑人依法享有的权利;已告知被害人依法享有的权利;已依法讯问犯罪嫌疑人,听取了被害人的意见,并审阅了全部案件材料,核实了案件事实与证据。

经上述工作,本案已审查终结,现报告如下:

一、犯罪嫌疑人及其他诉讼参与人基本情况

犯罪嫌疑人宾××,男,××××年××月××日出生,身份证号码××××,汉族,小学文化程度,农民,现住于重庆市××县××镇××村××组××号。因涉嫌故意伤害罪,于2012年7月16日被××县公安局监视居住。

被害人宾×,男,××××年××月××日出生,汉族,文盲,农民,现住于××县××镇××村×组。

二、发案、立案及破案经过

2012年6月25日17时许,彭××向××县××派出所报案称:宾××用板凳将宾×右额头砸伤。同年7月11日××县公安局立案侦查。同月16日,犯罪嫌疑人宾××在××县××镇××村××组××号被抓获归案。

三、侦查机关认定的犯罪事实与意见

2012年6月24日17时,宾××因粪池使用权与宾×、彭××发生抓扯,宾××先动手,在抓扯过程中,宾×被彭××咬伤、抓伤,彭××身上也被宾××抓伤。2012年6月25日11时,彭××在宾××家中与其发生争执,进而宾××、宾×扭打起来,两人都受伤流血,宾××用木凳砸伤宾×额头,经鉴定,宾×伤势构成轻伤。

四、相关当事人、诉讼参与人的意见

1. 犯罪嫌疑人宾××的意见

犯罪嫌疑人宾××辩称是宾×先拿板凳打自己,自己为自卫才将板凳抢过来,朝宾×推过去,木凳正好打中宾×的头部。

2. 被害人宾×的意见

被害人宾×希望宾××能够赔偿自己的医疗费,与其和解。

五、审查认定的犯罪事实、证据及分析

(一)依法审查后认定的事实

经依法审查,现查明:2012年6月24日下午,因粪池所有权,犯罪嫌疑人宾××与彭××、被害人宾×发生纠纷、打斗。次日,为解决粪池所有权归属,彭××来到宾××家中,宾××与彭××再次发生纠纷、打斗,宾×到宾××家中时,见宾××等人正在推打自己的妻子彭××,宾×遂准备拿扫把反抗,宾××见状,拿起木凳击打宾×的头部。经法医检验鉴定:被害人宾×的损伤系轻伤。

（二）认定上述事实的证据

第一组证据

1. 受案登记表、立案决定书　　　　　　　　摘自侦查卷1P1-2

2012年6月25日17时许，彭××报案称：2012年6月25日上午，在宾××家中，彭××及其丈夫宾×与宾××因粪池使用发生争执、抓扯，宾××用板凳将宾×右额头砸伤。2012年7月11日××县公安局立案侦查。

2. 抓获经过　　　　　　　　　　　　　　　摘自侦查卷2P3

2012年7月16日，××县××派出所民警朱××、敖××在××县××镇××村××组××号将犯罪嫌疑人宾××抓获。

证实：该组证据主要证实该案的受案、立案情况及犯罪嫌疑人宾××的到案经过。

第二组证据

1. 鉴定文书　　　　　　　　　　　　　　　摘自侦查卷2P36-38

检验对象：宾×

送检材料：××县人民医院神经外科诊断证明

鉴定要求：人体损伤程度鉴定

检验开始日期：2012年7月9日

检验地点：××县公安局法医室

鉴定意见：宾×的损伤属轻伤。

证实：被害人宾×的损伤程度系轻伤。

2. 扣押物品、文件清单　　　　　　　　　　摘自侦查卷2P34

2012年7月16日，××县××派出所民警朱××、张××在见证人何××的见证下，扣押了宾××持有的1条板凳（特征：长30公分，高20公分，小独凳）。

3. 指认现场图片　　　　　　　　　　　　　摘自侦查卷2P41

证实：犯罪嫌疑人宾××对案发现场情况进行了指认。

该组证据主要证实了被害人宾×的损伤程度、物证扣押及案发现场情况。

第三组证据

1. 证人证言

（1）谢××的证言（女，××××年××月××日出生，系犯罪嫌疑人宾××的妻子）

2012年7月13日，证人谢××在重庆市××县××村××组××号接受侦查人员朱××、敖××询问时所作的证言　　摘自侦查卷2P22-23

内容摘要：2012年6月25日11时许，彭××来到我家，给我们说她要吃饭，我说拿饭给她吃。彭××就开始哭，彭××哭着就想拿东西砸我家电视，我和女儿宾×纯就把她推到门口，就听到宾×说你们是不是要打，我丈夫听到宾×的声音就从屋里走出来，刚走到屋门口，宾×就提起屋门口的一条板凳砸到宾××右额头，他俩就扭打起来，宾××把板凳抢过去砸宾×右额头，宾×开始流血，走了几步就倒在屋檐下。

宾××和宾×是因为坡上一个粪池的归属及使用权发生争执、打架。6月24日下午宾××和彭××已经因为该粪池的使用权产生了争执，并且打了架。

证实：①6月24日下午，宾××和彭××因为粪池的使用权等问题发生争执。②6月25日11时许，彭××来到犯罪嫌疑人宾××家中，双方再次发生纠纷。③宾×拿板凳砸了宾××，后宾××抢过板凳击打宾×的右额头。

（2）宾×纯的证言（女，×××年××月××日出生，系犯罪嫌疑人宾××的女儿）

2012年6月25日，证人宾×纯在××县公安局××派出所接受侦查人员敖××、李××的询问时所作的证言　　　摘自侦查卷2P30-33

内容摘要：2012年6月24日17时左右，我帮我爸爸宾××把家里的胡豆壳装起，我爸爸把胡豆壳拿到坡上倒在坡上的粪池里，准备渣起来明年准备淋菜。我爸爸把胡豆壳倒了之后回来说我么妈彭××不讲理，说粪池是她的，说了一会他就一个人出去了。过了10多分钟，我觉得不对劲就叫我女儿出去看，我女儿看到宾×、彭××在打我爸爸，就喊外公被人打了，我就跑出去看到我爸爸倒在地上，宾×把我爸的脚向天上拉，彭××在咬我爸爸，我把我爸拉起来，他俩还想打我爸，彭××一直在边上骂。

25号11时左右，宾×、彭××赶场回来就在我家里闹，让我爸赔她医药费，我爸爸就说你把我咬了，我的医药费谁赔。彭××听了就想拿东西砸我屋里东西，我和我妈把彭××拦着，把她拉到屋外，让她坐下冷静，彭××不坐又想蹦起来咬我爸爸，我就又把彭××拉到高板凳坐下，彭××就开始吼打死人了，宾×听到后，就拿起板凳砸我爸爸的头，我爸和他扭打起来，后来我爸爸把板凳拖来，也砸了宾×，宾×就倒在地上，我拿白酒给宾×消毒，他不同意。是宾×先动手的。他们拿的是同一条木板凳，大约高30cm，长40cm。我爸右额头有一个洞，右手被咬了一个洞，前胸、背被抓伤。宾×头被砸了一条口子。

宾××、宾×是隔房堂兄弟。

证实：①6月24日下午，因粪池使用权，宾××与彭××发生争执、打斗。②6月25日，宾×与彭×到宾××家中，索要医药费，双方再次发生纠纷，宾×拿板凳打了宾××的头部，后宾××夺过板凳砸了宾×致其倒地。

（3）彭××的证言（女，××××年××月××日出生，系本案被害人宾×的妻子）

2012年6月26日，证人彭××在××县公安局××派出所接受侦查人员李××、黄××的询问时所作的证言　　　　摘自侦查卷2P24-28

内容摘要：2012年6月24日17时左右，我赶场回来看到宾××倒在坡上我的粪池里，就不让他往里倒，说粪池是我的，你再倒我给你舀出来。宾××说粪池是他的。我回去拿"呱铛"和锄头，把锄头放在路边，准备用"呱铛"把胡豆壳往外舀，还没开始舀，宾××就把我的"呱铛"摔到粪池里，就掐着我的脖子打我，我俩扭打起来。我老公宾×看到后，就来拖宾××，宾××拿手去就去挡，他手松了，我就咬了他右手一口，抓了他的脸几下，后来周围的人就把我们分开了。宾××的女儿把"呱铛"摔烂了，我们吵了几句就回家了。是宾××先动手打人。

25号11时左右，我找宾××还我粪池，宾××在收碗，等他收完我喊他二哥就说粪池是我的，宾××就喊我出去，他从后面抱我的手往外面拖，宾×的女儿喊不要打，宾××的女儿和妻子也把我往屋外推，我拉门槛不出去，喊打死人了，把我按地上坐着，宾×看到宾××把我按地上，就说你们把彭××打死算了，我走了。听到宾×说了之后，宾××就拿起屋门口的一条板凳打了站在地坝的宾×的额头，宾×开始流血，就拿起屋檐下的大扫把和宾××对打了几下，宾××脸上也在流血。

粪池是我侄儿洪娃的老汉挖的，他老汉死后就没用了，我修补了一下，我已经用了15年。

宾××右额头有一个洞；宾×额头也有一个洞；我身上有抓伤，左腋窝旁青了一块。

证实：①6月24日下午，因粪池使用权问题，宾××与彭××、宾×发生争执、打斗；②6月25日，因粪池归属问题，彭××来到宾××家中，双方再次发生纠纷；③宾××拿板凳打了宾×的额头；④彭××已经使用该粪池长达15年。

2. 被害人宾×的陈述

2012年7月13日，被害人宾×在××县××镇接受侦查人员李××、黄××询问时所作的陈述　　　　摘自侦查卷2P20-21

内容摘要：2012年6月25日，我看见宾××和他女儿在打我老婆，我就问宾××："是不是要打我老婆。"说完，宾××和他女儿还在打我老婆，我就去拿宾××家屋檐下的大扫把打他，结果宾××就拿了一条小板凳往我额头打来，当时就将我额头打了一道口子，血一下就流了出来，我没有打到宾××。

我对公安机关伤情鉴定为轻伤没有异议。要求依法追究宾××的刑事责任。

证实：2012年6月25日，犯罪嫌疑人宾××拿板凳打被害人宾×的额头。

3. 犯罪嫌疑人宾××的供述和辩解

2012年7月16日，犯罪嫌疑人宾××在××县公安局××派出所接受侦查人员朱××、敖××讯问时所作的供述　　摘自侦查卷2P10-12

内容摘要：2012年6月24日17时左右，我把家里的胡豆壳拿到坡上倒在坡上的粪池里，准备渣起来明年淋菜。粪池是我侄儿挖的，他走后就把粪池拿给我在用，我用了几年后没用了，我就给宾×用。今年我看到宾×没在用，我就想把粪池收回来自己用。宾×的老婆彭××赶场回来看到我在往粪池里倒胡豆壳，就不让我倒说粪池是她的。然后就回家拿"呱铛"和锄头，开始用"呱铛"把我的胡豆壳往外舀，我就把她的"呱铛"抢过来摔在地上，她又准备用锄头挖粪池，我又把她的抢过来摔在地上，我把她双手抓起来摔在地上，彭××也把我拉到地上。宾×看到她老婆被摔在地上，就跑来在我背上打了几拳，还把我右脚往上拖，喊我放开她老婆，我看到宾×拉我脚，我就去挡，彭××就咬了我右手一口，后来周围的人就把我们分开了。这次是我先动手。

25号11时左右，宾×、彭××赶场回来就在我家里闹，彭说粪池是她家的，让我赔昨天下午打架的医药费，我当时就说你把我咬了，你还要赔我的医药费。彭××听了就想拿东西砸我家电视，我妻子谢××和女儿不让彭××砸，就往外推她。宾×看到在推彭××就说在打她，我听到宾×的声音就从屋里往屋外走，说哪个在打她，刚走到屋门口，宾×看到我屋门口有一条板凳，就拿起板凳砸我右额头，我俩扭打起来，我把板凳抢来，宾×就去拿旁边的大扫帚想来打我，但没打到，我这就拿起板凳也砸他头上，宾×就倒地上了。这次是宾×先拿起板凳砸我的头，又拿手乱抓我。

我们拿的是同一条木板凳，大约高30cm，长40cm。我右额头有一个洞，右手被咬了一个洞，前胸、背被抓伤。宾×头被砸了一条口子，流了很多血。

证实：①两次纠纷系因争夺粪坑所有权引发；②宾××拿木板凳砸中了宾×的右额头致其倒地。

该组证据主要证实了本案的案发原因及犯罪嫌疑人宾××用板凳打被害人宾×头部致其轻伤的事实。

第四组证据

常住人口信息表　　　　　　　　　　　　　　摘自侦查卷2P2

证实：犯罪嫌疑人宾××系完全刑事责任能力人。

（三）对证据的综合分析论证

1. 对犯罪事实的分析论证

《中华人民共和国刑事诉讼法》第一百三十七条规定的事项已经查清。2012年6月24日17时左右，因粪池所有权，犯罪嫌疑人宾××与被害人妻子彭××、被害人宾×发生纠纷。次日上午，彭××到宾××家中解决粪池归属，双方再次发生纠纷，宾××持木凳砸中被害人宾×头部致其轻伤，犯罪嫌疑人宾××的行为已构成《中华人民共和国刑法》第二百三十四条规定的故意伤害罪。

2. 对故意伤害犯罪证据的分析论证

综合全案，证实犯罪嫌疑人宾××故意伤害宾×的证据是确实、充分的。常住人口信息表证实犯罪嫌疑人宾××系完全刑事责任能力人；犯罪嫌疑人的供述及被害人的陈述证实本案的作案工具系木凳，与扣押物品、文件清单、指认现场照片能够相互印证；对本案案发原因，有犯罪嫌疑人宾××的供述、被害人宾×的陈述，证人谢××、宾×纯、彭××的证言证实纠纷系因争夺粪坑所有权引起；对案发过程，被害人宾×陈述宾××用木凳砸中了自己的头部，证人彭××证实宾××拿木凳砸伤了宾×，宾××在供述中承认实施了故意伤害行为，虽然宾××供述称自己是在被害人先拿板凳砸自己后，才抢过板凳实施了伤害宾×的行为，对此，有谢××、宾×纯的证言证实，但是上述证据均能够证实宾××实施了故意伤害宾×的行为；鉴定结论证实了被害人宾×的损伤程度系轻伤。

综上，宾××故意伤害犯罪的证据之间、证据与案件事实之间的矛盾得到合理的排除，足以得出宾××故意伤害宾×致其轻伤的唯一的排他性结论。

六、需要说明的问题

犯罪嫌疑人宾××的行为是否成立正当防卫。宾××供述称自己是在被害人先拿板凳砸自己后，才抢过板凳实施了伤害宾×的行为，对此，有谢××、宾×纯的证言证实。《中华人民共和国刑法》第二十条第一款规定："为了使国家、公共利益、本人或者他人的人身、财产和其他权利免受正在进行的不法侵害，而采取的制止不法侵害的行为，对不法侵害人造成损害的，属于正当防卫，不负刑事责任。"正当防卫必须针对"正在进行的不法侵害"，本案中，宾××在抢过板凳后，宾×的加害行为"已经停止"，故宾××的行为不符合正当防卫的前提条件，不成立正当防卫。

七、承办人意见

犯罪嫌疑人宾××持木凳砸被害人宾×头部致其轻伤，其行为已触犯《中华人民共和国刑法》第二百三十四条之规定，涉嫌故意伤害罪。犯罪嫌疑人宾××如实供述自己的罪行，根据《中华人民共和国刑法》第六十七条第三款之规定，可以从轻处罚。根据《中华人民共和国刑事诉讼法》第一百七十二条之规定，建议适用简易程序对犯罪嫌疑人宾××依法提起公诉。

附件：量刑建议书

承办人：×××
××××年××月××日

二、起诉案件审查报告的法律依据及概述

《人民检察院刑事诉讼规则（试行）》第376条规定，办案人员对案件进行审查后，应当制作案件审查报告，提出起诉或者不起诉以及是否需要提起附带民事诉讼的意见，经公诉部门负责人审核，报请检察长或者检察委员会决定。

起诉案件审查报告是检察机关起诉部门对案件进行审查后，对案件的诉讼过程、诉讼参与人的基本情况、认定的事实及证据进行综合性的分析并作出结论的业务文书。其是检察机关的内部业务文书，是检察机关作出起诉或不起诉决定的依据。

审查报告与阅卷笔录不相同。阅卷笔录仅仅是对案卷证据的摘录，审查报告既有对案件事实的认定，又有对证据的分析判断和全案的审查结论。审查报告要反映案件的基本办案过程、案件全貌及所做结论的理由。

三、起诉案件审查报告的基本内容与制作要求

1. 标题。关于犯罪嫌疑人××涉嫌××案件的审查报告。
2. 首部。
（1）收案时间。
（2）案件来源。
（3）移送案由：（对涉嫌罪名众多的，可写几项主罪，后用"等"字概括）。
（4）犯罪嫌疑人：（犯罪嫌疑人众多的，可写明主要的几名，后用"等"

字概括）。

（5）强制措施：逮捕羁押（或取保候审、监视居住）在×地（一案多人的，可简单注明逮捕或取保候审、监视居住分别是几人即可）。

——（注明与强制措施相关的侦查机关或部门名称）承办人、联系电话（如多人承办的，可写明主要的两名承办人）。

——（注明检察院院名及公诉部门名称）承办人。

（6）承办人意见：（简要写明审查结论，如是否构成犯罪、构成何罪等及处理意见如起诉、不起诉等）。

（7）简述案件受理、告知、讯问、听取、审查简况。如有退查、自查应写明提请时间及重新移送时间；有延长审限则注明提请时间及批准期限。设置这一段的作用在于通过审阅这一部分，可以及时发现在案件审查过程中出现程序性错误。

3. 犯罪嫌疑人及其他诉讼参与人的基本情况。

（1）犯罪嫌疑人基本情况。

1）犯罪嫌疑人姓名（包括曾用名、假冒名、别名、化名、绰号）。制作要求：被告人如果有与案件有关的别名或者绰号的，应当在其姓名后边用括号注明。

2）性别。

3）出生年月日。在出生年月日后面还要用括号注明犯罪时年龄×周岁。（系盲、聋、哑人等特殊情况的在此注明）。

4）身份证号码。身份证号码后面，直接接着写号码，不加":"，未办身份证的，应当注明。

5）民族。

6）文化程度。凡国家认可的学历就是其文化程度，不需另注明夜大、职大、函大、业大等。

7）职业或工作单位及职务。对其作案时在何单位担任何职务一定要写清楚。职务、职称如果是与定罪量刑相关的，有几种就都要写上。犯罪嫌疑人是人大代表的，还要写明罢免情况。

8）住址。住址与户籍地不一致时，在现住地后面用括号注明户籍所在地。

9）前科。曾受到过行政处罚、刑事处罚的时间、原因、种类、决定机关及释放时间等。

10）强制措施。于何时被何公安机关执行逮捕，现羁押地点或取保候审、监视居住地点）。审查起诉中变更强制措施应写明改变的时间、内容、理由。

（2）辩护人基本情况或律师及所属律师事务所。对律师，则只写明律师的姓名和所属律师事务所即可。其他辩护人基本情况包括：姓名、性别、年龄、工作单位及职务或职业，与犯罪嫌疑人的关系，通讯方式等。如果一案多人的，在每个犯罪嫌疑人基本情况后列明其辩护人。

（3）被害人的基本情况。写明被害人的姓名、性别、年龄（对未成年人要注明出生年月日、被害时多少周岁）、民族、现住址、被害情况等。被害人情况不清楚的，予以说明。多名被害人的，概括说明涉及多少被害人、主要情况等。如果被害人是单位的，写明单位名称、所在地址、法定代表人或代表的姓名、职务。如果单位被害且提出了刑事附民的，在报告中还要写明其单位的诉讼代表人姓名、职务。

（4）被害人的委托代理人的基本情况。在审查报告中叙写委托代理人基本情况时，应当写明其参与诉讼的身份、姓名、性别、年龄、民族（无"文化"项）、住址、职业或工作单位及职务，委托代理人与被害人的关系（是被害人的法定代理人还是其他血亲、旁亲），通讯方式等。如果一案多名被害人提起刑事附民的，在每个被害人基本情况后列明其委托代理人。

（5）附带民事诉讼原告人情况。是个人的，写明姓名、性别、年龄、民族、文化程度、职业或工作单位及职务、住址、通讯方式等；是单位的，写明单位全称、所在地址、法人代表姓名、职务、通讯方式等。如果该案无附带民事诉讼的，或附带民事诉讼原告人与被害人相同的，此部分省略。

4. 发、立、破案经过。

综合全案证据材料，客观叙写案件发案、立案、破案的时间、经过等情况，特别是犯罪嫌疑人的到案经过。应当注意的是，这里称的"发、破案经过"还应当包括该案是何人、何时报案或其他途径发现案件而立案。如应包括：何时、何派出所、接到何线索来源、报案主要内容、立案时间、如何发现嫌疑人的、何时在何地抓获了犯罪嫌疑人。

5. 侦查机关（部门）认定的犯罪事实与意见。

将侦查机关（部门）认定的犯罪事实和处理意见全面高度概括叙写，注意内容要忠实于移送起诉意见书，可以进行必要的归纳和概括。

6. 相关当事人、诉讼参与人的意见。

（1）被害人意见（被害人是未成年人时还要听取法定代理人的意见。被害人死亡的要听取其近亲属的意见）。

（2）被害人委托的人的意见。

（3）辩护人意见（进行证据开示的，可简要说明"经庭前证据开示后，辩护人意见是……"）。

7. 审查认定的事实、证据及分析。

（1）审查认定的事实。

1）犯罪事实的叙写要按照犯罪构成来写。

2）属于事实清楚，证据确实、充分的和影响定罪量刑的事实、情节都应当叙述清楚。具体包括犯罪嫌疑人实施犯罪行为的作案的时间、地点、动机、目的、实施过程、手段、犯罪情节、危害结果（数额、损害程度），以及犯罪嫌疑人作案后有无坦白、自首、立功、退赃等涉及从轻、减轻、免除和其他从重情节的要素。

3）对共同犯罪，各同案人在该案中的地位和作用（如他在斗殴中的具体行为）应在事实中分别写明。

4）不要在认定事实中写入与定罪量刑无关的内容。

实践中应当注意写入的内容还有：

5）对于事实不清、证据不足或部分事实不清、部分证据不足的案件，则要根据审查后的情况，将查清的事实、证据及未查清的事实、证据分别客观表述，重点应放在存在的问题上。

6）对一案多项事实的，可以依照罪行由重至轻的顺序和同罪名的事实依时间顺序分段叙写。对一人多罪多次、多人多罪多次等复杂案件，应当采取一事一证一分析的方式叙写。对其中犯罪手段、危害后果等方面相同的案件，在叙写时可以先对相同的情节进行概括叙述，然后再逐一列举出每起犯罪事实的具体时间、结果等情况。不必详细叙述每一起犯罪事实的过程，只要能达到使案件事实表述明晰的目的即可。但在列举证据时，仍要按一事一证的方式列举，以保证能清晰、完整地表述所认定的每一起案件事实的证据印证情况。

7）叙写案件事实最基本的要求还包括必须符合中文的语法规范。审查报告叙写的案件事实，要让看报告的人能够在头脑中还原案件的现场场景。有时几个字使用不当，或顺序不当，都会让看报告的人产生误读。

（2）认定上述事实的证据。证据摘录注意以下七点：

1）摘录的证据应当是经过审查复核后查证属实的。

2）证据要按先客观证据（即物证、书证、勘验或者检查笔录、鉴定意见、视听资料等），后主观证据（即证人证言、被害人陈述、同案人供述和犯罪嫌疑人供述和辩解等）的顺序列举，以客观证据为基石构建证据体系，具体的列举顺序是：①物证、书证；②勘验、检查笔录；③鉴定意见；④视听资料、电子证据；⑤证人证言；⑥被害人陈述；⑦同案人供述和犯罪嫌疑人供述及辩解。

3）摘录前，在证据名称后用括号分别注明证据的来源和特征，包括取证主体、取证时间、地点、取证程序、证据材料表现形式、证据与证据之间的关联性等。

4）证据摘录既要具体、全面，又要突出关键点，对证词可以进行必要的归纳、概括。

5）摘录每份证据的具体内容后，要对其所证明的要点进行必要的归纳，并对证据本身及证据与证据之间是否存在问题以及存在的问题是否影响对案件事实的认定等进行必要的分析，这个分析侧重是否客观、合法，是否稳定或存在什么问题，是否经过补查，是否得到解决等，承办人应当高度重视对"证据合法性"审查，即在起诉前就要解决是否存在非法证据问题以及对非法证据的排除问题。

6）对分组举证的，还要在每组证据全部摘录和分析后，对该组证据所证明的事项作小结和说明。

7）要兼顾定罪证据和量刑证据的全面收集，为量刑建议打好基础。

（3）对证据的综合分析论证。

1）在对全案证据摘录后，要对全案所有证据的证明力、客观性、合法性以及证据之间能否相互印证，证据与事实之间是否具有关联性，全案证据能否形成完整的证据链条等进行综合分析论证。

2）对一人多罪多次、多人多罪多次等复杂案件，应当采取一事一证一分析的原则。

3）对证据之间存在矛盾的，应结合证据体系说明矛盾是否能够合理排除。

4）对案件非主要事实及情节不够清楚的，应说明该非主要事实、情节是否影响案件基本事实及主要情节的认定，从而得出所建立的证据体系是否完善，事实是否清楚，证据是否确实、充分，是否足以得出唯一的排他性认定的结论。

5）对不能采用的证据要在这部分指出，对不能认定的事实和情节，应当作出有根据有分析的说明。尤其是对争议的事实和证据，如与侦查机关认定事实、采信证据不一致，或者是否应当采纳辩护人、被害人、诉讼代理人等对案件事实、证据的意见等，更要重点分析论证。

8. 需要说明的问题（需要才写，如果没有就不写）。

（1）案件管辖问题。

（2）追诉漏罪、漏犯情况。

（3）共同犯罪案件中未一并移送起诉的同案人的处理问题。

（4）进行刑事和解情况。

（5）敏感案件预警或处置情况。

（6）侦查活动违法及纠正情况。

（7）有碍侦查、起诉、审判的违法活动及解决情况。

（8）扣押款物的追缴、保管、移交、处理情况。

（9）被害人及附带民事诉讼原告人、被告人及其亲属以及群众对案件的处理有无涉法、涉诉上访问题及化解矛盾情况。

（10）结合办案参与综合治理、发出检察建议等相关情况。

（11）需要由检察机关提起附带民事诉讼问题。

（12）案件经过沟通、协调情况，领导批示情况。

（13）承办人认为需要解决的其他问题等。

9. 承办人意见。

（1）对全案事实证据情况的意见。这部分是综合全案事实、证据的具体情况，简要概括认定的事实、证据，确定前述的犯罪事实是否清楚，证据是否确实、充分的结论意见。

（2）对案件定性和法律适用的意见。依据确定的案件事实、情节和法律规定、司法解释等相关规定，就本案的罪与非罪、此罪与彼罪、一罪与数罪等问题进行分析论证，提出明确具体的定性及法律适用意见。

（3）量刑建议。根据犯罪事实、性质、情节和对社会的危害程度，综合考虑案件的从重、从轻、减轻或者免除处罚等法定情节和酌定从重、从轻量刑情节，依照刑法、刑事诉讼法、司法解释的规定，就适用的刑罚种类、幅度及执行方式等提出量刑建议。建议的主刑属于必填项，如果主刑是拘役、管制、有期徒刑，则一般应有一定的幅度。执行方式和并处附加刑属于选填项。执行方式指是否适用缓刑。附加刑可以只建议刑种种类。如果建议单处附加刑或免予刑事处罚的，则不再建议主刑、执行方式和并处附加刑。

对量刑建议如果采用单独量刑建议书的，按照最高人民检察院《×××人民检察院量刑建议书》格式制作，并附在审查报告之后。如果是在《公诉意见书》中提量刑建议的，仍用公诉意见书格式。

10. 附件。

（1）退回补充侦查提纲、自行补查提纲；

（2）起诉书、量刑建议书、不起诉决定书或其他文书草稿；

（3）与案件有关的法律法规、司法解释及行政法规等。

11. 尾部。承办人员的姓名和报告制作日期。

第十节　量刑建议书

一、量刑建议书范例

×××人民检察院
量刑建议书

×检×量建〔×〕×号

被告人_____涉嫌_____犯罪一案，经本院审查认为，被告人_____的行为已触犯《中华人民共和国刑法》第_____条第_____款第_____项之规定，犯罪事实清楚，证据确实充分，应当以_____罪追究其刑事责任，其法定刑为_____。

因其具有以下量刑情节：

1. 法定从重处罚情节：_____
2. 法定从轻、减轻或者免除处罚情节：_____
3. 酌定从重处罚情节：_____
4. 酌定从轻处罚情节：_____
5. 其他_____

故根据_____（法律依据）的规定，建议判处被告人_____（主刑种类及幅度或单处附加刑或者免予刑事处罚），_____（执行方式），并处_____（附加刑）。

此致

_____人民法院

检察员：×××
××××年××月××日
（院印）

二、量刑建议书法律依据及概述

量刑建议书依据《人民检察院刑事诉讼规则（试行）》第 400 条的规定制作，对提起公诉的案件提出量刑建议的，可以制作量刑建议书，与起诉书一并移送人民法院。量刑建议书的主要内容应当包括被告人所犯罪行的法定刑、量刑情节，人民检察院建议人民法院对被告人处以刑罚的种类、刑罚幅度、可以适用的刑罚执行方式以及提出量刑建议的依据和理由等。量刑建议是人民检察院对提起公诉的被告人，依法就其适用的刑罚种类、幅度及执行方式等向人民法院提出的建议，是检察机关公诉权的一项重要内容。量刑建议书是指人民检察院对提起公诉的被告人，依法就其适用的刑罚种类、幅度及执行方式等向人民法院提出建议的一种法律文书。为了规范量刑的裁量权，将量刑纳入法庭审理程序，2008年，中央将推行量刑制度确定为重要的司法改革项目。随后最高人民检察院根据中央司法体制改革意见，将"推行量刑建议制度，会同有关部门推动将量刑纳入法庭审理程序"确定为公诉机制改革重要项目。2009年6月起，全国法院启动了量刑规范化试点工作，并印发了《人民法院量刑指导意见（试行）》和《人民法院量刑程序指导意见（试行）》进行试点。2010年2月23日，最高人民检察院公诉厅以〔2010〕高检诉发21号通知印发了《人民检察院开展量刑建议工作的指导意见（试行）》，对量刑建议的原则、条件、幅度、评估标准等都作出了更加明晰的规定。其中第11条规定，人民检察院提出量刑建议，一般应制作量刑建议书，根据案件具体情况，也可以在公意见书中提出。量刑建议书一般应载明检察机关建议人民法院对被告人处以刑罚的种类、刑罚的幅度、可以适用的刑罚执行方式以及提出量刑建议的依据和理由等。《人民检察院刑事诉讼规则（试行）》第376条第2款规定："办案人员认为应当向人民法院提出量刑建议的，可以在审查报告或者量刑建议书中提出量刑的意见，一并报请决定。"第399条规定："人民检察院对提起公诉的案件，可以向人民法院提出量刑建议。除有减轻处罚或者免除处罚情节外，量刑建议应当在法定量刑幅度内提出。建议判处有期徒刑、管制、拘役的，可以具有一定的幅度，也可以提出具体确定的建议。"2010年9月2日，最高人民检察院以〔2010〕高检诉发82号通知印发了《人民检察院量刑建议书格式样本（试行）》，文件中包括量刑建议书的制作说明。

三、量刑建议书的基本内容和制作要求

1. 量刑建议书包括首部、被告人姓名、案由、起诉书文号、行为触犯的法律、涉嫌罪名、法定刑、量刑情节、建议的法律依据、建议的主刑种类及幅度、执行方式、附加刑种类、尾部等。

（1）首部：人民检察院的全称，人民检察院的名称前应写明省（自治区、直辖市）的名称；对涉外案件提起公诉时，人民检察院的名称前均应注明"中华人民共和国"的字样。

（2）被告人姓名。顶格书写。

（3）案由。顶格书写。

（4）起诉书文号。顶格书写。

（5）行为触犯的法律、涉嫌的罪名及法定刑。法定刑为依法应适用的具体刑罚档次。

（6）量刑情节。量刑情节包括法定从重、从轻、减轻或者免除处罚情节和酌定从重、从轻处罚情节。如果有其他量刑理由的，可以列出。

（7）建议的法律依据。包括刑法、相关立法和司法解释等。

（8）建议的内容。建议的主刑属于必填项。如果主刑是拘役、管制、有期徒刑，则一般应有一定幅度。执行方式和并处附加刑属于选填项。执行方式指是否适用缓刑。附加刑可以只建议刑种种类。如果建议单处附加刑或免予刑事处罚的，则不再建议主刑、执行方式和并处附加刑。

（9）尾部。量刑建议书应当署具体承办案件公诉人的法律职务和姓名。同时，还应当列明量刑建议书的日期，量刑建议书的年月日，为审批量刑建议书的日期。

2. 对于被告人犯有数罪的，应分别指出触犯的法律、涉嫌罪名、法定刑、量刑情节、建议的内容，确有必要提出总的量刑建议的，再提出总的建议。

3. 一案中有多名被告人的，可分别制作量刑建议书。

4. 提出量刑建议，应当区分不同情形，按照以下审批程序进行：（1）对于主诉检察官决定提起公诉的一般案件，由主诉检察官决定提出量刑建议；公诉部门负责人对于主诉检察官提出的量刑建议有异议的，报分管副检察长决定。（2）对于特别重大、复杂的案件，社会高度关注的敏感案件或者建议减轻处罚、免除处罚的案件以及非主诉检察官承办的案件，由承办检察官提出量刑的意见，部门负责人审核，检察长或者检察委员会决定。

5. 对于二审、再审案件需要制作量刑建议书的，可以此格式样本为基础作适当调整。

6. 本文书一式两份，一份送达人民法院，一份存档。

第十一节 起诉书

一、起诉书范例

（一）起诉书（普通程序适用）

××市××县人民检察院
起 诉 书

×检刑诉〔×〕×号

被告人王××，男，××××年××月××日出生，身份证号码××××，汉族，小学文化程度，农民，现住于××市××县××镇××村××组。××××年××月××日，因犯故意伤害罪，被××县人民法院判处管制六个月。××××年××月××日，因涉嫌破坏生产经营罪被××县公安局刑事拘留，同月××日，经本院批准，由××县公安局执行逮捕，现羁押于××县看守所。

本案由××县公安局侦查终结，以被告人王××涉嫌破坏生产经营罪，于××××年××月××日向本院移送审查起诉。本院受理后，于××××年××月××日已告知被告人有权委托辩护人，已告知被害人有权委托诉讼代理人，依法讯问了被告人，听取了被害人的意见，审查了全部案件材料。其间，因事实不清、证据不足，××××年××月××日退回××县公安局补充侦查，××××年××月××日，××县公安局再次移送本院审查起诉。

经依法审查查明：××××年底，被害人刘××承包××市××县××镇××村的××水库用于渔业养殖。××××年夏天，因××水库的泄洪涵洞被堵，水库涨水将被告人王××哥哥王×的鱼池冲垮。王××到水库照相取证时被刘××发现，双方发生纠纷、抓扯，后××县××派出所到现场调解纠纷。

为泄愤报复，被害人刘××，××××年××月××日上午××时许，被告人王××从其打工的地方××省××市××县乘车回到××县，在××县××种子经营部购买了农药甲氰菊酯，并在××菜市场购买了蓝色塑料袋。当日××时许，王××乘摩托车到××水库，将事先购买的甲氰菊酯分装成四袋后投入水库。后王××离开现场到××县××旅馆住宿。××月××日早上，王××乘车返回××省××县。中午××时许，刘××巡视水库时，发现水库中的鱼大量死亡,遂向公安机关报案。经××司法鉴定所、××县价格认证中心、××县××畜牧兽医站鉴定,鱼类及鸭子死亡等造成的经济的损失共计×××元。

认定上述事实的证据如下:

1. 物证甲氰菊酯药瓶图片;
2. 书证常住人口信息表、抓获经过等;
3. 证人王××、陈××等10人的证言;
4. 被害人刘××的陈述;
5. 被告人王××的供述和辩解;
6. ××司法鉴定所司法鉴定意见书、××县价格鉴证结论书等;
7. 现场勘验检查工作记录、辨认笔录;
8. 视听资料。

本院认为,被告人王××出于泄愤、报复的目的,向被害人刘××承包的水库投放农药甲氰菊酯,造成经济损失××××元,其行为已触犯《中华人民共和国刑法》第二百七十六条之规定,犯罪事实清楚,证据确实、充分,应当以破坏生产经营罪追究其刑事责任。鉴于被告人王××如实供述自己的罪行,系坦白,根据《中华人民共和国刑法》第六十七条第三款之规定,可以从轻处罚,根据《中华人民共和国刑事诉讼法》第一百七十二条之规定,提起公诉,请依法判处。

此致
××市××县人民法院

检察员:××
××××年××月××日

附:1. 被告人王××现羁押于××县看守所;
2. 被害人刘××提起附带民事诉讼状壹份;
3. 卷宗××册。

（二）起诉书（单位犯罪案件适用）

××市人民检察院××分院
起诉书

×检×分院刑诉〔×〕第×号

被告单位重庆××物业有限公司，住所地重庆市××区北区路73号××大厦8楼，法定代表人游××，任该公司董事长兼总经理。

诉讼代表人饶××，男，××××年××月××日出生，身份证号码××××，汉族，中专文化，重庆××物业有限公司工程部经理，住重庆市×区×镇×组。

被告人游××，男，××××年×月×日出生，身份证号码××××，汉族，大专文化，重庆××物业有限公司法定代表人，住重庆市××区临江支路××号（户籍地为重庆市××区兴华中路××号）。因涉嫌合同诈骗罪，于2005年3月9日被××市公安局刑事拘留，2005年4月15日，经本院批准，同日由××市公安局执行逮捕。

被告人游×辉，男，××××年××月××日出生，身份证号码××××，汉族，大专文化，重庆××物业有限公司董事长助理，住重庆市××区新华路××号××。因涉嫌合同诈骗罪，于2006年1月13日被××市公安局刑事拘留，2006年2月13日，经本院批准，次日由××市公安局执行逮捕。

被告人金×，女，××××年××月××日出生，身份证号码××××，汉族，大专文化，原重庆××物业有限公司总经理、副总经理，住重庆市××区新华路××号××。因涉嫌合同诈骗罪，于2005年4月7日被××市公安局刑事拘留，2005年4月29日，经本院批准，次日由××市公安局执行逮捕。

被告人游×，男，××××年×月×日出生，身份证号码××××，汉族，中专文化，重庆××物业有限公司员工，住重庆市××区汉渝路××号附××号××。因涉嫌合同诈骗罪，于2005年3月12日被重庆市××局刑事拘留，2005年4月15日，经本院批准，同日由××市公安局执行逮捕。

本案由××市公安局侦查终结，以被告单位重庆××物业有限公司涉嫌合同诈骗罪，被告人游××涉嫌合同诈骗罪、贷款诈骗罪，被告人金×、游×、游×辉涉嫌合同诈骗罪分别于2005年11月14日、2006年4月14日移送本院审查起诉。本院受理后，于2005年11月15日已告知被告单位和被告人游××、金×、游×有权委托辩护人；2006年4月17日已告知被告人游×辉有权委托辩护人,依法讯问了被告人,听取了辩护人的辩护意见,审查了全部案件材料。审查起诉过程中,因本案案情重大、复杂,本院依法三次延长审查起诉期限各半个月。因本案部分事实不清、证据不足,两次退回公安机关补充侦查。

经依法审查查明:

被告单位重庆瑞奇物业有限公司(以下简称瑞奇公司)于1997年开发的瑞奇大厦项目,由于各种原因,多年未能竣工。2002年10月,被告人游××对瑞奇公司进行了收购,法定代表人变更为游××。同年12月,游××正式接手瑞奇公司修建瑞奇大厦。

从2002年9月截至2004年5月,重庆铧钫商贸有限公司通过司法拍卖取得了瑞奇大厦负3层、负4层和第3、4、5(2#、4#)、6、7层楼的房产;曾××通过抵押获取了瑞奇大厦第11层楼的房产;垫江县农村信用合作社联合社通过抵押获取了瑞奇大厦负1层(2#、4#)、第10层、第15层、第16层楼的房产;重庆市垫江三兴物业有限公司预购了瑞奇大厦第12、13、18、26层楼的房产;吴×预购了瑞奇大厦第14、17、24、25层楼的房产;重庆天地典当有限责任公司通过抵押获取了瑞奇大厦负1层8#的房产;重庆景新物业发展有限公司预购了瑞奇大厦第19层、第20层楼的房产;华夏银行重庆分行渝中支行通过抵押获取了瑞奇大厦负1层3#、6#、9#、12#的房产;章××预购了瑞奇大厦第27、28层楼的房产;重庆万帮翰林置业有限公司预购了瑞奇大厦第21、22、23、29、30、31、32层楼的房产,后又将所预购的房产全部转让给了重庆市雪屿实业(集团)有限公司。上述房产共计人民币1373644956元。在2003年8月至2005年2月期间,瑞奇公司在瑞奇大厦已经抵押或预售给上述公司和个人的情况下,采取私刻原始产权人印章、伪造房屋预售或抵押解除手续及其他相关资料等手段,将上述房产擅自进行重复抵押或销售,骗取167个单位和个人的购房款、借款105900538元。

在2004年7月至2005年2月期间,瑞奇公司在销售瑞奇大厦,向福建兴业银行重庆市分行江北支行申请按揭贷款过程中,私刻重庆市房地产交易所商品房买卖合同登记印章,提供虚假的购房人身份证明,伪造商品房按揭相关资料,隐瞒房屋并未在房屋产权交易所办理预售登记的事实真相,骗取银行贷款;同时,采用私刻印章、伪造房屋预售和抵押解除手续及其他相关资料,将已经抵押或预售的部分房产擅自解除抵押或预售登记后另行销售,并向福建兴业银行重庆市分行江北支行办理按揭,骗取银行贷款。共计骗取兴业银行重庆江北支行按揭贷款50820738元。

瑞奇公司将上述骗取的款项,部分用于工程建设及公司日常开支,部分用于归还借款及利息。截至 2005 年 2 月 28 日，瑞奇公司的资产已资不抵债。

被告人游××在任瑞奇公司法定代表人、董事长、总经理，负责瑞奇公司全面工作期间，私刻重庆垫江信用联社、三兴公司、铧钫公司、雪屿公司、景新公司、万帮翰林公司、同道典当行、天地典当行、华夏银行等多家公司和单位的印章、法人专用章，采取伪造房屋预售和房屋抵押解除资料及其他相关资料等手段，指使他人冒充上述单位的受委托人员，将上述单位或个人已经获取的房产擅自进行解除预售或抵押登记，又另行销售或抵押给重庆景新物业发展有限公司、重庆光大典当有限公司、重庆同道典当有限公司、肖××、彭×、李×等 167 个单位和个人，骗取借款和购房款共计 105900538 元（其中包括按揭贷款购房人交付的首付款）。

在 2004 年 7 月至 2005 年 2 月期间，游××还私刻重庆市房地产交易所商品房买卖合同登记印章，伪造商品房按揭相关资料；伪造房屋预售和抵押解除手续及其他相关资料，将已经预售或抵押的部分房产擅自解除预售或抵押登记后另行销售给蔡××、金××、陈××等 173 人，同时向福建兴业银行重庆市分行江北支行办理按揭贷款。游××通过采取以上两种方式共骗取兴业银行重庆江北支行按揭贷款 50820738 元。

被告人游×辉，于 2004 年 2 月任瑞奇公司董事长助理。在此期间，游×辉明知瑞奇大厦 10—6、11、14、11—6、11、14、12—6、11、14、15—11、17—3、6、11、14、20—16、23—3、24—5 号房屋已经出售，仍隐瞒事实真相，将上述房屋又卖给王×、罗××、薛×、翟×、李××等人，骗取上述个人的购房款 3405191 元。

被告人金×在担任瑞奇公司总经理、副总经理，主管瑞奇大厦的销售工作期间，明知游××已将铧钫公司转让给他人，由新股东组成的铧钫公司通过司法拍卖取得了瑞奇大厦负 4、负 3、3、4、5（2#、4#）、6、7 层房屋产权，并已在重庆市房地产交易所办理了房屋产权登记的情况下，于 2004 年 7 月假冒铧钫公司员工，以及巴南区住改办工作人员，伙同游×，在铧钫公司、巴南区住改办毫不知情的情况下，多次持伪造的商品房预售合同转让背书登记表、转让申请、受让申请、重庆铧钫商贸有限公司董事会决议、房屋交易登记申请表和委托书等房屋预售过户资料，将已经登记在铧钫公司及巴南区住改办名下的的瑞奇大厦房产［负 4、负 3、负 1（部分）、3、4、5（部分）、6、7］予以擅自解除。共计金额人民币 49470391 元。

被告人游×，作为瑞奇公司专门负责在房交所办理产权交易相关手续的工作人员。在明知解除雪屿公司的预售合同有假后，仍然按照游××的安排，在被解除房产单位或个人不知情的情况下，继续办理了铧钫公司、紫丰公司、岳

×、吴×、彭×、蒋××、杨××的虚假的解除预售房屋登记或转让登记手续。游×参与办理的虚假解除房屋预售、转让金额共计人民币45355059.94元。

此外，被告单位瑞奇公司为了能够顺利地在房交所擅自解除他人正常的预售或者抵押登记手续，于2004年11月至2005年1月期间，由被告人游××自己或者安排被告人游×向××市房交所工作人员耿×（已判刑）行贿，共计人民币370000元。

被告单位重庆瑞奇物业有限公司在接受司法机关调查时，其负责人被告人游××主动交代了骗取银行贷款和向重庆市房交所工作人员耿×行贿的事实。

2005年3月8日、2005年3月12日、2005年4月6日、2006年1月13日，被告人游××、游×、金×、游×辉分别被公安机关抓获归案。

认定上述事实的证据如下：

1. 物证私刻的重庆铧钫商贸有限公司公章、财务专用章、法人印章；

2. 书证公司工商登记资料、营业执照、商品房预售面积预测绘报告书、重庆市房地产管理局产权产籍档案、重庆市高级人民法院民事裁定书、刑事裁定书等；

3. 证人童××、饶××、熊×、李×、刘×、谌××、张××、周×、石××、娄×、袁×、谢×、江×、陈×、周×、耿×、蒋×、胡××等的证言；

4. 被害人徐××、陈×、杨××、王×、陈××、沈××、肖×、岳×、秦×、章××、邱×、杨××、吴×、蒋××、刘××、杨××、谢×、喻×、沈××、顾××、兴业银行重庆江北支行等177个个人和单位的陈述；

5. 被告人游××、游×辉、金×、游×的供述和辩解；

6. 鉴定结论、审计报告等。

本院认为，被告单位重庆瑞奇物业有限公司以非法占有为目的，在履行合同的过程中，采取私刻印章、伪造房屋交易所需资料等手段，骗取对方当事人购房款、贷款共计人民币2935857716元，数额特别巨大；为谋取不正当利益，向受国家机关委托代表国家机关行使职权的组织中从事公务的人员行贿；其行为触犯了《中华人民共和国刑法》第二百二十四条第（五）项、第二百三十一条、第三百九十三条之规定，犯罪事实清楚，证据确实、充分，应当以合同诈骗罪、单位行贿罪追究其刑事责任。鉴于被告单位重庆瑞奇物业有限公司负责人如实供述了司法机关还未掌握的骗取银行贷款50820738元及行贿370000元的犯罪事实，系自首，对其处罚时还应适用《中华人民共和国刑法》第六十七条第二款的规定。

被告人游××作为重庆瑞奇物业有限公司的法定代表人、董事长、总经理，是公司实施合同诈骗罪、行贿罪的直接负责的主管人员，其行为触犯了《中华人民共和国刑法》第二百二十四条第（五）项、第二百三十一条、第三百九十三条之规定，犯罪事实清楚，证据确实、充分，应当以合同诈骗罪、单位行贿罪追究其刑事责任。鉴于游××在犯罪中起主要作用，是主犯，对其处罚时还应适用《中华人民共和国刑法》第二十六条第一款、第四款的规定。

被告人游×辉在任重庆瑞奇物业有限公司董事长助理期间，负责瑞奇大厦销售部工作，在单位犯罪中具体实施犯罪并起较大作用，是其他直接责任人员，其行为触犯了《中华人民共和国刑法》第二百二十四条第（五）项、第二百三十一条之规定，犯罪事实清楚，证据确实、充分，应当以合同诈骗罪追究其刑事责任。

被告人金×在担任重庆瑞奇物业有限公司总经理、副总经理期间，主管瑞奇大厦的销售工作，在单位犯罪中具体实施犯罪并起较大作用，是其他直接责任人员，其行为触犯了《中华人民共和国刑法》第二百二十四条第（五）项、第二百三十一条之规定，犯罪事实清楚，证据确实、充分，应当以合同诈骗罪追究其刑事责任。

被告人游×是重庆瑞奇物业有限公司专门负责在房交所办理产权交易相关手续的工作人员，在单位犯罪中具体实施犯罪并起较大作用，是其他直接责任人员，其行为触犯了《中华人民共和国刑法》第二百二十四条第（五）项、第二百三十一条之规定，犯罪事实清楚，证据确实、充分，应当以合同诈骗罪追究其刑事责任。

鉴于游×辉、金×、游×在犯罪中起次要作用，是从犯，对其处罚时还应适用《中华人民共和国刑法》第二十七条的规定。

根据《中华人民共和国刑事诉讼法》第一百七十二条的规定，现将被告单位重庆瑞奇物业有限公司、被告人游××、游×辉、金×、游×向你院提起公诉，请依法判处。

此致
××市××中级人民法院

检察员：×××
代理检察员：××
××××年××月××日

附：1. 被告人游××、游×辉、金×、游×现羁押于××市看守所；
2. 侦查卷××册。

（三）起诉书（附带民事诉讼适用）

××市××区人民检察院
刑事附带民事起诉书

×检刑附民诉〔×〕×号

被告人聂××，男，××××年××月××日出生，身份证编号××××，汉族，大学文化，无业，户籍地址：××市××区天生路××号B区2003-5。系刑事案件被告人。

被告人邓××，男，××××年出生，身份证编号××××，汉族，小学文化，农民，住××市×区冷××乡××村××组。系刑事案件被告人。

被害单位：××市电力公司×供电局。

诉讼请求：××市电力公司×供电局恢复被盗电线所用修复费共计人民币560元。

事实、证据和理由：

××××年××月××日凌晨3时许，被告人聂××、邓××窜至×北区龙溪街道花卉西一路62号居民楼的一单元，采用抱钳剪线的手段，将该单元2—4楼梯间正在使用的铜芯电线盗走，危害公共安全。经估价，被盗的26米JKYJ-35mm²铜芯电线价值人民币619元。被害单位恢复被盗电线的费用共计280元，其中修复人工费200元、车台费80元。

××××年××月××日凌晨4时许，被告人聂××、邓××窜至××区华新村329号居民楼房，采用抱钳剪线的手段，将该单元2—7楼梯间通风口外的铜芯电线盗走。经估价，被盗的26米JKYJ-25mm²铜芯电线价值人民币468元。被害单位恢复被盗电线的费用共计280元，其中修复人工费200元、车台费80元。

上述事实有被害单位的报案材料、价格鉴定结论书等证据予以证明。

本院认为，被告人聂××、邓××盗窃正在使用的电线，危害公共安全；以非法占有为目的，采用秘密手段窃取国有财产，根据《中华人民共和国民法通则》第一百一十七条第二款之规定，应当承担赔偿责任。被告人聂××、邓××的行为构成破坏电力设备罪、盗窃罪，且依法应当追究刑事责任，本院已于××××年××月××日以××号起诉书向你院提起公诉。现根据《中华人民共和国刑事诉讼法》第九十九条第二款的规定，提起附带民事诉讼，请依法判处。
此致
××市××区人民法院

检察员：××
××××年××月××日

附：刑事附带民事起诉状一式18份。

（四）起诉书（简易程序适用）

××市××县人民检察院
起 诉 书

×检刑诉〔×〕×号

被告人李××，男，××××年××月××日出生，身份证号码××××，汉族，中专文化程度，××公司技工，现住于××市××县××镇××村××社。

本案由××市××县公安局侦查终结，以被告人李××涉嫌故意伤害罪，于××××年××月××日向本院移送审查起诉。本院受理后，于××××年××月××日已告知被告人有权委托辩护人，已告知被害人有权委托诉讼代理人，依法讯问了被告人，听取了被害人的意见，审查了全部案件材料。

经依法审查查明：××××年××月××日××时许，郭××等人为清理××县××镇××村××组××公司的砖头，将拉砖的货车停放在公司围墙外的村级公路上，致使被告人李××驾驶的车辆无法通行，李××遂下车与郭××等人商量挪车事宜。因言语不和，李××与被害人谢××发生纠纷，继而捡起路边砖块将谢××头部砸伤。经法医检验鉴定：被害人谢××的损伤程度系轻伤。

认定上述事实的证据如下：

1. 书证常住人口信息表、抓获经过等；
2. 证人郭××、杨泽华的证言；
3. 被害人谢××的陈述；
4. 被告人李××的供述和辩解；
5. 鉴定文书。

本院认为，被告人李××持砖块故意伤害他人，致一人轻伤，其行为已触犯《中华人民共和国刑法》第二百三十四条之规定，犯罪事实清楚，证据确实、充分，应当以故意伤害罪追究其刑事责任。鉴于被告人李××如实供述自己的罪行，系坦白，根据《中华人民共和国刑法》第六十七条第三款之规定，可以从轻处罚。根据《中华人民共和国刑事诉讼法》第一百七十二条之规定，应依法提起公诉。

此致
××市××县人民法院

检察员：××

××××年××月××日

附：1. 被告人李××现居住于××市××县××镇××村××社，联系电话：××××；
2. 被害人谢××提起附带民事诉讼状1份；
3. 量刑建议书及适用简易程序建议书各1份；
4. 卷宗××册。

二、起诉书法律依据及概述

《刑事诉讼法》第167条、第172条及《人民检察院刑事诉讼规则（试行）》第390条是起诉书制作及送达的法律依据。

起诉书是指人民检察院经审查起诉，决定将被追诉人交付审判，向人民法院提起公诉时，所制作的法律文书。其是人民检察院代表国家将被告人提交人民法院审判的重要法律凭证，是人民法院审判的依据，也是检察人员出席法庭支持公诉的重要基础。起诉书一经依法送达人民法院，标志着刑事案件由起诉阶段进入审判阶段。

三、起诉书的基本内容与制作要求

根据一审刑事审判程序的普通与简易之分、被告主体的个人、单位类别及检察机关提起附带民事诉讼的情况，起诉书的适用一般有普通程序、单位犯罪程序、简易程序、附带民事诉讼四种类型。

（一）普通程序适用起诉书的基本内容及制作要求

普通程序适用的起诉书是指人民检察院对于应当按照普通程序审理的刑事

案件，在提起公诉时制作的指控被告人犯罪行为的法律文书。分为八个部分：首部、被告人基本情况、案由及案件的审查过程、案件事实、证据、起诉的要求及根据、尾部、附注事项。

1. 首部。由制作文书的检察院名称、"起诉书"、文书编号（制作文书的检察院简称、办案部门的简称、年度及文书序号）组成。文号写在该行的最右端，上下各空一行。

2. 被告人的基本情况。写明被告人的姓名（别名、绰号）、性别、出生年月日（以公历为准）、身份证号码、民族、文化程度、职业或单位职务、户口所在地、暂住地、前科记录，先写行政处罚再写刑事处罚、释放时间。多个被告人的写法从主犯到从犯。对尚未办理身份证的应当注明。被告人是外国人时，应注明国籍、护照号码、国外居所。被采取多种强制措施，按照时间先后叙写。如果两名以上被告人的刑事拘留、批准逮捕、执行逮捕的时间、机关相同，可在被告人身份基本情况介绍完毕后，另起合并叙述。又聋又哑或盲人须注明。自报姓名，以编号制作起诉书的，应在起诉书中附上被告人的照片。委托辩护人的应注明辩护人的情况。

3. 案由及案件审查过程。准确表述侦查机关移送审查起诉的时间；若有变更管辖的，说明转至审查起诉的时间；有多名被告人的则分别写明被告人姓名及罪名；对被告人有权委托辩护人、被害人及其法定代理人或近亲属有权委托诉讼代理人、附带民事诉讼的当事人及法定代理人有权委托诉讼代理人情况的告知；讯问被告人和听取被告人、被害人及辩护人、诉讼代理人意见以及退回补充侦查、延长审查起诉期限（日期、缘由）等程序事项。

4. 案件事实。认定的犯罪事实必须是检察机关已经查证属实的事实。一般应写明七要素（时间、地点、经过、手段、目的、动机、危害后果）。对于不同性质的案件必须要写出各罪的犯罪特征。如诈骗案件，是怎样非法占有他人财物的，是如何欺骗别人交出财物的，一定要交代清楚。区分此罪与彼罪的构成要素，如抢劫与抢夺。对于犯罪事实的关键情节要叙述清晰，不能过于笼统。被告人归案时间、情况要写，影响量刑轻重的情节要写明。对于不在一案中处理的同案人，应注明"另案处理"。要慎用方言、土语。如果是证据中的原话，应用双引号括入。注意保护被害人的隐私，用姓氏加××来表述。多人一罪的，可写明共同犯罪的事实及各被告人在共同犯罪中的地位和作用。对于连续犯，如多次盗窃，可以在事实开始部分，对作案的整体情况作概括性叙述，然后再分述每一次作案的具体情况。多人多罪的，可以按轻、重罪的顺序，结合时间顺序，叙述每次犯罪的事实和被告人的责任。

5. 证据。应按证据的类型，结合将要列举证据的顺序分项写。结合具体案件，写明证据的来源。如被告人××的供述和辩解、被害人××的陈述。通常的写法是在全部犯罪事实叙述完毕之后写，但也可以用"一罪一证"及"一事一证"的写法。

6. 起诉的要求和根据。先对行为的性质、危害程度、情节轻重包括法定量刑情节，结合犯罪的各构成要件进行概括性表述，突出本罪特征，语言精练、准确。酌定情节从是否有利于出庭公诉的角度决定是否认定。多个被告人的，一般是每名被告人各起一自然段分别写，若多名被告人触犯的是相同罪名，也可在一自然段内综合叙述。提起公诉的法律依据必须明确无误，具体到条、款、项。

7. 尾部。写清送达法院名称、起诉书签发的日期、公诉人的法律职务及姓名。

8. 附注事项。要在附注中说明被告人的羁押场所或被告人取保候审、监视居住的处所或未采取强制措施的被告人的住所。写明全案移送案卷的册数。注明是否有附带民事诉讼提起及主体、附带民事诉状的份数页数、有关涉案款物的情况。证人、鉴定人、需要出庭的专门知识的人的名单，需要保护的被害人、证人、鉴定人的名单。

（二）单位犯罪案件适用的起诉书与普通程序适用的起诉书的差异

在被告人的情况部分，要写明被告单位的名称、住所地、法定代表人姓名、职务；诉讼代表人基本情况，包括姓名、性别、年龄、工作单位、职务等。先写被告单位、法定代表人及作为被告人的责任人员的情况，再叙述一般的自然人被告人的情况。在案件事实部分，重点要写清单位犯罪的事实和有关责任人员构成犯罪的事实。起诉的要求及根据，一般是按照先单位犯罪，后自然人犯罪的顺序叙述。

（三）简易程序适用的起诉书的特点

简易程序适用的起诉书，是指人民检察院对于可以按照简易程序审理的刑事案件，在提起公诉时制作的指控被告人犯罪行为的法律文书。其与普通程序的起诉书不同之处主要在于在起诉的要求及根据部分，要明确地写明检察机关对于影响量刑因素的具体意见；对于法定及酌定情节的意见都应写入；在附注部分，写明全案移送案卷的册数。

（四）刑事附带民事起诉书的基本内容

刑事附带民事起诉书，是指人民检察院对于国家财产、集体财产由于刑事被告人的犯罪行为遭受损失，依法提起刑事附带民事诉讼时，制作的法律文书。其是与刑事起诉书相分离的文书，在被害单位没有提起附带民事诉讼的时候使用，若已提起，则在刑事起诉书中附注说明。

刑事附带民事起诉书分为首部、当事人基本情况、诉讼请求、事实证据和理由、尾部五个部分。

1. 首部。由提起附带民事诉讼检察机关的名称、"附带民事起诉书"、附带民事诉讼的案号组成。

2. 当事人的基本情况。主要写明附带民事诉讼被告人的基本情况，包括姓名、性别、年龄、民族、职业、工作单位及职务、住址等，是否为刑事案件被告人。被害单位的基本情况，包括被害单位的名称、所有制性质、住所地、法定代表人姓名及职务等。

3. 诉讼请求。对于要求被告人赔偿损失的数额应当具体明确。

4. 事实、证据和理由。写清楚由于被告人的犯罪行为给国家、集体造成物质损失的事实，特别是犯罪与损失之间的因果关系应当明确。提出能够证明此种损失存在及数额的证据，如书证、证人证言等。说明触犯的民事法律条款及刑事案件已提起公诉的情况，最后写明附带民事诉讼起诉的诉讼法依据（《中华人民共和国刑事诉讼法》第九十九条第二款）。

5. 尾部。写清送达法院及起诉人员姓名、起诉日期。

第十二节　刑事附带民事财产保全申请书

一、刑事附带民事财产保全申请书范例

×××人民检察院
刑事附带民事财产保全申请书

×检×附保〔×〕号

_____人民法院：

我院于_____年_____月_____日以_____号_____书向你院提起_____的被告人_____一案，根据《中华人民共和国刑事诉讼法》第九十九条第二款、第一百条的规定，向你院申请财产保全。

被申请人：××××（被申请人为个人的，写明姓名、性别、年龄、民族、籍贯、职业或者工作单位和职务、住址；被申请人为单位的，写明单位名称，组织机构代码，法定代表人或代表的姓名、职务）

请求事项：

请求人民法院对被申请人的下列财产进行诉讼保全：

一、……

二、（写明财产的位置、数量、金额等情况）。

×××× 年 ×× 月 ×× 日

（院印）

二、刑事附带民事财产保全申请书法律依据

该文书是依据《刑事诉讼法》第 99 条第 2 款、第 100 条的规定制作，为人民检察院在国家财产、集体财产遭受损失，提起公诉进行附带民事诉讼申请人民法院采取保全措施时使用。

三、刑事附带民事财产保全申请书制作要求

1. 制作本文书时应当写明被申请人和被申请财产的具体情况。
2. 申请书内容及制作参考格式内容。
3. 正本加盖"正本"印章，副本加盖"副本"印章，正本送人民法院，副本存检察附卷。
4. 正本上不写"本件与原本核对无异"，应将其制成专用印章，加盖在正本末页的年月日的左下方、附项的上方。

第十三节 证人（鉴定人）名单

一、证人（鉴定人）名单范例

××××人民检察院

证人（鉴定人）名单

×检×诉证（鉴）人〔×〕×号

案　　由＿＿＿＿＿＿＿＿＿＿
被 告 人＿＿＿＿＿＿＿＿＿＿

序号	姓名	性别	年龄	民族	职业	通信地址或者 工作单位地址、联系方式

（院印）

二、证人（鉴定人）名单法律依据

该文书依据《人民检察院刑事诉讼规则（试行）》第393条第5款的规定制作，为人民检察院提起公诉时使用。该款规定："证人、鉴定人、有专门知识的人的名单应当列明姓名、性别、年龄、职业、住址、联系方式，并注明证人、鉴定人是否出庭。"

三、证人(鉴定人)名单制作要求

1. 在提起公诉时,本文书与起诉书一并移送人民法院。
2. 需要保护的被害人、证人、鉴定人名单参照本文书。
3. 名单填完后余下的空格应划掉,并注明"以下空白"字样。
4. 本文书一式两份,一份移送人民法院,一份附卷。

第十四节 申请证人(鉴定人、有专门知识的人)出庭名单

一、申请证人(鉴定人、有专门知识的人)出庭名单范例

×××人民检察院
申请证人(鉴定人、有专门知识的人)
出庭名单

×检×诉出庭〔×〕×号

案　　由＿＿＿＿＿＿＿＿
被　告　人＿＿＿＿＿＿＿＿

序号	姓名	性别	年龄	民族	职业	通信地址或者 工作单位地址、联系方式

(院印)

二、申请证人(鉴定人、有专门知识的人)出庭名单法律依据

该文书依据《刑事诉讼法》第187条、第192条、《人民检察院刑事诉讼

规则（试行）》第 393 条、第 440 条的规定制作，是人民检察院申请证人、鉴定人、有专门知识的人出庭时使用的文书。

三、申请证人（鉴定人、有专门知识的人）出庭名单制作要求

1. 名单填完后余下的空格应划掉，并注明"以下空白"字样。
2. 本文书一式两份，一份移送人民法院，一份附卷。

第十五节　不起诉决定书

一、不起诉决定书范例

（一）不起诉决定书（法定不起诉）

××市人民检察院××分院
不起诉决定书

×检×分院刑不诉〔×〕×号

被不起诉人邵××，男，××××年××月××日出生，身份证号码×××，汉族，农民，小学文化，住××市××区××镇××村××号。因涉嫌聚众斗殴罪，于 2006 年 4 月 11 日被××市公安局××区分局刑事拘留，经××市××区人民检察院批准，同年 4 月 30 日被××市公安局××区分局执行逮捕。

本案由××市公安局××区分局侦查终结，以被不起诉人邵××涉嫌组织、领导、参加黑社会性质组织罪及聚众斗殴罪、故意伤害罪，于 2006 年 7 月 28 日向××市××区人民检察院移送审查起诉，该院于同年 8 月 8 日将该案转至本院审查起诉。

经本院依法审查查明：2004 年 6 月以来，被不起诉人邵××先后纠集马××、庞××、左××、李××、李×、张××、徐××、周××、朱×、卜××（均另案处理）等刑满释放人员及社会闲杂人员，在本市沙坪坝区、江北区等地进行有组织的违法犯罪活动，形成了以邵××为组织、领导者，以马××、庞××、左××、李××、李×、徐×、张××、周××、朱××、卜××等人为参加者的黑社会性质组织。邵××通过订立诸如不准出卖组织、要听从指挥、每个成员必须留平头、取绰号等纪律，每月定期给组织

成员发工资等手段加强对组织成员的领导和控制；为壮大组织实力，采取在本市沙坪坝区"新星南"歌城、"823"热舞会等娱乐场充当"黑保安"等手段聚敛钱财，以支持该组织的活动；并通过实施有组织的聚众斗殴、故意伤害等违法犯罪活动，为非作恶、称霸一方，严重破坏了经济、社会生活秩序。其具体事实如下：

1. 2006年3月29日中午，被不起诉人邵××因催收2万元借款与杨×、"飞飞"（真名不详，均另案处理）等人发生口角纠纷，双方约定在本市××区石门大桥下解决此事，邵××遂邀约马××、庞××、李××、李×等人持仿制式手枪和猎枪各一把开车赶至该处，并让左××、周××前去打探对方情况。后因周××被"飞飞"等人劫持，邵××再次与"飞飞"等人约定在本市××区寸滩深水港码头见面。邵××指使左××开车，将猎枪交与马××，自己持手枪一把，再从他人处借得仿制式手枪两把交给李××、庞××。当日下午15时许，邵××等人驾车来到××区寸滩海尔路通往深水港区60米处时，与在此等候的"飞飞"、刘××、吴××、瞿××（均另案处理）等人持枪互射，造成双方多人受伤。其中，刘××的损伤程度经法医检验鉴定为轻伤。

2. 2005年8月13日凌晨，被害人何×等人在本市××区"823"热舞会"888"包房内唱歌。其间，因邹×的女友唐×被何×的朋友侮辱，邹×因此与对方发生纠纷，被不起诉人邵××得知此事后，即指使马××、庞××、左××、李××、周××进行报复，马××、庞××等人持砍刀对何×等人进行追砍，致何×头部及身体其他多处部位被砍伤。经法医检验鉴定，何×的损伤程度系重伤。

3. 2005年10月11日晚10时许，被不起诉人邵××受他人雇佣邀约马××、庞××、左××、李××、张××、周××、朱××持砍刀，搭乘8辆摩托车赶往本市××区洋河二村"小南海水泥厂江北办事处"，欲对邱×进行报复，寻找邱×未果后，马××、李××等人持刀将邱×的朋友余×杀伤后逃走。事后，邵××分发给马××等人每人100元报酬。经法医检验鉴定，余×的损伤程度系轻伤。

4. 2004年6月至2006年3月期间，被不起诉人邵××为获取非法利益，在本市××区，带领其组织成员强行进入"新星南"歌城、"823"热舞会、"波波士"酒廊、"领航者"歌城等娱乐场所充当"黑保安"，强行收取保护费。其中，"新星南"歌城每月被收取6000元，"823"热舞会每月被收取4800元，"波波士"酒廊每月被收取3000元，"领航者"歌城每月被收取3000元。该组织在此期间获取非法利益共计24万余元。

5.2004年11月的一天,被不起诉人邵××受他人之托帮忙追讨债务,后其带领马××、庞××、左××及周××到本市××区天星桥"沙沙"宾馆,采用语言威胁等手段强迫李××归还其所欠2.85万元的借款,并将收到的部分借款据为已有。

6.2005年6月的一天,被不起诉人邵××受王×请托帮助收取某体育用品公司所欠20余万元账款,因收账未果,邵××便扬言捣毁其在本市××区的分店,并邀约马××、庞××、左××、周××、卜××赶到××区力争匡威体育用品商店。卜××提供事先准备好的两袋潲水,庞××、周××将潲水乱倒于整个店堂后逃逸,严重影响了该店正常经营。

7.2006年3月24日,本市××区"百年世家"小区因修建围墙与附近居民发生纠纷,"小波"(身份不明)以每人每天400元的报酬邀约邵××前去该工地维持秩序,被不起诉人邵××遂指使马××、庞××、左××、李××、李×、徐××、周××前往"执勤"数天,以获取非法利益。

2006年3月29日,被不起诉人邵××在××区"324医院"被抓获归案。在审查起诉期间,因病经医治无效于2006年8月26日死亡。

本院认为,被不起诉人邵××的上述行为,已构成组织、领导黑社会性质组织罪及聚众斗殴罪、故意伤害罪,但鉴于其在审查起诉期间死亡,依照《中华人民共和国刑事诉讼法》第十五条第(五)项和第一百七十三条第一款的规定,决定对邵××不予起诉。

被不起诉人如不服本决定,可以自收到本决定书后七日内向本院申诉。

被害人如果不服本决定,可以自收到本决定书后七日内向××人民检察院(此处的检察院为作出不起诉决定的上一级人民检察院)申诉,请求提起公诉;也可以不经申诉,直接向××人民法院(此处的人民法院则应为与作出不起诉决定的人民检察院同级的人民法院)提起自诉。

××市人民检察院××分院
××××年××月××日
(院印)

(二) 不起诉决定书（相对不起诉）

××市人民检察院××分院
不起诉决定书

×检×分院刑不诉〔×〕×号

被不起诉人吴××，男，××××年××月××日出生，身份证号码：××××，汉族，大专文化，重庆市××科技有限责任公司股东，住四川省××县××镇。

本案由××市公安局侦查终结，以被不起诉人吴××涉嫌虚假出资罪，于2005年6月20日移送本院审查起诉。因本案部分事实不清、证据不足，于2005年8月2日退回公安机关补充侦查。同年9月2日重新报送本院审查起诉。其间，因本案案情重大、复杂延长审查起诉期限半个月。

经依法审查查明：2004年3月，被不起诉人吴××与昝××、游×（另案处理）商量成立一家公司。同年4月，三人在没有真实出资的情况下，以支付一万余元代办费的方式，找到重庆××工商咨询有限公司的黎×为其代办工商注册登记手续，成立注册资本为200万元的重庆××科技有限公司（以下简称××公司），其股东股份比例为：昝××51%，游×、吴××各24.5%。2004年4月12日，黎×通过盛××找赖××在重庆市商业银行菜园路支行开立了××公司验资账户，并于同日以股东昝××、游×、吴××的名义存入200万元，在取得现金进账单后，赖××即于2004年4月13日将该账户中的200万元取出，并销户。黎×取得进账单后，在重庆××会计师事务所办理了验资手续，并于2004年4月14日骗取了工商注册登记，成立了××公司，吴××、游×系该公司股东，昝××任法定代表人。案发后，被不起诉人吴××于2005年5月24日向公安机关投案自首。

××公司成立后，昝××、游×、吴××以虚假借款的方式，从公司账上借款150万元，掩盖虚假出资的事实真相。

认定上述事实的证据如下：

1. 书证工商资料、验资报告及附件、公司财会资料、查询存款回执；
2. 证人昝××、游×、黎×、盛××、赖××、田××、董××的证言；
3. 被不起诉人吴××的供述和辩解。

本院认为，被不起诉人吴××实施了《中华人民共和国刑法》第一百五十九条第一款的行为，但犯罪情节轻微，且具有自首情节，根据《中华人民共和国刑法》第六十七条的规定，可以免除处罚。依据《中华人民共和国刑事诉讼法》第一百七十三条第二款的规定,决定对吴××不起诉。

被不起诉人如不服本决定,可以自收到本决定书后七日内向本院申诉。

××市人民检察院××分院

××××年××月××日

(院印)

(三) 不起诉决定书(存疑不起诉)

××省××市人民检察院
不起诉决定书

×检刑不诉〔×〕×号

被不起诉人卢××,男,××××年××月××日出生,身份证号码×× ××,汉族,初中文化,无业,住××省××县××号。2002年7月22日因犯贩卖毒品罪被××市××区人民法院判处有期徒刑1年,2003年7月21日刑满释放。因涉嫌贩卖毒品罪,于2005年2月13日被××省××县公安局刑事拘留,2005年3月12日经××省××县人民检察院批准,同年3月14日由××省××县公安局执行逮捕。

本案由××省××县公安局侦查终结,以被不起诉人卢××涉嫌贩卖毒品罪,于2005年4月1日向××省××县人民检察院移送审查起诉。该院于2005年4月28日报送本院审查起诉。本院受理后,因本案事实不清、证据不足,于2005年6月10日、8月23日两次退回公安机关补充侦查,2005年9月26日公安机关第二次补充侦查完毕后,重新报送本院审查起诉。其间,因本案案情重大、复杂,两次决定延长审查起诉期限半个月。

××省××县公安局移送审查起诉认定:2005年2月13日13时许,被不起诉人卢××与罗×(另案处理)二人经事前共谋,在××市×××区××球场贩卖毒品,采取由罗×将毒品海洛因100克交易给购买人,卢××收取毒资的分工方法进行毒品交易。交易完毕后,被公安民警现场抓获,当场缴获海洛因100克,毒资9200元。

经本院审查并两次退回补充侦查,本院仍然认为××市公安局×××区分局认定的犯罪事实不清、证据不足,不符合起诉条件。依照《中华人民共和国刑事诉讼法》第一百七十一条第四款的规定,决定对卢××不起诉。

被不起诉人如不服本决定,可以自收到本决定书后七日内向本院申诉。

被害人如果不服本决定，可以自收到本决定书后七日内向××人民检察院（此处的检察院为作出不起诉决定的上一级人民检察院）申诉，请求提起公诉；也可以不经申诉，直接向××人民法院（此处的人民法院则应为与作出不起诉决定的人民检察院同级的人民法院）提起自诉。

××省××市人民检察院
××××年××月××日
（院印）

二、不起诉决定书法律依据及概述

不起诉决定书是人民检察院公诉部门在审查案件后，由检察人员根据案件的事实和证据，依照《刑事诉讼法》第173条第1款、第2款、第171条第4款、第271条第1款，《人民检察院刑事诉讼规则（试行）》第401条第1款、第403条、第406条的规定，对不予追究刑事责任的，犯罪情节轻微，依照刑法规定不需要判处刑罚或免除刑罚的，证据不足，不符合起诉条件的，作出不起诉决定时，所制作的法律文书。

不起诉决定是检察机关基于其控诉的职能享有对不符合起诉条件或没有起诉必要的案件，作出不予追诉的处分决定。虽然不起诉决定只是检察机关对案件所作的程序上的处分。但由于不起诉决定的直接法律后果是终止了刑事诉讼程序的进行，因此其将直接对犯罪嫌疑人和被害人的合法权益产生影响。

根据《刑事诉讼法》的相关规定，人民检察院依法作出的不起诉决定分为三种：第一种是根据《刑事诉讼法》第173条第1款的规定，犯罪嫌疑人有《刑事诉讼法》第15条规定的情形之一的，人民检察院应当作出不起诉决定。《刑事诉讼法》第15条规定："有下列情形之一的，不追究刑事责任，已经追究的应当撤销案件，或者不起诉，或者终止审理，或者宣告无罪：（一）情节显著轻微，危害不大，不认为是犯罪的；（二）犯罪已过追诉时效期限的；（三）经特赦令免除刑罚的；（四）依照刑法告诉才处理的犯罪，没有告诉或者撤回告诉的；（五）犯罪嫌疑人、被告人死亡的；（六）其他法律规定免予追究刑事责任的。"实践中，一般将第一种不起诉称为法定不起诉。根据《人民检察院刑事诉讼规则（试行）》第401条第1款的规定，人民检察院对于公安机关移送审查起诉的案件，发现犯罪嫌疑人没有犯罪事实，或者符合《刑事诉讼法》第15条规定情形之一的，经检察长或者检察委员会决定，应当作出不起诉决定。

第二种是根据《刑事诉讼法》第173条第2款的规定，对于犯罪情节轻微，依照刑法规定不需要判处刑罚或者免除刑罚的，人民检察院可以作出不起诉决定。实践中，一般称为相对不起诉。根据《人民检察院刑事诉讼规则（试行）》第406条的规定，人民检察院对于犯罪情节轻微，依照刑法规定不需要判处刑罚或者免除刑罚的，经检察长或者检察委员会决定，可以作出不起诉决定。

第三种是根据《刑事诉讼法》第171条第4款的规定，对于二次补充侦查的案件，人民检察院仍然认为证据不足，不符合起诉条件的，应当作出不起诉的决定。一般将此种情况称为存疑不起诉。《人民检察院刑事诉讼规则（试行）》第403条规定："人民检察院对于二次退回补充侦查的案件，仍然认为证据不足，不符合起诉条件的，经检察长或者检察委员会决定，应当作出不起诉决定。人民检察院对于经过一次退回补充侦查，认为证据不足，不符合起诉条件，且没有退回补充侦查必要的，可以作出不起诉的决定。"第408条规定："人民检察院决定不起诉的，应当制作不起诉决定书。不起诉决定书的主要内容包括：（一）被不起诉人的基本情况，包括姓名、性别、出生年月日、出生地和户籍地、民族、文化程度、职业、工作单位及职务、住址、身份证号码、是否受过刑事处罚，采取强制措施的情况以及羁押处所等；（二）案由和案件来源；（三）案件事实，包括否定或者指控被不起诉人构成犯罪的事实以及作为不起诉决定根据的事实；（四）不起诉的法律根据和理由，写明作出不起诉决定适用的法律条款；（五）查封、扣押、冻结的涉案款物的处理情况；（六）有关告知事项。"

由此可见，不起诉决定书就是人民检察院依法行使不起诉决定权的一个重要载体。一份用语明确、注重说理、表述规范的不起诉决定书，不仅能够有效地释法说理，定分止争，同时还能有效地化解双方当事人的矛盾，实现案结事了，最大限度地减少对抗因素，维护社会稳定，促进社会和谐。

三、不起诉决定书的基本内容与制作要求

由于据以不起诉的法律根据的不同，因此在制作不起诉决定书时，所要表达的内容也有所不同。针对三种不同的不起诉决定，相应的不起诉决定书也分为三种。

（一）法定不起诉决定书

1. 被不起诉人的基本情况。在该部分应当写明被不起诉人的身份情况，包括被不起诉人的姓名、性别、出生年月日、身份证号码、民族、文化程度、职业或工作单位、住址（如果被不起诉人的户籍所在地和暂住地不一致的，应当分别写明户籍所在地和暂住地），是否受过刑事处罚，采取强制措施的种类、时间、决定机关等。如果被不起诉的是单位，则还应写明单位名称及

住所。

2. 辩护人的基本情况。包括辩护人的姓名、单位。

3. 案由和案件来源。即"本案由×××（侦查机关名称）侦查终结，以被不起诉人×××涉嫌×××罪，于××××年××月××日移送本院审查起诉"。这里的侦查机关是指依法享有侦查权的机关，包括公安机关、国家安全机关等。案由即被不起诉人所涉嫌的罪名，此处应当写移送审查起诉时或侦查终结时认定的行为性质。

如果是由检察机关直接受理立案侦查的案件，则应当表述为"被不起诉人×××涉嫌×××一案，由本院侦查终结，于××××年××月××日移送审查起诉"。如果案件是其他人民检察院移送的，则应当将指定管辖、移送单位以及移送时间等情况写明。

同时在本部分中还要写明移送审查起诉及本院受理的时间，如果案件曾经退回补充侦查，则应当写明退回补充侦查的日期、次数，以及再次移送审查起诉的时间。

4. 案件事实。本部分主要是写明检察机关经过审查认定的案件事实以及相应的证据，其中对于被不起诉人行为的性质以及具有的法定情节，危害结果的事实及证据应重点表述。根据不同的情形其表述的方法也有所不同。如果是根据《刑事诉讼法》第15条第1项规定作出不起诉决定，在表述检察机关审查认定的事实及相应证据时，重点反映被不起诉人行为显著轻微的情节和危害较小的结果。如果被不起诉人的行为本身已构成犯罪，本应追究其刑事责任，只是在审查起诉时，出现了《刑事诉讼法》第15条第2项至第6项规定的不追究刑事责任的情形之一，而决定不起诉的，应当重点说明符合法定不追究刑事责任的事实和证据，充分体现法律规定的内容。

5. 不起诉的理由、法律依据和决定事项。本部分主要是就检察机关作出不起诉决定的理由、法律依据进行表述，如果根据《刑事诉讼法》第15条第1项规定作出不起诉决定，具体表述为"本院认为，××的上述行为，情节显著轻微、危害不大，不构成犯罪。依照《中华人民共和国刑事诉讼法》第十五条第一项和第一百七十三条第一款的规定，决定对××不起诉"。如果是根据《刑事诉讼法》第15条第2项至第6项规定作出的不起诉决定，则应重点阐明不追究被不起诉人刑事责任的理由及法律依据，并写明决定不起诉的法律依据。

6. 查封、扣押、冻结的涉案款物的处理情况。《刑事诉讼法》第173条第3款规定，人民检察院决定不起诉的案件，应当同时对侦查中查封、扣押、冻结的财物解除查封、扣押、冻结。《人民检察院刑事诉讼规则（试行）》第409条规定："人民检察院决定不起诉的案件，可以根据案件的不同情况，对被不起诉人予以训诫或者责令具结悔过、赔礼道歉、赔偿损失。对被不起诉人需要给予行政处罚、行政处分的，人民检察院应当提出检察意见，连同不起诉决定书一并移送有关主管机关处理，并要求有关主管机关及时通报处理情况。"第410条规定："人民检察院决定不起诉的案件，对犯罪嫌疑人违法所得及其他涉案财产的处理，参照本规则第二百九十六条的规定办理。"第411条规定："人民检察院决定不起诉的案件，需要对侦查中查封、扣押、冻结的财物解除查封、扣押、冻结的，应当书面通知作出查封、扣押、冻结决定的机关或者执行查封、扣押、冻结决定的机关解除查封、扣押、冻结。"第296条第1款规定："人民检察院撤销案件时，对犯罪嫌疑人的违法所得应当区分不同情形，作出相应处理：（一）因犯罪嫌疑人死亡而撤销案件，依照刑法规定应当追缴其违法所得及其他涉案财产的，按照本规则第十三章第三节的规定办理。（二）因其他原因撤销案件，对于查封、扣押、冻结的犯罪嫌疑人违法所得及其他涉案财产需要没收的，应当提出检察建议，移送有关主管机关处理。（三）对于冻结的犯罪嫌疑人存款、汇款、债券、股票、基金份额等财产需要返还被害人的，可以通知金融机构返还被害人；对于查封、扣押的犯罪嫌疑人的违法所得及其他涉案财产需要返还被害人的，直接决定返还被害人。"

7. 告知事项。本部分主要是根据《刑事诉讼法》的相关规定，对相关当事人进行权利告知的内容。根据《刑事诉讼法》第176条的规定，对有被害人的案件，决定不起诉的，人民检察院应当将不起诉决定书送达被害人。被害人如果不服，可以自收到决定书后7日内向上一级人民检察院申诉，请求提起公诉。人民检察院应当将复查决定告知被害人。对人民检察院维持不起诉决定的，被害人可以向人民法院起诉。被害人也可以不经申诉，直接向人民法院起诉。该条规定了对被害人权利告知的内容。因此，在不起诉决定书中就应当作如下表述："被害人如果不服本决定，可以自收到本决定书后七日内向×××人民检察院（此处的检察院为作出不起诉决定的上一级人民检察院）申诉，请求提起公诉；也可以不经申诉，直接向×××人民法院（此处的人民法院则应为与作出不起诉决定的人民检察院同级的人民法院）提起自诉。"

不起诉的理由是不起诉决定书中最重要的部分。一份不起诉决定书要做到以理服人，化解矛盾，关键就在于其说理是否充分，法律依据是否恰当。只有通过向当事人充分说明不起诉的理由和依据，释疑解惑，说理服人，才能提高检察机关不起诉决定的公信力，营造检察机关与人民群众的和谐关系，实现办案的法律效果和社会效果的有机统一。

（二）相对不起诉决定书

1. 被不起诉人的基本情况。此部分的内容与法定不起诉决定书的内容一致。

2. 辩护人的基本情况。包括辩护人的姓名、单位。

3. 案由和案件来源。此处的表述与法定不起诉决定书一致。

4. 案件事实部分。重点写明有关被不起诉人具有的法定情节及检察机关酌情作出不起诉决定的具体理由的事实。表述犯罪情节时应当以犯罪构成要件为标准，还要将体现其情节轻微的事实及符合相对不起诉条件的特征叙述清楚。同时还应当将证明"犯罪情节"的各项证据一一列举，以阐明犯罪情节如何轻微。由于相对不起诉决定，是检察机关运用自由裁量权的表现，如果案件事实表述不清，证据不足，就容易让人有检察机关滥用权力、司法不公的错觉，因此，在相对不起诉决定书中，对事实的阐明和证据的列举，以及二者结合对犯罪情节轻微的描述都应当全面、客观、充分。

5. 不起诉理由、法律依据和决定事项。在本部分中，应当重点对被不起诉人具有的从轻、减轻或者免除处罚的情节进行表述。尤其要结合证据和本案事实，对于认定被不起诉人具有从轻、减轻或者免除处罚的情节进行说明和论证，具体表述为"本院认为，被不起诉人①实施了《中华人民共和国刑法》第××条规定的行为，但犯罪情节轻微，具有×××情节（此处应详细写明被不起诉人具有的从轻、减轻或免除处罚的情节表现），根据《中华人民共和国刑法》第××条的规定，不需要判处刑罚（或者免除刑罚）。依据《中华人民共和国刑事诉讼法》第一百七十三条第二款的规定，决定对×××不起诉"。

6. 查封、扣押、冻结的涉案款物的处理情况。与法定不起诉书相同，相关规定有：《刑事诉讼法》第173条第3款，《人民检察院刑事诉讼规则（试行）》第296条、第409—411条。

7. 告知事项。虽然相对不起诉决定书不属于对被不起诉人的行为的定罪，被不起诉人在法律上是无罪的，但由于不起诉决定书中仍然对被不起诉人的行为作出了构成犯罪的评价，故根据《刑事诉讼法》第176条和第177条的规定，该文书中应当对被不起诉人和被害人的权利都履行告知义务。这也是相对不起诉书区别于其他两种不起诉决定书所在。具体表述为："被不起诉人如不服本决定，可以自收到本决定书后七日内向本院申诉。""被害人如不服本决

---

① 在由最高人民检察院法律政策研究室编著的《检察法律文书制作与适用》一书中，在相对不起诉决定书的不起诉理由部分，对于被不起诉人的称谓为"犯罪嫌疑人"，笔者认为，该称谓似有不妥。作为一份规范的、专业的法律文书，对当事人的称谓必须是统一的，如果在一份法律文书中对同一当事人使用不同的称谓，就会给人以法律文书随意、不严谨的感觉。因此，此处也应当统一称为被不起诉人。——编者注

定,可以自收到本决定书后七日内向×××人民检察院申诉(此处的检察院应为作出不起诉决定的上一级人民检察院),请求提起公诉;也可以不经申诉,直接向×××人民法院提起自诉(此处的人民法院为与作出不起诉决定的人民检察院同级的人民法院)。"

(三)存疑不起诉决定书

1. 被不起诉人的基本情况。此部分的内容与法定不起诉决定书的内容一致。

2. 辩护人的基本情况。包括辩护人的姓名、单位。

3. 案由和案件来源。此处的表述与法定不起诉决定书的一致。

4. 案件事实部分。由于本不起诉决定书是因证据不足,不符合起诉条件所作出的,因此检察机关对于案件的事实情况无法作出认定,本不起诉决定书也就没有相应的案件事实情况。

5. 不起诉理由、法律依据和决定事项。对于非检察机关直接受理立案侦查的案件,具体表述为"×××(侦查机关名称)移送审查起诉书认定(概括侦查机关认定的事实)经本院审查并退回补充侦查,本院仍然认为×××(侦查机关名称)认定的犯罪事实不清、证据不足,不符合起诉条件。依照《中华人民共和国刑事诉讼法》第一百七十一条第四款的规定,决定对×××不起诉"。

对于由检察机关直接受理立案侦查的案件,事实不清、证据不足,不符合起诉条件的,不适用不起诉处理方式,只能作撤销案件处理。

对于不起诉决定的理由部分,应当对于证据不足,不能认定构成犯罪的地方予以明确说明。

6、查封、扣押、冻结的涉案款物的处理情况。与法定不起诉书相同,相关规定有:《刑事诉讼法》第173条第3款,《人民检察院刑事诉讼规则(试行)》第296条、第409—411条。

7. 告知事项。根据《刑事诉讼法》第176条的规定,本不起诉决定书应当对被害人进行权利告知。其具体表述为"被害人如不服本决定,可以自收到本决定书后七日内向×××人民检察院(此处为作出不起诉决定的上一级人民检察院)申诉,请求提起公诉;也可以不经申诉,直接向×××人民法院(此处为作出不起诉决定的人民检察院同级的人民法院)提起自诉"。

第十六节　检察意见书

一、检察意见书范例

××县人民检察院
检察意见书

×检意〔×〕×号

××县××公司：

本院对反贪污贿赂局移送的被不起诉人杨××贪污案进行审查后，认为：杨××利用职务之便，采用收费不给票的手段，贪污公款8000元，其行为侵犯了公共财产所有权。以上事实有证人证言、收费票根为证。鉴于杨××案发后能积极退赃，确有悔改表现。根据《中华人民共和国刑事诉讼法》第一百七十三条第二款之规定，本院决定对杨××不起诉。现根据《中华人民共和国刑事诉讼法》第一百七十三条第三款之规定，提出以下意见：你公司应给予被不起诉人杨××行政处分，并将处理结果函告本院。

××××年××月××日
（院印）

二、检察意见书的法律依据及概述

《刑事诉讼法》第173条第3款规定："人民检察院决定不起诉的案件，应当同时对侦查中查封、扣押、冻结的财物解除查封、扣押、冻结。对被不起诉人需要给予行政处罚、行政处分或者需要没收其违法所得的，人民检察院应当提出检察意见，移送有关主管机关处理。有关主管机关应当将处理结果及时通知人民检察院。"检察意见书是1996年《刑事诉讼法》增加的法律文书。检察意见是检察机关在对犯罪嫌疑人依法作出不起诉的同时，认为对被不起诉人依法应当予以行政处罚、行政处分或没收违法所得，向有关主管机关提出的一种处理意见。检察意见书是由检察机关依法向有关主管机关提出的并要求相应机关及时反馈的对于需要给予行政处罚、行政处分或没收违法所得的被不起诉人的行政处理意见时所制作的文书。

检察意见的核心是提出意见，移送处理。根据《刑事诉讼法》的规定，凡是符合《刑事诉讼法》第 173 条第 3 款所规定的情形时，检察机关都"应当"提出检察意见，因此，提出检察意见是检察机关的一项重要职责和法定义务。

三、检察意见书的基本内容与制作要求

1. 发往单位。即检察意见书发往的有关主管机关名称。一般应当顶格书写。

2. 案件来源及审查情况。案件来源一般由公安机关移送、检察机关的反贪部门移送或由其他机关移送。审查情况则要写明人民检察院在收到案件后所做的调查以及审查工作。具体表述为"×××（移送机关的名称）于××××年××月××日向本院移送审查的×××涉嫌×××一案，本院（受理后经两次退回补充侦查，现）已审查终结"。

3. 认定的事实、证据、决定事项以及法律依据。主要写明检察机关经审查后，根据现有证据认定的案件事实，并写明相应的证据材料，以及检察机关审查后根据相关法律规定作出的处理决定。

4. 根据法律规定，提出检察意见的具体内容和要求。即根据法律规定，提出检察意见的具体要求。向有关主管机关提出给予被不起诉人行政处分、行政处罚或没收违法所得的意见。

检察意见书是人民检察院依法行使法律监督职责，督促有关机关追究被不起诉人的其他法律责任的一种文书。根据《刑事诉讼法》的规定，有关主管机关负有及时反馈处理意见的法律义务。因此在检察意见书中，应当对有关主管机关的反馈期限作出要求。但由于我国《刑事诉讼法》没有对反馈期限作出规定，因此，笔者认为，应当由检察机关根据案件的具体情况合理确定。

5. 本文书一式二份，一份送达有关机关，一份附卷。

第十七节　检察建议书

一、检察建议书范例

××市人民检察院××分院
检察建议

×检×分院（公一）建〔×〕×号

××市××区公安局：

你局侦查终结的犯罪嫌疑人余××故意伤害案，经本院检察发现，侦查人员在案发当时即对案发现场作了勘验检查，并收集了相关证人证言。事后，该案现场勘验检查笔录、证人证言等关键证据遗失，严重影响了本案的审查起诉。

本院认为：上述情况反映出你局在案件办理过程中，内部管理制度不健全，相关人员责任心不强。

为此，特提出以下建议：

1. 办案部门应认真学习《公安机关办理刑事案件程序规定》和《中华人民共和国刑事诉讼法》的相关规定，增强办案的证据意识和程序意识。

2. 建立健全相关规章制度，加强对涉案物证、书证及其他原始证据的管理，在侦办案件中确定专人负责证据保管工作；完善证据交接手续，做好提取物证、书证的登记、移交手续。

3. 完善考评机制、落实工作责任，强化责任追究，切实提高案件质量，杜绝此类情况的再次发生。

请你局认真研究，制定切实有效的整改方案，并将方案及时告知我院。

××××年××月××日
（院印）

二、检察建议书法律依据及概述

最高人民检察院《人民检察院检察建议工作规定（试行）》第3条规定："人民检察院结合执法办案工作，可以向涉案单位、有关主管机关或者其他有关单位提出检察建议。"检察建议书是最高人民检察院为进一步规范检察建议的适用,充分发挥检察建议的作用,更好地履行人民检察院的法律监督职能而规范的一种法律文书。检察建议书是指人民检察院为促进法律正确实施、促进社会和谐稳定,在履行法律监督职能过程中,结合执法办案,建议有关单位完善制度,加强内部制约、监督,正确实施法律法规,完善社会管理、服务,预防和减少违法犯罪的一种重要方式。第5条规定:"人民检察院在检察工作中发现有下列情形之一的,可以提出检察建议:(一)预防违法犯罪等方面管理不完善、制度不健全、不落实,存在犯罪隐患的;(二)行业主管部门或者主管机关需要加强或改进本行业或者部门的管理监督工作的;(三)民间纠纷问题突出,矛盾可能激化导致恶性案件或者群体性事件,需要加强调解疏导工作的;(四)在办理案件过程中发现应对有关人员或行为予以表彰或者给予处分、行政处罚的;(五)人民法院、公安机关、刑罚执行机关和劳动教养机关在执法过程中存在苗头性、倾向性的不规范问题,需要改进的;(六)其他需要提出检察建议的。"因此,检察建议是人民检察院履行法律监督职能,创新社会管理的一种工作方式。

三、检察建议书的基本内容与制作要求

1. 发往单位。即检察建议书发往的有关主管机关名称。一般应当顶格书写。

2. 问题的来源或者提出建议的起因。写明本院在办理案件过程中发现该单位在管理等方面存在的漏洞以及需要提出有关检察建议的问题。

3. 提出检察建议所依据的事实。此部分为提出检察建议所依据的事实。对事实的叙述要求客观、准确、概括性强,要归纳成几条反映问题实质的事实要件,然后加以叙述。

4. 提出检察建议的依据和建议内容。检察建议引用依据有两种情况:一种情况是检察机关提出建议的行为所依据的有关规定;另一种情况是该单位存在的问题不符合哪项法律规定和有关规章制度的规定。检察建议内容应当具体明确,切实可行。要与以上列举的事实紧密联系。

5. 要求事项。即为实现检察建议内容或督促检察建议落实而向受文单位提出的具体要求。可包括:研究解决或督促整改;回复落实情况,可提出具体时间要求。

6. 有抄送单位的注明抄送单位。检察建议书是人民检察院依法行使法律监督职责,督促完善制度、堵塞漏洞、解决问题的一种文书。根据最高人民检察院《人民检察院检察建议工作规定(试行)》的规定,有关主管机关负有及时反馈处理意见的法律义务。因此在检察建议书中,应当对有关主管机关的反

馈期限作出要求。但由于我国刑事诉讼法没有明确规定检察建议书，亦没有对反馈期限作出规定，因此笔者认为，应当由检察机关根据案件的具体情况合理确定。

7. 本文书一式四份，一份附卷，一份送达受文单位，一份送达受文单位的上级主管部门，一份送本院预防部门。

第十八节　纠正案件错误决定通知书

一、纠正案件错误决定通知书范例

×××人民检察院
纠正案件错误决定通知书

×检×纠通〔×〕×号

×××人民检察院（下级人民检察院）：

你院办理的李××盗窃（写明犯罪嫌疑人或被告人的姓名及案由）一案，经本院审查认为：……（以下依次写明下级人民检察院所作的案件决定错误之处，结合应当正确认定的案件事实、情节、证据、适用法律，写明纠正错误的理由）。

经本院检察委员会研究决定：撤销你院对李××（写明犯罪嫌疑人或者被告人的姓名）的××（写明有关决定及其文号），请你院予以纠正。请即遵照执行。

××××年××月××日
（院印）

二、纠正案件错误决定通知书法律依据及制作说明

1. 本文书依据有关法律规定，为上级人民检察院纠正下级人民检察院办案错误决定时使用。《人民检察院刑事诉讼规则（试行）》第416条第2款规定："上一级人民检察院应当在收到提请复核意见书后的三十日以内作出决

定，并制作复核决定书送交提请复核的公安机关和下级人民检察院。经复核改变下级人民检察院不起诉决定的，应当撤销或者变更下级人民检察院作出的不起诉决定，交由下级人民检察院执行。

2. 本文书一式二份，一份送达下级人民检察院，一份附卷。

第十九节　纠正违法通知书

一、纠正违法通知书范例

×××人民检察院
纠正违法通知书

×检（公）纠违〔×〕×号

××公安局：

　　经检察，发现你局侦查终结的黎××抢劫案，侦查人员××、×××于×××年××月××日对××的暂住处进行搜查时，未依法开具《搜查证》。搜查过程中，在黎××暂住处提取到休闲胶底布鞋一双，该双布鞋的鞋底花纹类型与案发现场遗留鞋印经鉴定相同，但是，侦查员现场开具的《扣押物品、文件清单》上，物品持有人黎××签名的时间却与搜查时间不一致，并且该份扣押清单只有一名侦查员的签名。

　　本院认为：上述行为已违反《中华人民共和国刑事诉讼法》第一百三十六条第一款、第一百四十条、《公安机关办理刑事案件程序规定》第二百零五条、第二百零六条、第二百一十二条、第二百一十三条之规定，搜查时必须向被搜查人出示搜查证，扣押物品、文件应当会同在场见证人和被扣押物品持有人查点清楚，当场开列清单，由侦查人员、见证人和持有人签名或者盖章，并且扣押物品、文件的侦查人员不得少于二人。

　　根据《中华人民共和国刑事诉讼法》第一百六十八条第（五）项之规定，特通知你局予以纠正，请将纠正结果告知本院。

××××年××月××日
（院印）

二、纠正违法通知书的法律依据及概述

根据《刑事诉讼法》第 168 条第 5 项之规定，人民检察院审查案件的时候，必须查明侦查活动是否合法。纠正违法通知书时检察机关履行法律监督的重要手段。纠正违法通知书是指人民检察院在办理检察业务过程中，发现侦查机关的侦查活动、执行机关的执行活动或审判机关的民事行政审判活动有严重的违法情形依法予以纠正制作的法律文书。

三、纠正违法通知书的基本内容与制作要求

1. 标题。分两行写明检察机关的名称和文书名称。

2. 发往单位。即纠正违法通知书发往的机关名称。一般应当顶格书写。

3. 发现的违法情况。包括违法人员的姓名、单位、职务、违法事实等，如果是单位违法，要写明违法单位的名称。违法事实，要写明违法时间、地点、经过、手段、目的和后果等。可表述为："经检察，发现……""发现"后书写顺序为：（1）发生违法情况的具体单位和人员。违法人员要写明姓名、所在单位、职务等。（2）违法事实。写明违法的时间、地点、经过、手段、目的和后果等。

4. 认定违法的理由和法律依据。包括违法行为触犯的法律、法规和规范性文件的具体条款，违法行为的性质等。可表述为："本院认为……""本院认为"后写明违法行为触犯的法律、法规的具体条款、违法行为的性质等。

5. 纠正意见。可表述为："根据……（法律依据）的规定，特通知你单位予以纠正，请将纠正结果告知我院。"

6. 被纠正单位书面回复落实情况的期限等其他事项。应要求被纠正单位在收到纠正违法通知书后及时整改并将落实情况以书面形式回复，注明回复的邮政地址、联系电话和联系人等。

由于我国刑事诉讼法没有明确规定检察建议书，亦没有对反馈期限作出规定，因此笔者认为，应当由检察机关根据案件的具体情况合理确定。

7. 本文书一式二份，一份送达发生违法行为的单位，一份附卷。

第二十节　移送有关主管机关处理违法所得清单

一、移送有关主管机关处理违法所得清单范例

×××人民检察院
移送有关主管机关处理违法所得清单

案　　由＿＿＿＿＿＿＿＿＿＿＿＿＿＿＿＿＿＿

被不起诉人＿＿＿＿＿＿＿＿＿＿＿＿＿＿＿＿＿

第　页　共　页

编号	名称	数量	单位	特征	备注

批准人：

承办人：

被不起诉人：

年　月　日
（院印）

二、移送有关主管机关处理违法所得清单法律依据

该文书依据《刑事诉讼法》第 173 条第 3 款的规定制作，是人民检察院对决定不起诉的案件，需要没收犯罪嫌疑人违法所得的，移送有关主管机关处理时使用。

三、移送有关主管机关处理违法所得清单制作要求

1. 本文书与《移送有关主管机关处理违法所得意见书》一并使用。

2. 本文书一式四份，一份附卷，一份送达有关主管机关，一份送达被不起诉人，一份送被扣押、冻结违法所得保管人。四份清单使用同一编号。

第二十一节　补充移送起诉通知书

一、补充移送起诉通知书范例

×××人民检察院
补充移送起诉通知书

×检×补诉〔×〕×号

一、送达单位。

二、写明原起诉意见书文号及犯罪嫌疑人姓名、涉嫌罪名、移送审查起诉时间。

三、写明需要补充移送起诉的犯罪嫌疑人姓名，犯罪事实，触犯的刑法条款，需要审查起诉的理由（如果需要补充移送起诉多名犯罪嫌疑人的，应分别叙写）。

四、写明要求补充移送起诉的法律依据（刑事诉讼法第一百六十八条第二项）和要求（及时或者在一定期限内补充移送起诉，并提供必需的证据材料）。

××××年××月××日
（院印）

二、补充移送起诉通知书制作说明法律依据及制作要求

该文书依据《刑事诉讼法》第168条第2项的规定制作，是人民检察院在要求补充移送起诉遗漏罪行或者其他应当追究刑事责任的犯罪嫌疑人时使用的文书。

该文书一式两份，一份给送达单位，一份附卷。

第二十二节 审查起诉业务填充式法律文书

一、延长审查起诉期限审批表

（一）延长审查起诉期限审批表范例

×××人民检察院
延长审查起诉期限审批表

移送起诉机关	
受案时间	年　月　日
犯罪嫌疑人	等共　　人
案　　由	
延长时间	年　月　日起至　年　月　日共半个月
延长理由	承办人 年　月　日
审查起诉部门意见	处（科）长 年　月　日
备　　注	

注：本文书是依照刑事诉讼法第一百六十九条第一款之规定，延长半个月审查起诉期限时使用。

制作份数：1

归卷：检察内卷1份

主办部门：审查起诉处（科）

（二）延长审查起诉期限审批表概述

延长审查起诉期限审批表是人民检察院对侦查机关移送审查起诉的案件在法定期限内不能作出决定，依法延长期限时所使用的一种法律文书。

《刑事诉讼法》第169条第1款规定："人民检察院对于公安机关移送起

诉的案件，应当在一个月以内作出决定，重大、复杂的案件，可以延长半个月。"《人民检察院刑事诉讼规则（试行）》第386条第1款规定："人民检察院对于移送审查起诉的案件，应当在一个月以内作出决定；重大、复杂的案件，一个月以内不能作出决定的，经检察长批准，可以延长十五日。"根据上述规定，对于延长审查起诉期限的审批应当经过两级审批，首先是由承办人向本部门申请延长审查起诉期限，审查起诉部门的负责人经过审查认为符合法律规定的情况，依法可以延长审查起诉期限的，再报经检察长批准后，方能对案件的审查起诉期限予以延长。

（三）延长审查起诉期限审批表的基本内容及制作要求

本文书共分八栏，主要内容包括：移送起诉机关的名称，受案时间，犯罪嫌疑人姓名，案由，延长时间，延长理由，审查起诉部门审批意见，检察长审批意见，备注。

其中，对于延长的理由必须予以明确说明，由于一般在审查起诉阶段对犯罪嫌疑人都采取了羁押的强制措施，如果无理由地延长办案期限，必然会侵害犯罪嫌疑人的合法权利，因此，在延长理由中必须对申请延长的理由予以说明。审查起诉部门负责人审批后，认为延长理由符合法律规定的情形的，才能作出同意延长的决定，再报经检察长批准，方可延长案件的审查起诉期限。

二、回避决定书

（一）回避决定书范例

×××人民检察院
回避决定书
（存根）

检避〔 〕 号

案由
犯罪嫌疑人
被决定回避人
回避原因
申请人
批准人
承办人
填发人
填发时间

第一联——保存

×××人民检察院
回避决定书
（副本）

检避〔 〕 号

……
根据《中华人民共和国刑事诉讼法》
第_____条的规定，经决定，_____对
_____案予以回避。

年 月 日
（检察长印或院印）

此决定于 年 月 日向我宣布。
申请人_____
宣告人_____

第二联——宣告申请回避人后附卷

×××人民检察院
回避决定书

检避〔 〕 号

……
根据《中华人民共和国刑事诉讼法》
第_____条的规定，经决定，_____对
_____案予以回避。

年 月 日
（检察长印或院印）

第三联——送达被决定回避人

188

（二）回避决定书法律依据

本文书是依据《刑事诉讼法》第 28—31 条的规定制作的，人民检察院决定检察人员或侦查机关负责人回避时使用的一种文书。

（三）回避决定书制作要求

1. 批准人一栏填检察长姓名或检察委员会。

2. 填充式文书中的选择项在选择时，应当用斜线（\）划去不用的选择项。

3. 本文书共三联，第一联统一保存备查，第二联告知申请回避人后附卷，第三联送达被决定回避人。

三、回避复议决定书

（一）回避复议决定书范例

×××人民检察院
回避复议决定书
（存根）

检避复〔　〕　号

案由　_____
犯罪嫌疑人　_____
申请复议人　_____
申请复议人与案件关系　_____
申请复议理由　_____
复议结果　_____
批准人　_____
承办人　_____
填发人　_____
填发时间　_____

第一联统一保存

×××人民检察院
回避复议决定书
（副本）

检避复〔　〕　号

犯罪嫌疑人　_____　涉嫌　_____ 一案的当事人（当事人的法定代理人、辩护人、诉讼代理人）_____ 不服本院　_____ 号驳回申请回避的决定，要求复议。根据《中华人民共和国刑事诉讼法》第三十条的规定，经复议决定　_____
　　　　　　　　　　　　　　　　。

　　　　　　　　　　　　　年　月　日
　　　　　　　　　　　　　　（院印）

第二联附卷

×××人民检察院
回避复议决定书

检避复〔　〕　号

犯罪嫌疑人　_____　涉嫌　_____ 一案的当事人（当事人的法定代理人、辩护人、诉讼代理人）_____ 不服本院　_____ 号驳回申请回避的决定，要求复议。根据《中华人民共和国刑事诉讼法》第三十条的规定，经复议决定　_____
　　　　　　　　　　　　　　　　。

　　　　　　　　　　　　　年　月　日
　　　　　　　　　　　　　　（院印）

第三联送达申请复议人

190

（二）回避复议决定书法律依据

本文书是根据《刑事诉讼法》第 30 条第 3 款、第 31 条第 2 款和《人民检察院刑事诉讼规则（试行）》第 27 条的规定制作的。回避复议决定书是人民检察院复议当事人及其法定代理人、辩护人、诉讼代理人对人民检察院驳回申请回避决定不服后作出决定时使用的法律文书。

（三）回避复议决定书制作要求

1. 《人民检察院刑事诉讼规则（试行）》第 28 条规定，当事人及其法定代理人对驳回申请回避的决定不服申请复议的，决定机关应当在 3 日以内作出复议决定并书面通知申请人。

2. 本文书共三联，第一联统一保存备查，第二联附卷，第三联送达申请复议人。

四、驳回申请决定书

（一）驳回申请决定书范例

×××人民检察院
驳回申请决定书
（存根）

检驳申〔　〕　号

案由
犯罪嫌疑人
申请人
与案件关系
申请事项
驳回原因
批准人
承办人
填发人
填发时间

第一联统一保存

×××人民检察院
驳回申请决定书
（副本）

检驳申〔　〕　号

　　　　　　　　　一案时，你提出　　　　　　，要求　　　　　　：
本院办理　　　　　　　　　　　　　　　　　　　　　　　。
本院经审查认为　　　　　　　　　　　　　　　　　　　　　。
决定驳回申请。

年　月　日
（检察长印或院印）

第二联附卷

×××人民检察院
驳回申请决定书

检驳申〔　〕　号

　　　　　　　　　一案时，你提出　　　　　　，要求　　　　　　：
本院办理　　　　　　　　　　　　　　　　　　　　　　　。
本院经审查认为　　　　　　　　　　　　　　　　　　　　　。
决定驳回申请。

年　月　日
（检察长印或院印）

第三联送达申请人

(二) 驳回申请决定书法律依据

驳回申请决定书是人民检察院驳回回避申请、取保候审申请、变更或者解除强制措施申请时适用的一种法律文书。

《刑事诉讼法》第28条规定："审判人员、检察人员、侦查人员有下列情形之一的，应当自行回避，当事人及其法定代理人也有权要求他们回避：（一）是本案的当事人或者是当事人的近亲属的；（二）本人或者他的近亲属和本案有利害关系的；（三）担任过本案的证人、鉴定人、辩护人、诉讼代理人的；（四）与本案当事人有其他关系，可能影响公正处理案件的。"第29条规定："审判人员、检察人员、侦查人员不得接受当事人及其委托的人的请客送礼，不得违反规定会见当事人及其委托的人。审判人员、检察人员、侦查人员违反前款规定的，应当依法追究法律责任。当事人及其法定代理人有权要求他们回避。"第30条规定："审判人员、检察人员、侦查人员的回避，应当分别由院长、检察长、公安机关负责人决定；院长的回避，由本院审判委员会决定；检察长和公安机关负责人的回避，由同级人民检察院检察委员会决定。对侦查人员的回避作出决定前，侦查人员不能停止对案件的侦查。对驳回申请回避的决定，当事人及其法定代理人可以申请复议一次。"第31条规定："本章关于回避的规定适用于书记员、翻译人员和鉴定人。辩护人、诉讼代理人可以依照本章的规定要求回避、申请复议。"第94条的规定："人民法院、人民检察院和公安机关如果发现对犯罪嫌疑人、被告人采取强制措施不当的，应当及时撤销或者变更。公安机关释放被逮捕的人或者变更逮捕措施的，应当通知原批准的人民检察院。"

(三) 驳回申请决定书制作要求

1. 制作该文书需要由检察长签名或盖章并加盖人民检察院印章。

2. 《人民检察院刑事诉讼规则（试行）》第27条规定："人民检察院作出驳回申请回避的决定后，应当告知当事人及其法定代理人如不服本决定，有权在收到驳回申请回避的决定书后五日以内向原决定机关申请复议一次。"第28条规定："当事人及其法定代理人对驳回申请回避的决定不服申请复议的，决定机关应当在三日以内作出复议决定并书面通知申请人。"第147条规定："犯罪嫌疑人及其法定代理人、近亲属或者辩护人认为人民检察院采取强制措施法定期限届满，要求解除强制措施的，由人民检察院侦查部门或者公诉部门审查后报请检察长决定。人民检察院应当在收到申请后三日以内作出决定。经审查，认为法定期限届满的，应当决定解除或者依法变更强制措施，并通知公安机关执行；认为未满法定期限的，书面答复申请人。对于被羁押的犯罪嫌疑人解除或者变更强制措施的，侦查部门或者公诉部门应当及时通报本院监所检察部门和案件管理部门。"第148条规定，犯罪嫌疑人及其法定代理人、近亲属或者辩护人向人民检察院提出变更强制措施申请的，由人民检察院侦查部门或者公诉部门审查后报请检察长决定。人民检察院应当在收到申请后3日内作出决定。经审查同意变更强制措施的，在作出决定的同时通知公安机关执行；不同意变更强制措施的，应当书面告知申请人，并说明不同意的理由。对于被羁押的犯罪嫌疑人变更强制措施的，侦查部门或者公诉部门应当及时通报本院监所检察部门和案件管理部门。

3. 本文书共三联，第一联统一保存备查，第二联附卷，第三联送达申请人。

五、复议决定书

（一）复议决定书范例

×××人民检察院
复议决定书
（存根）

检〔　〕　号

案由 _____
犯罪嫌疑人基本情况 _____
复议决定内容 _____
送达单位 _____
批准人 _____
承办人 _____
填发人 _____
填发时间 _____

第一联 统一保存

×××人民检察院
复议决定书
（副本）

检〔　〕　号

你　　对本院　　　书要求复议的意见书收悉。经本院复议认为：_____。

根据《中华人民共和国刑事诉讼法》第　　条的规定，本院决定_____。

此致

年　月　日
（院印）

第二联 附卷

×××人民检察院
复议决定书

检〔　〕　号

你　　对本院　　　书要求复议的意见书收悉。经本院复议认为：_____。

根据《中华人民共和国刑事诉讼法》第　　条的规定，本院决定_____。

此致

年　月　日
（院印）

第三联 送达侦查机关

(二) 复议决定书法律依据

复议决定书是人民检察院在侦查机关认为不起诉决定有错误,向作出决定的人民检察院要求复议,复议后作出复议决定时使用的一种文书。

《刑事诉讼法》第175条规定:"对于公安机关移送起诉的案件,人民检察院决定不起诉的,应当将不起诉决定书送达公安机关。公安机关认为不起诉的决定有错误的时候,可以要求复议,如果意见不被接受,可以向上一级人民检察院提请复核。"《人民检察院刑事诉讼规则(试行)》第415条第1款规定:"公安机关认为不起诉决定有错误,要求复议的,人民检察院公诉部门应当另行指定检察人员进行审查并提出审查意见,经公诉部门负责人审核,报请检察长或者检察委员会决定。"

(三) 复议决定书制作要求

1. 本文书是人民检察院在侦查机关认为不批捕、不起诉或者通知撤销案件决定有错误,向作出决定的人民检察院要求复议,复议后作出复议决定时使用。

2. 本文书共三联,第一联存根,统一保存备查;第二联附卷;第三联送达侦查机关。

3. 根据《人民检察院刑事诉讼规则(试行)》第四百一十五条第二款的规定,人民检察院应当在收到要求复议意见书后的30日以内作出复议决定,并通知公安机关。

六、复核决定书

（一）复核决定书范例

×××人民检察院
复核决定书
（存根）

检 核〔 〕 号

案由
犯罪嫌疑人基本情况
复核决定内容
送达单位
批准人
承办人
填发人
填发时间

第一联 统一保存

×××人民检察院
复核决定书
（副本）

检 核〔 〕 号

 　　对　　　人民检
察院　　号　　书提请
复核的意见书及案件材料收
悉。经本院复核认为：

　　根据《中华人民共和国刑事
诉讼法》第　　条的规定，
本院决定

此致

年　月　日
（院印）

第二联 附卷

×××人民检察院
复核决定书

检 核〔 〕 号

 　　对　　　人民检
察院　　号　　书提请
复核的意见书及案件材料收
悉。经本院复核认为：

　　根据《中华人民共和国刑事
诉讼法》第　　条的规定，
本院决定

此致

年　月　日
（院印）

第三联 送达侦查机关

×××人民检察院
复核决定通知书
（存根）

检 核〔 〕 号

 人民检察院：
　　对你院　　号　　书提请
本院复核。经本院复核认为：

　　根据《中华人民共和国刑事诉讼
法》第　　条的规定，本院决定

　　特此通知

年　月　日
（院印）

第四联 送达作出决定的下级人民检察院

(二) 复核决定书法律依据

复核决定书是人民检察院在侦查机关认为不起诉决定有错误，向作出决定的人民检察院要求复议，意见未被接受，向上一级人民检察院提请复核，上一级人民检察院对此作出复核决定时使用的一种文书。

《刑事诉讼法》第 175 条规定："对于公安机关移送起诉的案件，人民检察院决定不起诉的，应当将不起诉决定书送达公安机关。公安机关认为不起诉的决定有错误的时候，可以要求复议，如果意见不被接受，可以向上一级人民检察院提请复核。"《人民检察院刑事诉讼规则（试行）》第 416 条第 1 款规定："上一级人民检察院收到公安机关对不起诉决定提请复核的意见书后，应当交由公诉部门办理。公诉部门指定检察人员进行审查并提出审查意见，经公诉部门负责人审核，报请检察长或者检察委员会决定。"

(三) 复核决定书制作要求

1. 本文书依据《刑事诉讼法》第 175 条、《人民检察院刑事诉讼规则（试行）》第 416 条的规定制作。

2. 本文书共四联，第一联存根，统一保存备查；第二联附卷；第三联送达下级侦查机关；第四联送达作出决定的下级人民检察院。

3. 根据《人民检察院刑事诉讼规则（试行）》第 416 条第 2 款的规定，上一级人民检察院应当在收到提请复核意见书后的 30 日以内作出决定，并制作复核决定书送交提请复核的公安机关和下级人民检察院。经复核改变下级人民检察院不起诉决定的，应当撤销或者变更下级人民检察院作出的不起诉决定，交由下级人民检察院执行。

七、提供法律援助通知书

（一）提供法律援助通知书范例

×××人民检察院
提供法律援助通知书
（存根）

检 援 〔 〕 号

案由＿＿＿＿＿＿＿
案件编号＿＿＿＿＿＿＿
犯罪嫌疑人＿＿＿＿ 性别＿＿ 年龄＿＿
法律援助机构＿＿＿＿＿＿＿
批准人＿＿＿＿＿＿＿
承办人＿＿＿＿＿＿＿
填发人＿＿＿＿＿＿＿
填发时间＿＿＿＿＿＿＿

第一联 统一保存

×××人民检察院
提供法律援助通知书
（副本）

检 援 〔 〕 号

＿＿＿＿＿＿＿＿＿：
我院办理的＿＿＿＿＿＿＿案，犯罪嫌疑人＿＿＿＿（性别、年龄），其属于＿＿＿＿＿＿＿符合《中华人民共和国刑事诉讼法》第三十四条第＿＿款/第二百六十七条规定的情形，请依法指派律师为其提供辩护。

年 月 日
（院印）

本通知书已收到。
法律援助机构收件人：
年 月 日

第二联 附卷

×××人民检察院
提供法律援助通知书

检 援 〔 〕 号

＿＿＿＿＿＿＿＿＿：
我院办理的＿＿＿＿＿＿＿案，犯罪嫌疑人＿＿＿＿（性别、年龄），其属于＿＿＿＿＿＿＿符合《中华人民共和国刑事诉讼法》第三十四条第＿＿款/第二百六十七条规定的情形，请依法指派律师为其提供辩护。

年 月 日
（院印）

第三联 送法律援助机构

(二) 提供法律援助通知书书法律依据

本文书根据《刑事诉讼法》第 34 条、第 267 条的规定制作，在人民检察院办理直接受理立案侦查案件和审查起诉案件时使用。法律依据根据案件的具体情况，分别引用《刑事诉讼法》第 34 条第 1 款、第 2 款、第 3 款或者第 267 条的规定。

(三) 提供法律援助通知书制作要求

1. 《人民检察院刑事诉讼规则（试行）》第 42 条规定，人民检察院收到在押或者被指定居所监视居住的犯罪嫌疑人提出的法律援助申请，应当在 3 日以内将其申请材料转交法律援助机构。

2. 本文书共三联，第一联存根统一保存备查，第二联附卷，第三联送法律援助机构。

八、批准律师以外的辩护人与犯罪嫌疑人会见和通信/查阅案卷材料决定书

（一）批准律师以外的辩护人与犯罪嫌疑人会见和通信/查阅案卷材料决定书范例

×××人民检察院
批准律师以外的辩护人与犯罪嫌疑人会见和通信/查阅案卷材料决定书

检准见阅〔　〕　号

根据《中华人民共和国刑事诉讼法》第三十七条第一款/第三十八条之规定，决定同意你与犯罪嫌疑人＿＿＿＿＿会见和通信/查阅、摘抄、复制本案的案卷材料。

年　月　日
（院印）

第三联 交申请人

×××人民检察院
批准律师以外的辩护人与犯罪嫌疑人会见和通信/查阅案卷材料决定书
（副本）

检准见阅〔　〕　号

根据《中华人民共和国刑事诉讼法》第三十七条第一款/第三十八条之规定，决定同意你与犯罪嫌疑人＿＿＿＿＿会见和通信/查阅、摘抄、复制本案的案卷材料。

年　月　日
（院印）

本决定书已收到。
申请人：
年　月　日

第二联 附卷

×××人民检察院
批准律师以外的辩护人与犯罪嫌疑人会见和通信/查阅案卷材料决定书
（存根）

检准见阅〔　〕　号

案　由＿＿＿＿＿
案件编号＿＿＿＿＿
犯罪嫌疑人＿＿＿　性别＿＿＿　年龄＿＿＿
申请人＿＿＿＿＿
工作单位＿＿＿＿＿
批准人＿＿＿＿＿
承办人＿＿＿＿＿
填发人＿＿＿＿＿
填发时间＿＿＿＿＿

第一联 统一保存

（二）批准律师以外的辩护人与犯罪嫌疑人会见和通信/查阅案卷材料决定书法律依据

该文书是根据《刑事诉讼法》第37第1款和第38条、《人民检察院刑事诉讼规则（试行）》第48条的规定制作的，在案件移送审查起诉后，律师以外的辩护人申请与犯罪嫌疑人会见、通信或者查阅案卷材料，人民检察院决定批准时使用的文书。

（三）批准律师以外的辩护人与犯罪嫌疑人会见和通信/查阅案卷材料决定书制作要求

本文书共三联，第一联存根统一保存备查，第二联附卷，第三联交申请人。

九、不批准律师以外的辩护人与犯罪嫌疑人会见和通信/查阅案卷材料决定书

（一）不批准律师以外的辩护人与犯罪嫌疑人会见和通信/查阅案卷材料决定书范例

×××人民检察院
不批准律师以外的辩护人
与犯罪嫌疑人会见和通信/
查阅案卷材料决定书
（存根）

检 不准见阅〔 〕 号

案由＿＿＿＿＿＿＿＿＿＿＿＿＿＿＿
案件编号＿＿＿＿＿＿＿＿＿＿＿＿＿
犯罪嫌疑人＿＿＿性别＿＿年龄＿＿
申请人＿＿＿＿＿＿＿＿＿＿＿＿＿＿
工作单位＿＿＿＿＿＿＿＿＿＿＿＿＿
批准人＿＿＿＿＿＿＿＿＿＿＿＿＿＿
承办人＿＿＿＿＿＿＿＿＿＿＿＿＿＿
填发人＿＿＿＿＿＿＿＿＿＿＿＿＿＿
填发时间＿＿＿＿＿＿＿＿＿＿＿＿＿

第一联 统一保存

×××人民检察院
不批准律师以外的辩护人
与犯罪嫌疑人会见和通信/
查阅案卷材料决定书
（副本）

检 不准见阅〔 〕 号

　　根据《中华人民共和国刑事诉讼法》第三十七条第一款/第三十八条之规定，决定不批准你与犯罪嫌疑人＿＿＿会见和通信/查阅、摘抄、复制本案的案卷材料。

年 月 日
（院印）

本决定书已收到。
申请人：
年 月 日

第二联 附卷

×××人民检察院
不批准律师以外的辩护人
与犯罪嫌疑人会见和通信/
查阅案卷材料决定书

检 不准见阅〔 〕 号

　　根据《中华人民共和国刑事诉讼法》第三十七条第一款/第三十八条之规定，决定不批准你与犯罪嫌疑人＿＿＿会见和通信/查阅、摘抄、复制本案的案卷材料。

年 月 日
（院印）

第三联 交申请人

203

（二）不批准律师以外的辩护人与犯罪嫌疑人会见和通信/查阅案卷材料决定书法律依据

该文书是根据《刑事诉讼法》第37条第1款和第38条、《人民检察院刑事诉讼规则（试行）》第48条的规定制作的，在案件移送审查起诉后，律师以外的辩护人申请与犯罪嫌疑人会见、通信或者查阅案卷材料，人民检察院根据法定情形决定不予批准时使用的文书。

（三）不批准律师以外的辩护人与犯罪嫌疑人会见和通信/查阅案卷材料决定书制作要求

本文书共三联，第一联存根统一保存备查，第二联附卷，第三联交申请人。

十、调取证据通知书

（一）调取证据通知书范例

×××人民检察院调取证据通知书
（存根）

检调证〔　　〕　　号

案由
案件编号
犯罪嫌疑人　　　　　性别　　　年龄
申请人
工作单位
申请调取证据名称或特征
批准人
承办人
填发人
填发时间

第一联——保存

×××人民检察院调取证据通知书
（副本）

检调证〔　　〕　　号

：

我院办理的　　　　　　　案，犯罪嫌疑人　　　　　的辩护人　　　的，据《中华人民共和国刑事诉讼法》第三十九条之规定，向我院申请调取你单位收集的　　　　　证据材料，请接到通知后五日以内，将该证据材料移交我院。

　　　　　　　　　　　年　月　日
　　　　　　　　　　　（院印）

本通知书已收到。
侦查机关收件人：
　　　　　　　　　年　月　日

第二联——附卷

×××人民检察院调取证据通知书

检调证〔　　〕　　号

：

我院办理的　　　　　　　案，犯罪嫌疑人　　　　　的辩护人　　　的，据《中华人民共和国刑事诉讼法》第三十九条之规定，向我院申请调取你单位收集的　　　　　证据材料，请接到通知后五日以内，将该证据材料移交我院。

　　　　　　　　　　　年　月　日
　　　　　　　　　　　（院印）

第三联——送侦查机关

（二）调取证据通知书法律依据

该文书是根据《刑事诉讼法》第 39 条的规定制作的，在辩护律师申请人民检察院调取侦查机关有关无罪、罪轻证据，人民检察院决定调取时使用的文书。第 39 条规定："辩护人认为在侦查、审查起诉期间公安机关、人民检察院收集的证明犯罪嫌疑人、被告人无罪或者罪轻的证据材料未提交的，有权申请人民检察院、人民法院调取。"

（三）调取证据通知书制作要求

本文书共三联，第一联存根统一保存备查，第二联附卷，第三联交侦查机关。

十一、不予收集、调取证据决定书

（一）不予收集、调取证据决定书范例

×××人民检察院
不予收集、调取证据决定书
（存根）

检 不调证〔　〕　号

案由
案件编号
犯罪嫌疑人　　性别　　年龄
申请人
工作单位
申请调取证据名称或特征

批准人
承办人
填发人
填发时间

第一联统一保存

×××人民检察院
不予收集、调取证据决定书
（副本）

检 不调证〔　〕　号

：
　　　　因存在　　　　情形，根据《中华人民共和国刑事诉讼法》第三十九条/第四十一条第一款之规定，决定对你申请收集/调取的证据不予收集/调取。

年　月　日
（院印）

本决定书已收到。
申请人：
年　月　日

第二联附卷

×××人民检察院
不予收集、调取证据决定书

检 不调证〔　〕　号

：
　　　　因存在　　　　情形，根据《中华人民共和国刑事诉讼法》第三十九条/第四十一条第一款之规定，决定对你申请收集/调取的证据不予收集/调取。

年　月　日
（院印）

第三联交申请人

第二章　审查起诉业务文书

207

(二) 不予收集、调取证据决定书法律依据

该文书是根据《刑事诉讼法》第39条、第41条第1款的规定制作的,辩护律师申请人民检察院向公安机关调取有关无罪、罪轻证据或者申请人民检察院收集、调取有关证据,人民检察院决定不予收集或者调取时使用的文书。

(三) 不予收集、调取证据决定书制作要求

本文书共三联,第一联存根统一保存备查,第二联附卷,第三联交申请人。

十二、许可辩护律师收集案件材料决定书

(一) 许可辩护律师收集案件材料决定书范例

×××人民检察院
许可辩护律师
收集案件材料决定书
(存根)

检 许收 〔 〕 号

案由
案件编号
犯罪嫌疑人　　性别　　年龄
申请人
工作单位
申请调取证据名称或特征

批准人
承办人
填发人
填发时间

第一联统一保存

×××人民检察院
许可辩护律师
收集案件材料决定书
(副本)

检 许收 〔 〕 号

　　你提出的收集案件有关材料申请书收悉。经审查，根据《中华人民共和国刑事诉讼法》第四十一条第二款之规定，决定许可你向　　　　　　收集与本案有关的材料，但是必须经其本人同意。

年　月　日
(院印)

本决定书已收到。
申请人：
　　　　　年　月　日

第二联附卷

×××人民检察院
许可辩护律师
收集案件材料决定书

检 许收 〔 〕 号

　　你提出的收集案件有关材料申请书收悉。经审查，根据《中华人民共和国刑事诉讼法》第四十一条第二款之规定，决定许可你向　　　　　　收集与本案有关的材料，但是必须经其本人同意。

年　月　日
(院印)

第三联交申请人

（二）许可辩护律师收集案件材料决定书法律依据

该文书是根据《刑事诉讼法》第41条第2款的规定制作，辩护律师申请向被害人或者其近亲属、被害人提供的证人收集有关案件材料，人民检察院决定许可时使用的文书。

（三）许可辩护律师收集案件材料决定书制作要求

本文书共三联，第一联存根统一保存备查，第二联附卷，第三联交申请人。

十三、不许可辩护律师收集案件材料决定书

（一）不许可辩护律师收集案件材料决定书范例

×××人民检察院
不许可辩护律师
收集案件材料决定书
（存根）

检 不许收 〔 〕 号

案由
案件编号
犯罪嫌疑人　　性别　　年龄
申请人
工作单位
申请调取证据名称或特征

批准人
承办人
填发人
填发时间

第一联统一保存

×××人民检察院
不许可辩护律师
收集案件材料决定书
（副本）

检 不许收 〔 〕 号

：
　　你提出的收集案件有关材料申请书收悉。因存在　　　　　　情形，根据《中华人民共和国刑事诉讼法》第四十一条第二款之规定，决定不许可你向　　　　　　收集与本案有关的材料。

年　月　日
（院印）

本决定书已收到。
申请人：
　　　　　　年　月　日

第二联附卷

×××人民检察院
不许可辩护律师
收集案件材料决定书

检 不许收 〔 〕 号

：
　　你提出的收集案件有关材料申请书收悉。因存在　　　　　　情形，根据《中华人民共和国刑事诉讼法》第四十一条第二款之规定，决定不许可你向　　　　　　收集与本案有关的材料。

年　月　日
（院印）

第三联交申请人

（二）不许可辩护律师收集案件材料决定书法律依据

该文书是根据《刑事诉讼法》第 41 条第 2 款的规定制作，辩护律师申请向被害人或者其近亲属、被害人提供的证人收集有关案件材料，人民检察院决定许可时使用的文书。

（三）不许可辩护律师收集案件材料决定书制作要求

本文书共三联，第一联存根统一保存备查，第二联附卷，第三联交申请人。

十四、补充侦查决定书

（一）补充侦查决定书范例

×××人民检察院
补充侦查决定书
（存根）

检 补侦〔　〕　号

案由　　　　　　　　　　　
犯罪嫌疑人基本情况（姓名、性别、年龄、工作单位、住址、身份证号码、是否人大代表、政协委员）　　　　　　　　　　
送达机关　　　　　　　　　
退回补充侦查理由　　　　　
批准人　　　　　　　　　　
承办人　　　　　　　　　　
填发人　　　　　　　　　　
填发日期　　　　　　　　　

第一联统一保存

×××人民检察院
补充侦查决定书
（副本）

检 补侦〔　〕　号

　　你　于　年　月　号文书移送审查起诉的　　　　　一案，经本院审查认为　　　　　。根据《中华人民共和国刑事诉讼法》第　　条　　款　　项的规定，现决定将此案退回你　　　　　补充侦查。

　　此致

　　　　　　　　　　年　月　日
　　　　　　　　　　　（院　印）

附：补充侦查提纲

第二联附卷

×××人民检察院
补充侦查决定书

检 补侦〔　〕　号

　　你　于　年　月　号文书移送审查起诉的　　　　　一案，经本院审查认为　　　　　。根据《中华人民共和国刑事诉讼法》第　　条　　款　　项的规定，现决定将此案退回你　　　　　补充侦查。

　　此致

　　　　　　　　　　年　月　日
　　　　　　　　　　　（院　印）

附：补充侦查提纲

第三联送达侦查机关

（二）补充侦查决定书法律依据

本文书依据《刑事诉讼法》第 171 条第 2 款、第 198 条第 2 项的规定制作。为人民检察院在办理审查起诉案件过程中，决定将案件退回侦查机关补充侦查时使用。退回本院侦查部门补充侦查参照本文书。

（三）补充侦查决定书制作要求

1. 在"本院审查认为：………"部分，概括写明对本案进行补充侦查的理由。

2. 补充侦查事项应当详细、具体，明确补充侦查目的。

3. 本文书共三联，第一联统一保存备查，第二联附卷，第三联送达侦查机关。

十五、适用简易程序建议书

(一) 适用简易程序建议书范例

×××人民检察院
适用简易程序建议书
（存根）

检简建〔 〕 号

案由

被告人基本情况（姓名、性别、年龄、工作单位、住址、身份证号、是否人大代表、政协委员）

传达机关

适用简易程序理由

批准人

承办人

填发人

填发时间

第一联统一保存

×××人民检察院
适用简易程序建议书
（副本）

检简建〔 〕 号

　　　　　　　　　　　一案，经本院审查，符合《中华人民共和国刑事诉讼法》第二百零八条的规定，建议你院对此案适用简易程序审理。

　　此致

_____人民法院

年　月　日
（院印）

第二联附卷

×××人民检察院
适用简易程序建议书

检简建〔 〕 号

　　　　　　　　　　　一案，经本院审查，符合《中华人民共和国刑事诉讼法》第二百零八条的规定，建议你院对此案适用简易程序审理。

　　此致

_____人民法院

年　月　日
（院印）

第三联送达人民法院

(二) 适用简易程序建议书法律依据及概述

适用简易程序建议书是人民检察院根据《刑事诉讼法》第208条的规定，对案件事实清楚、证据确实充分，被告人承认自己所犯罪行、对指控的犯罪事实没有异议、对适用简易程序没有异议的公诉案件，依法向人民法院建议适用简易程序审理时所使用的法律文书。

《刑事诉讼法》第208条规定："基层人民法院管辖的案件，符合下列条件的，可以适用简易程序审判：（一）案件事实清楚、证据充分的；（二）被告人承认自己所犯罪行，对指控的犯罪事实没有异议的；（三）被告人对适用简易程序没有异议的。人民检察院在提起公诉的时候，可以建议人民法院适用简易程序。"《人民检察院刑事诉讼规则（试行）》第465条规定："人民检察院对于基层人民法院管辖的案件，符合下列条件的，可以建议人民法院适用简易程序审理：（一）案件事实清楚、证据充分的；（二）犯罪嫌疑人承认自己所犯罪行，对指控的犯罪事实没有异议的；（三）犯罪嫌疑人对适用简易程序没有异议的。办案人员认为可以建议适用简易程序的，应当在审查报告中提出适用简易程序的意见，按照提起公诉的审批程序报请决定。"根据上述规定，当人民检察院认为案件依法可以适用简易程序的，经检察长或者检察委员会决定，可以向人民法院提出适用简易程序的建议书。

(三) 适用简易程序建议书的基本内容及制作要求

适用简易程序建议书为填充式法律文书，一共分为三联。第一联为存根，第二联为副本，第三联为正本。

第一联存根的主要内容包括：案由、被告人基本情况、送达机关、适用简易程序的理由、批准人、承办人、填发人、填发时间。

第二联副本与第三联正本的基本内容是一致的，只是在第二联的文书名称下标有"（副本）"字样。主要内容包括：

1. 正文。即写明案由、审查情况、法律依据和提起建议的内容。具体表述为"被告人×××一案，经本院审查，符合《中华人民共和国刑事诉讼法》第二百零八条的规定，建议你院对此案适用简易程序审理"。

2. 送达机关和日期。即建议书送达的人民法院的名称和填写建议书的日期。

本文书的第一联统一保存备查，第二联附检察内卷存档，第三联送达审理案件的人民法院。一般情况下，本建议书应当与起诉书一同送达人民法院。

十六、撤销不起诉决定书

（一）撤销不起诉决定书范例

×××人民检察院
撤销不起诉决定书
（存根）

检撤不批〔　〕　号

案由_____
被不起诉人_____
申诉人（提请复议、复核机关）_____
申诉（提请复议、复核）理由_____
撤销理由_____
批准人_____
承办人_____
填发人_____
填发时间_____

第一联——保存

×××人民检察院
撤销不起诉决定书
（副本）

检撤不批〔　〕　号

　　于　　年　　月　　日以_____号不起诉决定书对被不起诉人_____决定不起诉。现因_____，决定撤销_____号不起诉决定书。

年　月　日
（院印）

第二联附卷

×××人民检察院
撤销不起诉决定书

检撤不批〔　〕　号

　　于　　年　　月　　日以_____号不起诉决定书对被不起诉人_____决定不起诉。现因_____，决定撤销_____号不起诉决定书。

年　月　日
（院印）

第三联送达被不起诉人

（二）撤销不起诉决定书法律依据及概述

撤销不起诉决定书是人民检察院根据《刑事诉讼法》第 175 条、第 176 条、第 177 条、第 271 条第 2 款以及《人民检察院刑事诉讼规则（试行）》第 424 条、第 425 条的规定对不起诉决定书作出撤销决定时所使用的法律文书。

《刑事诉讼法》第 175 条规定，对于公安机关移送起诉的案件，人民检察院决定不起诉的，应当将不起诉决定书送达公安机关。公安机关认为不起诉的决定有错误的时候，可以要求复议。第 176 条、第 177 条规定，对于人民检察院作出的不起诉决定，被害人、被不起诉人如果不服，可以分别向上一级人民检察院和提起公诉的人民检察院申诉。第 271 条第 2 款规定，对附条件不起诉的决定，公安机关要求复议、提请复核或者被害人申诉的，适用第 175 条、第 176 条的规定。如果经人民检察院审查认为不起诉决定确有错误、未成年犯罪嫌疑人及其法定代理人对人民检察院决定附条件不起诉有异议应予撤销时，则均应适用本文书。《人民检察院刑事诉讼规则（试行）》第 424 条规定："人民检察院发现不起诉决定确有错误，符合起诉条件的，应当撤销不起诉决定，提起公诉。"第 425 条规定："最高人民检察院对地方各级人民检察院的起诉、不起诉决定，上级人民检察院对下级人民检察院的起诉、不起诉决定，发现确有错误的，应当予以撤销或者指令下级人民检察院纠正。"

（三）撤销不起诉决定书的基本内容及制作要求

撤销不起诉决定书为填充式法律文书，一共分为三联，第一联为存根，第二联为副本，第三联为正本。如果是上级人民检察院撤销的，应当增加一联，送达作出不起诉决定的下级人民检察院。

第一联存根的主要内容包括：案由、被不起诉人姓名、申诉人（提请复议、复核机关）、申诉（提请复议、复核）理由、撤销理由、批准人、承办人、填发人、填发时间。

第二联副本与第三联正本的基本内容一致，只是在第二联的文书名称下标有"（副本）"字样。主要内容包括：

1. 抬头。即写明被告知人的姓名。

2. 正文。即拟撤销的不起诉决定书概要，撤销不起诉决定的原因和人民检察院决定撤销不起诉的情况。具体表述为"×××于××××年××月××日以××号不起诉决定书对被不起诉人×××决定不起诉。现因……决定撤销原××号不起诉决定书"。

3. 日期及院印。即填写文书的日期和作出决定的人民检察院的院印。

该文书批准人一栏填写作出决定的检察长姓名或检察委员会。

十七、派员出席法庭通知书

（一）派员出席法庭通知书范例

×××人民检察院
派员出席法庭通知书
（存根）

检派〔 〕 号

案由_____
被告人基本情况（姓名、性别、年龄、工作单位、住址、身份证号码、是否人大代表、政协委员）_____
_____
被委派出庭人员_____
批准人_____
承办人_____
填发人_____
填发时间_____

第一联统一保存

×××人民检察院
派员出席法庭通知书
（副本）

检派〔 〕 号

根据《中华人民共和国刑事诉讼法》第_____条的规定，本院决定委派_____代表本院出席法庭依法执行职务。

特此通知。

此致

年 月 日
（院印）

第二联附卷

×××人民检察院
派员出席法庭通知书

检派〔 〕 号

根据《中华人民共和国刑事诉讼法》第_____条的规定，本院决定委派_____代表本院出席法庭依法执行职务。

特此通知。

此致

年 月 日
（院印）

第三联送达人民法院

第二章 审查起诉业务文书

219

（二）派员出席法庭通知书法律依据

该文书是依据《刑事诉讼法》第184条、第210条、第224条、第245条的规定制作的，为人民检察院在通知人民法院派检察人员出席法庭时使用的文书。

（三）派员出席法庭通知书制作要求

本文书共三联，第一联统一保存备查，第二联附卷，第三联送达人民法院。

十八、换押证

（一）换押证范例

×××人民检察院换押证
（存根）

检 撤不批 〔 〕 号

案　由
犯罪嫌疑人基本情况（姓名、性别、年龄、工作单位、住址、身份证号码、是否人大代表、政协委员）
逮捕原因
换押原因
送达机关
批准人
承办人
填发人
填发时间

×××人民检察院换押证
（副本）

检　换〔　〕　号

犯罪嫌疑人＿＿＿，性别＿＿＿，现年＿＿＿岁，身份证号＿＿＿，住＿＿＿，因涉嫌＿＿＿于＿＿＿年＿＿＿月＿＿＿日被逮捕，送你所羁押。根据《中华人民共和国刑事诉讼法》第＿＿＿条的规定，现该案移送（退回）＿＿＿，接此通知后，有关事宜请与＿＿＿联系。

此致

＿＿＿看守所

年　月　日
（院印）

×××人民检察院换押证

检　换〔　〕　号

犯罪嫌疑人＿＿＿，性别＿＿＿，现年＿＿＿岁，身份证号＿＿＿，住＿＿＿，因涉嫌＿＿＿于＿＿＿年＿＿＿月＿＿＿日被逮捕，送你所羁押。根据《中华人民共和国刑事诉讼法》第＿＿＿条的规定，现该案移送（退回）＿＿＿，接此通知后，有关事宜请与＿＿＿联系。

此致

＿＿＿看守所

年　月　日
（院印）

第一联统一保存　　第二联附卷　　第三联送达看守所

（二）换押证法律依据

该文书是依据《刑事诉讼法》第 169 条的规定制作的，是人民检察院将案件移送人民法院，或退回侦查机关补充侦查，或改变管辖后通知看守所有关事宜与人民法院或侦查机关联系时使用的文书。

（三）换押证的制作要求

该文书共三联，第一联统一保存备查，第二联附卷，第三联送达看守所。

十九、移送不起诉案件材料通知书

(一) 移送不起诉案件材料通知书范例

×××人民检察院
移送不起诉案件材料通知书
(存根)

检 移不诉 [ ] 号

案由_____
被不起诉人_____
被害人_____
发往单位_____
批准人_____
承办人_____
填发人_____
填发时间_____

第一联 统一保存

×××人民检察院
移送不起诉案件材料通知书
(副本)

检 移不诉 [ ] 号

_____人民法院：

接你院_____号_____书，被不起诉人_____一案，被害人直接向你院起诉。依据《中华人民共和国刑事诉讼法》第一百七十六条的规定，现将有关案件材料移送你院，请查收。

附：卷宗_____册_____页
证据材料：

年 月 日
(公章)

第二联 送达人民法院

×××人民检察院
移送不起诉案件材料通知书
(回执)

_____人民检察院：

本院已收到你院_____号移送不起诉案件材料通知书及随付卷宗_____册_____页及证据材料。

_____人民法院
收件人_____

年 月 日
(公章)

第三联 侦查部门附卷

（二）移送不起诉案件材料通知书法律依据及概述

该文书是依据《刑事诉讼法》第 176 条的规定制作的，是人民检察院在对被害人不服不起诉决定而直接向人民法院起诉，人民法院受理案件后，将该案有关案件材料移送人民法院时使用。

（三）移送不起诉案件材料通知书制作要求

该文书共三联，第一联统一保存备查，第二联送达人民法院，第三联退回后附卷。

二十、移送有关主管机关处理违法所得意见书

（一）移送有关主管机关处理违法所得意见书范例

×××人民检察院
移送有关主管机关处理违法所得意见书
（存根）

检 移违 〔 〕 号

案由 _____
被不起诉人 _____ 工作单位 _____
性别 _____ 年龄 _____
住址 _____
不起诉决定书文号 _____
处理违法所得的主管机关 _____
批准人 _____
承办人 _____
填发人 _____
填发时间 _____

第一联统一保存

×××人民检察院
移送有关主管机关处理违法所得意见书
（副本）

检 移违 〔 〕 号

_____（有关主管机关名称）：

被不起诉人 _____ 涉嫌 _____ 一案，具有《中华人民共和国刑事诉讼法》第_____条规定不起诉的情形，本院于 ____年____月____日作出不起诉决定。根据《中华人民共和国刑事诉讼法》第一百七十三条的规定，现将被不起诉人 _____ 需要没收的违法所得予以移送，请依法处理。

附：不起诉决定书和移送有关主管机关处理违法所得清单

年 月 日
（院印）

第二联附卷

×××人民检察院
移送有关主管机关处理违法所得意见书

检 移违 〔 〕 号

根据《中华人民共和国刑事诉讼法》第一百七十三条的规定，你（单位）的违法所得应予以没收，现移送 _____ 依法处理。

你（单位）如不服本处理意见，可在收到本文书后向 _____ 人民检察院申诉。

年 月 日
（院印）

附：移送有关主管机关处理违法所得清单

第三联送达被不起诉人

<table>
<tr><td>

×××人民检察院
移送有关主管机关
处理违法所得意见书

检 移 违〔　〕号

_____（有关主管机关名称）：

被不起诉人_____涉嫌_____一案，具有《中华人民共和国刑事诉讼法》第_____条规定的情形，本院于____年____月____日作出不起诉决定。根据《中华人民共和国刑事诉讼法》第一百七十三条的规定，现将被不起诉人_____需要没收的违法所得予以移送，请依法处理。

年 月 日
（院印）

附：不起诉决定书和移送有关主管机关处理违法所得清单

</td><td>

×××人民检察院
移送有关主管机关
处理违法所得意见书
（回执）

检 移 违〔　〕号

_____人民检察院：

你院____年____月____日以____号移送有关主管机关处理违法所得意见书移送的违法所得及清单和不起诉决定和收悉。

此复

年 月 日
（公章）

</td></tr>
<tr><td>第四联送达有关主管机关</td><td>第五联退回后附卷</td></tr>
</table>

（二）移送有关主管机关处理违法所得意见书法律依据

该文书是依据《刑事诉讼法》第173条的规定制作的，是人民检察院对决定不起诉的案件，需要没收犯罪嫌疑人违法所得的，移送有关主管机关处理时使用的文书。

（三）移送有关主管机关处理违法所得意见书制作要求

该文书与《移送有关主管机关处理违法所得清单》一并使用。文书共五联，第一联统一保存备查，第二联附卷，第三联送达被不起诉人，第四联送达有关主管机关，第五联退回后附卷。

第三章
出庭支持公诉业务文书

第一节　　公诉意见书

一、公诉意见书范例

×××人民检察院
公诉意见书

被 告 人　××
案　　由　××
起诉书号　××

审判长、审判员（人民陪审员）：

根据《中华人民共和国刑事诉讼法》第一百八十四条、第一百九十三条、第一百九十八条和第二百零三条的规定，我（们）受×××人民检察院的指派，代表本院，以国家公诉人的身份，出席法庭支持公诉，并依法对刑事诉讼实行法律监督。现对本案证据和案件情况发表如下意见，请法庭注意。

一、被告单位德恒证券有限责任公司，被告人韩××、郭××、绍××、李××、王×、王××和谢××的犯罪行为事实清楚、证据确实充分，均已触犯《中华人民共和国刑法》第一百七十六条的规定，构成非法吸收公众存款罪。

非法吸收共众存款，是指违反国家法律、法规，向社会不特定对象吸收资金，出具凭证，承诺在一定时期还本付息的行为。变相吸收共众存款是指违反国家法律、法规的规定，不以吸收公众存款的名义向社会不特定对象吸收资金，但承诺履行的义务与吸收公众存款性质相同的行为。

在法庭调查中，公诉人将全案大量的书证、证人证言、鉴定结论等向法庭逐一举示，并经控辩双方的充分质证与论证，合议庭采纳了公诉人举示的全部证据。这些证据与被告人的当庭供述相互印证，证明：被告单位德恒证券，在上海友联的指挥和操纵下，违反国家有关规定，在未取得资产管理业务资格的情况下，以承诺固定收益和保底为诱饵，采取签订一份主合同和一份补充协议或直接出具高息承诺函的方式向社会不特定对象变相吸收公众存款。截至2004年7月，共吸收公众存款208.8亿余元。这些资金，按上海友联的要求，主要用于购买股票或从事其他经营活动，到案发时尚有68亿多元不能兑付。作为具有独立法人资格的德恒证券公司，积极执行上海友联的意志，对完成上海友联下达的资产管理业务计划任务进行封闭或半封闭式的管理；被告人韩××、郭××、绍××、李××、王×、王××和谢××作为公司的高级管理人员和部门负责人，积极决定、指挥或贯彻执行德恒证券单位的意志，是单位犯罪中的主管人员和其他直接责任人员。

以上事实有大量在案证据予以证实，证据与证据之间，证据与案件事实之间相互印证，环环相扣，形成锁链，德恒证券公司的行为触犯了《中华人民共和国刑法》第一百七十六条的规定构成非法吸收公众存款罪，韩××等七名被告人的行为也符合单位犯罪的主管人员和直接责任人员的法律规定，构成非法吸收公众存款罪。

二、被告单位和七名被告人所犯罪行严重扰乱了国家金融秩序，具有极大的社会危害性。

人们还没有忘记，2001年发生在金新信托的客户挤兑风波。为了挽救濒临破产的金新信托，德恒证券的上层机构——德隆暨上海友联的领导层决定扩大金融资产规模，抵抗挤兑风险。在这样的背景下，受上海友联控制的包括德恒证券公司在内的金融机构相继成立。为了尽早积聚大量资金，德恒证券按照上海友联的指令，在不具备资产管理业务资格的情况下，迫不及待地沿袭金新信托的方法即以开展资产管理业务为名，以承诺保底和固定收益率的方式，变相吸收公众存款达208.8亿余元。

当人们还未完全走出2001年金新信托挤兑风波的阴影时，2004年4月又发生了由德恒证券成交的"沈阳合金"、"新疆屯河"、"湘火炬"股票又称"老三股"股票崩盘事件。一时间，许多善良的人们愕然了，成群结队的债权人拥挤在德隆暨友联所属的金融机构里，眼巴巴地看着成千上万元甚至上亿元的资金在不断地缩水,"老三股"在短短的几天时间里,竟缩水了几十个亿。人们不能相信自己的眼睛,但它又的确是事实。通过揭开德恒证券非法吸收公众存款的内幕,我们明白,所谓德隆战略构建的这个资金链条不断是偶然,断才是必然。因为它从始至终是在违法的道路上走钢丝。

在现代经济生活中,存在这两条经济流在运动:一是实物流;二是金融流。尤其是在信用发达的今天,金融在社会生活和经济生活中的作用越发显得重要,它涉及国家、企事业单位以及每个家庭。如果缺乏金融的发展,经济则无法发展;但是金融乱,经济则必乱。商业银行等金融机构合法吸收公众存款,对国家实现国民经济的宏观调控,稳定物价,保证储蓄存款的保值和增值起到十分重要的作用。然而,由于新旧体制转型时期的摩擦、碰撞,利益主体多元化等因素,破坏金融管理秩序的犯罪现象时有发生。

本罪作为一种法定犯,其恶性源于违反相关法律、法规的禁止性规定。其具体的构成要件必须借助于行政法律、法规的确定。对此,我国《证券法》规定:证券公司不得从事向客户融资或者融券的证券交易活动;不得以任何方式对客户证券买卖的收益或者赔偿证券买卖的损失作出承诺。我国《商业银行法》规定,未经国务院银行业监督管理机构批准,任何单位和个人不得从事吸收公众存款等商业银行业务。

我国对储蓄业务经营实行特许制,即必须是经银行业监督管理机构批准,具有储蓄经营范围的商业银行等金融机构才能开展储蓄业务,等等。德恒证券公司正是违反上述规定,变相吸收公众存款的行为,直接侵犯国家有关存款法律制度的禁止性规定,具有严重的社会危害性。一方面,它将社会大量闲散资金置于自己的控制之下,破坏了国家金融储蓄管理秩序;另一方面,由于社会大量闲散资金的失控,不利于国家银行利率的统一,不利于币值的稳定,更不利于保证社会公众资金的安全。尤其是在崇尚以人为本的执政理念的今天,保护金融秩序和社会公众资金的安全已经成为政府工作的重要内容,因此对非法吸收公众存款犯罪行为的严厉打击是维护国家金融秩序的需要,是经济发展的迫切要求。也正因如此,今天我们在这里公开审判被告单位德恒证券公司以及被告人韩××、郭××、绍××、李××、王×、王××和谢××的所犯罪行。

三、被告单位和七名被告人的犯罪行为应当受到刑罚处罚。

德恒证券公司非法吸收公众存款208.8亿余元,数额巨大,尚有68亿元未能兑付,情节严重,应当以刑法第一百七十六条科以刑罚,对其犯罪单位判处罚金,其主管人员和直接责任人员也应当承担与其罪行相当的法律责任。

鉴于犯罪单位德恒证券有限责任公司,在有关机关调查时,能够由代表单位意志的直接负责的主管人员韩××主动提供有关单位犯罪的主要情况,为公安机关调查全案真相提供大量有价值的资料，属单位自首，对其处罚时可以考虑从轻处罚。

鉴于在单位自首时，被告人韩××、郭××、绍××、李××、王××也同时向有关部门提交了书面说明材料，基本陈述了犯罪的主要过程，今天当庭也作了如实供述，应当视为自首，处罚时可以考虑从轻处罚。

审判长、审判员，在即将结束发言的时候，我想再次强调本案留给我们的启示：

在市场经济的大潮中，无数弄潮儿大显身手。利润的魅力是无穷的。为了它，有的声名显赫、风光无限。但如果用铁窗和自由作交换，我相信谁都不愿为它埋单。21世纪的中国需要法律和秩序。不论是生产者、经营者、管理者还是其他社会成员。政府要依法行政，企业要依法经营，公民要遵守法律。依法治国不是一句空话，任何社会成员都有义务抵制非法行为。我们要规劝被告单位和韩××等七名被告人，希望你们要认真反省自己走上犯罪道路的原因，并找准改过自新的道路。希望通过这次审判，你们能幡然悔过，接受法律的判决，重新做一名对社会有用的人才。同时也希望，在日臻成熟的市场体系中，我们的国家逐步完善政府管理水平和职能，规范市场主体的行为，让社会的每个细胞都健康发育，使我们的企业为了利润而理性成长，使政府职能部门依法加强监管职责。只有这样，人民才能幸福，我们的社会才会更加和谐。

公诉发言暂时到此，谢谢！

公诉人：××
××××年××月××日当庭发表

二、公诉意见书概述及法律依据

公诉意见书是一种论证性的法律文书，它是公诉人在庭审调查结束后法庭辩论开始时代表人民检察院发表的一种总结性发言，习惯上又将其称为公诉词。公诉人在发表公诉意见时，通常是以演说词的形式表现出来的，即通过演讲的形式充分揭露犯罪、论证犯罪。公诉意见书的重要性仅次于起诉书。它具有以下几个特点和功能：

第一，总结性。公诉意见最重要的功能是对案件作出总结。即对法庭调查时的举证、质证情况作出综合性论证，以证据为基础概述案件的全貌。

第二，论证与解释性。这是公诉意见与起诉书之间最重要的区别之一。公诉意见应当具有论证性和解释性。即对事实和证据作出论证，对定罪量刑的理由作出论证，从而达到说服法庭确认主张的目的。论证的同时，也是解释检察机关的起诉根据和理由，说明起诉有理有据。

第三，补充诉求性。即分析被告人犯罪行为的社会危害性、被告人的法定从重、从轻情节，以及被告人的认罪态度、悔罪表现，从而就被告人的量刑问题，提出具体的建议和请求。

第四，宣传教育性。公诉意见书不仅是对犯罪及其社会危害性的指控和对被告人无理辩解的驳斥，同时也通过对法理的阐述和论证，达到对社会法治秩序的强调。从这个意义上讲，公诉意见应当是一篇优秀的法治演讲。

根据相关法律、司法解释等规定，人民检察院指派的公诉人在第一审法庭上就证据和案件情况集中发表意见时，应当制作公诉意见书。《刑事诉讼法》第193条第1款、第2款规定："法庭审理过程中，对与定罪、量刑有关的事实、证据都应当进行调查、辩论。经审判长许可，公诉人、当事人和辩护人、诉讼代理人可以对证据和案件情况发表意见并且可以互相辩论。"《人民检察院刑事诉讼规则（试行）》第453条第1款规定："在法庭审理过程中，经审判长许可，公诉人可以逐一对正在调查的证据和案件情况发表意见，并同被告人、辩护人进行辩论。证据调查结束时，公诉人应当发表总结性意见。"第454条规定："人民检察院向人民法院提出量刑建议的，公诉人应当在发表公诉意见时提出。"

三、公诉意见书的基本内容与制作要求

（一）公诉意见书的基本内容

1. 抬头。即"审判长、审判员（人民陪审员）:"

2. 出庭任务以及法律依据。具体表述为："根据《中华人民共和国刑事诉讼法》第一百八十四条、第一百九十三条、第一百九十八条和第二百零三条的规定，我（们）受×××人民检察院的指派，代表本院，以国家公诉人的身份，出席法庭支持公诉，并依法对刑事诉讼实行法律监督。现对本案证据和法律适用发表如下意见，提请法庭注意。"

3. 具体的意见。这一部分是整个公诉意见的核心内容。首先，一般应就法庭调查的情况、法庭质证的情况、各证据的证明作用进行概述，并运用各证据之间的逻辑关系证明被告人的犯罪事实清楚，证据确实、充分。其次，要根据被告人的犯罪事实，论证应适用的法律条款并提出定罪及具体的量刑建议。最后，根据庭审的情况，在揭露被告人犯罪行为的社会危害性的基础上，作必要的法制宣传和教育。

4. 总结性意见。即对整个公诉发言进行总结和归纳，再次重申指控的事实和罪名，以及提请法庭量刑的建议。具体表述为："综上所述，起诉书认定本案被告人×××的犯罪事实清楚，证据确实、充分，依法应当认定被告人构

成×××罪，并应（从重、从轻或减轻）处罚。"

（二）公诉意见书的制作要求

第一，公诉意见要以起诉书指控的犯罪事实为基础，以法律为依据，既不能是起诉书的简单重复，又要求公诉人运用分析和逻辑的思维方式，将事实、证据和法律有机地结合起来加以论证。剖析论理要充分、透彻，逻辑推理应严密，排除矛盾要合理。论证方法要以立论为主，在立论的基础上恰如其分地进行反驳。不只单纯从支持公诉的观点进行论证，更要从辩论的角度进行论证，把辩论中可能遇到的问题尽可能进行充分论证，使公诉意见能够发挥更好的作用，为答辩创造条件。[①]

第二，公诉意见应当重点突出，要根据案件的不同情况，紧密结合法庭已经查明的具体案情有针对性地进行论述，其重点，一般应该在揭露和证实犯罪上。通过揭露和证实犯罪，揭示被告人犯罪的性质及其对社会造成的危害，达到惩戒犯罪，宣传法制，教育群众的目的。但不同案件又要有不同的侧重点，对定性可能有争议的案件，公诉意见的重点是着重分析被告人犯罪的主客观方面的情况，结合犯罪的构成要件论证起诉书指控的正确性；对证据提出异议的案件，则应从每一份证据之间协调一致，相互印证的统一性进行论证，以证明所收集并经法庭调查的证据已达到了确实、充分的证明标准，足以认定犯罪，对是否有自首、立功或其他从轻、从重情节有分歧意见的，应紧紧围绕案件事实，论述其情节能否成立，有无法律依据；对没有争议的简单犯罪，则着重论述其构成犯罪的法律依据及应受到刑罚处罚的社会意义。[②]

第三，公诉意见书作为法律文书，在遣词上必须使用法律术语，彰显法律的严肃性。但同时公诉意见又是法庭辩论开始时，公诉人在法庭上发表的演讲词，这就要求公诉意见书除了用词必须准确外，语言还必须生动、形象，饱含感情色彩。因为只有语言生动、形象，才能使人听而不烦；只有论证入情入理，才能使人心悦诚服。一篇优秀的公诉意见书不仅能使被告人受到深刻的教育，认识到自己所犯罪行的严重，促使其改过自新，重新做人，而且是一种生动、形象的法制教育，对教育广大群众会起到积极的意义。

第四，既要发表定罪意见，又要发表量刑意见。根据《人民检察院刑事诉讼规则（试行）》的相关规定，在法庭审理过程中，对与定罪、量刑有关的

---

① 张伟军、朱丽欣：《公诉案件证据审查判断与出庭实务》，中国检察出版社2006年版，第294页。

② 张伟军、朱丽欣：《公诉案件证据审查判断与出庭实务》，中国检察出版社2006年版，第294页。

事实、证据都应当进行调查、辩论。人民检察院向人民法院提出量刑建议的，公诉人应当在发表公诉意见时提出。公诉人在法庭辩论阶段发表公诉意见时，根据法庭的安排，可以先对定性问题发表意见，后对量刑问题发表意见，也可以对定性与量刑问题一并发表意见。

第二节 追加起诉决定书

一、追加起诉决定书范例

（一）追加起诉遗漏罪行适用

×××人民检察院
追加起诉决定书

×检刑追诉〔×〕×号

被告人_____一案，本院以_____号起诉书向你院提起公诉，在审理过程中，发现被告人_____有遗漏的罪行应当一并起诉和审理。现根据查明的事实对_____号起诉书作如下补充：

案件事实及证据：（同起诉书格式要求）

本院认为，被告人_____（姓名、罪状），其行为触犯了《中华人民共和国刑法》第_____条，犯罪事实清楚，证据确实充分，应当以_____罪追究其刑事责任。依据《中华人民共和国刑事诉讼法》第一百七十二条及《人民检察院刑事诉讼规则（试行）》第四百五十八条的规定，追加起诉，请依法判处。

_____号起诉书仍然具有法律效力。

此致

_____人民法院

检察员：_____

××××年××月××日

（院印）

(二) 追加起诉遗漏同案其他被告人适用

×××人民检察院
追加起诉决定书

×检刑追诉〔×〕×号

被告人_____一案，本院以_____号起诉书向你院提起公诉，在审理过程中，发现被告人_____涉嫌_____应当一并起诉和审理。现根据查明的事实对_____号起诉书作如下补充：

被告人基本情况：（与起诉书格式同）

案件事实及证据：（同起诉书格式要求）

本院认为，被告人_____（姓名、罪状），其行为触犯了《中华人民共和国刑法》第_____条，犯罪事实清楚，证据确实充分，应当以_____罪追究其刑事责任。依据《中华人民共和国刑事诉讼法》第一百七十二条及《人民检察院刑事诉讼规则（试行）》第四百五十八条的规定，追加起诉，请依法判处。

_____号起诉书仍然具有法律效力。

此致

_____人民法院

检察员：_____

××××年××月××日

（院印）

二、追加起诉决定书概述

追加起诉决定书是人民检察院在向人民法院提起公诉后，法院宣判前发现有遗漏的同案犯罪嫌疑人或遗漏罪行可以一并起诉和审理的，依法向法院要求追加起诉的法律文书。《人民检察院刑事诉讼规则（试行）》第455条第1款规定："法庭审判过程中遇有下列情形之一的，公诉人可以建议法庭延期审理：……（三）发现遗漏罪行或者遗漏同案犯罪嫌疑人，虽不需要补充侦查和补充提供证据，但需要补充、追加或者变更起诉的……"第458条规定："在人民法院宣告判决前，人民检察院发现被告人的真实身份或者犯罪事实与起诉书中叙述的身份或者指控犯罪事实不符的，或者事实、证据没有变化，但罪名、适用法律与起诉书不一致的，可以变更起诉；发现遗漏的同案犯罪嫌疑人或者罪行可以一并起诉和审理的，可以追加、补充起诉。"第461条规定："变更、追加、补充或者撤回起诉应当报经检察长或者检察委员会决定，并以书面方式在人民法院宣告判决前向人民法院提出。"上述规定中对追加、补充起诉作出了实体和程序上的规定。由于追加、补充起诉是对原起诉的补充，原起诉指控的主张没有发生变化，只是需要追加、补充犯罪事实或者被告人，因此追加、补充起诉的法律文书与起诉书的性质是一致的，都是诉讼的载体，承担着指控犯罪的职能，是诉讼活动的重要职能。

三、追加起诉决定书的基本内容与制作要求

（一）基本内容

1. 首部。即文书名称和文号。文书名称应为"×××人民检察院追加起诉决定书"，文号则为×检刑追诉〔×〕×号。

2. 正文。

（1）诉讼由来。明确表明制作文书的原因，写明刑事诉讼的过程，客观反映诉讼的前后承接关系。具体应表述为："本院于×××年××月××日以×检刑诉〔×〕×号起诉书（此处应写明原起诉书的文号）向你院提起公诉的被告人×××一案，经补充侦查发现，有遗漏犯罪事实或遗漏同案被告人，现补充起诉如下："

（2）被告人基本情况。具体的表述与起诉书中对被告人基本情况的表述是一致的。

（3）案件事实及证据的表述。此部分也与起诉书中对案件事实和证据的表述的要求一致。

（4）起诉的要求和法律根据。起诉的要求即被告人行为特征及其触犯的刑法条文和涉嫌罪名，这些表述也与起诉书的要求一致。但补充起诉的法律依据与起诉书有所区别。提起公诉的法律依据是《刑事诉讼法》第172条的规定，而补充起诉的适用依据应是《刑事诉讼法》第199条。[①] 因此，在对法律依据的表述上则应相应修改为"根据《中华人民共和国刑事诉讼法》第一百

[①] 准确地说，补充起诉的依据应当是《人民检察院刑事诉讼规则（试行）》第458条。笔者认为，在起诉书中一般应引用的是由国家立法机关经过立法程序所制定的法律规范，由于《人民检察院刑事诉讼规则（试行）》是由司法机关作出的司法解释，其法律效力低于由全国人大制定的《中华人民共和国刑事诉讼法》，如果在起诉书中直接引用司法解释，会显得起诉的法律依据不充分，但由于我国《中华人民共和国刑事诉讼法》中又没有相应的条款对补充起诉作出具体的规定，只能援引较相近的法律规定。

九十九条的规定,请继续开庭审理,依法判处"。

3. 尾部。送达机关、公诉人的法律职务及姓名、日期等均与起诉书的要求一致。而在附注中,如果是遗漏犯罪嫌疑人的,则仍应将被告人被羁押的场所予以表述;如果是遗漏犯罪事实的,由于被告人已经换押至法院,此处不必就被告人的羁押场所予以表述。其他附注事项与起诉书表述一致。

(二) 制作要求

追加起诉决定书中关于被告人情况部分,仅适用于发现遗漏的同案犯罪嫌疑人。如果是遗漏的犯罪事实,则此部分可以省略。追加起诉决定书不同于起诉书的地方就在于它是对原起诉书的补充,因此,对原起诉书中已有的内容,在追加起诉决定书中不再重复叙述。

另外,对于量刑情节追加起诉决定书中可不作表述,而将其放在公诉意见中发表,因为补充起诉增加了犯罪事实或同案犯罪嫌疑人,可能涉及数罪并罚和区分主、从犯的问题,在原起诉书未失去效力的情况下,可能会发生矛盾。因此,在追加起诉决定书中不宜对量刑情节作出说明。

第三节 变更起诉决定书

一、变更起诉决定书范例

××省××市人民检察院
变更起诉决定书

×检刑变诉〔×〕×号

被告人刘××贩卖毒品一案,本院以××起诉书向你院提起公诉,在开庭审理过程中,发现案件事实与起诉书指控的事实不符(被告人_____的真实身份与起诉书中叙述的身份不符)。现根据查明的事实对_____号起诉书作如下变更:

被告人的身份变更为:_____。

认定的事实变更为:_____。

适用的法律变更为:被告人_____(姓名、罪状),其行为触犯了《中华人民共和国刑法》第_____条,犯罪事实清楚,证据确实充分,应当以_____罪追究其刑事责任。根据《人民检察院刑事诉讼规则

（试行）》第四百五十八条的规定，变更起诉，请依法判处。

　　_____号起诉书未被变更部分仍然具有法律效力。

　　此致

_____人民法院

检察员：×××

××××年××月××日

（院印）

二、变更起诉决定书概述及法律依据

　　变更起诉决定书是人民检察院在向人民法院提起公诉后，在人民法院宣告判决前，人民检察院发现被告人的真实身份或者犯罪事实与起诉书叙述的身份或者指控犯罪事实不符的，或者事实、证据没有发生变化，但罪名、适用法律与起诉书不一致的，依法向人民法院要求变更起诉的法律文书。

　　变更起诉是在事实发生变化或者罪名、适用法律与起诉书不一致时对起诉书的控诉主张的改变。根据《人民检察院刑事诉讼规则（试行）》第458条、第461条的规定，变更起诉与追加起诉由于都是对原起诉书的诉讼主张进行了改变，因此，都要针对变化后的事实重新制作起诉书。但变更起诉决定书和追加起诉决定书二者并非完全一致。其区别体现在以下两点：第一，制作的依据不同，根据《人民检察院刑事诉讼规则（试行）》第458条的规定，变更起诉决定书是在人民检察院发现被告人的真实身份或者犯罪事实与起诉书叙述的身份或指控的犯罪事实不符或者事实、证据没有发生变化，但罪名、适用法律与起诉书不一致的情况下制作的。而追加起诉决定书是在人民检察院发现有遗漏的犯罪嫌疑人或者遗漏的犯罪事实时制作的。变更起诉决定书是对原起诉书进行的变更，而追加起诉决定书是对原起诉书的补充。第二，产生的法律效力不同。由于变更起诉决定书是对原起诉书指控的犯罪嫌疑人的身份情况、犯罪事实或者罪名等作出的实质上的改变，在送达变更起诉决定书后，原起诉书就失去了法律效力，即行作废。而追加起诉决定书的不同之处在于，原起诉书指控的犯罪嫌疑人和事实没有发生改变，只是在原起诉书指控的基础上增加指控了犯罪嫌疑人或犯罪事实，是对原起诉书的一个补充，在追加起诉决定书送达后，原起诉书仍具有法律效力。它与追加起诉决定书一起承担指控犯罪的职能。

三、变更起诉决定书的基本内容与制作要求

（一）基本内容

变更起诉决定书与追加起诉决定书在文书的基本格式上基本一致。

1. 首部。即文书名称和文号。文书名称应为"×××人民检察院变更起诉决定书"，文号则为×检刑变诉〔×〕×号。

2. 正文。

（1）诉讼由来。明确表明制作文书的原因，写明刑事诉讼的过程，客观反映诉讼的前后承接关系。具体应表述为："本院于×××年××月××日以×检刑诉〔×〕×号起诉书（此处应写明原起诉书的文号）向你院提起公诉的被告人×××一案，在开庭审理中发现，案件事实与起诉书指控的事实不符（或被告人的真实身份与起诉书叙述的不同；或事实、证据没有发生变化，但罪名、适用法律与起诉书不一致），故于×××年××月××日申请延期审理，经补充侦查，现查明……"

（2）被告人基本情况。具体的表述与起诉书中对被告人基本情况的表述是一致的。

（3）案件事实及证据的表述。此部分也与起诉书中对案件事实和证据的表述的要求一致。

（4）起诉的要求和法律根据。起诉的要求即被告人行为特征及其触犯的刑法条文和涉嫌罪名，这些表述也与起诉书的要求一致。

3. 尾部。变更起诉决定书中必须对原起诉书的法律效力作出说明，即"起诉书未被变更部分，仍然具有法律效力"。

（二）制作要求

变更起诉决定书中关于被告人的基本情况和案件事实及证据部分都必须予以表述。因为虽然变更起诉的内容有可能只是被告人的基本情况或者案件事实其中一种，但由于变更起诉决定书使原起诉书已被变更部分失去了法律效力，故对变更部分应进行准确描述。

第四节 出庭支持公诉业务填充式法律文书

一、延期审理建议书

(一) 延期审理建议书范例

×××人民检察院延期审理建议书
（存根）

检延〔　〕　号

案由
被告人基本情况（姓名、性别、年龄、工作单位、住址、身份证号、是否人大代表、政协委员）

送达机关
建议延期审理的理由
批准人
承办人
填发人
填发日期

第一联统一保存

×××人民检察院延期审理建议书
（副本）

检延〔　〕　号

　　我院以　　号　　书向你院提起的被告人　　　一案，第　　条的华人民共和国刑事诉讼法》规定，建议你院对该案延期审理。

此致

　　　　　人民法院

　　　　　　年　月　日
　　　　　　　（院印）

第二联附卷

×××人民检察院延期审理建议书

检延〔　〕　号

　　我院以　　号　　书向你院提起的被告人　　　一案，根据《中华人民共和国刑事诉讼法》第　　条的规定，建议你院对该案延期审理。

此致

　　　　　人民法院

　　　　　　年　月　日
　　　　　　　（院印）

第三联送达人民法院

（二）延期审理建议书概述及法律依据

延期审理建议书是人民检察院在法庭审理过程中，发现案件需要补充侦查，依法向人民法院提出延期审理建议的法律文书。

《刑事诉讼法》第198条第2项规定，在法庭审理过程中，检察人员发现提起公诉的案件需要补充侦查，提出建议的，可以延期审理。《人民检察院刑事诉讼规则（试行）》第455条第1款规定："法庭审判过程中遇有下列情形之一的，公诉人可以建议法庭延期审理：（一）发现事实不清、证据不足，或者遗漏罪行、遗漏同案犯罪嫌疑人，需要补充侦查或者补充提供证据的；（二）被告人揭发他人犯罪行为或者提供重要线索，需要补充侦查进行查证的；（三）发现遗漏罪行或者遗漏同案犯罪嫌疑人，虽不需要补充侦查和补充提供证据，但需要补充、追加或者变更起诉的；（四）申请人民法院通知证人、鉴定人出庭作证或者有专门知识的人出庭提出意见的；（五）需要调取新的证据，重新鉴定或者勘验的；（六）公诉人出示、宣读开庭前移送人民法院的证据以外的证据，或者补充、变更起诉，需要给予被告人、辩护人必要时间进行辩护准备的；（七）被告人、辩护人向法庭出示公诉人不掌握的与定罪量刑有关的证据，需要调查核实的；（八）公诉人对证据收集的合法性进行证明，需要调查核实的。"根据上述法律和相关司法解释的规定，当人民检察院在出庭支持公诉时，如果遇到法律规定的情形，就可以向法庭提出延期审理的建议，并制作相应的法律文书送达法院。

（三）延期审理建议书的基本内容及制作要求

延期审理建议书为填充式法律文书，共分三联。第一联为存根，第二联为副本，第三联为正本。

第一联存根的主要内容包括：案由、被告人的基本情况、送达机关、建议延期审理的理由、批准人、承办人、填发人、填发日期。

第二联副本与第三联正本的基本内容一致，只是在第二联的文书名称下标有"（副本）"字样。主要内容包括：

1. 正文。正文内容主要包括人民检察院发现提起公诉的案件需要补充侦查的情况概要、法律依据和提出建议三部分。具体表述为："我院以×××号××书向你院提起公诉的被告人××一案，根据《中华人民共和国刑事诉讼法》第××条的规定，建议你院对该案延期审理。"

2. 送达机关。即审理案件的人民法院。具体表述为："此致　×××人民法院。"

3. 日期和制作文书的人民检察院院印。即制作文书的日期和人民检察院盖院印。

本文书的第一联统一保存备查，第二联附检察内卷存档，第三联送达人民法院。

二、撤回起诉决定书

(一) 撤回起诉决定书范例

×××人民检察院
撤回起诉决定书
（存根）

检撤〔 〕 号

案由
被告人基本情况（姓名、性别、年龄、工作单位、住址、身份证号、是否人大代表、政协委员
送达机关
撤回起诉理由
批准人
承办人
填发人
填发日期

第一联 统一保存

×××人民检察院
撤回起诉决定书
（副本）

检撤〔 〕 号

本院以_____号起诉书提起公诉的被告人_____，因_____一案，本院决定撤回起诉，原号起诉书即行作废，请予注销。
此致

_____人民法院

年 月 日
（院印）

第二联 附卷

×××人民检察院
撤回起诉决定书

检撤〔 〕 号

本院以_____号起诉书提起公诉的被告人_____，因_____一案，本院决定撤回起诉，原号起诉书即行作废，请予注销。
此致

_____人民法院

年 月 日
（院印）

第三联 送达人民法院

（二）撤回起诉决定书概述及法律依据

撤回起诉决定书是人民检察院在向人民法院提起公诉后，人民法院宣告判决前，人民检察院发现不存在犯罪事实、犯罪事实并非被告人所为或者不应当追究被告人的刑事责任的情形，依法向人民法院撤回起诉时所适用的法律文书。

《人民检察院刑事诉讼规则（试行）》第459条第1款规定："在人民法院宣告判决前，人民检察院发现具有下列情形之一的，可以撤回起诉：（一）不存在犯罪事实的；（二）犯罪事实并非被告人所为的；（三）情节显著轻微、危害不大，不认为是犯罪的；（四）证据不足或证据发生变化，不符合起诉条件的；（五）被告人因未达到刑事责任年龄，不负刑事责任的；（六）法律、司法解释发生变化导致不应当追究被告人刑事责任的；（七）其他不应当追究被告人刑事责任的。"第461条规定："变更、追加、补充或者撤回起诉应当报经检察长或者检察委员会决定，并以书面方式在人民法院宣告判决前向人民法院提出。"根据上述规定，人民检察院在向人民法院提出撤回起诉时，应当制作撤回起诉决定书。

（三）撤回起诉决定书的主要内容及制作要求

撤回起诉决定书为填充式法律文书，共分三联。第一联为存根，第二联为副本，第三联为正本。

第一联存根的主要内容包括：案由、被告人的基本情况、送达机关、撤回起诉的理由、批准人、承办人、填发人、填发日期。

第二联副本与第三联正本的基本内容一致，只是在第二联的文书名称下标有"（副本）"字样。主要内容包括：

1. 正文。正文内容主要包括人民检察院发现提起公诉的案件需要撤回起诉的情况概要和决定事项。具体表述为："本院以××号起诉书提起公诉的被告人××一案，因事实、证据发生变化，本院决定撤回起诉。原××号起诉书即行作废，请予注销。"

2. 送达机关。即审理案件的人民法院。具体表述为："此致　×××人民法院。"

3. 日期和制作文书的人民检察院院印。即制作文书的日期和人民检察院盖院印。

该文书的第一联统一保存备查，第二联附检察内卷存档，第三联送达人民法院。

三、提请有关人员出庭意见书

(一) 提请有关人员出庭意见书范例

**×××人民检察院
提请有关人员出庭意见书**
（存根）

检 出 庭 [ ] 号

案由：
被告人基本情况（姓名、性别、年龄、工作单位、住址、身份证号码、是否人大代表、政协委员）：
送达机关：
提请出庭侦查人员所在单位：
提请出庭理由：
批准人：
承办人：
填发人：
填发日期：

第一联——保存

**×××人民检察院
提请有关人员出庭意见书**
（副本）

检 出 庭 [ ] 号

　　我院以＿＿＿号一案，根据《中华人民共和国刑事诉讼法》第五十七条的规定，提请你院通知＿＿＿（侦查人员其他人员所在单位）的＿＿＿（姓名、性别、年龄、身份证号码）出庭，说明收集证据的有关情况。

　　此致

　　　　　　　　　＿＿＿人民法院

　　　　　　　　　　　　　年　月　日
　　　　　　　　　　　　　　　（院印）

附：我院对证据收集的合法性情况说明及相关材料

第二联附卷

**×××人民检察院
提请有关人员出庭意见书**

检 出 庭 [ ] 号

　　我院以＿＿＿号一案，根据《中华人民共和国刑事诉讼法》第五十七条的规定，提请你院通知＿＿＿（侦查人员其他人员所在单位）的＿＿＿（姓名、性别、年龄、身份证号码）出庭，说明收集证据的有关情况。

　　此致

　　　　　　　　　＿＿＿人民法院

　　　　　　　　　　　　　年　月　日
　　　　　　　　　　　　　　　（院印）

附：我院对证据收集的合法性情况说明及相关材料

第三联送人民法院

（二）提请有关人员出庭意见书概述及法律依据

提请有关人员出庭意见书是人民检察院在法庭审理过程中现有证据材料不能证明证据收集合法性时，提请人民法院通知有关侦查人员或者其他人员出庭说明情况时使用的一种法律文书。

《刑事诉讼法》第57条第2款规定："现有证据材料不能证明证据收集的合法性的，人民检察院可以提请人民法院通知有关侦查人员或者其他人员出庭说明情况……"《人民检察院刑事诉讼规则（试行）》第446条第1款规定："在法庭审理过程中，被告人及其辩护人提出被告人庭前供述系非法取得，审判人员认为需要进行法庭调查的，公诉人可以根据讯问笔录、羁押记录、出入看守所的健康检查记录、看守管教人员的谈话记录以及侦查机关对讯问过程合法性的说明等，对庭前讯问被告人的合法性进行证明，可以要求法庭播放讯问录音、录像，必要时可以申请法庭通知侦查人员或者其他人员出庭说明情况。"

（三）提请有关人员出庭意见书制作要求

1. 本文书时应附有对证据收集的合法性情况说明及相关材料。

2. 本文书书共三联，第一联统一保存备查，第二联附卷，第三联送达人民法院。

第四章
特别程序公诉文书

第一节 社会调查报告

一、社会调查报告范例

×××人民检察院
社会调查报告

×检×未调〔×〕×号

未成年犯罪嫌疑人_____（写明姓名、性别、出生年月日、出生地和户籍地、身份证号码、民族、文化程度、所在学校或者单位、住址等。）

未成年犯罪嫌疑人×××（姓名）因涉嫌×××（罪名）_____（写明案由和案件来源。）

经调查查明：_____（写明未成年犯罪嫌疑人的主要情况，包括其家庭环境、成长经历、所受教育、性格特点、社会交往、犯罪原因、是否受过刑事处罚、是否具备有效监护条件或者社会帮教措施，以及涉嫌犯罪前后表现等。）

×××人民检察院
××××年××月××日
（院印）

二、社会调查报告法律依据

《刑事诉讼法》第 268 条规定:"公安机关、人民检察院、人民法院办理未成年人刑事案件,根据情况可以对未成年犯罪嫌疑人、被告人的成长经历、犯罪原因、监护教育等情况进行调查。"《人民检察院刑事诉讼规则(试行)》第 486 条第 1 款规定:"人民检察院根据情况可以对未成年犯罪嫌疑人的成长经历、犯罪原因、监护教育等情况进行调查,并制作社会调查报告,作为办案和教育的参考。"该文书就是依据上述条款制作的,是人民检察院办理未成年人刑事案件自行制作社会调查报告时使用的一种文书。

三、社会调查报告制作要求

1. 人民检察院根据情况,可以在相关诉讼阶段制作本文书。人民检察院制作本文书的,应当在起诉时随案移送人民法院。

2. 本文书一式二份,一份保存备查,一份附卷。

第二节 附条件不起诉决定书

一、附条件不起诉决定书范例

×××人民检察院
附条件不起诉决定书

×检×附不诉〔×〕×号

被附条件不起诉人_____(写明姓名、性别、出生年月日、出生地和户籍地、身份证号码、民族、文化程度、所在学校或者单位、住址等,是否受过刑事处罚,采取强制措施的种类、时间、决定机关等。)

法定代理人_____(写姓名、性别、年龄、单位。)

辩护人_____(写姓名、单位。)

本案由×××(公安机关名称)侦查终结,以被附条件不起诉人××涉嫌××罪,于××××年××月××日向本院移送审查起诉。

(如果案件是其他人民检察院移送的,此处应当将指定管辖、移送单位以及移送时间等写清楚。）

（如果案件曾经退回补充侦查，应当写明退回补充侦查的日期、次数以及再次移送审查起诉时间。）

经本院依法审查查明：_____（叙写案件事实，其重点内容是有关被附条件不起诉人符合附条件不起诉法定条件的事实和证据，尤其是其悔罪表现。）

本院认为，犯罪嫌疑人××实施了《中华人民共和国刑法》第××条规定的行为，可能判处一年有期徒刑以下刑罚，符合起诉条件，但有悔罪表现，依据《中华人民共和国刑事诉讼法》第二百七十一条第一款的规定，决定对××（被附条件不起诉人的姓名）附条件不起诉。考验期为×个月，从本决定作出之日起计算。

被附条件不起诉人××应当遵守《中华人民共和国刑事诉讼法》第二百七十二条第三款的规定。在考验期内有《中华人民共和国刑事诉讼法》第二百七十三条第一款规定情形之一的，本院将撤销附条件不起诉的决定，提起公诉。在考验期内没有上述情形，考验期满的，本院将作出不起诉的决定。

被附条件不起诉人及其法定代理人如对本决定有异议，可以向本院提出，本院将依法提起公诉。

被害人如不服本决定，可以自收到本决定书后七日以内向××人民检察院申诉，请求提起公诉；也可以不经申诉，直接向××人民法院提起自诉。

×××人民检察院
××××年××月××日
（院印）

二、附条件不起诉决定书法律依据

《刑事诉讼法》第271条第1款规定："对于未成年人涉嫌刑法分则第四章、第五章、第六章规定的犯罪，可能判处一年有期徒刑以下刑罚，符合起诉条件，但有悔罪表现的，人民检察院可以作出附条件不起诉的决定。人民检察院在作出附条件不起诉的决定以前，应当听取公安机关、被害人的意见。"《人民检察院刑事诉讼规则（试行）》第492条第1款规定："对于符合刑事诉讼法第二百七十一条第一款规定条件的未成年人刑事案件，人民检察院可以作出附条件不起诉的决定。"该文书就是依据上述条款制作的。

三、附条件不起诉决定书制作要求

1. 被不起诉人的基本情况。此部分的内容与法定不起诉决定书的内容一致。
2. 法定代理人基本情况。
3. 辩护人的基本情况。包括辩护人的姓名、单位。
4. 案由和案件来源。此处的表述与法定不起诉决定书的一致。
5. 案件事实部分。重点写明有关被不起诉人涉嫌的罪名及悔罪表现情况，检察机关认定可能判处 1 年有期徒刑以下刑罚的具体理由。表述犯罪情节时应当将符合附条件不起诉条件的特征叙述清楚。由于附条件不起诉决定，是检察机关运用自由裁量权的表现，如果案件事实表述不清，证据不足，就容易让人有检察机关滥用权力、司法不公的错觉，因此，在附条件不起诉决定书中，对事实的阐明和证据的列举应当全面、客观、充分。
6. 不起诉理由、法律依据和决定事项。在本部分中，应当重点对被不起诉人具有的从轻、减轻或者免除处罚的情节进行表述。尤其要结合证据和本案事实，对于认定被不起诉人具有从轻、减轻或者免除处罚的情节进行说明和论证，具体表述为："本院认为，被不起诉人实施了《中华人民共和国刑法》第××条规定的行为，但犯罪情节轻微，具有××情节（此处应详细写明被不起诉人具有的从轻、减轻或免除处罚的情节表现），根据《中华人民共和国刑法》第××条的规定，不需要判处刑罚（或者免除刑罚）。依据《中华人民共和国刑事诉讼法》第二百七十一条第二款的规定，决定对××不起诉。"
7. 查封、扣押、冻结的涉案款物的处理情况。《刑事诉讼法》第 173 条第 3 款规定："人民检察院决定不起诉的案件，应当同时对侦查中查封、扣押、冻结的财物解除查封、扣押、冻结。"《人民检察院刑事诉讼规则（试行）》第 409 条规定："人民检察院决定不起诉的案件，可以根据案件的不同情况，对被不起诉人予以训诫或者责令具结悔过、赔礼道歉、赔偿损失。对被不起诉人需要给予行政处罚、行政处分的，人民检察院应当提出检察意见，连同不起诉决定书一并移送有关主管机关处理，并要求有关主管机关及时通报处理情况。"第 410 条规定："人民检察院决定不起诉的案件，对犯罪嫌疑人违法所得及其他涉案财产的处理，参照本规则第二百九十六条的规定办理。"第 411 条规定："人民检察院决定不起诉的案件，需要对侦查中查封、扣押、冻结的财物解除查封、扣押、冻结的，应当书面通知作出查封、扣押、冻结决定的机关或者执行查封、扣押、冻结决定的机关解除查封、扣押、冻结。"第 296 条第 1 款规定："人民检察院撤销案件时，对犯罪嫌疑人的违法所得应当区分不同情形，作出相应处理：（一）因犯罪嫌疑人死亡而撤销案件，依照刑法规定应当追缴其违法所得及其他涉案财产的，按照本规则第十三章第三节的规定办理。（二）因其他原因撤销案件，对于查封、扣押、冻结的犯罪嫌疑人违法所得及其他涉案财产需要没收的，应当提出检察建议，移送有关主管机关处理。（三）对于冻结的犯罪嫌疑人存款、汇款、债券、股票、基金份额等财产需要返还被害人的，可以通知金融机构返还被害人；对于查封、扣押的犯罪嫌疑人的违法所得及其他涉案财产需要返还被害人的，直接决定返还被害人。"

8. 告知事项。根据《刑事诉讼法》第271第2款、第3款的规定，本不起诉决定书应当对被害人、被不起诉人及其法定代理人进行权利告知。其具体表述为："被害人如不服本决定，可以自收到本决定书后七日内向××人民检察院（此处为作出不起诉决定的上一级人民检察院）申诉，请求提起公诉；也可以不经申诉，直接向××人民法院（此处为作出不起诉决定的人民检察院同级的人民法院）提起自诉。""未成年犯罪嫌疑人及其法定代理人对人民检察院决定附条件不起诉有异议的，本院将依法提起公诉。"根据《刑事诉讼法》第272条的规定，人民检察院应当向未成年犯罪嫌疑人及其法定代理人告知附条件不起诉的期限及应当遵守的规定。其具体表述为："附条件不起的考验期为×个月（一年），在考验期内，由本院对被附条件不起诉人进行监督考察。被附条件不起诉人，应当遵守下列规定："（一）遵守法律法规，服从监督；（二）按照本院的规定报告自己的活动情况；（三）离开所居住的市、县或者迁居，应当报经本院批准；（四）按照本院的要求接受矫治和教育。"根据《刑事诉讼法》第273条的规定，应当告知撤销附条件不起诉的情形及作出不起诉决定的条件，具体表述为："被附条件不起诉人，在考验期内有下列情形之一的，本院将撤销附条件不起诉的决定，提起公诉：（一）实施新的犯罪或者发现决定附条件不起诉以前还有其他犯罪需要追诉的；（二）违反治安管理规定或者本院有关附条件不起诉的监督管理规定，情节严重的。被附条件不起诉人，在考验期内没有上述情形，考验期满的，本院将作出不起诉的决定。"

9. 本文书应当有正本、副本之分，其中正本一份发送被附条件不起诉人，副本发送被附条件不起诉人的法定代理人、辩护人、被害人或者其近亲属及其诉讼代理人、公安机关，并归入正卷。

第三节 附条件不起诉考察意见书

一、附条件不起诉考察意见书范例

附条件不起诉考察意见书

被附条件不起诉人_____（写明姓名、性别、出生年月日、出生地和户籍地、身份证号码、民族、文化程度、所在学校或者单位、住址等。）

被附条件不起诉人×××（姓名）因涉嫌×××（罪名）_____（写明案由、案件来源和办案过程），于××××年××月××日经本院决定附条件不起诉，由本院对其进行监督考察，考验期为×个月。

经考察查明：_____（写明被附条件不起诉人在考验期内的主要表现，包括是否遵守法律法规，服从监督；是否按照考察机关的规定报告自己的活动情况；离开所居住的市、县或者迁居，是否报经考察机关批准；是否按照考察机关的要求接受矫治和教育；有无实施新的犯罪或者发现决定附条件不起诉以前还有其他犯罪需要追诉等。）

综上，承办人认为_____（提出明确具体的起诉或者不起诉的意见。）

承办人：×××
××××年××月××日

二、附条件不起诉考察意见书法律依据

《刑事诉讼法》第272条第1款规定："在附条件不起诉的考验期内，由人民检察院对被附条件不起诉的未成年犯罪嫌疑人进行监督考察。……"第273条规定："被附条件不起诉的未成年犯罪嫌疑人，在考验期内有下列情形之一的，人民检察院应当撤销附条件不起诉的决定，提起公诉：（一）实施新的犯罪或者发现决定附条件不起诉以前还有其他犯罪需要追诉的；（二）违反治安管理规定或者考察机关有关附条件不起诉的监督管理规定，情节严重的。被附条件不起诉的未成年犯罪嫌疑人，在考验期内没有上述情形，考验期满的，人民检察院应当作出不起诉的决定。"该文书就是依据上述条款制作，是人民检察院对未成年人犯罪嫌疑人作出附条件不起诉决定后，经过考验期内的监督考察，提出起诉或者不起诉意见时使用的一种文书。

三、附条件不起诉考察意见书制作要求

1. 本文书落款为承办人。文书制成后,经部门负责人审核,报请检察长决定。

2. 本文书一式二份,一份保存备查,一份附卷。

第四节 不起诉决定书

一、不起诉决定书范例

×××人民检察院
不起诉决定书

×检×刑不诉〔×〕×号

被不起诉人_____(写明姓名、性别、出生年月日、出生地和户籍地、身份证号码、民族、文化程度、所在学校或者单位、住址等,是否受过刑事处罚等。)

法定代理人_____(写姓名、性别、年龄、单位。)

被不起诉人×××因涉嫌××罪,于××××年××月××日经本院决定附条件不起诉,由本院对其进行监督考察,考验期为×个月。

被不起诉人×××在考验期内没有《中华人民共和国刑事诉讼法》第二百七十三条第一款规定的情形,依据《中华人民共和国刑事诉讼法》第二百七十三条第二款的规定,决定对×××(被不起诉人的姓名)不起诉。

×××人民检察院
××××年××月××日
(院印)

二、不起诉决定书法律依据

《刑事诉讼法》第273条第2款规定:"被附条件不起诉的未成年犯罪嫌疑人,在考验期内没有上述情形,考验期满的,人民检察院应当作出不起诉的决定。"该文书是依据上述条款,人民检察院对在考验期内没有《刑事诉讼法》第273条第1款规定情形的被附条件不起诉的未成年犯罪嫌疑人,决定不起诉时

使用。

三、不起诉决定书制作要求

1. 本文书以人为单位制作。

2. 本文书应当有正本、副本之分,其中正本一份归入正卷,副本发送被不起诉人及其法定代理人、被害人或者其近亲属、公安机关。

第五节　和解协议书

一、和解协议书范例

和解协议书

　　被害人(法定代理人、近亲属)_____(写明姓名、性别、出生年月日、出生地和户籍地、身份证号码、民族、文化程度、所在学校或者单位、住址等。)

　　犯罪嫌疑人(法定代理人、近亲属)_____(写明姓名、性别、出生年月日、出生地和户籍地、身份证号码、民族、文化程度、所在学校或者单位、住址、采取强制措施的情况等。)

　　调解人_____(根据实际情况决定是否书写此项内容,调解人可以包括人民调解委员会、村民委员会、居民委员会、当事人所在单位或者同事、亲友等,但人民检察院不应作为调解主体。)

　　概述案件的主要事实(应当着重说明该案件符合《中华人民共和国刑事诉讼法》第二百七十七条规定的条件)。

　　写明犯罪嫌疑人真诚悔罪,承认自己所犯罪行,对指控的犯罪没有异议,向被害人赔礼道歉、赔偿损失等内容。赔偿损失的,应当写明赔偿的数额、履行的方式、期限等。

　　写明被害人及其法定代理人或者近亲属表示对犯罪嫌疑人予以谅解,并要求或者同意公安机关、人民检察院、人民法院对犯罪嫌疑人、被告人依法从宽处理等内容。

　　经×××人民检察院审查,和解是在双方自愿的前提下达成的,内容合法,且符合《中华人民共和国刑事诉讼法》第二百七十七条规定的条件,由×××人民检察院主持制作和解协议书(本部分内容可以写,也可以不写)。

×××（受害人签字）　　　×××（犯罪嫌疑人签字）
　　××××年××月××日　　　××××年××月××日

　　×××（调解人签字或者盖章）
　　××××年××月××日

二、和解协议书概述及法律依据

　　和解协议书是指检察机关对符合《刑事诉讼法》第277条规定的公诉案件，主持双方当事人达成和解而制作的文书。《刑事诉讼法》第277条规定："下列公诉案件，犯罪嫌疑人、被告人真诚悔罪，通过向被害人赔偿损失、赔礼道歉等方式获得被害人谅解，被害人自愿和解的，双方当事人可以和解：（一）因民间纠纷引起，涉嫌刑法分则第四章、第五章规定的犯罪案件，可能判处三年有期徒刑以下刑罚的；（二）除渎职犯罪以外的可能判处七年有期徒刑以下刑罚的过失犯罪案件。犯罪嫌疑人、被告人在五年以内曾经故意犯罪的，不适用本章规定的程序。"第278条规定："双方当事人和解的，公安机关、人民检察院、人民法院应当听取当事人和其他有关人员的意见，对和解的自愿性、合法性进行审查，并主持制作和解协议书。"

　　《人民检察院刑事诉讼规则（试行）》第510条规定："下列公诉案件，双方当事人可以和解：（一）因民间纠纷引起，涉嫌刑法分则第四章、第五章规定的犯罪案件，可能判处三年有期徒刑以下刑罚的；（二）除渎职犯罪以外的可能判处七年有期徒刑以下刑罚的过失犯罪案件。上述公诉案件应当同时符合下列条件：（一）犯罪嫌疑人真诚悔罪，向被害人赔偿损失、赔礼道歉等；（二）被害人明确表示对犯罪嫌疑人予以谅解；（三）双方当事人自愿和解，符合有关法律规定；（四）属于侵害特定被害人的故意犯罪或者有直接被害人的过失犯罪；（五）案件事实清楚，证据确实、充分。犯罪嫌疑人在五年以内曾经故意犯罪的，不适用本节规定的程序。犯罪嫌疑人在犯刑事诉讼法第二百七十七条第一款规定的犯罪前五年内曾故意犯罪，无论该故意犯罪是否已经追究，均应当认定为前款规定的五年以内曾经故意犯罪。"第516条规定："经审查认为双方自愿和解，内容合法，且符合本规则第五百一十条规定的范围和条件的，人民检察院应当主持制作和解协议书。……"根据上述规定，人民检察院主持双方当事人达成和解，但不在和解协议书上签字，也不加盖人民检察院印章。

三、和解协议书制作要求

1. 和解协议书由双方当事人签字，检察人员不在当事人和解协议书上签字，也不加盖人民检察院印章。可以写明和解协议书系在人民检察院主持下制作。

2. 本文书一式三份，双方当事人各持一份，另一份交人民检察院附卷备查。

第六节 "没收程序"补充证据通知书[①]

一、"没收程序"补充证据通知书范例

×××人民检察院
补充证据通知书

（犯罪嫌疑人、被告人逃匿、死亡案件违法所得的没收程序适用）

×检×没补证〔×〕×号

×××（侦查机关名称）：

你×（侦查机关简称）移送的没收犯罪嫌疑人×××（姓名）违法所得一案，本院审查认为_____请补充提供下列证据材料：

_____（列出需要的证据材料要求）。

×××人民检察院（院印）
××××年××月××日

二、"没收程序"补充证据通知书法律依据

《人民检察院刑事诉讼规则（试行）》第529条第2款规定："对于公安机

[①] 本补充证据通知书适用于犯罪嫌疑人、被告人逃匿、死亡案件违法所得的没收程序。为做区别，本部分标题定为："没收程序"补充证据通知书。

关移送的没收违法所得案件,经审查认为不符合刑事诉讼法第二百八十条第一款规定条件的,应当作出不提出没收违法所得申请的决定,并向公安机关书面说明理由;认为需要补充证据的,应当书面要求公安机关补充证据,必要时也可以自行调查。"该文书就是依据上述条款制作,人民检察院公诉部门在审查没收违法所得意见书的过程中,立足于举证的具体要求,要求侦查机关提供必须的证据材料时使用。

三、"没收程序"补充证据通知书制作要求

1. 在"本院审查认为_____"部分,概括写明要求侦查机关补充证据的理由。
2. 补充证据事项应当详细、具体,明确补充证据目的。
3. 本文书一式两份,一份附卷,一份送达侦查机关。

第七节 要求说明不启动违法所得没收程序理由通知书

一、要求说明不启动违法所得没收程序理由通知书范例

×××人民检察院
要求说明不启动违法所得没收程序
理由通知书

×检×没不启通〔×〕×号

×××(公安机关名称):

请你×(公安机关简称)于××××年××月××日前向本院书面说明对×××(犯罪嫌疑人姓名)不启动违法所得没收程序的理由。

×××人民检察院
××××年××月××日
(院印)

二、要求说明不启动违法所得没收程序理由通知书法律依据

《人民检察院刑事诉讼规则(试行)》第530条第1款规定:"人民检察院

255

发现公安机关应当启动违法所得没收程序而不启动的，可以要求公安机关在七日以内书面说明不启动的理由。"

三、要求说明不启动违法所得没收程序理由通知书制作要求

该文书是人民检察院在发现公安机关应当启动违法所得没收程序而不启动时，人民检察院认为需要公安机关说明不启动理由所使用的一种文书。该文书一式两份，一份附卷，一份送达公安机关。

第八节 要求启动违法所得没收程序通知书

一、要求启动违法所得没收程序通知书范例

×××人民检察院
要求启动违法所得没收程序通知书

×检×没启通〔×〕×号

×××（公安机关名称）：

本院于××××年××月××日向你×（公安机关简称）发出《要求说明不启动违法所得没收程序理由通知书》，你×（公安机关简称）于××××年××月××日回复了_____（回复意见的名称和文号。）

经审查，本院认为_____（写明公安机关不启动违法所得没收程序理由不能成立的原因和应当启动程序的事实根据和法律依据。）

请于××××年××月××日前启动对×××（犯罪嫌疑人姓名）的违法所得没收程序，并将启动程序决定书副本送达本院。

×××人民检察院（院印）
××××年××月××日

二、要求启动违法所得没收程序通知书法律依据

《人民检察院刑事诉讼规则（试行）》第530条第2款规定："经审查，认为公安机关不启动理由不能成立的，应当通知公安机关启动程序。"

三、要求启动违法所得没收程序通知书制作要求

该文书是人民检察院认为公安机关不启动违法所得没收程序理由不能成立时，通知公安机关启动程序所使用的一种法律文书。该文书一式两份，一份附卷，一份送达公安机关。

第九节 没收违法所得申请书

一、没收违法所得申请书范例

×××人民检察院
没收违法所得申请书

×检×没申〔×〕×号

犯罪嫌疑人（被告人）_____（写明姓名、性别、出生年月日、出生地、户籍地、身份证号码、民族、文化程度、职业或者工作单位及职务、住址、曾受到行政处罚、刑事处罚的情况。）

犯罪嫌疑人（被告人）×××因涉嫌××罪，被×××（侦查机关）立案侦查，并于××××年××月××日逃匿。×××（侦查机关）于××××年××月××日发布通缉令，至今不能到案。（如果死亡的，写明于××××年××月××日死亡。）×××（移送没收违法所得意见书的机关）于××××年××月××日向本院移送没收违法所得意见书。本院受理后，审查了全部案件材料……（写明要求侦查机关补充证据、延长审查期限等情况。）

[如果是自侦案件，此处写："犯罪嫌疑人（被告人）×××因涉嫌××罪，由本院立案侦查，并于××××年××月××日逃匿。我院于××××年××月××日发布通缉令，至今不能到案。（如果死亡的，写明于××××年××月××日死亡。）我院于××××年××月××日移送没收违法所得意见书。"

如果案件是其他人民检察院移送的，此处应当将移送单位以及移送时间等写清楚。]

[如果犯罪嫌疑人是在审查起诉时逃匿、死亡的，此处写："本案由××

×（侦查机关）侦查终结，以×××涉嫌××罪，于××××年××月××日向本院移送审查起诉。犯罪嫌疑人×××于××××年××月××日逃匿。于××××年××月××日发布通缉令，至今不能到案。（如果死亡的，写明于××××年××月××日死亡。）本院对全部案件材料进行了审查……（写明要求侦查机关补充证据的情况。）"]

［如果被告人是在审理时逃匿、死亡的，此处写："本案由×××（侦查机关）侦查终结，以×××涉嫌××罪，于××××年××月××日向本院移送审查起诉。本院受理后，于××××年××月××日向×××人民法院提起公诉。被告人×××于××××年××月××日逃匿。于××××年××月××日发布通缉令，至今不能到案。（如果死亡的，写明于××××年××月××日死亡。）本院对全部案件材料进行了审查……（写明要求侦查机关补充证据的情况。）"］

经依法审查查明：_____（写明经检察机关审查认定的犯罪事实，依照刑法规定应当追缴的违法所得及其他涉案财产的来源、种类、数量、所在地以及查封、扣押、冻结等情况。）

写明犯罪嫌疑人（被告人）的近亲属或者其他利害关系人的姓名、住址、联系方式及其要求。

认定上述事实的证据如下：

……（针对上述犯罪事实和违法所得，分别列举证据。）

本院认为，犯罪嫌疑人（被告人）×××涉嫌××罪，逃匿一年后不能到案（或者于××××年××月××日死亡）……（概述其违法所得及其他涉案财产的来源、种类和数量等）事实清楚，证据确实充分，应当对其违法所得及其他涉案财产予以追缴。根据《中华人民共和国刑事诉讼法》第二百八十条的规定，提出没收违法所得申请，请依法裁定。

此致
×××人民法院

检察员：×××
××××年××月××日
（院印）

附：

1. 通缉令或者死亡证明书。

2. 违法所得及其他涉案财产清单以及查封、扣押、冻结的情况。

3. 证据材料、不宜移送的实物证据的清单、照片或者其他证明文件、拟出庭证人名单。

4. 其他需要附注的事项。

违法所得及其他涉案财产清单

第×页，共×页

编号	名称	数量	基本特征	来源或权属人	备注

本清单一式两份，一份附卷，一份由办案单位留存

批准人：_____ 承办人：_____ 年___月___日___公章

二、没收违法所得申请书法律依据

《刑事诉讼法》第 280 条第 1 款、第 3 款规定："对于贪污贿赂犯罪、恐怖活动犯罪等重大犯罪案件，犯罪嫌疑人、被告人逃匿，在通缉一年后不能到案，或者犯罪嫌疑人、被告人死亡，依照刑法规定应当追缴其违法所得及其他涉案财产的，人民检察院可以向人民法院提出没收违法所得的申请。没收违法所得的申请应当提供与犯罪事实、违法所得相关的证据材料，并列明财产的种类、数量、所在地及查封、扣押、冻结的情况。"

三、没收违法所得申请书制作要求

1. 文书包括首部、犯罪嫌疑人（被告人）的基本情况、案由和案件的审查过程、犯罪事实和违法所得、证据、申请要求和根据、尾部七部分。

2. 没收违法所得申请书是人民检察院依法向人民法院提出没收违法所得申请时使用的一种文书。制作该文书的同时，还应当制作违法所得及其他涉案财产清单并随同没收违法所得申请书一并移送法院。

第十节　不提出没收违法所得申请决定书

一、不提出没收违法所得申请决定书范例

×××人民检察院
不提出没收违法所得申请决定书

×检×没不申〔×〕×号

犯罪嫌疑人_____（写明姓名、性别、出生年月日、出生地、户籍地、身份证号码、民族、文化程度、职业或者工作单位及职务、住址、曾受到行政处罚、刑事处罚的情况。）

犯罪嫌疑人（被告人）×××因涉嫌××罪，被×××（侦查机关）立案侦查，并于××××年××月××日逃匿。×××（侦查机关）于××××年××月××日发布通缉令，至今不能到案。（如果死亡的，写明于××××年××月××日死亡。）×××（移送没收违法所得意见书的机关）于××××年××月××日向本院移送没收违法所得意见书。

[如果是自侦案件，此处写："犯罪嫌疑人（被告人）×××因涉嫌××罪，由本院立案侦查，并于××××年××月××日逃匿。我院于××××年××月××日发布通缉令，至今不能到案。（如果死亡的，写明于××××年××月××日死亡。）我院于××××年××月××日移送没收违法所得意见书。"

如果案件是其他人民检察院移送的，此处应当将移送单位以及移送时间等写清楚。]

经本院依法审查查明：_____（先概括叙写侦查机关审查认定的

犯罪事实、违法所得，以及犯罪嫌疑人逃匿、死亡的情况，然后叙写检察机关认定的事实及相应的证据，重点反映不符合法律规定的没收违法所得条件的情况。）

本院认为，×××（侦查机关）向本院移送的没收违法所得案件，不符合《中华人民共和国刑事诉讼法》第二百八十条第一款规定的条件，依法决定不提出没收违法所得申请。

×××人民检察院
××××年××月××日
（院印）

二、不提出没收违法所得申请决定书法律依据

《刑事诉讼法》第280条第1款规定："对于贪污贿赂犯罪、恐怖活动犯罪等重大犯罪案件，犯罪嫌疑人、被告人逃匿，在通缉一年后不能到案，或者犯罪嫌疑人、被告人死亡，依照刑法规定应当追缴其违法所得及其他涉案财产的，人民检察院可以向人民法院提出没收违法所得的申请。"

三、不提出没收违法所得申请决定书制作要求

该文书是人民检察院对侦查机关移送的没收违法所得意见书审查后，依法决定不提出没收违法所得申请时使用的一种文书。文书有正本、副本之分，其中正本一份归入正卷，副本发送侦查机关。

第十一节 "强制医疗程序"补充证据通知书[①]

一、"强制医疗程序"补充证据通知书范例

×××人民检察院
补充证据通知书

(依法不负刑事责任的精神病人的强制医疗程序适用)

×检×医补证〔×〕×号

×××(公安机关名称):

你×(公安机关简称)移送的对涉案精神病人×××(姓名)强制医疗一案,本院审查认为_____请补充提供下列证据材料:

_____(列出需要的证据材料要求)。

×××人民检察院
××××年××月××日
(院印)

二、"强制医疗程序"补充证据通知书法律依据

《人民检察院刑事诉讼规则(试行)》第544条第2款规定:"对于公安机关移送的强制医疗案件,经审查认为不符合刑事诉讼法第二百八十四条规定条件的,应当作出不提出强制医疗申请的决定,并向公安机关书面说明理由;认为需要补充证据的,应当书面要求公安机关补充证据,必要时也可以自行调查。"

三、"强制医疗程序"补充证据通知书制作要求

1. 该文书是人民检察院公诉部门在审查强制医疗意见书的过程中,立足

[①] 本补充证据通知书适用于依法不负刑事责任的精神病人的强制医疗程序。为做区别,本部分标题定为:"强制医疗程序"补充证据通知书。

于举证的具体要求,要求公安机关提供必须的证据材料时使用的一种文书。

2. 在"本院审查认为……"部分,概括写明要求公安机关补充证据的理由。

3. 补充证据事项应当详细、具体,明确补充证据目的。

4. 本文书一式两份,一份附卷,一份送达公安机关。

第十二节　要求说明不启动强制医疗程序理由通知书

一、要求说明不启动强制医疗程序理由通知书范例

×××人民检察院
要求说明不启动强制医疗程序
理由通知书

×检×医不启通〔×〕×号

×××（公安机关名称）：

请你×（公安机关简称）于××××年××月××日前向本院书面说明对×××（涉案精神病人姓名）不启动强制医疗程序的理由。

×××人民检察院
××××年××月××日
（院印）

二、要求说明不启动强制医疗程序理由通知书法律依据

《刑事诉讼法》第289条规定,人民检察院对强制医疗的决定和执行实行监督。

三、要求说明不启动强制医疗程序理由通知书制作要求

该文书是人民检察院在履行监督过程中,发现公安机关应当启动强制医疗程序而不启动,人民检察院认为需要公安机关说明不启动理由时所使用。该文书一式两份,一份附卷,一份送达公安机关。

第十三节　要求启动强制医疗程序通知书

一、要求启动强制医疗程序通知书范例

×××人民检察院
要求启动强制医疗程序通知书

×检×医启通〔×〕×号

×××（公安机关名称）：

本院于××××年××月××日向你×（公安机关简称）发出《要求说明不启动强制医疗程序理由通知书》，你×（公安机关简称）于××××年××月××日回复了_____（回复意见的名称和文号）。

经审查，本院认为_____（写明公安机关不启动强制医疗程序理由不能成立的原因和应当启动程序的事实根据和法律依据）。

请于××××年××月××日前启动对×××（涉案精神病人姓名）的强制医疗程序，并将启动程序决定书副本送达本院。

×××人民检察院
××××年××月××日
（院印）

二、要求启动强制医疗程序通知书法律依据

《中华人民共和国刑事诉讼法》第289条规定："人民检察院对强制医疗的决定和执行实行监督。"

三、要求启动强制医疗程序通知书制作要求

该文书是人民检察院认为公安机关不启动强制医疗程序理由不能成立，通知公安机关启动时使用的一种文书。制作文书时一式两份，一份附卷，一份送达公安机关。

第十四节　采取临时保护性约束措施建议书

一、采取临时保护性约束措施建议书范例

×××人民检察院
采取临时保护性约束措施建议书

×检×医束建〔×〕×号

×××（公安机关名称）：

　　你×××（公安机关简称）正在办理的×××（涉案精神病人姓名）涉嫌实施××行为一案，本院建议对其采取临时保护性约束措施。

×××人民检察院
××××年××月××日
（院印）

二、采取临时保护性约束措施建议书法律依据

　　《刑事诉讼法》第289条规定："人民检察院对强制医疗的决定和执行实行监督。"

三、采取临时保护性约束措施建议书制作要求

　　该文书是人民检察院认为公安机关应当采取临时保护性约束措施而尚未采取的，建议采取时所使用的。制作文书应一式二份，一份送达公安机关，一份附卷。

第十五节　强制医疗申请书

一、强制医疗申请书范例

强制医疗申请书

×检×医申〔×〕×号

涉案精神病人_____（写明姓名、性别、出生年月日、出生地、户籍地、身份证号码、民族、文化程度、职业或者工作单位及职务、住址、曾受到行政处罚、刑事处罚的情况、采取临时保护性约束措施的情况等。）

法定代理人_____（写姓名、性别、年龄、单位。）

×××（涉案精神病人）因涉嫌实施××行为，危害公共安全（或者严重危害公民人身安全），经×××（公安机关）鉴定依法不负刑事责任。×××（公安机关）于××××年××月××日作出撤销案件的决定。×××（公安机关）于××××年××月××日向本院移送强制医疗意见书。本院受理后，审查了全部案件材料……（写明要求公安机关补充证据等情况。）

［如果是在审查起诉时对犯罪嫌疑人做的精神病鉴定，此处写："本案由××（公安机关）侦查终结，以×××涉嫌××罪，于××××年××月××日向本院移送审查起诉，本院对×××进行了精神病鉴定，经鉴定依法不负刑事责任。本院于××××年××月××日依法作出不起诉决定。"］

经依法审查查明：_____（写明经检察机关审查认定的涉案精神病人实施危害公共安全或者严重危害公民人身安全的暴力行为的事实，涉案精神病人经法定程序鉴定依法不负刑事责任，有继续危害社会的可能。）

认定上述事实的证据如下：

_____（针对上述事实，分别列举证据。）

本院认为，×××（涉案精神病人）实施××行为，危害公共安全（或者严重危害公民人身安全），经法定程序鉴定为依法不负刑事责任的精神病人，有继续危害社会的可能，事实清楚，证据确实充分，应当对其强制医疗。根据《中华人民共和国刑事诉讼法》第二百八十五条第二款的规定，提出强制医疗申请，请依法决定。

此致

×××人民法院

检察员：×××
××××年××月××日
（院印）

附：

1. 涉案精神病人现在处所，具体包括被采取临时保护性约束措施的处所。
2. 鉴定意见、撤销案件决定书、不起诉决定书。
3. 证据材料、不宜移送的实物证据的清单、照片或者其他证明文件、拟出庭证人名单。
4. 其他需要附注的事项。

二、强制医疗申请书法律依据

《刑事诉讼法》第284条规定："实施暴力行为，危害公共安全或者严重危害公民人身安全，经法定程序鉴定依法不负刑事责任的精神病人，有继续危害社会可能的，可以予以强制医疗。"第285条第2款规定："公安机关发现精神病人符合强制医疗条件的，应当写出强制医疗意见书，移送人民检察院。对于公安机关移送的或者在审查起诉过程中发现的精神病人符合强制医疗条件的，人民检察院应当向人民法院提出强制医疗的申请。……"

三、强制医疗申请书制作要求

本文书由首部、涉案精神病人的基本情况、涉案精神病人的法定代理人的基本情况、案由和案件的审查过程、案件事实和鉴定情况、证据、申请要求和根据、尾部八部分组成。

该文书是人民检察院依法向人民法院提出强制医疗申请时使用的文书。

第十六节　不提出强制医疗申请决定书

一、不提出强制医疗申请决定书范例

×××人民检察院
不提出强制医疗申请决定书

×检×医不申〔×〕×号

涉案精神病人_____（写明姓名、性别、出生年月日、出生地、户籍地、身份证号码、民族、文化程度、职业或者工作单位及职务、住址、曾受到行政处罚、刑事处罚的情况、采取临时保护性约束措施的情况等。）

法定代理人_____（写姓名、性别、年龄、单位。）

因×××（涉案精神病人）涉嫌实施××行为，×××（公安机关）于××××年××月××日向本院移送强制医疗意见书。

经本院依法审查查明：_____（先概括叙写公安机关审查认定的案件事实，以及公安机关采信的鉴定意见等，然后叙写检察机关认定的事实及相应的证据，重点反映不符合法律规定的强制医疗条件的情况。）

本院认为，×××（公安机关）向本院移送的强制医疗案件，不符合刑事诉讼法第二百八十四条规定的条件，依法决定不提出强制医疗申请。

×××人民检察院
××××年××月××日
（院印）

二、不提出强制医疗申请决定书法律依据

该文书是依据《刑事诉讼法》第284条、第285条第2款的规定制作的。

三、不提出强制医疗申请决定书制作要求

该文书是人民检察院对侦查机关移送的强制医疗意见书审查后，依法决定不提出强制医疗申请时所使用的一种文书。制作该文书应当区分正本、副本，其中正本一份归入正卷，副本发送公安机关。

第十七节　纠正强制医疗案件不当决定意见书

一、纠正强制医疗案件不当决定意见书范例

×××人民检察院
纠正强制医疗案件不当决定意见书

×检×医纠决〔×〕×号

一、发往单位。

二、被申请人或者被告人基本情况，包括姓名、性别、年龄、所在地等。

三、人民法院作出的强制医疗决定或者驳回强制医疗申请的决定的情况，包括决定的理由。

四、认定决定不当的理由和法律依据。可表述为：经审查，本院认为____。

五、提出纠正意见。可表述为：依照《中华人民共和国刑事诉讼法》第二百八十九条的规定，特向你院提出纠正意见，请依法对该决定进行重新核查，予以纠正，并将处理情况告知我院。

×××人民检察院
××××年××月××日
（院印）

二、纠正强制医疗案件不当决定意见书法律依据

《中华人民共和国刑事诉讼法》第289条规定："人民检察院对强制医疗的决定和执行实行监督。"

三、纠正强制医疗案件不当决定意见书制作要求

该文书是人民检察院认为人民法院作出的强制医疗决定或者驳回强制医疗申请的决定不当，要求纠正时所使用的一种文书。制作该本文书应一式二份，一份送达人民法院，一份附卷。

第十八节 特别程序公诉业务填充式法律文书

一、社会调查委托函

（一）社会调查委托函范例

×××人民检察院
社会调查委托函
（存根）

检未委调〔　〕　号

案由　_____
未成年犯罪嫌疑人　_____
发案单位　_____
批准人　_____
承办人　_____
填发人　_____
填发时间　_____

第一联统一保存

×××人民检察院
社会调查委托函
（副本）

检未委调〔　〕　号

_____：

本院办理的_____案，需对未成年犯罪嫌疑人_____进行社会调查，现委托贵单位对_____的成长经历、犯罪原因、监护教育等情况进行社会调查，请将调查报告送交我院。
调查提纲：

（院印）
　　年　月　日

第二联附卷

×××人民检察院
社会调查委托函

检未委调〔　〕　号

_____：

本院办理的_____案，需对未成年犯罪嫌疑人_____进行社会调查，现委托贵单位对_____的成长经历、犯罪原因、监护教育等情况进行社会调查，请将调查报告送交我院。
调查提纲：

（院印）
　　年　月　日

第三联送达受委单位

（二）社会调查委托函法律依据

《人民检察院刑事诉讼规则（试行）》第486条第2款规定："人民检察院开展社会调查，可以委托有关组织和机构进行。"该文书就是依据该条款所制作的，人民检察院在办理未成年人刑事案件时，委托有关组织和机构进行社会调查时使用的一种文书。

（三）社会调查委托函制作要求

1. 本文书应当具体明确填写调查提纲。

2. 本文书共三联，第一联统一保存备查，第二联附卷，第三联送达受委托进行调查的单位。

二、未成年人法定代理人到场通知书

(一) 未成年人法定代理人到场通知书范例

×××人民检察院
未成年人法定代理人
到场通知书
(存根)

检未代到〔 〕 号

案由
未成年犯罪嫌疑人（被害人、证人）
法定代理人
批准人
承办人
填发人
填发时间

×××人民检察院
未成年人法定代理人
到场通知书
(副本)

检未代到〔 〕 号

＿＿＿＿：

我院办理的＿＿＿＿案，定于＿＿年＿＿月＿＿日对犯罪嫌疑人＿＿＿＿进行讯问/询问。因其系未成年人，根据《中华人民共和国刑事诉讼法》第二百七十条的规定，通知你届时到场。你到场后可以代为行使未成年人的诉讼权利，认为办案人员在讯问/询问中侵犯未成年人合法权益的，可以提出意见。

本通知书已收到。
未成年人法定代理人：
年 月 日

(检察院印)
年 月 日

第二联附卷

×××人民检察院
未成年人法定代理人
到场通知书

检未代到〔 〕 号

＿＿＿＿：

我院办理的＿＿＿＿案，定于＿＿年＿＿月＿＿日对犯罪嫌疑人＿＿＿＿进行讯问/询问。因其系未成年人，根据《中华人民共和国刑事诉讼法》第二百七十条的规定，通知你届时到场。你到场后可以代为行使未成年人的诉讼权利，认为办案人员在讯问/询问中侵犯未成年人合法权益的，可以提出意见。

(院印)
年 月 日

第三联送达未成年人的法定代理人

第一联统一保存

（二）未成年人法定代理人到场通知书法律依据

《刑事诉讼法》第 270 条第 1 款规定，对于未成年人刑事案件，在讯问和审判的时候，应当通知未成年犯罪嫌疑人、被告人的法定代理人到场。该文书就是依据该条款所制作的，人民检察院在对未成年犯罪嫌疑人进行讯问或者对未成年被害人、证人进行询问时，通知其法定代理人到场时使用的一种文书。

（三）未成年人法定代理人到场通知书制作要求

本文书共三联，第一联统一保存备查，第二联附卷，第三联送达未成年人的法定代理人。

三、未成年人成年亲属、有关组织代表到场通知书

（一）未成年人成年亲属、有关组织代表到场通知书范例

×××人民检察院
未成年人成年亲属、
有关组织代表到场通知书
（存根）

检未成〔 〕 号

案由
未成年犯罪嫌疑人（被害人、证人）
通知对象（注明身份）
批准人
承办人
填发人
填发时间

第一联统一保存

×××人民检察院
未成年人成年亲属、
有关组织代表到场通知书
（副本）

检未成〔 〕 号

：
我院办理的_____案，定于____年____月____日对犯罪嫌疑人/被害人_____进行讯问/询问。因其系未成年人，且其法定代理人因_____不能到场，根据《中华人民共和国刑事诉讼法》第二百七十条的规定，通知你届时到场。你到场后认为办案人员在讯问/询问中侵犯未成年人合法权益的，可以提出意见。

（院印）
年 月 日

第二联附卷

×××人民检察院
未成年人成年亲属、
有关组织代表到场通知书

检未成〔 〕 号

：
我院办理的_____案，定于____年____月____日对犯罪嫌疑人/被害人_____进行讯问/询问。因其系未成年人，且其法定代理人因_____不能到场，根据《中华人民共和国刑事诉讼法》第二百七十条的规定，通知你届时到场。你到场后认为办案人员在讯问/询问中侵犯未成年人合法权益的，可以提出意见。

年 月 日
（检察院印）

第三联送达未成年人的成年亲属、有关组织代表

(二) 未成年人成年亲属、有关组织代表到场通知书法律依据

《刑事诉讼法》第 270 条第 1 款规定，对于未成年人刑事案件，在讯问和审判的时候，应当通知未成年犯罪嫌疑人、被告人的法定代理人到场。无法通知、法定代理人不能到场或者法定代理人是共犯的，也可以通知未成年犯罪嫌疑人、被告人的其他成年亲属，所在学校、单位、居住地基层组织或者未成年人保护组织的代表到场，并将有关情况记录在案。该文书就是依据该条款所制作的，人民检察院在对未成年犯罪嫌疑人进行讯问或者对未成年被害人、证人进行询问时，在无法通知法定代理人、法定代理人不能到场或者法定代理人是共犯的情况下，通知其他成年亲属、有关组织代表到场时所使用的一种文书。

(三) 未成年人成年亲属、有关组织代表到场通知书制作要求

本文书共三联，第一联统一保存备查，第二联附卷，第三联送达未成年人的成年亲属、有关组织代表。

四、移送附条件不起诉案件材料通知书

（一）移送附条件不起诉案件材料通知书范例

×××人民检察院
移送附条件不起诉
案件材料通知书
（存根）

检 移附不诉〔 〕 号

案由
被附条件不起诉人
发任单位
批准人
承办人
填发人
填发时间

第一联统一保存

×××人民检察院
移送附条件不起诉
案件材料通知书
（副本）

检 移附不诉〔 〕 号

_____人民检察法院：
接你院_____号_____书，被害人直接向你院起诉。依据《中华人民共和国刑事诉讼法》第二百七十一条第二款的规定，现将有关案件材料移送你院，请查收。

附：卷宗_____册_____页
证据材料：

（公章）
 年 月 日

第二联送达人法院

×××人民检察院
移送附条件不起诉
案件材料通知书
（回执）

_____人民检察法院：
本院已收到你院_____号移送附条件不起诉案件材料通知书及随附卷宗_____册_____页及证据材料。

_____人民法院
收件人_____
年 月 日
（公章）

第三联送达退回后附卷

(二) 移送附条件不起诉案件材料通知书法律依据

《刑事诉讼法》第271条第2款规定:"对附条件不起诉的决定,公安机关要求复议、提请复核或者被害人申诉的,适用本法第一百七十五条、第一百七十六条的规定。"第176条规定:"对于有被害人的案件,决定不起诉的,人民检察院应当将不起诉决定书送达被害人。被害人如果不服,可以自收到决定书后七日以内向上一级人民检察院申诉,请求提起公诉。人民检察院应当将复查决定告知被害人。对人民检察院维持不起诉决定的,被害人可以向人民法院起诉。被害人也可以不经申诉,直接向人民法院起诉。人民法院受理案件后,人民检察院应当将有关案件材料移送人民法院。"该文书就是依据该条款所制作的,人民检察院在对未成年犯罪嫌疑人作出附条件不起诉决定后,被害人不服附条件不起诉决定而直接向人民法院起诉,人民法院受理案件后,将该案有关案件材料移送人民法院时使用的一种文书。

(三) 移送附条件不起诉案件材料通知书制作要求

本文书共三联,第一联统一保存备查,第二联送达人民法院,第三联退回后附卷。

五、撤销附条件不起诉决定书

（一）撤销附条件不起诉决定书范例

×××人民检察院
撤销附条件不起诉决定书
（存根）

检 撤附不诉 [ ] 号

案由_____
被附条件不起诉人_____
申诉人（提请复议、复核机关）_____
申诉（提请复议、复核）理由_____
撤销理由_____
法律依据_____
批准人_____
承办人_____
填发人_____
填发时间_____

第一联 统一保存

×××人民检察院
撤销附条件不起诉决定书
（副本）

检 撤附不诉 [ ] 号

于___年___月___日以___号附条件不起诉决定书对被附条件不起诉人_____决定附条件不起诉。现因_____，依据《中华人民共和国刑事诉讼法》_____的规定，决定撤销原___号附条件不起诉决定书。

年 月 日
（院印）

第二联 附卷

×××人民检察院
撤销附条件不起诉决定书

检 撤附不诉 [ ] 号

于___年___月___日以___号附条件不起诉决定书对被附条件不起诉人_____决定附条件不起诉。现因_____，依据《中华人民共和国刑事诉讼法》_____的规定，决定撤销原___号附条件不起诉决定书。

年 月 日
（院印）

第三联 送达被附条件不起诉人或者作出附条件不起诉决定的下级人民检察院

(二) 撤销附条件不起诉决定书法律依据

《刑事诉讼法》第271条第2款规定："对附条件不起诉的决定，公安机关要求复议、提请复核或者被害人申诉的，适用本法第一百七十五条、第一百七十六条的规定。"第273条第1款规定："被附条件不起诉的未成年犯罪嫌疑人，在考验期内有下列情形之一的，人民检察院应当撤销附条件不起诉的决定，提起公诉：（一）实施新的犯罪或者发现决定附条件不起诉以前还有其他犯罪需要追诉的；（二）违反治安管理规定或者考察机关有关附条件不起诉的监督管理规定，情节严重的。"该文书就是依据上述条款所制作的，人民检察院在发现附条件不起诉决定确有错误，或者被附条件不起诉的未成年犯罪嫌疑人在考验期内有《刑事诉讼法》第273条第1款规定情形之一，撤销附条件不起诉决定时使用的法律文书。

(三) 撤销附条件不起诉决定书制作要求

1. 如果是因被附条件不起诉的未成年犯罪嫌疑人在考验期内有《刑事诉讼法》第273条第1款规定情形之一而撤销附条件不起诉决定的，申诉人、申诉理由栏填写"无"。批准人一栏填写作出决定的检察长姓名或检察委员会。

2. 本文书共三联，第一联统一保存备查，第二联附卷，第三联送达附条件被不起诉人，如果是上级人民检察院撤销的，送达作出附条件不起诉决定的下级人民检察院。

六、许可查询犯罪（不起诉）记录决定书

（一）许可查询犯罪（不起诉）记录决定书范例

```
×××人民检察院
许可查询犯罪（不起诉）
记录决定书
（存根）

检 未许查〔 〕 号

未成年犯（被不起诉未成年犯
罪嫌疑人）_____
_____
_____
申请单位_____
申请理由_____
许可理由_____
批准人_____
承办人_____
填发人_____
填发时间_____
_____

第一联统一保存
```

```
×××人民检察院
许可查询犯罪（不起诉）
记录决定书

检 未许查〔 〕 号

_____：
    根据《中华人民共和国刑事诉讼法》第二百七十五条第二款的规定，许可你单位关于查询_____犯罪（不起诉）记录的申请。你单位应当对被封存的犯罪（不起诉）记录的情况予以保密。

                年 月 日
                （院印）

第二联送达申请单位
```

（二）许可查询犯罪（不起诉）记录决定书法律依据

《刑事诉讼法》第275条第2款规定："犯罪记录被封存的，不得向任何单位和个人提供，但司法机关为办案需要或者有关单位根据国家规定进行查询的除外。依法进行查询的单位，应当对被封存的犯罪记录的情况予以保密。"该文书就是依据上述条款所制作的，人民检察院在对未成年犯的犯罪记录或者不起诉记录封存后，依法许可司法机关为办案需要或者有关单位根据国家规定进行查询时使用的一种文书。

（三）许可查询犯罪（不起诉）记录决定书制作要求

本文书共二联，第一联统一保存备查，第二联送达申请单位。

七、不许可查询犯罪（不起诉）记录决定书

（一）不许可查询犯罪（不起诉）记录决定书范例

```
×××人民检察院
不许可查询犯罪（不起诉）
记录决定书
（存根）

         检 未不许查〔 〕 号

未成年犯（被不起诉未成年犯
罪嫌疑人）_____
_____
_____
申请单位_____
申请理由_____
不许可理由_____
审批人_____
承办人_____
填发人_____
填发时间_____
_____
```

第一联统一保存

```
×××人民检察院
不许可查询犯罪（不起诉）
记录决定书

         检 未不许查〔 〕 号

_____：
  你单位关于查询_____犯罪（不起
诉）记录的申请不符合《中华人民共和
国刑事诉讼法》第二百七十五条第二款的
规定，不予许可。


                年   月   日
                  （院印）
```

第二联送达申请单位

（二）不许可查询犯罪（不起诉）记录决定书法律依据

《刑事诉讼法》第275条第2款规定："犯罪记录被封存的，不得向任何单位和个人提供，但司法机关为办案需要或者有关单位根据国家规定进行查询的除外。依法进行查询的单位，应当对被封存的犯罪记录的情况予以保密。"该文书就是依据上述条款所制作的，人民检察院在对未成年犯的犯罪记录或者不起诉记录封存后，依法不许可司法机关为办案需要或者有关单位根据国家规定进行查询时使用的一种文书。

（三）不许可查询犯罪（不起诉）记录决定书制作要求

本文书共二联，第一联统一保存备查，第二联送达申请单位。

八、终止审查决定书

(一) 终止审查决定书范例

×××人民检察院
终止审查决定书
(存根)

检终审〔　〕　　号

移送没收违法所得意见书的机关　　　　　
没收违法所得意见书文号　　　　　
犯罪嫌疑人、被告人基本情况　　　　　
　
终止审查原因　　　　　
批准人　　　　　
承办人　　　　　
填发人　　　　　
填发时间　　　　　

第一联统一保存

×××人民检察院
终止审查决定书
(副本)

检终审〔　〕　　号

　　　　　：
　　因犯罪嫌疑人（被告人）　　　　　，根据《人民检察院刑事诉讼规则（试行）》第五百三十二条的规定，本院决定对你局移送的　　　号没收违法所得意见书终止审查。

(院印)
年　月　日

第二联附卷

×××人民检察院
终止审查决定书

检终审〔　〕　　号

　　　　　：
　　因犯罪嫌疑人（被告人）　　　　　，根据《人民检察院刑事诉讼规则（试行）》第五百三十二条的规定，本院决定对你局移送的　　　号没收违法所得意见书终止审查。

(院印)
年　月　日

第三联送送送没收违法所得意见书的公安机关

（二）终止审查决定书法律依据

《人民检察院刑事诉讼规则（试行）》第532条规定："在审查公安机关移送的没收违法所得意见书的过程中，在逃的犯罪嫌疑人、被告人自动投案或者被抓获的，人民检察院应当终止审查，并将案卷退回公安机关处理。"该文书就是依据上述条款所制作，人民检察院在审查公安机关移送的没收违法所得意见书的过程中，在逃的犯罪嫌疑人、被告人自动投案或者被抓获，决定终止审查时使用的一种文书。

（三）终止审查决定书制作要求

本文书共三联，第一联统一保存备查，第二联附卷，第三联送达移送没收违法所得意见书的公安机关。

九、启动违法所得没收程序决定书

（一）启动违法所得没收程序决定书范例

×××人民检察院
启动违法所得没收程序
决定书
（存根）

检没启〔 〕 号

犯罪嫌疑人基本情况＿＿＿＿
＿＿＿＿＿＿＿＿＿＿＿＿
＿＿＿＿＿＿＿＿＿＿＿＿

批准人＿＿＿＿＿
承办人＿＿＿＿＿
填发人＿＿＿＿＿
填发时间＿＿＿＿＿＿＿＿

第一联统一保存

×××人民检察院
启动违法所得没收程序
决定书

检没启〔 〕 号

根据《中华人民共和国刑事诉讼法》第二百八十条的规定，本院决定对＿＿＿＿＿＿启动违法所得没收程序进行调查。

检察长（印）
年 月 日

第二联附卷

（二）启动违法所得没收程序决定书法律依据

《刑事诉讼法》第 280 条第 1 款规定："对于贪污贿赂犯罪、恐怖活动犯罪等重大犯罪案件，犯罪嫌疑人、被告人逃匿，在通缉一年后不能到案，或者犯罪嫌疑人、被告人死亡，依照刑法规定应当追缴其违法所得及其他涉案财产的，人民检察院可以向人民法院提出没收违法所得的申请。"该文书就是依据上述条款所制作，犯罪嫌疑人逃匿或者死亡，认为可能符合《刑事诉讼法》第 280 条第 1 款规定条件，检察长决定启动违法所得没收程序进行调查时使用的一种文书。

（三）启动违法所得没收程序决定书制作要求

《人民检察院刑事诉讼规则（试行）》第 529 条第 1 款规定："人民检察

院应当在接到公安机关移送的没收违法所得意见书后三十日以内作出是否提出没收违法所得申请的决定。三十日以内不能作出决定的，经检察长批准，可以延长十五日。"为此，检察机关应当在规定的期限内作出决定并填发该文书。

　　本文书共二联，第一联统一保存备查，第二联附卷。

十、启动强制医疗决定书

（一）启动强制医疗决定书范例

×××人民检察院 启动强制医疗程序决定书 （存根）	×××人民检察院 启动强制医疗程序决定书
检 医 启〔 〕 号 涉案精神病人基本情况_____ _____ _____ 批准人_____ 承办人_____ 填发人_____ 填发时间_____ _____	检 医 启〔 〕 号 根据《中华人民共和国刑事诉讼法》第二百八十四条、第二百八十五条的规定，本院决定对_____启动强制医疗程序。 　　　　　　　　检察长（印） 　　　　　　　　　年　月　日
第一联统一保存	第二联附卷

（二）启动强制医疗决定书法律依据

《刑事诉讼法》第284条规定："实施暴力行为，危害公共安全或者严重危害公民人身安全，经法定程序鉴定依法不负刑事责任的精神病人，有继续危害社会可能的，可以予以强制医疗。"第285条第2款规定："公安机关发现精神病人符合强制医疗条件的，应当写出强制医疗意见书，移送人民检察院。对于公安机关移送的或者在审查起诉过程中发现的精神病人符合强制医疗条件的，人民检察院应当向人民法院提出强制医疗的申请。……"该文书就是依据上述条款所制作，人民检察院对依法不负刑事责任的精神病人作出不起诉决定后，认为符合强制医疗条件，检察长决定启动强制医疗程序时使用的一种文书。

（三）启动强制医疗决定书制作要求

《人民检察院刑事诉讼规则（试行）》第544条第1款规定："人民检察院应当在接到公安机关移送的强制医疗意见书后三十日以内作出是否提出强制医疗申请的决定。"为此，检察机关应当在规定的期限内作出决定并填发该文书。

本文书共二联，第一联统一保存备查，第二联附卷。

第五章
抗诉业务文书

第一节 抗诉（上诉）案件审查报告

一、抗诉（上诉）案件审查报告概述

抗诉（上诉）案件审查报告是人民检察院公诉部门或刑事申诉检察部门承办案件的检察人员依据《刑事诉讼法》第217条、第218条、第224条和第243条第3款的规定，对检察机关提起抗诉、提请抗诉和被告人提起上诉的案件进行审查后，为将所审查认定的事实、证据情况以及是否支持抗诉、是否提起（提请）抗诉或是否支持被告人上诉的意见报请主诉检察官、检察长或检察委员会决定，所制作的检察业务工作文书。

刑事抗诉案件和人民检察院受理的刑事上诉案件由公诉部门办理（受理申诉后按审判监督程序抗诉的案件由申诉检察部门办理）。对于已生效的刑事判决、裁定，检察机关认为确有错误、应由上级人民检察院按审判监督程序提起抗诉的，应当制作《提请抗诉报告书》，连同案卷材料一并报送上一级人民检察院。检察机关对于一审未生效的刑事判决、裁定，认为确有错误的，应当制作《刑事抗诉书》，向二审人民法院提起抗诉。对于刑事抗诉案件和二审人民法院决定开庭审理的上诉案件，与二审（再审）人民法院同级

的人民检察院应当派员出席法庭。对于二审程序抗诉和上诉案件，与第二审人民法院同级的人民检察院应当调取下级人民检察院与案件有关的材料，出席第二审法庭的检察人员在接到第二审人民法院决定开庭、查阅案卷通知后，应当查阅或者调阅案卷材料。公诉部门承办人依法审查后，应当就审查认定的事实、证据情况和是否支持抗诉、是否提起（提请）抗诉或是否支持被告人上诉写出书面意见，报请主诉检察官、检察长或检察委员会决定。

刑事抗诉（上诉）案件审查报告全面记载了办理抗诉（上诉）案件的工作过程、对案件事实和证据的分析认定以及处理意见，对于检察人员汇报案件和集体讨论研究案件有重要的实用价值，是决定案件如何处理的重要依据。

二、抗诉（上诉）案件审查报告的基本内容与制作要求

（一）原审被告人及其他诉讼参与人的基本情况

应写明原审被告人的姓名（包括别名、曾用名等），性别、出生年月日，身份证号码，民族，籍贯，文化程度，职业（工作单位及职务），政治面貌，住址；是否受过刑事处罚；采取强制措施时间及变更情况；有无特殊身份（人大代表、政协委员）。

原审被告人自报姓名又无法查实的，应当注明系自报；外国人涉嫌犯罪的，应注明国籍；单位涉嫌犯罪的，应写明犯罪单位的名称、住所地、法定代表人姓名、职务；有应当负刑事责任"直接责任人"的，应按上述原审被告人基本情况书写；有两名以上原审被告人的，应当按罪行由重至轻的顺序分别列出。

对于与案件有密切联系的其他诉讼参与人（主要是受害人），应当简要写明其基本情况，包括姓名、性别、出生日期、住址、与原审被告人的关系、诉讼地位等。

（二）案件来源及诉讼过程

此部分内容应包括案件的侦查机关与移送审查起诉时间；提起公诉的人民检察院与起诉罪名、时间；人民法院裁判时间、认定罪名、刑期；提起抗诉（上诉）的主体及时间；本院收案时间（二审抗诉和上诉案件还应写明承办人借阅案卷时间）。用简要的语句对这些基本要素作概括性的叙述即可。

（三）工作情况

如做了讯问原审被告人、询问证人等复核、调查工作及与相关单位交换意见等工作应写明，没有则省略。

（四）人民法院裁判所认定事实及裁判理由

本部分内容主要将法院裁判文书认定事实及判决理由如实表述。如果是针

对一审裁判提起的抗诉或上诉，则只写明一审裁判即可，若是针对二审裁判提请抗诉，则应当将一审、二审裁判情况均以概括性语言予以表明。

（五）抗诉（上诉）意见及理由

本部分内容应概括阐述检察机关提起抗诉或提请抗诉的理由，是上诉案件的，要概括阐述上诉人的上诉理由与要求。

（六）依法审查后认定的事实

1. 对于事实清楚、证据充分的案件，本部分内容应包括原审被告人实施犯罪行为的动机、目的、时间、地点、行为过程、手段、情节、数额、危害结果等犯罪构成要件事实，以及原审被告人作案后的表现等有关罪行轻重（有无坦白、自首、立功、累犯）的情节。如果审查后认定事实与法院认定事实相同，注明"与一审、二审认定事实一致"即可。一案有数罪或者一罪有数次作案的，应当依照由重至轻或者时间顺序表述。叙述文字应当精练，简明扼要。

2. 对于事实不清、证据不足或部分事实不清、部分证据不足的案件，应当按照审查后的情况予以客观表述。

（七）主要证据

承办人应当在认真阅卷的基础上，重点针对抗诉或上诉的焦点问题，陈述、罗列证据。对于有多笔犯罪事实的，可以按照所证明的犯罪事实分别进行证据罗列。可以将同类证据集中排列，也可以按照所证明的内容予以分别排列。罗列证据时，应先表明证据的特征，如证人姓名及其身份、作证次数，书证、物证的名称、数量、规格等，再对单个证据的证明内容予以摘抄或者归纳概括（没有必要大篇幅地摘抄原文，重点是讲清证据所证明的问题）。对于言词证据，如果同一人提供的多份言词证据比较一致，可以在报告中注明"原审被告人（证人、受害人）作过×次供述（证词、陈述），所供述（证实、陈述）的内容基本一致"，再对其供述（证实、陈述）的内容予以归纳概括；如果同一人对同一事实提供两次（份）以上内容不同的证据，应当将其证明内容前后不一致的情况具体予以叙述。

（八）对证据的分析论证

在全案证据罗列完毕之后，应当以抗诉或上诉的焦点问题为重点，对各证据进行对比分析。以各项影响定罪量刑的因素作为待证事实，判断证据反映的事实与待证的事实是否存在客观内在的联系或矛盾，各证据之间是否有联系或矛盾，得出各证据的一致性或矛盾点，从而判断影响定罪量刑情节的因素是否可以认定。之后再对全案证据进行综合分析，对各证据之间所证明的内容是否一致，是否能够达到证据确实充分的证明标准进行判断，从而得出是否有犯罪事实的结论。如对于贪污案件，可就贪污的故意、贪污的手段、贪污的金额、分赃数额等方面进行证据的分析论证。

（九）需要说明的问题

1. 案件侦查过程中存在的问题。如侦查机关是否存在违法行为。

2. 审查起诉过程中存在的问题。如起诉书认定事实与情节情况，公诉人发表公诉意见是否与起诉书观点一致，是否与法院判决存在矛盾；审查起诉、出庭公诉是否存在违法行为等。

3. 一审审判活动中存在的问题。一审法院是否有违法情况以及纠正情况。

4. 涉及检举、自首、立功的情节；赃款、赃物的追缴、保管、移交、处理情况；以及同案人的处理情况等。

5. 证据收集过程中存在的问题。如果有相关证据未能收集到案，应予以说明（如"本案未能收集到证人××的证词"、"本案受害人未对原审被告人进行辨认"）。

6. 需要说明的其他问题。案件其他程序方面存在的问题；对案外情况的说明，如社会影响、相关单位协调情况或有必要说明的其他情况。

（十）审查意见

应当先写明对案件的处理意见（是否提起抗诉、支持抗诉、支持上诉意见），再针对处理意见写明理由。理由应当围绕抗诉、上诉焦点问题详细写明：如果是针对无罪案件的抗诉或者是提出无罪的上诉案件，应当对犯罪构成和案件性质进行分析，得出是否有罪的结论；如果是对罪轻或罪重的抗诉或上诉，则应当对量刑基点、是否具备从轻、减轻、从重处罚情节，以及从轻、减轻、从重处罚幅度的大小是否合法、恰当等方面进行分析、论证；如果是针对罪名认定的抗诉或上诉，则应当对此罪与彼罪的区别、联系进行分析，对案件的性质进行判定；如果是针对程序性问题而提起的抗诉或上诉，应当就案件审理活动的合法性进行分析、论证，确定案件审理程序是否违法，以及违法程序对于案件公正处理的影响。

本部分重在对案件事实、性质、情节等问题的分析。如果涉及证据问题，则应在"对证据的分析论证"这一部分予以分析解决，在此部分综合说明、得出结论并注明"具体理由详见对证据的分析论证"。

三、抗诉（上诉）案件审查报告范例

罗××敲诈勒索案抗诉审查报告

×检（公）刑抗〔×〕×号

一、原审被告人及其他诉讼参与人基本情况

（一）原审被告人基本情况

罗××，男，××××年××月××日生，身份证号：××××，汉族，大专文化，户口所在地××省××县×村×组，现住××省××县×镇×村×幢×号，无业。因涉嫌绑架罪，于20××年8月21日被××县公安局刑事拘留，同年9月23日经××县人民检察院批准逮捕，于同日被执行逮捕。现押于××县看守所。

（二）受害人基本情况

1. 薛××，女，汉族，××××年××月××日生，住××省××县××街××号。

2. 杨×（系薛××的母亲），女，××××年××月××日生，无业，住××省××县××街××号。

二、案件来源及诉讼过程

本案经××县公安局侦查终结，于20××年10月19日移送××县人民检察院审查起诉，该院于20××年11月17日以×检刑诉〔×〕757号起诉书指控被告人罗××犯绑架罪向××县人民法院提起公诉。经公开开庭审理，××县人民法院于同年12月28日作出一审判决：被告人罗××犯敲诈勒索罪，判处有期徒刑5年零6个月。××县人民检察院于20××年1月10日按二审程序提起抗诉，我院于同年1月20日受理本案，承办人于20××年3月3日借阅案卷材料，现已对本案审查完毕。

三、工作情况

承办人受案后，讯问了原审被告人罗××，并针对罗××归案的情况询问了有关证人。

四、一审判决认定的事实及判决理由

被告人罗××与被害人杨×系邻居，20××年8月16日14时许，被告人罗××因个人恩怨，对杨×产生极大不满，遂租车将被害人杨×的女儿薛××（6岁零2个月）哄骗至××风景区玩耍，同时打电话给杨×，要其两天内存入20万元在罗××指定的银行账户，并威胁杨×不准报警，否则将与薛××

同归于尽。次日,被害人杨××在被告人罗××的账户上存入22000元。当晚,罗××取出2000元。8月20日中午,被告人罗××在开车欲将薛××带至×县的途中,遇见公安人员在路上执行任务,误认为是要抓捕他,慌乱中将车开到河里。在公安人员到来后,罗即承认自己是犯罪人员,遂被抓获归案,薛××得以解救。

一审法院认为,被告人罗××对薛××并未采取暴力、胁迫等限制人身自由的强制手段,而是采用诱骗手段将其带往异地玩耍。人质自己并不知情,整个过程中始终处于自由玩耍的心理状况,罗××对人质没有实施刑法意义上的"绑架";且薛××已年满6周岁,不属于婴幼儿范畴,也不能适用绑架罪中"偷盗婴幼儿"的条款。因此被告人罗××的行为不构成绑架罪,其实质是以亲人人身安全胁迫他人交出财物,符合敲诈勒索罪的构成要件,故以敲诈勒索罪判处其有期徒刑5年零6个月。

五、抗诉意见及理由

××县人民检察院认为一审判决适用法律不当,定性错误。理由是:

人质是否知道自己被绑架,并不影响对绑架行为的认定。被告人罗××以向杨×索取财物为目的,将年仅6岁的被害人薛××诱骗至离家百余公里的地方,脱离其监护人的监护长达4天之久。薛的人身自由完全处于被告人罗××的实际控制之下,且在此期间,被告人又多次以薛的生命安全威胁被害人母亲要其尽快将所勒索现金予以交付。其行为完全符合绑架罪的构成要件,应以绑架罪定罪量刑。

六、审查认定的事实

对于本案的基本犯罪事实,与一审判决所认定事实一致。

但对于罗××的到案过程,与一审判决所认定的不一致。经查:原审被告人罗××将薛××带走后,杨×即向公安机关报案,公安机关经过侦查掌握到了罗××的行踪,并于20××年8月20日在××风景区对其实施抓捕。当日中午,原审被告人罗××察觉到公安机关在追查自己后,立即开车欲逃离××风景区。在下山途中,公安人员多次拦截,罗拒不停车,最后在慌乱中将车开到路边坡下河滩里。罗××将薛××抱出车后,见到公安人员前来,便放弃反抗,被抓获归案。

七、主要证据

(一)关于本案犯罪事实的证据

1. 物证、书证

(1)接受刑事案件登记表、报案材料、立案决定书。证明:20××年8月16日杨×向××县公安局报案,同日该局予以立案。

（2）人口信息材料。证明：原审被告人罗××的基本情况。

（3）租车合同。证明：罗××于20××年8月16日向××汽车租赁公司租用桑塔纳2000型轿车一辆，车牌号为××××。

（4）工商银行存、取款记录。证明：20××年8月17日，原审被告人罗××的工商银行账户上存入22000元，当天被取出2000元。

2. 证人证言

（1）王××（××汽车租赁公司工作人员）证词。王××共提供两份证词，所证明的内容一致，证实：20××年8月16日上午10时许，罗××到我工作的租赁公司租了一辆桑塔纳2000型轿车。

（2）证人向××（××风景区××山庄经营者）证词。向××共提供两份证词，所证明的内容一致，证实：20××年8月16日20时许，一名中年男子带一小女孩到我的山庄住宿，一共住了4天。期间该男子对小女孩很好，经常给她买零食和玩具，小女孩玩得很高兴。

3. 被害人陈述

（1）薛××的陈述。薛××共提供三份陈述，所证实的内容一致，证明：我被罗××用车从家里带至××风景区玩耍了4天，在这期间，罗××对我没有威胁、殴打等行为，还经常给我买零食和玩具，我玩得很开心。

（2）杨×的陈述。杨×共提供三份陈述，所证实的内容一致，证明：8月16日下午14时许，邻居罗××打电话说把薛××带走了，要我在他留下的两个存折里分别存入现金10万元，否则就见不到薛××了。之后，我就向公安机关报了案，并往罗××的存折里存入了22000元。我与罗××是邻居，没有其他关系，双方无矛盾。4月份我借了2万元给他买车，我多次催过他还钱。

4. 原审被告人的供述与辩解

罗××在侦查机关共有四次供述，在该四次供述中及一审开庭时罗××均对带走薛××，并向杨×要钱的事实予以供认。但对于将薛××带走的真实想法及是否威胁杨×，罗××的供述存在不一致之处：（1）在其第一份供述中，罗××供认将薛××带走的真实目的就是为了向杨×索财，如果杨×不给钱的话，将会杀死薛××，但之后的供述及在一审开庭时，罗××均否认自己有杀死薛××的想法，辩解称只是为了吓一吓杨×。（2）在其前两次供述中，罗××供认自己有威胁杨×的语言，其内容与杨×的陈述所证实的内容一致，但在之后的供述及一审开庭时，罗××均否认自己威胁过杨×。

同时，罗××辩解自己与杨×系情人关系，这次行为是因与她之间的纠纷产生的。平时自己对薛××一直较好，将其带出去的这几天也对她很好，没有打她、骂她。

5. 现场勘验、检查笔录

证明：抓获罗××时，罗××所驾驶的桑塔纳2000型轿车翻入坡下河滩。

6. 提取笔录及照片

证明：从罗××身上查获存折两本，罗××驾驶车辆车牌号为××××。

（二）关于罗××到案过程的证据

1. 抓获经过（由××县公安局于20××年9月17日出具）。证明：20××年8月20日15时许，公安人员在××风景区例行检查时，突然一辆红色车辆从景区内快速开出，开到河沟内。一男子从车内爬出，高举双手说"我是罪犯"。公安人员这才发现肇事车辆就是公安局通报的车辆，遂将罗××抓获。

2. 杜××（原××风景区派出所副指导员）证词（系承办人在二审期间依法提取）。证实：公安机关通过收费站监控设备得知罗××的车开到了××风景区，刑警队和全所干警全部出动准备排查、拦截罪犯。在得知罗××开车出景区后，公安人员马上设置了几道关卡进行拦截，但罗××拒不停车，多次冲关，后因车速过快，冲到路边坡下去了。之前出具的抓获经过，是因为有怕被指责为追捕方法不当的顾虑，所以没有如实写。

3. 凌×（××风景区派出所民警）证词（系承办人在二审期间依法提取）。证实：当天是公安分局的干警来捉拿犯罪嫌疑人，派出所协助行动。我开车在路边负责拦截，但嫌疑人的车冲了过去，后来怎样被抓获就不清楚了。

4. 被害人薛××的陈述。在薛的一份陈述中，证实到：开车出去的时候，有个警察叔叔喊停车，但罗叔叔没有停，之后车就翻了。

5. 原审被告人罗××供述。在罗的一份供述中，供认：出景区的时候发现有车在路边拦截，后面还有警车在追，但自己冲了过去，由于车速过快导致翻车。

八、对证据的分析论证

1. 关于罗××将薛××骗走，使其脱离杨×监护，并索取钱财的证据。对此，受害人薛××、杨×均予以证实，有相关证人证实罗××租车、住宿的相关情况，有杨×的报案材料证明，罗××对此予以供认，还有存、取款的书面凭证予以证实。相关证据均系侦查人员依法收集，收集程序合法，且内容相互印证，足以证明罗××将薛××骗走，使其脱离杨×监护，并索取钱财的事实。

2. 关于罗××是否有以人质安全进行威胁、勒索财物行为的证据。对此，受害人杨×的陈述十分稳定，均证实罗××以薛××的安全实施威胁并索取钱财；而罗××在两份供述中对此也供认不讳，且供述的内容与杨×证实的内容一致，相互印证。虽然罗××对此予以翻供，但其翻供并未提出合理的理由，因此，应当采信其与杨×证实内容一致的供述，即罗××以薛××的人身安全对杨×实施威胁，以此勒索财物。

3. 关于罗××归案经过的证据。对此，公安机关出具了抓获经过，证实公安人员到现场时并不知道罗××为犯罪嫌疑人，罗××系主动投案。但是根据承办人收集的证人杜××、凌×的证词，结合罗××的供述内容和薛××的陈述内容，足以否定该抓获经过所证明的内容，罗××并非主动投案而系被抓获归案。

综上所述，本案所涉及的证据客观、真实，证据之间能够相互印证，形成锁链，能够证实原审被告人罗××将6岁儿童作为人质，以其生命安全相威胁向其监护人勒索钱财、之后被抓获的事实。

九、需要说明的问题

检察机关起诉时未认定原审被告人的自首情节。一审法院虽然对公安机关出具的抓获经过予以采信，但是也未认定罗××具有自首情节。

十、审查意见

1. 一审判决定性确有错误，××县人民检察院的抗诉理由成立，应当支持抗诉。理由是：

（1）本案事实清楚，证据确实充分，足以认定。原审被告人罗××将受害人薛××骗走、使其脱离监护人监管，并以薛××的人身安全进行要挟，索取其监护人钱财。（具体理由详见对证据的分析论证。）

（2）虽然本案中行为人采用拐骗的手段将儿童骗走作为要挟进行勒索，与采用暴力、胁迫手段进行绑架在行为方式上有所区别。但《刑法》第239条没有具体规定绑架行为方式，所以，只要是以扣押他人作为人质进行勒索的行为，都应当视为绑架的行为方式之一。对于儿童来说，行为人不需要采用暴力而采用诱骗手段就可以达到绑架目的，与采用暴力或者暴力相威胁的手段进行绑架在本质上并没有区别。在行为过程中人质是否认识到自己被绑架，并不影响绑架罪的定性，一审法院以此为理由而将本案定性为敲诈勒索是错误的。

2. 一审法院对公安机关出具的捉获经过这一证据采信错误，导致认定罗××的归案经过错误，对此应当提出纠正意见。因为如果采信抓获经过，则罗××应为自动投案，具备自首情节，但根据承办人收集的证据，罗××系被抓获归案，而非自动投案。

承办人：×××

××××年××月××日

第二节 提请抗诉报告书

一、提请抗诉报告书概述

提请抗诉报告书是人民检察院公诉部门或申诉检察部门承办案件的检察人员依据《刑事诉讼法》第243条第3款和《人民检察院刑事诉讼规则（试行）》第591条、第595条的规定，对同级人民法院已发生法律效力的刑事判决、裁定进行审查后，认为已生效的裁判确有错误，为提请上一级人民检察院按照审判监督程序提出抗诉，所制作的检察业务工作文书。

对已生效刑事判决、裁定的监督由公诉部门和刑事申诉检察部门承办。人民检察院应当对同级人民法院的刑事判决、裁定进行审查，如果发现同级人民法院已经发生法律效力的判决或裁定确有错误，案件承办人应当制作抗诉案件审查报告，经检察委员会研究决定建议上级人民检察院按审判监督程序提出抗诉的，应当就审查认定的事实、人民法院的裁判情况及提请抗诉的理由写出书面报告，连同案件卷宗材料报上一级人民检察院办理。最高人民检察院《关于刑事抗诉工作的若干意见》第5条第2项规定："……提请上级人民检察院按照审判监督程序抗诉的人民检察院，应当及时将侦查卷、检察卷、检察内卷和人民法院审判卷以及提请抗诉报告书一式二十份报送上级人民检察院。"

最高人民检察院《关于刑事抗诉工作的若干意见》第5条第3项规定，提请抗诉报告书应当重点阐述抗诉理由，增强说理性。因此，提请抗诉报告书的重点在于说理，即运用证据和法律来论证人民法院的裁判错在何处，同时对如何纠正要明确表明观点。

提请抗诉报告书记载了人民法院刑事裁判的情况、同级人民检察院对刑事裁判的认识以及提请抗诉的理由，是上一级人民检察院发现错误的生效刑事裁判的重要途径，是检察机关切实履行审判监督职能的有效手段。

二、提请抗诉报告书的基本内容与制作要求

（一）首部

本部分应当写明文书名称（即×××人民检察院提请抗诉报告书）和文书编号。文书编号为固定格式，为"×检×提抗〔×〕×号"，其中"×检"系提出报告的人民检察院的简称；"×提抗"的"×"处为具体办案部门简称（如公诉部门未分处室，则"×"处应写"公"；如公诉部门分为几个处室，

则"×"处应写明实际承办处室,例如"公一"、"公二";如系申诉检察部门提请抗诉的,则"×"处写为"刑申");在"〔〕"内应注明年度;在"×号"处写明文件序号。

(二) 正文

本部分首先应当写明拟报送的上一级人民检察院的名称,即"×××人民检察院",然后再撰写正文内容。正文主要包括以下七部分内容:

1. 提请抗诉案件的由来。本部分格式固定,属于填充式,具体表述为"本院××××年××月××日收到×××人民法院××××年××月××日×××号对被告人×××一案的刑事判决(裁定)书。经本院审查认为:该判决(裁定)确有错误。现将审查情况报告如下:"如果是来源于申诉人申诉,则应当表述为"申诉人×××不服×××人民法院×××号对被告人×××一案的刑事判决(裁定)书,向本院申诉。经本院复查认为:该判决(裁定)确有错误。现将复查情况报告如下:"

2. 原审被告人基本情况。应简要写明原审被告人的姓名、性别、出生年月日、身份证号码、民族、籍贯、文化程度、职业(工作单位及职务)、政治面貌、住址;是否受过刑事处罚;服刑情况;刑满释放时间或假释时间;有无特殊身份(人大代表、政协委员)。

原审被告人自报姓名又无法查实的,应当注明系自报;外国人涉嫌犯罪的,应注明国籍;单位涉嫌犯罪的,应写明犯罪单位的名称、住所地、法定代表人姓名、职务;有应当负刑事责任"直接责任人"的,应按上述原审被告人基本情况书写;有两名以上原审被告人的,应当按罪行由重至轻的顺序分别列出。

3. 审查认定的犯罪事实。该部分应写明提请抗诉检察机关经审查所认定的犯罪事实,应包括原审被告人实施犯罪行为的动机、目的、时间、地点、行为过程、手段、情节、数额、危害结果等犯罪构成要件事实,以及涉及量刑等法定、酌定的情节(坦白、自首、立功、累犯等情节)。

4. 一审法院、二审法院的审判情况。本部分主要将法院裁判文书认定事实及判决理由予以概括、如实表述。如果是针对一审生效裁判提请的抗诉,则只写明一审裁判,若是针对二审裁判提请抗诉,则应当将一审、二审裁判情况均以概括性语言予以表明。如果与提请抗诉机关审查认定的事实一致,则只须写明"与审查认定事实一致"即可。

5. 提请抗诉的理由和法律依据。本部分应首先指明人民法院的判决或裁定的错误之处,即判决或裁定中哪一部分、针对哪一个原审被告人的部分有误,并明确指明错误的性质(认定事实错误、适用法律不当、量刑畸轻畸重等)。然后再针对人民法院裁判的错误之处,写明提请抗诉的理由和法律依据。抗诉理由应具有针对性,抓住重点,主要是论证法院裁判的错误之所在,明确提出抗诉观点,并将相关的法律依据予以表明。

6. 本院检察委员会讨论的情况。如果检察委员会是一致意见提请抗诉,应写明"本院检察委员会讨论后,一致意见认为"。如果检察委员会存在分歧意见,则应当将分歧意见均写明,并将检察长的意见和检察委员会的倾向性意见写明。

7. 提请事项。本部分为固定格式,表述为"为保证法律的统一正确实施,特提请你院通过审判监督程序对此案提出抗诉。现将×××案卷随文上报,请予审查"。

(三) 尾部

本部分应写明所附卷宗材料情况、原审被告人居住地,以及制作文书的日期及提请抗诉人民检察院并加盖院印。

三、提请抗诉报告书范例

××省××市人民检察院提请抗诉报告书

×检(公二)提抗〔×〕×号

××省人民检察院:

本院20××年11月24日收到××省××市中级人民法院20××年11月9日〔20××〕×中刑终字第442号对被告人黄×、李×贪污一案的刑事裁定书。经本院审查认为:该裁定确有错误。现将审查情况报告如下:

一、原审被告人基本情况

黄×,女,××××年××月××日出生,身份证编号××××,汉族,中专文化,××县邮政局邮政储蓄会计,住××县××路××号×单元×号。

李×,女,××××年××月××日出生,身份证编号××××,汉族,专科文化,××县邮政局××支局营业员,住××县××路××号××单元××号。

上述二原审被告人因涉嫌贪污罪,于20××年2月17日经××省××县人民检察院决定,由××县公安局于同年2月17日对黄×、2月18日对李×执行刑事拘留,同年3月2日经××县人民检察院决定,同日由××县公安局对二人执行逮捕。现已释放。

二、审查认定的犯罪事实

20××年4月,原审被告人黄×与李×共谋,由李×利用任××县邮政局××支局营业员的职务之便,采取虚开存款单的方式将公款取出,由黄×做假账平账予以掩盖。自20××年5月至20××年5月期间,二原审被告人4次共侵吞单位公款30万元,予以私分。具体犯罪事实如下:

1. 20××年5月15日,李×以唐××的名字虚开了一张5万元的活期存折,并向县局虚报储蓄缴款5万元。黄×在做账时,以调误入款冲平。后二人均将存款取出据为己有,黄×获款3万元,李×获款2万元。

2. 20××年7月15日,李×以程××的名字虚开了一张10万元的活期存折,并向县局虚报储蓄缴款10万元。同时黄×在做账时,以应付定期储蓄利息冲平。后二人将存款取出据为己有,黄×获款6万元,李×获款4万元。

3. 20××年11月2日,李×以黄××的名字虚开了一张5万元的活期存折,并于当日全部取出。黄×在做账时,以冲减缴拨款将5万元平账。

4. 20××年1月,李×以刘××的名字虚开了一张10万元的定期储蓄存折,向县局虚报储蓄缴款10万元,黄×做账时,用上级拨款平账。后二人将存款取出据为己有。

20××年12月10日,黄×、李×主动向××县邮政局谈清了贪污事实,并于当日下午退回赃款30万元。20××年2月17日,二原审被告人到××县人民检察院投案自首。

三、一审判决、二审裁定情况

一审与二审认定的原审被告人犯罪事实与审查认定事实一致。

一审判决认为,在共同犯罪过程中,二被告人相互配合,在犯罪中的地位和作用相当,不宜区分主从。鉴于被告人黄×、李×主动投案,如实交代自己的罪行,系自首,依法予以减轻处罚;且二被告人积极退赃,未给单位造成任何经济损失,具有认罪、悔罪表现,根据本案的事实、情节以及被告人的认罪、悔罪态度,可以适用缓刑。据此,一审对二被告人均判处有期徒刑3年、缓期5年执行,并处没收财产2万元。

××县人民检察院认为××县人民法院一审对被告人量刑畸轻,按二审程序提起抗诉,我院予以支持抗诉,××市中级人民法院二审认为原判认定事实和适用法律正确,量刑适当,裁定驳回抗诉,维持原判。

四、提请抗诉理由

本院审查后认为,××县人民法院〔20××〕×刑初字第132号刑事判决书对原审被告人黄×、李×均判处有期徒刑3年、缓期5年执行,并处没收财产2万元,属量刑畸轻,××市中级人民法院〔20××〕×中刑终字第442

号刑事裁定书裁定维持原判确有错误，理由如下：

1. 二原审被告人共同贪污30万元，数额巨大，已经远远超出了10万元这一应处10年以上有期徒刑或无期徒刑的量刑标准，且二原审被告人的个人所得赃款均超过了10万元。

2. 二原审被告人只具有自首这一个法定从轻或者减轻处罚的量刑情节，根据刑法规定，仅仅是可以从轻或者减轻处罚，并不是必然减轻处罚；即使适用减轻处罚，也要结合案件情节及自首的实际情况来考虑减轻处罚的幅度。而本案中，二原审被告人长期、多次作案，是在交不出报表的情况下无奈自首的，且在归案后对个人实际所分赃款一直相互推诿，一审法院不仅对二原审被告人适用减轻处罚，而且从10年以上有期徒刑的量刑起点直接减到了有期徒刑3年，同时还适用缓刑，系在法定刑以下两档处刑罚，减轻幅度过大，显属量刑畸轻。

本院检察委员会讨论后，一致意见认为，××市中级人民法院〔20××〕×中刑终字第442号刑事裁定书对原审被告人黄×、李×量刑畸轻，决定提请上级院按审判监督程序提出抗诉。

为保证法律的统一正确实施，特提请你院通过审判监督程序对此案提出抗诉。现将黄×、李×贪污案卷随文上报，请予审查。

附件：1. 卷宗捌册；

2. 原审被告人现居住在家。

××××年××月××日

（院印）

第三节 审查提请抗诉通知书

一、审查提请抗诉通知书概述

审查提请抗诉通知书是依据《刑事诉讼法》第243条第3款和《人民检察院刑事诉讼规则（试行）》第595条的规定，供上级人民检察院刑事申诉检察部门在办理下级人民检察院提请抗诉的申诉案件，答复下级人民检察院时使用。根据本文书一式二份，一份送提请抗诉的下级人民检察院，一份附卷。

根据最高人民检察院2012年7月3日《关于印发〈人民检察院办理不服法院生效刑事裁判申诉案件工作指南〉的通知》的规定，上级人民检察院刑事申诉检察部门在办理下级人民检察院提请抗诉的申诉案件，答复下级人民检察院时使用的文书为"关于×××提请抗诉申诉案的批复"。但是根据最高人民检察院2012年12月27日《关于印发〈人民检察院刑事诉讼法律文书格式样本〉的通知》的规定，该法律文书应当为"审查提请抗诉通知书"。

二、审查提请抗诉通知书的基本内容与制作要求

本文书为叙述式文书，其内容包括以下三部分：

1. 首部。包括人民检察院的名称、文书名称和文书编号。人民检察院的名称即作出批复的人民检察院；文书名称为"审查提请抗诉通知书"，空白处填写申诉人姓名；文书编号为"×检申提通〔×〕×号"，空白处分别填写作出批复的人民检察院的简称、年度、文书编号。

2. 正文。包括三部分内容：（1）报告单位，即"×××人民检察院："，具体写明下一级人民检察院的名称。（2）案件来源和批复的理由、依据。具体表述为："你院以……（文号）提请抗诉报告书提请抗诉的 ×××（申诉人姓名）不服……（写明案由），本院审查认为，……（写明对下级检察院提请抗诉案是否抗诉的理由和法律依据）"。（3）批复决定事项。具体表述为："本院决定，对×××（申诉人姓名）……（写明案由）按照审判监督程序向×××人民法院提出抗诉。〔决定不抗诉的，表述为"对×××（申诉人姓名）……（写明案由）不予抗诉"。〕

3. 尾部。包括制作文书的日期及作出通知的人民检察院的院印。

三、审查提请抗诉通知书范例

××省××市人民检察院
审查提请抗诉通知书

×检申提通〔×〕×号

××市××县人民检察院：

你院以×检控申刑抗〔20××〕11号提请抗诉报告书提请抗诉的被害人刘××不服××县人民法院×法刑初字〔20××〕第321号刑事判决书认定张×、吴×犯盗窃罪。本院审查认为，对张×、吴×犯盗窃罪的抗诉正确，应予支持。原审被告人张×、吴×的行为均已构成抢劫罪，××县人民法院以盗窃罪定罪处罚确有错误。理由如下：

原审被告人张×、吴×在盗窃被发现后，为逃避抓捕，对受害人进行殴

打，其行为完全符合抢劫罪的特征。根据《中华人民共和国刑法》第二百六十九条之规定，被告人张×、吴×的行为均已构成抢劫罪。

本院决定，对被害人刘××不服××县人民法院×法刑初字〔20××〕第321号刑事判决书认定张×、吴×犯盗窃罪按照审判监督程序向××市中级人民法院提出抗诉。

××××年××月××日
（院印）

第四节 刑事抗诉书

一、二审程序抗诉书

（一）二审程序抗诉书概述

二审程序抗诉书是人民检察院依据《刑事诉讼法》第217条和《人民检察院刑事诉讼规则（试行）》第584条的规定，认为同级人民法院尚未生效的刑事判决、裁定确有错误，从而向上一级人民法院提起抗诉时，所制作的检察法律文书。

对一审未生效刑事判决、裁定的监督职责由公诉部门履行。公诉部门应当对同级人民法院的一审未生效刑事判决、裁定进行监督，承办人在收到一审人民法院的判决、裁定后，应当及时进行审查，审查判决、裁定认定的事实、罪名、情节等是否与起诉书所指控一致，审查一审判决、裁定的量刑是否恰当。认为一审判决或裁定确有错误的，承办人应当及时向公诉部门负责人、检察长汇报，经检察长决定或经检察委员会讨论决定提起抗诉的，应当制作抗诉书，通过原审人民法院向上一级人民法院提出，并将抗诉书副本连同案件材料报送上一级人民检察院。人民检察院对判决的抗诉期限为10日，对裁定的抗诉期限为5日，从接到判决书、裁定书之第二日起计算。

最高人民检察院《关于刑事抗诉工作的若干意见》第5条第3项规定，抗诉书应当重点阐述抗诉理由，增强说理性。因此，抗诉书的重点在于说理，即运用证据和法律来论证人民法院的裁判错在何处，同时对如何纠正要明确表明观点。

二审程序抗诉书表明了人民检察院对同级人民法院尚未生效的一审判决书或裁定书的认识以及提起抗诉的理由，是引起人民法院二审的法定程序之一，上一级人民检察院收到二审程序抗诉书后要对案件予以审查，决定是否支持抗诉，接受二审抗诉的人民法院要对全案进行审理，依法作出裁判。二审程序抗诉书是检察机关纠正人民法院未生效一审裁判文书、切实履行审判监督职能的重要检察法律文书。

（二）二审程序抗诉书的基本内容及制作要求

1. 首部。本部分应当写明文书名称，即"×××人民检察院刑事抗诉书"和文书编号。提起抗诉人民检察院的名称要写明所在的省、自治区或直辖市，而不能仅写区级市、县、区人民检察院名称，如果是涉外案件的，还应该冠以"中华人民共和国"字样。文书编号为固定格式，为"×检×刑抗〔×〕×号"，其中"×检"系提起抗诉人民检察院的简称；"×刑抗"的"×"处为具体办案部门简称；在"〔〕"内应注明年度；在"×号"处写明文件序号。

2. 正文。正文主要包括以下四部分内容：

（1）原审判决、裁定情况。具体表述为"×××人民法院以××号刑事判决书（裁定书）对被告人×××一案（写明被告人姓名及案由）判决（裁定）：……（判决、裁定结果）"。表述判决、裁定结果时，仅简要写明法院判决、裁定的结果（刑罚、执行刑罚的方法）即可，不必叙述人民法院的裁判理由。如果检察机关起诉的罪名与人民法院的判决罪名不一致时，应当予以说明。

（2）抗诉意见。具体表述为"本院依法审查后认为，该判决（裁定）确有错误（包括认定事实错误、适用法律不当、量刑畸轻或畸重、审判程序严重违法等），理由如下"。本部分是表明检察机关对于同级人民法院一审判决（裁定）的认识，明确指出人民法院的判决或裁定的错误之处，即判决或裁定中哪一部分、针对哪一个被告人的部分有误，并明确指明错误的性质（认定事实、适用法律、量刑等方面）。此部分的表述要做到观点明确、言简意赅。特别要注意的是，如果是被害人或其法定代理人不服一审判决（裁定）而请求检察机关提起抗诉的，则应当先写明这一程序，然后再叙写检察机关的抗诉意见。

（3）抗诉理由。本部分是二审程序抗诉书的重点，要针对人民法院裁判的错误之处，阐明提起抗诉的理由和法律依据。抗诉理由应具有针对性，抓住重点，主要是论证法院裁判的错误之所在，明确提出抗诉观点，并将相关的法律依据予以表明，对于没有异议的部分，包括抗诉不涉的原审被告人、认定事实、审判程序等可以不写。

如果是针对事实提起的抗诉，则重点是对涉及的相关证据予以分析说明，论证人民法院判决（裁定）的错误，并明确列明检察机关所认定的事实。对于有多起"犯罪事实"的抗诉案件，只叙写原判决（裁定）认定事实不当的部分，认定事实没有错误的，可以只肯定一句"对……事实的认定无异议"即可，突出检、法两家的争议重点，体现抗诉的针对性。对于共同犯罪案件，也可以类似的处理，即只对原判决（裁定）漏定或错定的部分被告人犯罪事实作重点叙述，对其他被告人的犯罪事实可简写或者不写。关于"证据部分"，应该在论述事实时有针对性地列举证据，说明证据的内容要点及其于犯罪事实的联系。刑事抗诉书中不能追诉起诉书中没有指控的犯罪事实。如有自首、立功等情节，应在抗诉书中予以论述。

如果是针对适用法律（定性、量刑情节认定等）提起的抗诉，则重点是针对行为的本质特点，对相关法律、法条予以阐释，结合案件事实，论证人民法院判决（裁定）的错误，同时要明确表明应当如何认定犯罪事实或相关情节的性质，以及如何正确适用法律，如以适用罪名错误提起的抗诉，要阐明罪与非罪、此罪与彼罪的区别，若是以量刑情节认定有误提起的抗诉，则重点是阐明相关情节成立的条件。

如果是针对审判程序提起的抗诉，则重点是引用刑事诉讼法及有关司法解释，逐个论述原审法院违反法定程序的事实表现，指明原审人民法院的审判程序错在何处，再写明影响公正判决的现实或可能性（包括影响公正裁判的现实后果或者可能性，如剥夺了被告人的辩护权、质证权等），最后指出如何正确地适用诉讼程序。

如果是针对量刑提起的抗诉，则重点是根据法定量刑、案件性质、相关法定情节、相关酌定情节等，论证对原审被告人量刑的错误之处（畸轻或畸重）。

（4）提请事项与法律依据。具体表述为："综上所述……（概括抗诉观点，即一审判决或裁定在认定事实、适用法律、审理程序等方面确有错误），为维护司法公正，准确惩治犯罪，依照《中华人民共和国刑事诉讼法》第二百一十七条的规定，特提出抗诉，请依法判处。"

3. 尾部。本部分应写明二审人民法院名称、提起抗诉人民检察院的名称（加盖院印），以及制作文书的日期。

4. 附注。本部分应当写明原审被告人被羁押的场所（未被羁押的应写明居住处所）、其他有关材料、新的证人名单与证据目录。如果证人名单、证据目录与起诉书相同则不必再附。

（三）二审程序抗诉书范例

××省××市××区人民检察院
刑事抗诉书

×检（公）刑抗〔×〕×号

××省××市××区人民法院以〔20××〕126号刑事判决书对被告人贾××贪污一案判决贾××有期徒刑3年、缓刑5年。本院依法审查后认为，该判决认定事实不当、适用法律错误，理由如下：

一、一审判决认定共同贪污金额为8万元错误

贾××伙同他人套取单位公款9万元，其中有1万元交纳了税款，交纳税款是原审被告人实现贪污目的的必然过程，是犯罪的手段。虽然原审被告人并未自己占有该1万元，但就其所在的单位来说，公款损失的是9万元，原审被告人实施贪污行为针对的是9万元，主观上也明知其行为会造成单位9万元公款的损失，根据主客观相一致的原则应当认定贪污金额为9万元，而不应当将税款从贪污金额中扣除。

二、一审判决认定贾××系从犯错误

贾××积极参与共谋，共同商量了作案方式，主动提出找范××开具虚假发票，并亲自实施了这一行为，在虚假发票上签字。在共同犯罪中，贾××的行为是贪污犯罪中必不可少的一环，其行为起到了主要作用，不符合从犯的认定条件。

综上所述，××省××市××区人民法院的〔20××〕126号刑事判决书认定事实及适用法律均有错误，为维护司法公正，准确惩治犯罪，依照《中华人民共和国刑事诉讼法》第二百一十七条的规定，特提出抗诉，请依法判处。

此致
××省××市中级人民法院

××省××市××区人民检察院（印）
××××年××月××日

附：原审被告人贾××现住×××。

二、审判监督程序抗诉书

(一) 审判监督程序抗诉书概述

审判监督程序抗诉书是人民检察院依据《刑事诉讼法》第243条第3款和《人民检察院刑事诉讼规则(试行)》第591条的规定,最高人民检察院对各级人民法院、上级人民检察院对下级人民法院已生效的刑事判决(裁定)认为确有错误,按照审判监督程序向同级人民法院提起抗诉时,所制作的检察法律文书。

对已生效刑事判决、裁定的监督由公诉部门和刑事申诉检察部门承办。对于人民法院已经发生法律效力的刑事判决(裁定),最高人民检察院或上级人民检察院公诉部门(刑事申诉检察部门)承办人经过审查后(或是主动审查,或是接受下级人民检察院提请抗诉而进行审查),如果认为生效判决(裁定)确有错误,需要按审判监督程序提出抗诉的,应当及时向部门负责人、检察长汇报,经检察委员会讨论决定提起抗诉的,应当制作抗诉书,连同案件材料送交同级人民法院,并将抗诉书副本报送上一级人民检察院。

最高人民检察院《关于刑事抗诉工作的若干意见》第5条第3项规定,抗诉书应当重点阐述抗诉理由,增强说理性。因此,抗诉书的重点在于说理,即运用证据和法律来论证人民法院的裁判错在何处,同时对如何纠正要明确表明观点。

审判监督程序抗诉书表明了最高人民检察院对各级人民法院、上级人民检察院对下级人民法院已生效的刑事判决(裁定)的认识以及提起抗诉的理由,是引起人民法院再审的法定程序之一,接受抗诉的人民法院要对全案进行审理,依法作出裁判。审判监督程序抗诉书是检察机关纠正人民法院已发生法律效力裁判文书、切实履行审判监督职能的重要检察法律文书。

(二) 审判监督程序抗诉书的基本内容及制作要求

1. 首部。本部分应当写明文书名称,即"×××人民检察院刑事抗诉书"和文书编号。提出抗诉人民检察院的名称要写明所在的省、自治区或直辖市,而不能仅写市级人民检察院名称,如果是涉外案件的,还应该冠以"中华人民共和国"字样。文书编号为固定格式,为"×检×刑抗〔×〕×号",其中"×检"系提出抗诉人民检察院的简称;"×刑抗"的"×"处为具体办案部门简称;在"〔〕"内应注明年度;在"×号"处写明文件序号。

2. 正文。正文主要包括以下五部分内容:

(1) 原审被告人基本情况。应简要写明原审被告人的姓名、性别、出生年月日、身份证号码、民族、籍贯、文化程度、职业(工作单位及职务)、政治面貌、住址；是否受过刑事处罚；服刑情况；刑满释放时间或假释时间；有无特殊身份（人大代表、政协委员）。

原审被告人自报姓名又无法查实的，应当注明系自报；外国人涉嫌犯罪的，应注明国籍；单位涉嫌犯罪的，应写明犯罪单位的名称、住所地、法定代表人姓名、职务；有应当负刑事责任"直接责任人"的，应按上述原审被告人基本情况书写；有两名以上原审被告人的，应当按罪行由重至轻的顺序分别列出。

（2）诉讼过程及生效判决（裁定）情况。具体表述为："×××人民法院以××号刑事判决书（裁定书）对被告人×××一案（写明被告人姓名及案由）判决（裁定）：……（生效判决、裁定情况）"如果是当事人或其法定代理人申诉要求抗诉的，或者是下级人民检察院提请抗诉的，应当写明此过程，并简要写明要求抗诉的原因。如果是针对一审生效判决（裁定）提起抗诉，要写明一审判决（裁定）生效的时间；如果是针对二审判决（裁定）提起抗诉，则要分别写明一审和二审裁判的主要情况。

（3）审查认定的事实。此部分应写明提起抗诉检察机关经审查所认定的犯罪事实，应围绕犯罪的构成要件，根据案件事实、证据情况，对犯罪事实予以叙述。一般应当包括原审被告人实施犯罪行为的动机、目的、时间、地点、行为过程、手段、情节、数额、危害结果等犯罪构成要件事实，以及涉及量刑等法定、酌定的情节（坦白、自首、立功、累犯等情节）。一案有数罪或者一罪有数次作案的，应当依照由重至轻或者时间顺序叙写。叙述文字应当精练，简明扼要。

（4）抗诉理由。具体表述为："本院认为，该判决（裁定）确有错误（认定事实错误、适用法律不当、审判程序严重违法等），理由如下：……"本部分是审判监督程序抗诉书的重点，表述要做到观点明确、言简意赅。要表明检察机关对于人民法院生效判决（裁定）的认识，明确指出人民法院的判决或裁定的错误之处，即判决或裁定中哪一部分、针对哪一个原审被告人的部分有误，明确指明错误的性质（认定事实、适用法律、审判程序等方面），并针对人民法院裁判的错误之处，阐述提起抗诉的理由和法律依据。抗诉理由应具有针对性，抓住重点，主要是论证法院裁判的错误之所在，明确提出抗诉观点，并将相关的法律依据予以说明，对于没有异议的部分，包括抗诉不涉及的原审被告人、认定事实、审判程序等可以不写。如果是针对事实提起的抗诉，则重点是对涉及的相关证据予以分析说明，论证人民法院判决（裁判）的错误，并明确列明检察机关所认定的事实。如果是针对适用法律（定性、量刑情节认定等）提起的抗诉，则重点是针对行为的本质特点，对相关法律、法条予以阐释，结合案件事实，论证人民法院判决（裁判）的错误，同时要明确表明应当如何认定犯罪事实或相关情节的性质，以及如何正确适用法律，如以适用罪名错误提起的抗诉，要阐明罪与非罪、此罪与彼罪的区别；若是以量刑情节认定有误提起的抗诉，则重点是阐明相关情节成立的条件。如果是针对审判程序提起的抗诉，则重点是引用相关的法律依据，指明原审人民法院的审判程序错在何处，并论证审判程序违法的严重性（包括审判人员徇私舞弊、枉法裁判等），同时还要指出如何对诉讼程序予以纠正。如果是针对量刑提起的抗诉，则重点是根据法定量刑、案件性质、相关法定情节、相关酌定情节等，论证对原审被告人量刑的错误之处（畸轻或畸重）。

（5）提请事项与法律依据。具体表述为："综上所述……（概括抗诉观点，即生效判决或裁定在认定事实、适用法律、审理程序等方面确有错误）为维护司法公正，准确惩治犯罪，依照《中华人民共和国刑事诉讼法》第二百四十三条第三款的规定，对××人民法院××号刑事判决书（裁定书）提出抗诉，请依法判处。"

3. 尾部。本部分应写明同级人民法院名称、提起抗诉人民检察院的名称（加盖院印），以及制作文书的日期。

4. 附注。本部分应当写明原审被告人被羁押的场所（未被羁押的应写明居住处所）、其他有关材料、新的证人名单与证据目录。如果证人名单、证据目录与起诉书相同则不必再附注。

（三）审判监督程序抗诉书范例

××省××市人民检察院
刑事抗诉书

×检（公二）刑抗〔×〕×号

原审被告人何××，男，××××年××月××日出生，身份证号码：××××，汉族，大专文化，××公司法定代表人，户口所在地××省××市××巷2号，经常居住地：××市××区××路25号。

××市××区人民法院以〔20××〕×刑初字第173号判决书对被告人何××挪用公款一案判决何××无罪。该判决已于20××年11月2日生效。××区人民检察院认为，〔20××〕×刑初字第173号判决书认定事实、适用法律确有错误，提请我院按审判监督程序抗诉。经依法审查，本案的事实如下：

20××年7月，何××找到时任中国农业银行××市××区支行××分理处主任的陈×（已判刑），要求贷款，但因不具备贷款条件而未获银行批准。随后，何、陈二人商定，以高额利息引资存入陈×所在的××分理处，然后由陈×负责将引资款转入何××所在的公司账户。20××年7月21日，何××和陈×以支付高额利息为条件，从××投资有限责任公司引资50万元存入××分理处。存款过程中，陈×安排分理处工作人员偷盖特种转账传票，并于次日用偷盖的特种转账传票将此50万元转入何××所在的××公司的账户上。20××年9月，何、陈二人归还了50万元。

20××年11月，何××欲购买出租车指标，遂与陈×共谋，继续以支付高息为条件引资，由陈×将引资款从银行转至何××的公司使用。之后，分别从××交通投资公司、××科技投资有限公司、××商业公司、××基金会引资150万元、100万元、300万元、500万元，共计1050万元存入××分理处，并由何××所在的××公司转账支付高息。随后，陈×安排银行职员私自将以上公营账户中的款项转入活期储蓄，并以现金形式全部取出供何××经营使用。

20××年10月，为归还农行转出的1050万元资金以及投资兴建××大厦项目，何××找到陈×，共谋继续以高息引资存入××分理处，再由陈×将引资款转给何××公司经营使用。之后，分别从××家具厂、××建材经营部、××美食娱乐有限公司、××商业总公司、××投资公司引资存入600万元、1000万元、4115400元、300万元、500万元，共计28115400元存入××分理处。并采用偷盖特种转账传票和私刻客户印鉴、调换客户预留印鉴片的方式，将款项转至何××所在的××有限公司，供何××经营使用，以上款项至今未归还。

本院认为，〔20××〕×刑初字第173号判决书认定"挪用公款的是何××所在的公司，使用人也是其公司，而非何××个人，因此何××不构成挪用公款罪的共犯，何××不构成犯罪"，属认定事实、适用法律确有错误，理由如下：

1. 按照法律规定，何××具备成为挪用公款罪共犯的条件。虽然最高人民法院《关于审理挪用公款案件具体应用法律若干问题的解释》第8条对挪用公款的使用人成为挪用公款的共犯作了明确规定，但这并不应与《刑法》总则相冲突。根据《刑法》总则的规定，只要符合共同犯罪条件，就应当以共犯追究刑事责任，不具备国家工作人员身份的人可以和具备该身份的人一起利用其身份实施共同犯罪而构成身份犯罪的共犯。无论是否为公款的使用人，均可因其与挪用人共谋、策划、参与实施挪用公款而构成挪用公款罪的共犯。本案中，虽然所挪用的公款客观上用于何××公司的经营，但何××参与了共谋，实施了挪用的行为，已经构成了挪用公款罪的共犯。

2. 本案中，挪用公款的实际使用人为何××。何××参与挪用公款的行为是个人行为，并未体现单位意志。且挪用公款的行为本身是法律禁止的行为，不能视为是代表单位的经营行为，应当将何××作为自然人犯罪追究刑事责任。何××所在的××公司虽然在法律上是成立的，但其成立有违法之处，公司实际上的股份均为何××个人所有，其他股东为虚设股东，并未参与公司的经营、管理，公司的利益也为何××个人所得。因此，从实质上看，挪用公款的使用体现的是何××个人的意志，应当视何××为挪用公款的实际使用人。本案可以适用最高人民法院《关于审理挪用公款案件具体应用法律若干问题的解释》第8条的规定。

3. 本案事实清楚，证据确实充分，足以认定。何××在申请正常贷款未获批准的情况下，与陈×共谋，以高息引资的方式揽存，并最终将已进入银行账目的公款挪出使用，何××在主观上有挪用公款的故意，客观上与陈×进行了共谋，并实施了引资揽存、支付高息的行为，并且还与陈×就私刻客户印章、偷盖客户印鉴进行了密谋，获得了对公款的使用，其行为与陈×互相配合，与陈×构成了挪用公款罪的共犯。在陈×的生效判决中对此也予以了认定。

综上所述，原审被告人何××伙同国家工作人员共同挪用公款，其行为已经构成了挪用公款罪，××区人民法院判决其无罪确有错误。为维护司法公正，准确惩治犯罪，依照《中华人民共和国刑事诉讼法》第二百四十三条第三款的规定，对××区人民法院〔20××〕×刑初字第173号刑事判决书提出抗诉，请依法判处。

此致
××省××市中级人民法院

××省××市人民检察院（印）
××××年××月××日

附：原审被告人何××现住××市××区××路××号。

第五节 支持刑事抗诉意见书

一、支持刑事抗诉意见书概述

支持刑事抗诉意见书是人民检察院依据《刑事诉讼法》第224条的规定，对下级人民检察院按二审程序提起抗诉的刑事案件进行审查后，认为应当支持抗诉的，向同级人民法院表明本院意见时所制作的检察法律文书。

刑事二审程序抗诉案件由公诉部门办理。最高人民检察院《关于刑事抗诉工作的若干意见》第5条第4项规定："上级人民检察院对下级人民检察院按照第二审程序提出抗诉的案件，如果是支持或者部分支持抗诉，应当写出支持抗诉的意见和理由。"因此，对于下级人民检察院按二审程序提起的抗诉案件，公诉部门承办人依法审查后，认为应当支持抗诉的，应当将支持抗诉的意见和理由形成书面意见，按照相关程序审批后，在出庭支持抗诉时予以宣读。

支持刑事抗诉意见书表明了上级检察院机关对二审程序抗诉案件的观点和理由，可以对下级检察院机关的抗诉观点全部支持，可以部分予以支持，也可以予以修正。支持刑事抗诉意见书是出庭支持抗诉检察人员发表出庭意见的基础，也是法庭审理案件的焦点。

二、支持刑事抗诉意见书的基本内容与制作要求

（一）首部

本部分应当写明文书名称（即×××人民检察院支持刑事抗诉意见书）和文书编号。文书编号为固定格式，为"×检×支刑抗〔×〕×号"，其中"×检"系提出报告的人民检察院的简称；"×支刑抗"的"×"处为具体办案部门简称（如公诉部门未分处室，则"×"处应写"公"；如公诉部门分为几个处室，则"×"处应写明实际承办处室，例如"公一"、"公二"）；在"〔〕"内应注明年度；在"×号"处写明文件序号。

（二）正文

本部分首先应当写明同级人民法院的名称，即"×××人民法院："，然后再撰写正文内容。正文主要包括以下三部分内容：

1. 提出抗诉的情况。本部分格式固定，属于填充式，具体表述为："×××人民检察院以××号刑事抗诉书对×××人民法院×××号关于被告人×××一案（写明被告人姓名、案由）的刑事判决（裁定）书提出抗诉。本院审

查后认为，抗诉正确，应予支持（如果是部分支持抗诉的，则应写明'对××部分的抗诉意见予以支持'）。"

2. 支持抗诉的理由。本部分应围绕支持抗诉的意见写明理由，重点在于反驳一审裁判错误的观点。由于在庭审中还要发表出庭意见来论证支持抗诉的观点，因此，本部分仅简要写明观点即可。可以在原刑事抗诉书的基础上改变或补充新的抗诉理由，也可以变更原抗诉请求。

3. 支持抗诉的法律依据。本部分为固定格式，表述为："综上所述，为维护司法公正，准确惩治犯罪，依照《中华人民共和国刑事诉讼法》第二百二十四条的规定，请你院依法纠正。"

（三）尾部

本部分应写明支持抗诉人民检察院的名称（加盖院印），以及制作文书的日期。

三、支持刑事抗诉意见书范例

××市人民检察院
支持刑事抗诉意见书

×检（公）支刑抗〔×〕×号

××市中级人民法院：

××市××区人民检察院以×检刑抗〔20××〕2号刑事抗诉书对××市××区人民法院×刑初字〔20××〕253号关于被告人罗××、杜××、肖××敲诈勒索一案的刑事判决提出抗诉。本院审查后认为，对敲诈勒索罪的抗诉正确，应予支持。

一、原审被告人罗××、杜××、肖××的行为均已构成抢劫罪，××区人民法院以敲诈勒索罪定罪处罚确有错误。理由如下：

原审被告人对受害人进行殴打，对其人身予以了实际控制，逼迫受害人向他人借钱，然后再押着受害人去取钱，整个过程是连续性的，受害人一直在原审被告人的控制中，符合抢劫罪"当场"性的要求，其行为完全符合抢劫罪的特征。

二、××区人民检察院认为罗××、肖××的行为还构成了妨害公务罪，而一审法院未予认定，据此提出抗诉。本院认为，原审被告人罗××、肖××抗拒抓捕的行为不宜认定为妨害公务罪，对××区人民检察院的该项抗诉意见不予支持。

综上所述，为维护司法公正，准确惩治犯罪，依照《中华人民共和国刑事诉讼法》第二百二十四条之规定，请你院依法纠正。

××市人民检察院（印）
××××年××月××日

第六节　抗诉（上诉）案件出庭检察员意见书

一、抗诉（上诉）案件出庭检察员意见书概述

抗诉（上诉）案件出庭检察员意见书是人民检察院公诉部门（刑事申诉检察部门）承办案件的检察人员依据《刑事诉讼法》第224条、245条和《人民检察院刑事诉讼规则（试行）》第595条的规定，对抗诉（上诉）案件进行审查后，为出席抗诉（上诉）案件法庭时对案件的证据、事实情况和原审法院的判决（裁定）发表意见而制作的检察业务文书。

二审程序刑事抗诉（上诉）案件由公诉部门办理，审判监督程序抗诉案件由公诉部门或刑事申诉检察部门办理。人民检察院提出抗诉的案件或者第二审人民法院开庭审理的公诉案件，同级人民检察院都应当派员出庭（撤回抗诉案件除外）。对于二审程序的抗诉和上诉案件，第二审人民法院应当在决定开庭审理后及时通知人民检察院查阅案卷。检察机关承办人在受理抗诉（上诉）案件并审查案卷之后，应当写出审查报告，做好出庭准备（撤回抗诉的案件除外），围绕抗诉（上诉）的焦点，对事实、证据及原审裁判写出书面意见，在出庭时予以集中发表。

抗诉（上诉）案件出庭检察员意见书集中表明了检察机关对抗诉（上诉）案件的观点和理由，对人民法院作出最终裁判有着重要影响，同时也是检察机关对审判活动进行监督的重要检察业务文书。

二、抗诉（上诉）案件出庭检察员意见书的基本内容与制作要求

（一）首部

本部分格式固定，属于填充式。首先应当写明文书名称，即×××人民检察院抗诉（上诉）案件出庭检察员意见书。然后再将案件的有关情况予以写明：依次写明提起公诉的检察机关名称及起诉书文号、一审人民法院名称及判决书（裁定书）文号（针对二审裁判提出的审判监督程序抗诉案件还应当写

明二审人民法院名称及裁判文书文号）、提起抗诉的检察机关名称及抗诉书文号（上诉案件写明上诉人姓名，既抗诉又上诉的则均应写明提起抗诉的检察机关和上诉人）、二审（再审）人民法院名称、原审被告人姓名、案由。

（二）正文

本部分应先写抬头，即"审判长，审判员："，然后再分两部分予以叙述：

1. 出庭的法律依据与任务。本部分内容固定，具体表述为："根据《中华人民共和国刑事诉讼法》第二百二十四条（第二百四十五条第二款）的规定，我（们）受××人民检察院的指派，代表本院，出席本法庭，依法执行职务。现对本案证据、案件情况和原审人民法院判决（裁定）发表如下意见，请法庭注意。"

2. 出庭意见。本部分应当紧紧围绕提起抗诉的检察机关与原审人民法院的争议焦点，或者上诉人的上诉理由进行阐述，重点在于对抗诉（上诉）理由进行评析，表明抗诉观点或对上诉案件的处理意见。具体应从四个方面进行表述：第一，对案件的证据进行论证，运用证据证明案件事实。如果审查认为原审人民法院采信的证据确实、充分，认定的犯罪事实清楚，而检察机关和上诉人又未对事实和证据提出异议的，则可以简略予以论证；如果审查认为原审人民法院采信的证据确实、充分，认定的犯罪事实清楚，但对于事实或证据检察机关与原审人民法院存在争议或上诉人提出异议的，则应当针对争议的事实、证据一一予以论证说明；如果审查认为原审人民法院采信证据、认定事实存在错误，则应当予以明确指出，并运用证据予以论证。第二，论证原审被告人犯罪行为的性质。如果审查认为原判定性准确，而检察机关和上诉人又未对罪名提出异议的，则可以简略予以论证；如果审查认为原判定性准确，但检察机关与原审人民法院存在争议或上诉人提出异议的，或者审查认为原判定性有误的，则应当详细阐明罪与非罪、此罪与彼罪的区别，并明确提出出庭检察人员的观点。第三，对适用法律予以评析。要综合分析原判在认定情节（自首、从犯、累犯、立功）等方面是否准确，在罪名的认定上适用法律是否有误。第四，对量刑予以分析。应当综合案件的证据、事实情况，结合案件性质、情节、原审被告人的认罪态度等相关因素，论证原判量刑是否恰当。

应注意的是，抗诉（上诉）的理由可能千变万化，应当重点对抗诉（上诉）理由进行评析，对有理的抗诉（上诉）理由予以支持，对无理的上诉予以反驳。

（三）尾部

应写明出庭检察人员的姓名、发表意见的日期（注明"当庭发表"）。

三、抗诉（上诉）案件出庭检察员意见书范例

××市人民检察院
抗诉案件出庭检察员意见书

提起公诉机关：××区人民检察院　起诉书号：×检刑诉〔20××〕112号
一审法院：××区人民法院　判决书号：〔20××〕×刑初字165号
提起抗诉机关：××区人民检察院　抗诉书号：×检刑抗〔20××〕1号
上诉人：孔××
二审法院：××市中级人民法院
被告人：刘××、张××、孔××（盗窃）

审判长、审判员：

根据《中华人民共和国刑事诉讼法》第二百二十四条的规定，我受××市人民检察院指派，代表本院，出席本法庭，依法执行职务。现对本案证据、案件情况和原审人民法院判决发表如下意见，请法庭注意。

一、本案事实清楚，证据确实、充分，原审被告人的行为构成了盗窃罪

原审被告人孔××伙同他人，共同盗窃价值3万元的电缆。对此，原审被告人与同案人对盗窃事实供认不讳，其供述相互印证，并有受害人的陈述、收购赃物证人的证言、估价鉴定结论、现场勘验笔录等予以证实。证据确实、充分，足以认定。其行为已构成了盗窃罪，且盗窃数额巨大。一审判决对犯罪事实及性质的认定准确无误。

二、原审被告人具有自首情节，一审未予认定确有错误

自首是犯罪嫌疑人、被告人自动投案并如实供述自己犯罪事实的行为，本案中，原审被告人孔××在犯罪后主动向公安机关投案，并如实供述了自己和同案犯的犯罪事实，应当认定为自首，可以从轻或者减轻处罚。一审判决未予认定为自首，确有错误，对原审被告人的该项上诉意见应当予以采纳。

三、一审认定孔××为从犯确有错误

虽然本案中，孔××系由他人邀约而参与犯罪，本人也未直接实施盗割电缆的行为，但是孔××为实施盗窃提供了作案工具与运输工具，并且实施了运输赃物的行为，事后也分得了赃款，在共同犯罪中起到了主要作用，不符合从犯的认定条件。一审法院认定孔××为从犯确有错误，对××区人民检察院的该项抗诉意见应当予以采纳。

综上所述，本案事实清楚，证据确实、充分，原审被告人孔××的行为构成了盗窃罪。同时，原审被告人孔××具备自首情节，一审判决未予认定，确

有错误，应当依法予以纠正；原审被告人孔××不符合从犯的认定条件，一审认定孔××为从犯并予以从轻处罚，确有错误，应当依法予以纠正。对原审被告人孔××的刑期，综合全案，我院认为一审判决所确定的刑期较为恰当，建议维持量刑部分的判决。

检察员：×××
××××年××月××日当庭发表

第七节 指令抗诉决定书

一、指令抗诉决定书概述

指令抗诉决定书是人民检察院刑事申诉检察部门承办案件的检察人员依据《人民检察院刑事诉讼规则（试行）》第597条的规定，上级人民检察院复查不服人民法院生效刑事裁判申诉案件，认为原审裁判确有错误，指令有抗诉权的下级人民检察院按照审判监督程序提出抗诉时使用。本文书一式二份，一份送下级人民检察院，一份附卷。

二、指令抗诉决定书的基本内容与制作要求

1. 首部。包括人民检察院的名称、文书名称和文书编号。人民检察院的名称即作出决定的人民检察院；文书名称为"指令抗诉决定书"；文书编号为"×检×指抗〔×〕×号"，叉号处分别填写作出决定的人民检察院的简称、部门简称、年度、文书编号。

2. 正文。包括三部分内容：（1）发送单位，即"×××人民检察院："，具体写明下一级人民检察院的名称。（2）案件来源和决定的理由、依据。具体表述为："×××（申诉人姓名）不服……（写明案由）一案，本院复查认为……（写明对原审裁判确有错误的理由和法律依据）"（3）决定事项。具体表述为："本院决定，由你院对×××（原审被告人姓名）……（写明案由）按照审判监督程序向×××人民法院提出抗诉。

3. 尾部。包括制作文书的日期及作出决定的人民检察院的院印。

三、指令抗诉决定书范例

××省人民检察院
指令抗诉决定书

×检申指抗〔×〕×号

××市人民检察院：

黄××不服××县人民法院×法刑初字〔20××〕第301号刑事判决书认定胡××犯民事枉法裁判罪一案，本院复查认为，原审被告人胡××身为司法工作人员，在民事审判活动中，故意违背事实和法律，对其承办的案件在未开庭审理的情况下，伪造庭审笔录并下达判决书，导致一方当事人黄××因对判决不服十余年来数次申诉、上访，并因拒不履行生效法律文书被司法拘留，应属情节严重。××县人民法院×法刑初字〔20××〕第301号刑事判决书认定原审被告人胡××已构成民事枉法裁判罪，且"情节严重"，同时又适用《中华人民共和国刑法》第三十七条之规定，认为胡××"犯罪情节轻微"判决免予刑事处罚，应属适用法律确有错误。

本院决定，由你院对××县人民法院×法刑初字〔20××〕第301号刑事判决胡××民事枉法裁判罪一案按照审判监督程序向××市中级人民法院提出抗诉。

××××年××月××日
（院印）

第八节　抗诉业务填充式法律文书

一、撤回抗诉决定书、通知书

（一）撤回抗诉决定书、通知书概述

撤回抗诉决定书、通知书是县级以上人民检察院公诉部门的检察人员依据《刑事诉讼法》第221条第2款的规定，对下一级人民检察院按二审程序提起抗诉的案件进行审查后，经检察长或检察委员会研究决定撤回抗诉时，为通知同级人民法院和下一级人民检察院而制作的检察业务文书。

《人民检察院刑事诉讼规则（试行）》第589条规定，上一级人民检察院对下级人民检察院按照第二审程序提出抗诉的案件，认为抗诉正确的，应当支持抗诉；认为抗诉不当的，应当向同级人民法院撤回抗诉，并且通知下级人民检察院。因此，对于下级人民检察院按二审程序提起的抗诉案件，公诉部门承办人依法审查后，如果经检察长或检察委员会研究决定撤回抗诉的，承办人就应当填写撤回抗诉决定书、通知书，报请检察长同意后，加盖院章送达同级人民法院和下一级人民检察院。

撤回抗诉决定书是上级人民检察院对二审程序抗诉案件的最终处理决定；如果是在抗诉期限内撤回抗诉的，第一审人民法院就不再向上一级人民法院移送案件；如果是在抗诉期满后第二审人民法院宣告裁判前撤回抗诉的，第二审人民法院可以裁定准许，并通知第一审人民法院和当事人。因此，撤回抗诉决定书、通知书对诉讼程序有着决定性的影响，是终止抗诉审理程序的法定文书，也是上级人民检察院及时纠正下级人民检察院不当抗诉的重要检察业务文书。

（二）撤回抗诉决定书、通知书的基本内容及制作要求

撤回抗诉决定书、通知书为四联填充式文书，各联之间须填写文书编号，并加盖骑缝章。各联的基本内容与要求如下：

1. 第一联存根

本联主要用于审批程序，不附入卷中，而是由公诉部门统一存留。

（1）首部。本部分应当写明文书名称，即"×××人民检察院撤回抗诉决定书"和文书编号。文书名称下方须注"（存根）"字样。文书编号为固定格式，为"检撤抗〔〕号"，其中"检"前系撤回抗诉人民检察院的简称；"撤抗"前为具体办案部门简称；在"〔〕"内应注明年度；在"号"前写明文书序号。

（2）正文。应当依次写明：案由；被告人基本情况，包括姓名、性别、年龄、工作单位、住址、身份证号码、是否人大代表或政协委员（有两名以上被告人的，应分别写明）；送达机关名称，即二审人民法院名称；抗诉单位，即提出抗诉的人民检察院名称；撤回理由，即简要写明不支持抗诉的理由；批准人、承办人、填发人姓名；填发日期。

（3）备注。在表格的下方注明"第一联统一保存"。

2. 第二联副本

本联由承办人附入内卷。

（1）首部。本部分与存根叙写内容基本相同，唯一不同之处在于文书名称下方注"（副本）"字样。

（2）正文。本部分应当依次填写提出抗诉的人民检察院名称；抗诉书文号；一审人民法院的名称；原审被告人姓名及案由；一审判决书（裁定书）的文号。具体填写方式如下："＿＿＿人民检察院以＿＿＿号抗诉书对＿＿＿人民法院审判被告人＿＿＿＿一案的＿＿＿号判决（裁定）提出抗诉。经本院审查认为抗诉不当。根据《中华人民共和国刑事诉讼法》第二百二十一条的规定，决定撤回抗诉。"

（3）尾部。本部分应写明同级人民法院名称（此致＿＿＿人民法院）、撤回抗诉人民检察院的名称（加盖院印），以及填发文书的日期。

（4）备注。在表格的下方注明"第二联附卷"。

3. 第三联正本

本联送达二审法院。

正本与副本的制作内容与要求基本相同，不同之处在于：一是在首部文书名称下方无须加注；二是在表格的下方注明"第三联送达同级人民法院"。

4. 第四联撤回抗诉通知书

本联送达提出抗诉的下级人民检察院。

（1）首部。本部分应当写明文书名称，即"×××人民检察院撤回抗诉通知书"和文书编号。文书编号与前三联相同。

（2）正文。本部分应当依次填写提出抗诉的人民检察院名称；抗诉书文号；一审人民法院的名称；原审被告人姓名及案由；一审判决书（裁定书）的文号。具体填写方式如下："＿＿＿人民检察院：你院以＿＿＿号抗诉书对＿＿＿人民法院审判被告人＿＿＿＿一案的＿＿＿号判决（裁定）提出抗诉。经本院审查认为抗诉不当。根据《中华人民共和国刑事诉讼法》第二百二十一条的规定，决定撤回抗诉。特此通知。"

（3）尾部。本部分应写明填发文书的日期，并加盖院印。

（4）备注。在表格的下方注明"第四联送达提出抗诉的人民检察院"。

(三) 撤回抗诉决定书、通知书范例

×××人民检察院撤回抗诉决定书（存根）

检撤抗〔　〕　号

案由
被告人基本情况（姓名、性别、年龄、工作单位、住址、身份证号码、是否人大代表、政协委员）

送达机关
抗诉单位
撤回理由

批准人
承办人
填发人
填发日期

第一联统一保存

×××人民检察院撤回抗诉决定书（副本）

检撤抗〔　〕　号

　　　　　人民检察院以　　　　号抗诉书对　　　　人民法院审判被告人　　　　一案的　　　　号判决（裁定）提出抗诉。经本院审查认为抗诉不当。根据《中华人民共和国刑事诉讼法》第二百二十一条的规定，决定撤回抗诉。

此致

　　　　　人民法院

年　月　日
（院印）

第二联附卷

×××人民检察院撤回抗诉决定书

检撤抗〔　〕　号

　　　　　人民检察院以　　　　号抗诉书对　　　　人民法院审判被告人　　　　一案的　　　　号判决（裁定）提出抗诉。经本院审查认为抗诉不当。根据《中华人民共和国刑事诉讼法》第二百二十一条的规定，决定撤回抗诉。

此致

　　　　　人民法院

年　月　日
（院印）

第三联送达同级人民法院

×××人民检察院撤回抗诉通知书

检撤抗〔　〕　号

　　　　　人民检察院：

　　你院以　　　　号抗诉书对　　　　人民法院审判被告人　　　　一案的　　　　号判决（裁定）提出抗诉。经本院审查认为抗诉不当。根据《中华人民共和国刑事诉讼法》第二百二十一条的规定，决定撤回抗诉。

特此通知。

年　月　日
（院印）

第四联送达提出抗诉的人民检察院

二、派员出席法庭通知书

(一) 派员出席法庭通知书概述

派员出席法庭通知书是人民检察院依据《刑事诉讼法》第224条、第245条第2款的规定,对于人民检察院提出抗诉的案件、第二审人民法院决定开庭审理的公诉案件,决定派员出席法庭而制作的检察业务文书。

对于检察机关提起抗诉的案件(撤回抗诉案件除外),以及二审人民法院决定开庭审理的上诉案件,根据《刑事诉讼法》第224条、第245条的规定,同级人民检察院都应当派员出席法庭。因此,对于抗诉案件和二审人民法院决定开庭审理的上诉案件,人民检察院应当确定出席法庭的人员(受理申诉后按审判监督程序抗诉的案件由申诉检察部门派员出席法庭),并填写派员出席法庭通知书,报请主诉检察官或公诉部门负责人同意后,加盖院章送达同级人民法院。

派员出席法庭通知书是人民检察院通知同级人民法院出庭检察人员的文书,是检察人员出席抗诉、上诉案件法庭发表出庭意见并履行诉讼监督职能的重要依据。

(二) 派员出席法庭通知书的基本内容及制作要求

派员出席法庭通知书为三联填充式文书,各联之间须填写文书编号,并加盖骑缝章。各联的基本内容与要求如下:

1. 第一联存根

本联主要用于审批程序,不附入卷中,而是由公诉部门统一存留。

(1) 首部。本部分应当写明文书名称,即"×××人民检察派员出席法庭通知书"和文书编号。文书名称下方须注"(存根)"字样。文书编号为固定格式,为"检派〔〕号",其中"检"前系派员出席法庭人民检察院的简称;"派"前为具体办案部门简称;在"〔〕"内应注明年度;在"号"前写明文书序号。

(2) 正文。应当依次写明:案由;被告人基本情况,包括姓名、性别、年龄、工作单位、住址、身份证号码、是否人大代表或政协委员(有两名以上被告人的,应分别写明);被委派出席法庭人员;批准人、承办人、填发人姓名;填发日期。

(3) 备注。在表格的下方注明"第一联统一保存"。

2. 第二联副本

本联由承办人附入内卷。

(1) 首部。本部分与存根叙写内容基本相同,唯一不同之处在于文书名称下方注"(副本)"字样。

(2)正文。包括以下内容:一是派员出席法庭的法律依据,即"根据《中华人民共和国刑事诉讼法》第_____条的规定",空白处根据情况填写刑事诉讼法第"二百二十四条"或"第二百四十五条"(二审案件为"第二百二十四条",审判监督程序抗诉案件为"第二百四十五条")。二是人民检察院派员出席法庭的决定和所派人员姓名,即"本院决定委派_____代表本院出席法庭依法执行职务",空白处为人民检察院决定委派出席法庭的检察人员的姓名。三是表明给二审法院或再审法院通知的字样,即"特此通知"。四是送达单位,即在"此致"下的横线上填上二审法院或再审法院的名称。

(3)尾部。本部分应写明填发文书的日期,并加盖院印。

(4)备注。在表格的下方注明"第二联附卷"。

3. 第三联正本

本联送达二审法院或再审法院。

正本与副本的制作内容与要求基本相同,不同之处在于:一是在首部文书名称下方无须加注;二是在表格的下方注明"第三联送达人民法院"。

(三)派员出席法庭通知书范例

×××人民检察院
派员出席法庭通知书
(存根)

检派〔 〕 号

案由____
被告人基本情况(姓名、性别、年龄、工作单位、住址、身份证号码、是否人大代表、政协委员)____
被委派出庭人员____
批准人____
承办人____
填发人____
填发时间____

第一联统一保存

×××人民检察院
派员出席法庭通知书
(副本)

检派〔 〕 号

根据《中华人民共和国刑事诉讼法》第____条的规定,本院决定委派____代表本院出席法庭依法执行职务。特此通知
此致

年 月 日
(院印)

第二联附卷

×××人民检察院
派员出席法庭通知书

检派〔 〕 号

根据《中华人民共和国刑事诉讼法》第____条的规定,本院决定委派____代表本院出席法庭依法执行职务。特此通知
此致

年 月 日
(院印)

第三联送达人民法院

三、抗诉请求答复书

（一）抗诉请求答复书概述

抗诉请求答复书是人民检察院公诉部门承办案件的检察人员依据《刑事诉讼法》第218条的规定，在公诉案件的被害人及其法定代理人不服人民法院的第一审判决而向人民检察院提出抗诉请求后，依法对案件及抗诉请求进行审查，报请公诉部门负责人或检察长决定后，用于答复提出抗诉请求的被害人或其法定代理人所制作的检察业务文书。

对一审未生效刑事判决、裁定的监督职责由公诉部门履行。公诉案件的被害人及其法定代理人不服一审判决的，在收到一审判决5日以内，有权请求人民检察院提出抗诉。案件承办人在收到抗诉请求后，应当及时针对其请求对案件进行审查，提出是否抗诉的意见，报请公诉部门负责人或检察长作出决定，并填写抗诉请求答复书送达请求人。是否抗诉的决定应当在收到抗诉请求后5日以内作出。

抗诉请求答复书表明了检察机关对于人民法院一审判决的态度，对于维护被害人的合法权益，纠正人民法院的错误判决，保证法律的正确实施有着重要的意义，是人民检察院切实履行审判监督职能的重要检察法律文书。

（二）抗诉请求答复书的基本内容及制作要求

抗诉请求答复书以提出抗诉请求的被害人及其法定代理人的人数为单位制作，即有几人提出抗诉请求的则制作几份抗诉请求答复书，并分别送达抗诉请求人。本文书为三联填充式文书，各联之间须填写文书编号，并加盖骑缝章。各联的基本内容与要求如下：

1. 第一联存根

本联主要用于审批程序，不附入卷中，而是由公诉部门统一存留。

（1）首部。本部分应当写明文书名称，即"×××人民检察院抗诉请求答复书"和文书编号。文书名称下方须注"（存根）"字样。文书编号为固定格式，为"检抗答〔〕号"，其中"检"前系答复抗诉请求人民检察院的简称；"抗答"前为具体办案部门简称；在"〔〕"内应注明年度；在"号"写明文书序号。

（2）正文。应当依次写明：案由；被告人姓名（有两名以上被告人的，应分别写明）；抗诉请求人姓名；审查结果，即是否提出抗诉；批准人、承办人、填发人姓名；填发日期。

（3）备注。在表格的下方注明"第一联统一保存"。

2. 第二联副本

本联由承办人附入内卷。

（1）首部。本部分与存根叙写内容基本相同，唯一不同之处在于文书名称下方注"（副本）"字样。

（2）正文。本部分应当依次填写提出抗诉请求的被害人及其法定代理人的姓名；提出抗诉请求的时间；请求抗诉的一审判决被告人的姓名和案由；本院认为一审判决是否正确及是否抗诉的决定。具体填写方式如下："_____：你于___年___月___日请求本院对_____一案（被告人姓名及案由）一审判决提出抗诉。根据《中华人民共和国刑事诉讼法》第二百一十八条的规定，经审查，本院认为一审判决____（正确或错误），决定_____（提出抗诉或不予抗诉）。特此答复。"

（3）尾部。本部分应写明填发文书的日期，并加盖院印。

（4）备注。在表格的下方注明"第二联附卷"。

3. 第三联正本

本联送达抗诉请求人。

正本与副本的制作内容与要求基本相同，不同之处在于：一是在首部文书名称下方无须加注；二是在表格的下方注明"第三联送达抗诉请求人"。

(三) 抗诉请求答复书范例

×××人民检察院
抗诉请求答复书
（存根）

检抗答〔 〕 号

案由
被告人
抗诉请求人
审查结果
批准人
承办人
填发人
填发时间

第一联——保存

×××人民检察院
抗诉请求答复书
（副本）

检抗答〔 〕 号

　　　　　：

你于　年　月　日请求本院对　　　　一案一审判决提出抗诉。根据《中华人民共和国刑事诉讼法》第二百一十八条的规定，经审查，本院认为一审判决　　　　　，决定　　　　。

特此答复。

年　月　日
（院印）

第二联——附卷

×××人民检察院
抗诉请求答复书

检抗答〔 〕 号

　　　　　：

你于　年　月　日请求本院对　　　　一案一审判决提出抗诉。根据《中华人民共和国刑事诉讼法》第二百一十八条的规定，经审查，本院认为一审判决　　　　　，决定　　　　。

特此答复。

年　月　日
（院印）

第三联——送达抗诉请求人

第五章 抗诉业务文书

第六章
刑罚执行监督业务文书

第一节 停止执行死刑建议书

一、停止执行死刑建议书范例

××市人民检察院第一分院
停止执行死刑建议书

×检一分院停执建〔×〕×号

××市第一中级人民法院:

你院执行死刑的罪犯李××因有揭发重大犯罪事实,可能需要改判。

依据《中华人民共和国刑事诉讼法》第二百五十一条、第二百五十二条的规定,建议你院暂停对罪犯李××执行死刑。

××××年××月××日
(院印)

二、停止执行死刑建议书概述

停止执行死刑建议书是人民检察院在对人民法院执行死刑的案件进行监督过程中,依据《刑事诉讼法》第 251 条、

第252条和《人民检察院刑事诉讼规则（试行）》第635—638条的有关规定，依法提出停止执行死刑的意见时使用的检察业务文书。

《刑事诉讼法》第251条规定："下级人民法院接到最高人民法院执行死刑的命令后，应当在七日以内交付执行。但是发现有下列情形之一的，应当停止执行，并且立即报告最高人民法院，由最高人民法院作出裁定：（一）在执行前发现判决可能有错误的；（二）在执行前罪犯揭发重大犯罪事实或者有其它重大立功表现，可能需要改判的；（三）罪犯正在怀孕。前款第一项、第二项停止执行的原因消失后，必须报请最高人民法院院长再签发执行死刑的命令才能执行；由于前款第三项原因停止执行的，应当报请最高人民法院依法改判。"《刑事诉讼法》第252条第1款规定："人民法院在交付执行死刑前，应当通知同级人民检察院派员临场监督。"第4款规定："指挥执行的审判人员，对罪犯应当验明正身，讯问有无遗言、信札，然后交付执行人员执行死刑。在执行前，如果发现可能有错误，应当暂停执行，报请最高人民法院裁定。"《人民检察院刑事诉讼规则（试行）》第635—638条对人民检察院适用刑事诉讼法向人民法院提出停止执行死刑的意见作出明确规定。第635条规定："被判处死刑的罪犯在被执行死刑时，人民检察院应当派员临场监督。死刑执行临场监督由人民检察院监所检察部门负责；必要时，监所检察部门应当在执行前向公诉部门了解案件有关情况，公诉部门应当提供有关情况。执行死刑临场监督，由检察人员担任，并配备书记员担任记录。"第636条规定："人民检察院收到同级人民法院执行死刑临场监督通知后，应当查明同级人民法院是否收到最高人民法院核准死刑的裁定或者作出的死刑判决、裁定和执行死刑的命令。"第637条规定："临场监督执行死刑的检察人员应当依法监督执行死刑的场所、方法和执行死刑的活动是否合法。在执行死刑前，发现有下列情形之一的，应当建议人民法院立即停止执行：（一）被执行人并非应当执行死刑的罪犯的；（二）罪犯犯罪时不满十八周岁，或者审判的时候已满七十五周岁，依法不应当适用死刑的；（三）判决可能有错误的；（四）在执行前罪犯有检举揭发他人重大犯罪行为等重大立功表现，可能需要改判的；（五）罪犯正在怀孕的。"第638条规定："在执行死刑过程中，人民检察院临场监督人员根据需要可以进行拍照、录像；执行死刑后，人民检察院临场监督人员应当检查罪犯是否确已死亡，并填写死刑执行临场监督笔录，签名后入卷归档。人民检察院发现人民法院在执行死刑活动中有侵犯被执行死刑罪犯的人身权、财产权或者其近亲属、继承人合法权利等违法情形的，应当依法向人民法院提出纠正意见。"

三、停止执行死刑建议书的基本内容与制作要求

停止执行死刑建议书基本内容包括首部、正文和尾部三个部分。

（一）首部

包括以下三项内容：（1）制作停止执行死刑建议书的人民检察院的名称；（2）文书名称，即"停止执行死刑建议书"；（3）文书编号"×检×停执建〔×〕×号"，叉号处依次填写制作文书的人民检察院简称、具体办案部门简称、文书制作年度及当年编号。

（二）正文

包括三项内容：（1）受文单位名称，即主送的人民法院的名称。（2）应当停止执行死刑的具体情形。这一部分为本文书的重点，叙写时应当具体表述准备被执行死刑的罪犯出现了（或者具有）哪些法定的停止执行死刑的情况，如"你院执行死刑的罪犯×××因有下列情形：发现有证据证明其在实施犯罪时可能不满十八周岁"。（3）法律依据及建议事项。这一部分要写明停止执行死刑意见所依据的法律和建议的有关事项，即"建议你院暂停对罪犯××执行死刑"，可以表述为"依据《中华人民共和国刑事诉讼法》第二百五十一条、第二百五十二条的规定，建议你院暂停对罪犯××执行死刑"。

（三）尾部

制作停止执行死刑建议书的时间，具体到年月日，并加盖发出停止执行死刑建议书的人民检察院的院印。

停止执行死刑建议书应当制作一式五份，送达执行死刑的人民法院、上一级人民法院各一份，上一级人民检察院一份，派驻看守所检察室一份。归卷二份，即一份存检察卷，一份存检察内卷。

第二节 撤销停止执行死刑建议通知书

一、撤销停止执行死刑建议通知书范例

××市人民检察院第一分院
撤销停止执行死刑建议通知书

×检一分院撤停执〔×〕×号

××市第一中级人民法院：

因停止执行的原因消失，依据《中华人民共和国刑事诉讼法》第二百五十一条、第二百五十二条的规定，本院决定撤销对罪犯李××暂停执行死刑意见，我院×检一分院刑停执〔201×〕1号停止执行死刑建议书作废。

特此通知

××××年××月××日
（院印）

二、撤销停止执行死刑建议通知书概述

撤销停止执行死刑建议通知书是人民检察院在对人民法院执行死刑的案件进行监督过程中，根据《刑事诉讼法》第251条、第252条和《人民检察院刑事诉讼规则（试行）》的有关规定，依法通知人民法院撤销本院提出的停止执行死刑意见时使用的检察业务文书。

撤销停止执行死刑建议通知书适用于人民检察院对执行死刑案件进行监督过程中，经审查认为本院作出的停止执行死刑意见不成立的，或者停止执行死刑的情形消失的，依法通知人民法院撤销人民检察院原停止执行死刑建议书时使用。它是和人民检察院停止执行死刑建议书配套使用的检察业务文书。

三、撤销停止执行死刑建议通知书的基本内容与制作要求

撤销停止执行死刑建议通知书基本内容包括首部、正文和尾部三个部分。

(一) 首部

包括三项内容：(1) 制作撤销停止执行死刑建议通知书的人民检察院的名称；(2) 文书名称"撤销停止执行死刑建议通知书"；(3) 文书编号，"××检×撤停执〔×〕×号"，叉号处依次填写制作文书的人民检察院简称、具体办案部门简称、年度和序号。

(二) 正文

包括三项内容：(1) 受文单位名称，即主送的人民法院的名称。(2) 撤销停止执行死刑意见原因、法律依据及决定的有关事项。这一部分为本文书的重点，应当依次写明撤销停止执行死刑意见的原因、依据的刑事诉讼法规定、本院决定的有关事项等，可表述为"因停止执行的原因消失，依据《中华人民共和国刑事诉讼法》第二百五十一条、第二百五十二条的规定，本院决定撤销对罪犯××暂停执行死刑意见，我院××号停止执行死刑建议书作废"。(3) 注明"特此通知"字样，使正文的首尾呼应。

(三) 尾部

包括制作撤销停止执行死刑建议通知书的时间，具体到年月日；加盖发出撤销停止执行死刑建议通知书的人民检察院的院印。

撤销停止执行死刑建议通知书制作一式五份。一份送达执行死刑的人民法院，一份送达同级人民法院，一份送达上一级人民检察院；归卷二份，即一份存检察卷，一份存检察内卷。

第三节 纠正不当假释裁定意见书

一、纠正不当假释裁定意见书范例

××省××市人民检察院
纠正不当假释裁定意见书

×检纠假〔×〕×号

××省××市中级人民法院：

××省第二监狱罪犯郭××，男，××岁（××××年××月××日生），因犯抢劫罪于2008年9月13日被××省××县人民法院判处有期徒刑九年，现已执行刑期五年，尚剩余刑期四年。2013年8月31日，你院根据××省第二监狱提出的提请假释建议书,认定罪犯郭××已经执行了原判刑期二分之一以上,并且在执行期间,认真遵守监规,接受教育改造,确有悔改表现,不致再危害社会,以××号裁定书对其作出假释裁定。根据本院在刑罚执行监督活动中掌握的情况,罪犯郭××在服刑期间经常不服从管教,随意殴打同监舍罪犯,并曾经致两人轻微伤。所以,该罪犯并没有悔改表现,假释后很可能继续危害社会,不符合《中华人民共和国刑法》第八十一条规定的假释条件。因此,你院××号裁定明显不当。依照《中华人民共和国刑事诉讼法》第二百六十三条的规定,特向你院提出纠正意见。请你院在收到本纠正意见后一个月以内依法重新组成合议庭进行审理,并重新作出裁定。

××××年××月××日
(院印)

二、纠正不当假释裁定意见书概述

纠正不当假释裁定意见书是人民检察院在刑罚执行监督过程中,认为人民法院的假释裁定不当,依据《刑事诉讼法》第263条和《人民检察院刑事诉讼规则(试行)》第649—655条的规定,提出书面纠正意见时使用的检察业务文书。本文书仅适用于人民检察院对刑罚的执行监督阶段纠正人民法院不当的假释裁定时。

《刑事诉讼法》第263条规定:"人民检察院认为人民法院减刑、假释的裁定不当,应当在收到裁定书副本后二十日以内,向人民法院提出书面纠正意见。人民法院应当在收到纠正意见后一个月以内重新组成合议庭进行审理,作出最终裁定。"《人民检察院刑事诉讼规则(试行)》第649条规定:"人民检察院收到执行机关抄送的减刑、假释建议书副本后,应当逐案进行审查,发现减刑、假释建议不当或者提请减刑、假释违反法定程序的,应当在十日以内向审理减刑、假释案件的人民法院提出书面检察意见,同时也可以向执行机关提出书面纠正意见。"第650条规定:"人民检察院发现监狱等执行机关提请人民法院裁定减刑、假释的活动有下列情形之一的,应当依法提出纠正意见:(一)将不符合减刑、假释法定条件的罪犯,提请人民法院裁定减刑、假释的;(二)对依法应当减刑、假释的罪犯,不提请人民法院裁定减刑、假释的;(三)提请对罪犯减刑、假释违反法定程序,或者没有完备的合法手续的;(四)提请对罪犯减刑的减刑幅度、起始时间、间隔时间或者减刑后又假释的间隔时间不符合有关规定的;(五)被提请减刑、假释的罪犯被减刑后实际执行的刑期或者假释考验期不符合有关法律规定的;(六)其他违法情形。"

第 651 条规定:"人民法院开庭审理减刑、假释案件,人民检察院应当指派检察人员出席法庭,发表意见。"第 652 条规定:"人民检察院收到人民法院减刑、假释的裁定书副本后,应当及时进行审查。审查的内容包括:(一)被减刑、假释的罪犯是否符合法定条件,对罪犯减刑的减刑幅度、起始时间、间隔时间或者减刑后又假释的间隔时间、罪犯被减刑后实际执行的刑期或者假释考验期是否符合有关规定;(二)执行机关提请减刑、假释的程序是否合法;(三)人民法院审理、裁定减刑、假释的程序是否合法;(四)按照有关规定应当开庭审理的减刑、假释案件,人民法院是否开庭审理。检察人员审查人民法院减刑、假释裁定,可以向罪犯所在单位和有关人员进行调查,可以向有关机关调阅有关材料。"第 653 条规定:"人民检察院经审查认为人民法院减刑、假释的裁定不当,应当在收到裁定书副本后二十日以内,报经检察长批准,向作出减刑、假释裁定的人民法院提出书面纠正意见。"第 654 条规定:"对人民法院减刑、假释裁定的纠正意见,由作出减刑、假释裁定的人民法院的同级人民检察院书面提出。下级人民检察院发现人民法院减刑、假释裁定不当的,应当向作出减刑、假释裁定的人民法院的同级人民检察院报告。"第 655 条规定:"人民检察院对人民法院减刑、假释的裁定提出纠正意见后,应当监督人民法院是否在收到纠正意见后一个月以内重新组成合议庭进行审理,并监督重新作出的裁定是否符合法律规定。对最终裁定不符合法律规定的,应当向同级人民法院提出纠正意见。"

三、纠正不当假释裁定意见书的基本内容与制作要求

纠正不当假释裁定意见书为叙述式检察业务文书,内容包括首部、正文和尾部三个部分。

(一)首部

包括三项内容:(1)制作纠正不当假释裁定意见书的人民检察院的名称;(2)文书名称,即"纠正不当假释裁定意见书";(3)文书编号"×检×纠假〔×〕×号",叉号处依次填写制作文书的人民检察院简称、具体办案部门简称、制作文书年度和当年编号。

(二)正文

包括四项内容:(1)受文单位名称,即作出假释裁定的人民法院的名称。(2)被裁定假释罪犯的基本情况和裁定假释的有关情况。这一部分主要包括罪犯的姓名、性别、年龄、罪犯所在的监管场所,原判决、裁定认定的罪名、刑期,已执行的刑期及减刑情况,剩余刑期,被裁定假释的有关情况(包括假释的理由)等项内容,应当依次叙述清楚。罪犯的姓名前应当冠以该罪犯

服刑的监管场所的名称,如表述为"×××监狱罪犯×××"。表述年龄时应当标明罪犯的出生年、月、日。原判决裁定的内容要注明罪犯何时因何事被判处何种刑罚等内容。被裁定假释的有关情况要写明该罪犯何时被裁定假释,假释的理由要概括说明。可以表述为:"××监狱罪犯×××,男,××岁(××××年××月××日生),因犯××罪于××××年××月××日被××省××县人民法院判处有期徒刑×年,现已执行刑期×年,尚剩余刑期×年。××××年××月××日,你院根据××监狱提出的提请假释建议书,认定罪犯×××已经执行×年(已经执行了原判刑期二分之一以上),并且在执行期间,认真遵守监规,接受教育改造,确有悔改表现,不致再危害社会,以××号裁定书对其作出假释裁定。"(3)检察机关认为假释裁定不当的理由及法律依据。这一部分要写明被裁定假释罪犯不符合假释条件的具体情况,是罪犯的实际执行刑期不符合法律规定还是罪犯改造的现实表现不符合有关法律、法规规定的情形要写明。同时要写明假释裁定的不当之处,即罪犯被裁定假释不符合法律、法规的哪些条款规定。这一部分是人民检察院提出纠正意见的立论基础,要针对人民法院据以作出假释裁定的理由,客观地叙述实际情况,实事求是地讲明对罪犯不应假释的事实。(4)提出纠正意见及有关法律依据。这一部分要写明提出纠正意见所依据的法律条款,可以表述为:"依照《中华人民共和国刑事诉讼法》第二百六十三条的规定,特向你院提出纠正意见。请你院在收到本纠正意见后一个月以内依法重新组成合议庭进行审理,并重新作出裁定。"

(三)尾部

制作纠正不当假释裁定意见书的时间,具体到年月日;加盖制作文书的人民检察院的院印。

制作纠正不当假释裁定意见书为一式四份,一份送作出裁定的人民法院,一份送罪犯所在的监管机关,一份送罪犯所在的社区矫正机构,一份附卷备查。

第四节　纠正不当减刑裁定意见书

一、纠正不当减刑裁定意见书范例

××省××市人民检察院
纠正不当减刑裁定意见书

×检纠减〔×〕×号

××省××市中级人民法院：

　　××省××监狱罪犯颜××，男，××岁（××××年××月××日生），因犯故意伤害罪于2008年3月20日被××省××县人民法院判处有期徒刑十二年，现已执行刑期五年，尚剩余刑期七年。2013年3月11日，你院根据××省××监狱提出的提请减刑建议书，认定罪犯颜××在执行期间，认真遵守监规，接受教育改造，确有悔改表现，以××号裁定书对其作出减刑一年的裁定。经本院审查，罪犯颜××在服刑期间经常不服从管教，随意殴打同监舍罪犯，并曾经致两人轻微伤。所以，该罪犯并没有悔改表现，不符合《中华人民共和国刑法》第七十八条规定的减刑条件。因此，你院××号裁定明显不当。依照《中华人民共和国刑事诉讼法》第二百六十三条的规定，特向你院提出纠正意见。请你院在收到本纠正意见后一个月以内依法重新组成合议庭进行审理，并重新作出裁定。

××××年××月××日
（院印）

二、纠正不当减刑裁定意见书概述

　　纠正不当减刑裁定意见书是人民检察院在依法监督刑事执行活动中，发现人民法院对罪犯的减刑裁定不当，依据《刑事诉讼法》第263条和《人民检察院刑事诉讼规则（试行）》第649—655条的规定提出书面纠正意见时制作的一种检察业务文书。纠正不当减刑裁定意见书仅适用于人民检察院对刑罚执行监督阶段，纠正人民法院不当的减刑裁定时。

三、纠正不当减刑裁定意见书的基本内容与制作要求

纠正不当减刑裁定意见书为叙述式检察业务文书,内容包括首部、正文和尾部三个部分。

(一)首部

包括三项内容:(1)制作纠正不当减刑裁定意见书的人民检察院的名称;(2)文书名称,即"纠正不当减刑裁定意见书";(3)文书编号"×检×纠减〔×〕×号",叉号处依次填写制作文书的人民检察院简称、具体办案部门简称、文书制作年度和当年编号。

(二)正文

包括四项内容:(1)受文单位名称,即作出减刑裁定的人民法院的名称。(2)被裁定减刑罪犯的基本情况和裁定减刑的有关情况。依次叙写罪犯的姓名、性别、年龄、罪犯所在监管场所,原判决、裁定确定的罪名、刑期,已执行刑期,剩余刑期,被裁定减刑的理由及期限等项内容。(3)检察机关认为减刑裁定不当的理由及法律依据。这一部分的叙述要注意两点:一是要写明被裁定减刑罪犯不符合减刑条件的具体情况,如罪犯刑期的执行时间、罪犯曾被减刑的间隔时间或者罪犯改造的现实表现等不符合有关法律、法规规定的情形等;二是要写明减刑裁定的不当之处,裁定减刑不符合法律、法规的哪些条款规定。这是人民检察院据以提出纠正意见的立论基础。特别要针对人民法院据以作出减刑裁定的理由,客观地讲明实际情况,实事求是地列出对罪犯不应减刑的事实,正确地引用刑法关于减刑的有关条文,说明罪犯不符合法律规定的减刑条件。(4)提出纠正意见和有关法律依据条款。可以表述为:"依照《中华人民共和国刑事诉讼法》第二百六十三条的规定,特向你院提出纠正意见。请你院在收到本纠正意见后一个月以内依法重新组成合议庭进行审理,并重新作出裁定。"

(三)尾部

制作纠正不当减刑裁定意见书的时间,具体到年月日;加盖作出纠正不当减刑裁定意见书的人民检察院的院印。

纠正不当减刑裁定意见书为一式三份,一份送达作出裁定的人民法院,一份送达罪犯服刑的监管机关,一份附卷备查。如果是纠正死刑缓期执行罪犯减刑不当的,应当增加一份送达省级监狱管理机关。

第五节　纠正不当暂予监外执行决定意见书

一、纠正不当暂予监外执行决定意见书范例

××市××区人民检察院
纠正不当暂予监外执行决定意见书

×检纠暂〔×〕×号

××市××区人民法院：

　　××市××区看守所罪犯肖×，男，××岁（××××年××月××日生），因犯盗窃罪于××××年××月××日被你院判处有期徒刑六年。××××年××月××日，你院××号暂予监外执行决定书以罪犯肖×有严重疾病需要保外就医为由，决定对其暂予监外执行一年。经本院审查，罪犯肖×所受伤情系其在押解途中自伤所致，且其在关押期间基本能生活自理，对其适用监外执行可能有社会危险性。所以，不符合《刑事诉讼法》第二百五十四条规定的暂予监外执行条件，你院××号决定显属不当。依照《中华人民共和国刑事诉讼法》第二百五十六条的规定，特向你院提出纠正意见，请依法对该决定进行重新核查，予以纠正，并将重新核查以及是否纠正情况反馈我院。

××××年××月××日
（院印）

二、纠正不当暂予监外执行决定意见书概述

　　纠正不当暂予监外执行决定意见书是人民检察院在依法对判决、裁定的执行情况进行监督的过程中，发现监狱管理机关或其他有关机关批准对罪犯暂予监外执行的决定不当而提出书面纠正意见时，根据《刑事诉讼法》第255条、第256条，《监狱法》第26条和《人民检察院刑事诉讼规则（试行）》第643—648条的规定制作的检察业务文书。纠正不当暂予监外执行决定意见书仅适用于人民检察院对刑罚的执行监督阶段纠正监狱管理机关或者其他有关机关批准对罪犯暂予监外执行决定不当的情形。

　　《刑事诉讼法》第255条规定："监狱、看守所提出暂予监外执行的书面

意见的，应当将书面意见的副本抄送人民检察院。人民检察院可以向决定或者批准机关提出书面意见。"第256条规定："决定或者批准暂予监外执行的机关应当将暂予监外执行决定抄送人民检察院。人民检察院认为暂予监外执行不当的，应当自接到通知之日起一个月以内将书面意见送交决定或者批准暂予监外执行的机关，决定或者批准暂予监外执行的机关接到人民检察院的书面意见后，应当立即对该决定进行重新核查。"《监狱法》第26条规定："暂予监外执行，由监狱提出书面意见，报省、自治区、直辖市监狱管理机关批准。批准机关应当将批准的暂予监外执行决定通知公安机关和原判人民法院，并抄送人民检察院。人民检察院认为对罪犯适用暂予监外执行不当的，应当自接到通知之日起一个月内将书面意见送交批准暂予监外执行的机关，批准暂予监外执行的机关接到人民检察院的书面意见后，应当立即对该决定进行重新核查。"《人民检察院刑事诉讼规则（试行）》第643条规定："人民检察院发现监狱、看守所、公安机关暂予监外执行的执法活动有下列情形之一的，应当依法提出纠正意见：（一）将不符合法定条件的罪犯提请暂予监外执行的；（二）提请暂予监外执行的程序违反法律规定或者没有完备的合法手续，或者对于需要保外就医的罪犯没有省级人民政府指定医院的诊断证明和开具的证明文件的；（三）监狱、看守所提出暂予监外执行书面意见，没有同时将书面意见副本抄送人民检察院的；（四）罪犯被决定或者批准暂予监外执行后，未依法交付罪犯居住地社区矫正机构实行社区矫正的；（五）对符合暂予监外执行条件的罪犯没有依法提请暂予监外执行的；（六）发现罪犯不符合暂予监外执行条件，或者在暂予监外执行期间严重违反暂予监外执行监督管理规定，或者暂予监外执行的条件消失且刑期未满，应当收监执行而未及时收监执行或者未提出收监执行建议的；（七）人民法院决定将暂予监外执行的罪犯收监执行，并将有关法律文书送达公安机关、监狱、看守所后，监狱、看守所未及时收监执行的；（八）对不符合暂予监外执行条件的罪犯通过贿赂等非法手段被暂予监外执行以及在暂予监外执行期间脱逃的罪犯，监狱、看守所未建议人民法院将其监外执行期间、脱逃期间不计入执行刑期或者对罪犯执行刑期计算的建议违法、不当的；（九）暂予监外执行的罪犯刑期届满，未及时办理释放手续的；（十）其他违法情形。"第644条规定："人民检察院收到监狱、看守所抄送的暂予监外执行书面意见副本后，应当逐案进行审查，发现罪犯不符合暂予监外执行法定条件或者提请暂予监外执行违反法定程序的，应当在十日以内向决定或者批准机关提出书面检察意见，同时也可以向监狱、看守所提出书面纠正意见。"第645条规定："人民检察院接到决定或者批准机关抄送的暂予监外执行决定书后，应当进行审查。审查的内容包括：（一）是否属于被判处有期徒刑或者拘役的罪犯；（二）是否属于有严重疾病需要保外就医的罪犯；（三）是否属于怀孕或者正在哺乳自己婴儿的妇女；（四）是否属于生活不能自理，适用暂予监外执行不致危害社会的罪犯；（五）是否属于适用保外就医可能有社会危险性的罪犯，或者自伤自残的罪犯；（六）决定或者批准机关是否符合刑事诉讼法第二百五十四条第五款的规定；（七）办理暂予监外执行是否符合法定程序。检察人员审查暂予监外执行决定，可以向罪犯所在单位和有关人员调查、向有关机关调阅有关材料。"第646条规定："人民检察院经审查认为暂予监外执行不当的，应当自接到通知之日起一个月以内，报经检察长批准，向决定或者批准暂予监外执行的机关提出书面纠正意见。下级人民检察院认为暂予监外执行不当的，应当立即层报决定或者批准暂予监外执行的机关的同级人民检察院，由其决定是否向决定或者批准暂予监外执行的机关提出书面纠正意见。"第647条规定："人民检察院向决定或者批准暂予监外执行的机关提出不同意暂予监外执行的书面意见后，应当监督其对决定或者批准暂予监外执行的结果进行重新核查，并监督重新核查的结果是否符合法律规定。对核查不符合法律规定的，应当依法提出纠正意见，并向上一级人民检察院报告。"第648条规定："对于暂予监外执行的罪犯，人民检察院发现罪犯不符合暂予监外执行条件、严重违反有关暂予监外执行的监督管理规定或者暂予监外执行的情形消失而罪犯刑期未满的，应当通知执行机关收监执行，或者建议决定或者批准暂予监外执行的机关作出收监执行决定。"

三、纠正不当暂予监外执行决定意见书的基本内容与制作要求

纠正不当暂予监外执行决定意见书为叙述式检察业务文书，内容包括首部、正文和尾部三个部分。

（一）首部

包括以下内容：（1）制作纠正不当暂予监外执行决定意见书的人民检察院名称；（2）文书名称，即"纠正不当暂予监外执行决定意见书"；（3）文书编号"×检×纠暂〔×〕×号"，叉号处依次填写制作文书的人民检察院简称、具体办案部门简称、文书制作年度和当年序号。

（二）正文

包括四项内容：（1）受文单位名称，即批准或作出暂予监外执行决定的机关的名称。（2）被批准暂予监外执行罪犯的基本情况和决定暂予监外执行的有关情况。按照顺序依次叙写罪犯的姓名、性别、年龄、罪犯所在监管场所，原判决裁定认定的罪名、刑期、已执行刑期、剩余刑期、罪犯被批准暂予监外执行的理由和期限等项内容。罪犯的姓名前应当冠以该罪犯服刑的监管场

所的名称；年龄的表述应当标明罪犯的出生年、月、日；原判决、裁定的内容要注明罪犯何时因何事被判处何种刑罚等内容；简要概括说明该罪犯被批准暂予监外执行的理由。（3）检察机关认为暂予监外执行决定不当的理由及法律依据。这一部分要注意两点：一要写明被批准暂予监外执行罪犯不符合暂予监外执行条件的具体情况，如罪犯的病情、罪犯改造的现实表现以及不符合有关法律、法规规定的具体情形；二要写明暂予监外执行决定的不当之处，即批准暂予监外执行的决定不符合法律、法规的具体条款。要针对据以作出暂予监外执行决定的理由，讲明实际情况，提出对罪犯不应批准暂予监外执行的事实。（4）提出纠正意见和有关法律依据。可以表述为："依照《中华人民共和国刑事诉讼法》第二百五十六条、《中华人民共和国监狱法》第二十六条的规定，特向你××（批准或作出暂予监外执行决定的机关的简称）提出纠正意见，请依法对该决定进行重新审查，予以纠正，并将重新核查以及是否纠正情况反馈我院。"

（三）尾部

包括制作纠正不当暂予监外执行决定意见书的时间，具体到年月日；加盖作出纠正不当暂予监外执行决定意见书的人民检察院的院印。

纠正不当暂予监外执行决定意见书应当制作一式四份，一份送决定或者批准暂予监外执行的人民法院、省级以上监狱管理机关或者地市级以上公安机关，一份送罪犯所在的监管机关，一份送罪犯居住地的社区矫正机构，一份附卷备查。

第六节 减刑、假释案件出庭意见书

一、减刑、假释案件出庭意见书范例

×××人民检察院
减刑案件出庭意见书

×检减庭意〔×〕×号

审判长、审判员：

根据《中华人民共和国刑事诉讼法》、《中华人民共和国人民检察院组织法》的相关规定，我们受×××人民检察院指派出席法庭，参加由××监狱提请的对罪犯付××减刑一案的审理,依法履行法律监督职责。

×××人民检察院于201×年××月××日收到××监狱抄送的对罪犯付××提请减刑建议书以及相应证据材料。本院依法进行了审查。现就法庭审理罪犯付××减刑一案发表如下检察意见:

1. 我们认为执行机关出示的有关证据材料真实有效,且法庭审理程序合法。刚才,执行机关宣读了对罪犯付××的提请减刑建议书,并就罪犯付××自201×年××月××日至今的改造情况举证,法庭依法讯问了罪犯付××,证人杨××、吴××出庭对罪犯付××改造情况予以作证,罪犯付××当庭作了陈述,出庭检察员询问了证人,讯问了罪犯付××,并对执行机关出示的有关证据进行了质证。出庭检察员依法对庭审全程实行了监督。经过我们的调查,执行机关出示的有关证据材料真实有效,法庭审理过程严格依法进行,程序合法。

2. 罪犯付××符合减刑条件。在这次提请减刑工作中,我驻狱检察室指派专人查阅了服刑人员付××的档案,认真听取了该犯所在监区的其他服刑人员的意见,认真审核了×××监狱对付××的提请减刑建议书,参加了该监狱的减刑评审会议。经过我们的调查,服刑人员付××于2008年7月2日因受贿罪被×××人民法院判处有期徒刑12年,2008年11月20日送×××监狱服刑改造,于2010年11月4日经×××第一中级人民法院裁定减刑1年。服刑改造期间,该犯认罪服法,听管服教,改造态度端正,遵守监规纪律,积极参加"三课"学习,按时完成生产任务,目前已获取3次记功行政奖励,符合减刑的条件。

3. ×××监狱提请减刑的程序符合规定。该监狱在提请对罪犯付××减刑前,严格按照法定程序,经过监区长办公会讨论,提交减刑假释评审委员会集体评审会集体评议,且邀请驻狱检察室检察人员参会发表意见,及时在监狱内进行了公示,最后由监狱长办公会讨论决定,提请减刑的程序符合相关规定。

4. 综上,我院认定本案罪犯付××符合减刑的规定,建议减刑9个月。审判长、审判员,检察机关的出庭意见发表完毕。

检察员:×××

××××年××月××日

(院印)

二、减刑、假释案件出庭意见书概述

我国《刑事诉讼法》第262条第2款规定:"被判处管制、拘役、有期徒刑或者无期徒刑的罪犯,在执行期间确有悔改或者立功表现,应当依法予以减刑、假释的时候,由执行机关提出建议书,报请人民法院审核裁定,并将建议书副本抄送人民检察院。人民检察院可以向人民法院提出书面意见。"《人民检察院刑事诉讼规则(试行)》第651条规定:"人民法院开庭审理减刑、假释案件,人民检察院应当指派检察人员出席法庭,发表意见。"根据这些规定,人民检察院指派的检察人员在出席减刑、假释案件的庭审就罪犯是否符合减刑、假释条件集中发表意见时,应当制作出庭意见书。

减刑、假释案件庭审意见书是检察机关履行刑罚执行监督职能的重要法律文书,它既是检察机关对罪犯一段时期服刑表现的一种总结性发言,又是对减刑、假释庭审活动是否活动进行监督的一个重要途径。一般地,它具有以下两个特点和功能:

第一,总结性。该意见最重要的功能是对罪犯是否符合减刑、假释条件进行分析论证,得出监督机关——检察机关的结论。

第二,宣传教育性。该意见书通过对罪犯悔罪认罪或者立功等服刑表现,分析是否符合减刑、假释的理由,驳斥罪犯无理的辩解,既实现对拟减刑、假释罪犯的矫正功能,也在阐述法理、论证事实证据的同时对旁听罪犯起到教育引导的作用。

三、减刑、假释案件出庭意见书的基本内容与制作要求

(一)意见书的基本内容

1. 抬头。即"审判长、审判员:"。

2. 出庭任务以及法律依据。具体表述为:"根据《中华人民共和国刑事诉讼法》、《中华人民共和国人民检察院组织法》的相关规定,我们受××人民检察院指派出席法庭,参加由×××监狱提请的对罪犯××减刑一案的审理,依法履行法律监督职责。"

3. 具体的意见。这一部分是整个意见的核心内容。在这一部分中,一般应就罪犯一段时期的服刑情况进行概述,对该罪犯何时何地受到表彰、记功奖励予以明确。并结合法律关于减刑、假释的有关规定分析论证该罪犯的是否符合减刑、假释的规定。与此同时,作必要的法制宣传和教育。

4. 总结性意见。即对整个发言进行总结和归纳,再次重申检察机关是否同意服刑人员符合减刑、假释的意见。具体表述为:"综上所述,我院认定本案服刑人员×××在服刑期间认罪、悔罪,认真接受监规改造,符合减刑(或者假释)的规定。"

（二）意见书的制作要求

第一，意见书要以提请减刑（假释）建议机关的减刑（假释）建议书的内容为基础，以法律为依据，决不能是提请减刑（假释）建议书的简单重复，需要出庭检察人员运用分析和逻辑的思维方式，将事实、证据和法律有机地结合起来加以论证。

第二，意见应当重点突出，要根据服刑人员的不同情况，紧密结合法庭已经查明的具体案情有针对性地进行论述，其重点，一般应该在服刑人员的服刑表现上。通过对积极服刑改造服刑人员的肯定，达到惩戒犯罪，宣传法制，教育其他服刑人员，促使他们回归社会的目的。

第三，意见书应写明监所检察人员或者派驻检察人员针对拟减刑、假释服刑人员的服刑情况所做的具体工作，以及查明的情况。

第四，意见书作为法律文书，在遣词上必须使用法律术语，彰显法律的严肃性。

第七节　暂予监外执行提请检察意见书

一、暂予监外执行提请检察意见书范例

×××人民检察院
暂予监外执行提请检察意见书

×检暂意〔×〕×号

×××监狱管理局：

我院201×年××月××日收到×××监狱抄送的对罪犯张××提请暂予监外执行（续保）的书面意见副本后，根据《中华人民共和国刑事诉讼法》第二百五十五条的规定，对该提请意见进行了审查。经审查，我院认为×××监狱对罪犯张××提请暂予监外执行（续保）的程序违法，理由是：×××监狱对罪犯张××提请暂予监外执行（续保）未经省级人民政府指定的医院重新诊断并开具证明文件。上述事实有以下证据予以佐证：

1. 暂予监外执行决定书。证明罪犯张××因患高血压Ⅲ期于2011年3月26日被×××监狱管理局批准暂予监外执行1年。

2. 提请暂予监外执行建议书。证明×××监狱以罪犯张××因患高血压

Ⅲ期于 2012 年 2 月 20 日向×××监狱管理局提出对罪犯张××续保 1 年的建议。

3. 罪犯张××病情诊断书。证明×××监狱对罪犯张××提出暂予监外执行（续保）建议依据的证明文件为××县人民医院对罪犯张××开具的病情诊断书。

4. ××省人民政府×号文件。证明××县人民医院不是××省人民政府指定的具有保外就医病情鉴定资质的医院。

依据《中华人民共和国刑事诉讼法》第二百五十五条的规定，建议你局不予批准对罪犯张××的暂予监外执行。

××××年××月××日
（院印）

二、暂予监外执行提请检察意见书概述

本文书系依据《刑事诉讼法》第 255 条的规定制作。为人民检察院在收到看守所、监狱抄送的对罪犯提请暂予监外执行的书面意见副本后，经审查认为罪犯不符合暂予监外执行条件或者提请暂予监外执行的程序违法，需要向决定或者批准暂予监外执行的人民法院、省级以上监狱管理机关或者地市级以上公安机关提出不予批准或者决定暂予监外执行的检察意见时使用。

三、暂予监外执行提请检察意见书的基本内容与制作要求

暂予监外执行提请检察意见书的基本内容包括首部、正文和尾部三个部分。

（一）首部

包括以下内容：（1）制作暂予监外执行提请检察意见书的人民检察院名称；（2）文书名称，即"暂予监外执行提请检察意见书"；（3）文书编号"×检×暂意〔×〕×号"，叉号处依次填写制作文书的人民检察院简称、具体办案部门简称、文书制作年度和当年序号。

（二）正文

包括四项内容：（1）受文单位名称，即批准或作出暂予监外执行决定的机关的名称。（2）提请暂予监外执行的有关情况。简要概括说明该罪犯被提请暂予监外执行不当的理由。（3）检察机关认为暂予监外执行提请不当的理由及法律依据。这一部分要注意两点：一要写明监狱提请暂予监外执行不符合暂予监外执行条件的具体情况，如罪犯的病情、罪犯改造的现实表现以及不符

合有关法律、法规规定的具体情形；二要写明提请暂予监外执行建议不当之处，即提请暂予监外执行的建议不符合法律、法规的具体条款。（4）提出纠正意见和有关法律依据。可以表述为："依据《中华人民共和国刑事诉讼法》第二百五十五条的规定，建议你局不予批准对罪犯张××的暂予监外执行。"

（三）尾部

包括制作暂予监外执行提请检察意见书的时间，具体到年月日；加盖作出暂予监外执行提请检察意见书的人民检察院的院印。

暂予监外执行提请检察意见书应当制作一式四份，被建议的人民法院、省级以上监狱管理机关或者地市级以上公安机关、提请暂予监外执行的监狱或者看守所各一份；归卷两份：本院一份，派驻监狱（看守所）检察室一份。

第八节 减刑建议检察意见书

一、减刑建议检察意见书范例

×××人民检察院
减刑建议检察意见书

×检减意〔×〕×号

×××人民法院：

我院201×年××月××日收到×××监狱（看守所、监狱管理局）抄送的对罪犯李××提请减刑建议书的副本后，根据《中华人民共和国刑事诉讼法》第二百六十二条和最高人民法院《关于办理减刑、假释案件具体应用法律若干问题的规定》的规定，对该减刑建议进行了审查。经审查，我院认为，罪犯李××不符合减刑条件，理由是：李××减刑间隔时间不符合相关规定。上述事实有以下证据予以证明：

1. 刑事判决书。证明罪犯李××因犯抢劫罪于2008年4月26日被×××法院判处有期徒刑8年。

2. 刑事裁定书。证明罪犯李××于2011年11月26日被×××中级人民法院裁定减刑1年。

3. 提请减刑建议书。证明×××监狱于2012年4月3日向×××中级人民法院提出对罪犯李××予以减刑的建议。

依据《中华人民共和国刑事诉讼法》第二百六十二条的规定，建议你院对罪犯李××裁定不予减刑。

××××年××月××日
（院印）

二、减刑建议检察意见书概述

本文书系依据《刑事诉讼法》第262条的规定制作。为人民检察院在收到看守所、监狱或者监狱管理局抄送的提请对罪犯减刑的建议书副本后，经审查认为罪犯不符合减刑条件，或者提请减刑的程序违法，或者减刑建议不当，需要向审理减刑案件的人民法院提出裁定不予减刑或者调整减刑幅度的检察意见时使用。

《刑事诉讼法》第262条规定："罪犯在服刑期间又犯罪的，或者发现了判决的时候所没有发现的罪行，由执行机关移送人民检察院处理。被判处管制、拘役、有期徒刑或者无期徒刑的罪犯，在执行期间确有悔改或者立功表现，应当依法予以减刑、假释的时候，由执行机关提出建议书，报请人民法院审核裁定，并将建议书副本抄送人民检察院。人民检察院可以向人民法院提出书面意见。"

三、减刑建议检察意见书的基本内容与制作要求

减刑建议检察意见书的基本内容包括首部、正文和尾部三个部分。

（一）首部

包括以下内容：（1）制作减刑建议检察意见书的人民检察院名称；（2）文书名称，即"减刑建议检察意见书"；（3）文书编号"×检×减意〔×〕×号"，叉号处依次填写制作文书的人民检察院简称、具体办案部门简称、文书制作年度和当年序号。

（二）正文

包括四项内容：（1）受文单位名称，即批准或作出减刑裁定法院的名称。（2）提请减刑建议的有关情况。简要概括说明该罪犯被提请减刑建议不当的理由。（3）检察机关认为提请减刑建议不当的理由及法律依据。这一部分要注意两点：一要写明监狱提请减刑建议不符合减刑条件的具体情况，如罪犯的减刑间隔期、罪犯改造的现实表现以及不符合有关法律、法规规定的具体情形；二要写明提请减刑建议不当之处，即提请减刑的建议不符合法律、法规的具体条款。（4）提出纠正意见和有关法律依据。可以表述为："依据《中华人

民共和国刑事诉讼法》第二百六十二条的规定，建议你院对罪犯李××裁定不予减刑。"

（三）尾部

包括制作减刑建议检察意见书的时间，具体到年月日；加盖作出减刑建议检察意见书的人民检察院的院印。

减刑建议检察意见书应当制作一式四份，受理减刑案件的人民法院和提出减刑建议的监狱或者看守所各一份；两份归卷：本院一份，派驻监狱（看守所）检察室一份。

第九节　假释建议检察意见书

一、假释建议检察意见书范例

×××人民检察院
假释建议检察意见书

×检假意〔×〕×号

×××人民法院：

我院201×年××月××日收到×××监狱抄送的对罪犯王××提请假释建议书的副本后，根据《中华人民共和国刑事诉讼法》第二百六十二条的规定，对该假释建议进行了审查。经审查，我院认为，罪犯王××不符合假释条件，理由是：王××系累犯。上述事实有以下证据予以证明：

1. 刑事判决书。证明罪犯王××因犯盗窃罪于2007年6月28日被×××法院判处有期徒刑3年。刑期自2007年1月10日起至2010年1月9日止。

2. 刑满释放证明。证明罪犯王××于2009年7月9日刑满释放。

3. 刑事判决书。证明罪犯王××因犯盗窃罪于2010年3月5日被×××法院判处有期徒刑3年6个月。刑期自2009年11月23日起至2013年5月22日止。

4. 提请假释建议书。证明×××监狱于2012年12月5日向×××中级人民法院提出对罪犯李××予以假释的建议。

依据《中华人民共和国刑事诉讼法》第二百六十二条的规定，建议你院对罪犯李××裁定不予假释。

××××年××月××日
(院印)

二、假释建议检察意见书概述

与减刑建议检察意见书同，本文书也系依据《刑事诉讼法》第262条的规定制作。为人民检察院在收到看守所、监狱抄送的提请对罪犯假释的建议书副本后，经审查认为罪犯不符合假释条件或者提请假释的程序违法，需要向审理假释案件的人民法院提出裁定不予假释的检察意见时使用。

三、假释建议检察意见书的基本内容与制作要求

假释建议检察意见书的基本内容包括首部、正文和尾部三个部分。

(一) 首部

包括以下内容：(1) 制作假释建议检察意见书的人民检察院名称；(2) 文书名称，即"假释建议检察意见书"；(3) 文书编号"×检×假意〔×〕×号"，叉号处依次填写制作文书的人民检察院简称、具体办案部门简称、文书制作年度和当年序号。

(二) 正文

包括四项内容：(1) 受文单位名称，即批准或作出假释裁定法院的名称。(2) 提请假释建议的有关情况。简要概括说明该罪犯被提请假释建议不当的理由。(3) 检察机关认为提请假释建议不当的理由及法律依据。这一部分要注意两点：一要写明监狱提请假释建议不符合假释条件的具体情况，如罪犯涉及的罪名及其刑期情况、罪犯改造的现实表现以及不符合有关法律、法规规定的具体情形；二要写明提请假释建议不当之处，即提请假释的建议不符合法律、法规的具体条款。(4) 提出纠正意见和有关法律依据。可以表述为："依据《中华人民共和国刑事诉讼法》第二百六十二条的规定，建议你院对罪犯李××裁定不予假释。"

(三) 尾部

包括制作假释建议检察意见书的时间，具体到年月日；加盖作出假释建议检察意见书的人民检察院的院印。

假释建议检察意见书应当制作一式四份，受理假释案件的人民法院和提出假释建议的监狱或者看守所各一份；两份归卷：本院一份，派驻监狱（看守所）检察室一份。

第二编

职务犯罪侦查与预防业务文书

第七章
职务犯罪侦查业务文书

第一节 提请立案报告书

一、提请立案报告书范例

检察长意见：
　　同意立案侦查。

　　　　　　　　　　　×××
　　　　　　　　××××年××月××日

局长意见：
　　同意立案侦查，请检察长审批。

　　　　　　　　　　　×××
　　　　　　　　××××年××月××日

处长意见：
　　同意立案侦查，请局长审批。

　　　　　　　　　　　×××
　　　　　　　　××××年××月××日

××市人民检察院
提请立案报告书

×检反贪请立字〔×〕第×号

犯罪嫌疑人陈××,女,××岁,身份证号码:××××,汉族,研究生,中共党员,××市××县人,现住××市××区××路××号,系××银行××市分行资产风险管理处处长。

200×年7月,××市公安局经侦总队在侦办陈××违法发放贷款案过程中,发现陈××还涉嫌挪用公款,遂将此线索移送我院,要求依法查处。经检察长批准,我们立即对此线索进行了初查。经初查查明,陈××有如下犯罪事实:

2002年3月初,××市宏业物业发展有限公司(以下简称宏业物业)法定代表人王××找到时任××银行××市分行营业部主任的陈××,请陈××想办法借700万元给宏业物业,用于宏业物业开展业务,陈××答应帮忙。3月11日,陈××擅自决定将××银行××市分行存在营业部的公款700万元划转至宏业物业在工行××支行的存款账户,宏业物业将这700万元实际用于归还当年3月5日从华夏证券公司××分公司借款700万元。至8月25日,宏业物业才将这700万元划回××银行××市分行营业部。

犯罪嫌疑人陈××,身为国家金融机构工作人员,利用职务上的便利,以个人名义将公款供其他单位使用,进行营利活动,且挪用公款数额巨大,其行为已触犯《中华人民共和国刑法》第三百八十四条之规定,涉嫌挪用公款罪。为了查清全案,根据《中华人民共和国刑事诉讼法》第一百零七条之规定,拟对犯罪嫌疑人陈××立案侦查,依法追究其刑事责任。

当否,请批示。

承办人:××× ×××
××××年××月××日

二、提请立案报告书概述

提请立案报告书是人民检察院职务犯罪侦查部门承办案件的检察人员依据《刑事诉讼法》第3条、第18条、第107条、第110条的规定,在接到报案、控告、举报、自首的材料和自行发现犯罪线索后,对经过初查确定有犯罪事实或犯罪嫌疑人存在，需要追究刑事责任符合立案条件的案件，报请检察长或检察委员会决定是否立案所制作的检察业务工作文书。

最高人民检察院《人民检察院刑事诉讼规则（试行）》第183条第1款规定："人民检察院对于直接受理的案件，经审查认为有犯罪事实需要追究刑事责任的，应当制作立案报告书，经检察长批准后予以立案。在决定立案之日起三日以内，将立案备案登记表、提请立案报告和立案决定书一并报送上一级人民检察院备案。"该款规定明确提出立案前应制作《提请立案报告》。

立案是我国刑事诉讼一个独立的必经诉讼阶段。立案标志着人民检察院对涉嫌案件的犯罪嫌疑人追诉活动的开始。提请立案报告全面记载初查认定的案件事实和证据以及提请立案侦查的根据和理由，是检察长决定案件的重要依据。

三、提请立案报告书的基本内容与制作要求

（一）犯罪嫌疑人基本情况

这一部分应包括犯罪嫌疑人姓名，性别，年龄，身份证号，民族，文化程度，职业或工作单位职务，政治面貌，如是人大代表、政协委员，一并写明具体级、届代表、委员及代表、委员号，现住址。案件有多名犯罪嫌疑人的，应逐一写明。对于未确定犯罪嫌疑人的以事立案提请立案报告这部分不写。

（二）案件来源和初查过程

案件来源具体为单位或者公民举报、上级交办、有关部门移送、本院其他部门移交以及办案中发现等。简要写明案件受案、初查的时间。

（三）经初查认定的案件事实

概括叙写职侦部门初查认定的犯罪事实，包括犯罪时间、地点、手段、目的、动机、危害后果等事实要素，应当根据具体案件情况，围绕刑法规定的立案应具备的条件和涉嫌罪名的构成要件叙写。

（四）立案侦查的理由及法律依据

根据犯罪概念、犯罪构成以及立案应具备的条件对案情进行高度概括归纳，应当写明："犯罪嫌疑人×××……其行为已触犯《中华人民共和国刑法》第×××条之规定，涉嫌××罪。为了查清全案，根据《中华人民共和国刑事诉讼法》第一百一十条（或第一百零七条）之规定，拟对犯罪嫌疑人×××立案侦查，依法追究其刑事责任。"对人民检察院办案中自行发现或公安等其他机关移送的案件，立案依据为《刑事诉讼法》第107条；对单位或个人报案、控告、举报或者犯罪嫌疑人自首的案件，立案依据为《刑事诉讼法》第110条。

(五) 审签意见

部门负责人意见,写明是否同意立案,并由部门负责人签名。检察长意见,由检察长签署,写明是否同意立案。

第二节　提请补充立案报告书

一、提请补充立案报告书范例

检察长意见:
　　同意立案侦查。

　　　　　　　　　　　　　　　　　　　×××
　　　　　　　　　　　　　　　　××××年××月××日

局长意见:
　　同意立案侦查,请检察长审批。

　　　　　　　　　　　　　　　　　　　×××
　　　　　　　　　　　　　　　　××××年××月××日

处长意见:
　　同意增补郭××、廖××为陈××案的犯罪嫌疑人,并立案侦查,请局长审批。

　　　　　　　　　　　　　　　　　　　×××
　　　　　　　　　　　　　　　　××××年××月××日

**××市人民检察院
提请补充立案报告书**

×检反贪请立字〔×〕第×号

犯罪嫌疑人郭××,男,××岁,身份证号码:××××,汉族,小学文化,现住××市××区××镇××街××号,××织造厂厂长。

犯罪嫌疑人廖××,男,××岁,身份证号码:××××,汉族,小学文化,现住××市××区××镇××街××号,××市××区××村××社村民。

200×年7月,我院在侦办犯罪嫌疑人陈××行贿案中,发现郭××、廖×

×也积极参与其中,二人与陈××共谋由陈××出面给××拆迁办主任张××行贿20万元,使得陈××多分拆迁补偿款40万元,事后郭××分得财物10万元,廖××分得财物8万元。其行为已触犯《中华人民共和国刑法》第三百八十九条之规定,涉嫌行贿罪。为了查清全案,根据《中华人民共和国刑事诉讼法》第一百零七条之规定,增补郭××、廖××为陈××案的犯罪嫌疑人。

当否,请批示。

承办人:×××　×××
××××年××月××日

二、提请补充立案报告书概述

提请补充立案报告书是人民检察院职务犯罪侦查部门承办案件的检察人员依据《刑事诉讼法》第107条、第110条、第18条第2款的规定,对已经立案侦查的职务犯罪案件,又发现新的共同犯罪嫌疑人,需要并案侦查,追究刑事责任符合立案条件的案件,报请检察长或检察委员会决定是否补充立案所制作的检察业务工作文书。

《人民检察院刑事诉讼规则(试行)》第183条规定:"人民检察院对于直接受理的案件,经审查认为有犯罪事实需要追究刑事责任的,应当制作立案报告书,经检察长批准后予以立案。在决定立案之日起三日以内,将立案备案登记表、提请立案报告和立案决定书一并报送上一级人民检察院备案。"对已经立案侦查的职务犯罪案件,在侦查过程中又发现有新的共同犯罪嫌疑人,若对新发现的共同犯罪嫌疑人另案处理更为适宜,不需要并案侦查的,应制作《提请立案报告》;若需要并案侦查,追究共同犯罪嫌疑人刑事责任的,也应制作《提请补充立案报告》。在决定补充立案之日起3日以内,将立案备案登记表、提请补充立案报告和补充立案决定书一并报送上一级人民检察院备案。

提请补充立案报告全面记载初查认定的案件事实和证据以及提请补充立案侦查的根据和理由,是检察长决定案件的重要依据。

三、提请补充立案报告书的基本内容与制作要求

(一)犯罪嫌疑人基本情况

这一部分应包括犯罪嫌疑人姓名,性别,年龄,身份证号,民族,文化程度,职业或工作单位职务,政治面貌,如是人大代表、政协委员,一并写明具体级、届代表、委员及代表、委员号,现住址。案件有多名犯罪嫌疑人的,应逐一写明。

(二)案件来源和初查过程

案件来源具体为单位或者公民举报、上级交办、有关部门移送、本院其他

部门移交以及办案中发现等。简要写明案件受案、初查的时间。

（三）经初查认定的案件事实

概括叙写职侦部门初查认定的犯罪事实，包括犯罪时间、地点、手段、目的、动机、危害后果等事实要素，应当根据具体案件情况，围绕刑法规定的立案应具备的条件和涉嫌罪名的构成要件叙写。

（四）立案侦查的理由及法律依据

根据犯罪概念、犯罪构成以及立案应具备的条件对案情进行高度概括归纳，应当写明："犯罪嫌疑人×××……其行为已触犯《中华人民共和国刑法》第×××条之规定，涉嫌××罪。为了查清全案，根据《中华人民共和国刑事诉讼法》第一百一十条（或第一百零七条）之规定，增补×××为××案的犯罪嫌疑人。"对人民检察院办案中自行发现或公安等其他机关移送的案件，立案依据为《刑事诉讼法》第107条；对单位或个人报案、控告、举报或者犯罪嫌疑人自首的案件，立案依据为《刑事诉讼法》第110条。

（五）审签意见

部门负责人意见，写明是否同意增补犯罪嫌疑人立案侦查，并由部门负责人签名。检察长意见，由检察长签署，写明是否同意立案。

第三节　侦查终结报告

一、侦查终结报告范例

检察长意见：

　　同意侦查终结。

×××
××××年××月××日

局长意见：

　　同意侦查终结，请检察长审批。

×××
××××年××月××日

处长意见：

同意侦查终结，请局长审批。

×××

××××年××月××日

××市人民检察院
侦查终结报告

×检反贪侦终字〔×〕第×号

犯罪嫌疑人杨××，男，××岁，身份证号码：××××，汉族，××市××县人，博士，中共党员，系××市移民局规划处副处长，现住××市××区××街××号，非人大代表、非政协委员，无犯罪前科。

一、案件来源及诉讼经过

2005年6月，××市公安局经侦总队在办理田××诈骗案的过程中，发现××市移民局规划处副处长杨××涉嫌职务犯罪，遂将此线索移交我院，要求依法查处，经检察长批准，我们立即对此线索进行了初查，经初查查明杨××确有犯罪事实存在，应当追究刑事责任。2005年6月27日，经检察长批准，我院以涉嫌玩忽职守罪和受贿罪对其立案侦查，同日经本院决定并由××市公安局对其执行刑事拘留，同年7月11日经××省检察院决定并由××市公安局对其执行逮捕，因该案案情复杂，期限届满不能侦查终结，经××省检察院批准，于2005年9月10日由重庆市公安局北碚区分局依法对其延长侦查羁押期限一个月（延长期限自2005年9月11日起至10月10日止），现押于××市看守所。经讯问犯罪嫌疑人、询问证人、调取相关书证，全案事实已经查清，现将侦查查明的事实和处理意见报告如下：

二、案件事实和证据

（一）犯罪嫌疑人杨××收受××水泥厂经理陈××贿赂1万元的事实和证据

2002年9月初，时任××市移民局规划处副处长的杨××在××县进行第三批个案抽核工作中，与时任该县经贸委副主任兼经发局局长的张××（另案处理）相识，在抽核工作结束的当天晚上，张××在该县城××夜总会走廊内将本县水泥厂经理陈××请他转送给杨××的人民币现金1万元塞给杨××，并对杨××说明这钱是××县水泥厂送给他的，希望他帮忙让水泥厂个案复核能顺利通过。杨××听后收下了这1万元钱。后来，水泥厂个案复核顺利通过。杨

××将这1万元放在其在市移民局的单身宿舍，全部用于个人日常开支。

上述事实有下列证据证明：

……

（二）犯罪嫌疑人杨××收受××职业高级中学校长赵××贿赂1万元的事实和证据

2004年4月，时任××市移民局后期扶持处副处长的杨××出差，通过××县移民局局长向××介绍认识了××职业高级中学（以下简称"××职中"）校长赵××。赵××在请杨××吃饭时，谈到××职中有一个后扶移民培训项目需要××市移民局批准后，资金才能拨付，希望杨××能帮忙。杨××表示会尽全力帮忙。在杨××所住宾馆房间内，当着××职中总务处主任郎××、向××的面，赵××送给杨××人民币现金1万元。事后，经赵××签字，郎××用餐费和劳务发票将这1万元在学校财务作了报销。2004年6月，××职中后扶移民培训项目顺利通过××市移民局审核。

上述事实有下列证据证明：

……

三、需要说明的问题

1. 犯罪嫌疑人杨××在侦查期间，能够主动交代检察机关尚不掌握的全部受贿罪行，应视为自首，其认罪态度较好，有悔罪表现。

2. 犯罪嫌疑人杨××的行为不构成玩忽职守罪，其理由如下：……

3. 杨××符合取保候审的条件，应予取保。理由如下：……

四、扣押赃款赃物情况

本案中，依法扣押了杨××所退赃款人民币20000元，现保管于本院财务室。

五、处理意见

1. 犯罪嫌疑人杨××，身为国家机关工作人员，在担任市移民局规划处副处长和后期扶持处副处长期间，利用职务上的便利，为他人谋取利益，收受他人贿赂总计人民币20000元，其行为已触犯《中华人民共和国刑法》第三百八十五条之规定，涉嫌受贿罪。根据《中华人民共和国刑事诉讼法》第一百六十六条之规定，拟侦查终结，并将本案移送审查起诉。

2. 我院所扣赃款人民币20000元，待本案判决后依法处理。

当否，请批示。

承办人：×××　×××

××××年××月××日

二、侦查终结报告概述

侦查终结报告是人民检察院职务犯罪侦查部门承办案件的检察人员依据《刑事诉讼法》第166条的规定，对直接受理立案侦查的刑事案件，通过侦查认为案件事实已经查清，证据确实、充分，足以认定犯罪嫌疑人是否犯罪和是否应对其追究刑事责任而决定结束侦查，依法对案件作出处理或提出处理意见报请检察长或检察委员会决定，所制作的检察业务工作文书。

《人民检察院刑事诉讼规则（试行）》第286条规定："人民检察院经过侦查，认为犯罪事实清楚，证据确实、充分，依法应当追究刑事责任的案件，应当写出侦查终结报告，并且制作起诉意见书。对于犯罪情节轻微，依照刑法规定不需要判处刑罚或者免除刑罚的案件，应当写出侦查终结报告，并且制作不起诉意见书。侦查终结报告和起诉意见书或者不起诉意见书由侦查部门负责人审核，检察长批准。"

人民检察院职务犯罪侦查部门在对职务犯罪案件经过侦查完成了证据收集工作，获取足以证实犯罪的证据时，或经过侦查没有查获证实犯罪的足够证据，或查明犯罪情节显著轻微不认为是犯罪而没有继续侦查必要的，就应及时终结侦查，由承办案件的检察人员制作《侦查终结报告》，报经职务犯罪侦查部门负责人同意后，再报请检察长或检察委员会决定，从而结束侦查活动。

侦查终结报告是侦查思路和行为及其成果的集中体现和综合反映，是对整个侦查活动的总结和归纳。侦查终结报告的质量是检察机关公诉工作质量的基础。好的侦查终结报告可以为公诉工作奠定良好的基础和保障，有利于公诉工作高质高效地得以运转。另外，侦查终结报告又是检察机关对侦查工作质量实施法律监督的法定的、有效的载体。通过侦查终结报告，可以对侦查活动进行全面的审视与检阅。

侦查终结报告反映了案件侦查的过程和结果，是侦查工作的记录，是结束侦查程序，制作《起诉意见书》、《不起诉意见书》、《拟撤销案件意见书》以及《撤销案件决定书》的依据。对于检察人员汇报案件和集体讨论研究案件有重要的实用价值，是检察长和检察委员会决定案件如何处理的重要依据。

三、侦查终结报告的基本内容与制作要求

（一）犯罪嫌疑人基本情况

这一部分应包括犯罪嫌疑人姓名，性别，年龄，身份证号，民族，文化程度，职业或工作单位职务，政治面貌，如是人大代表、政协委员，一并写明具体级、届代表、委员及代表、委员号，现住址，有无犯罪前科。案件有多名犯

罪嫌疑人的，应逐一写明。

（二）案件来源，案由及诉讼经过

这一部分应写明案件线索来源，包括单位或公民举报、上级交办、有关部门移送、本院其他部门移交以及办案中发现等。还要写明案件侦查的各个法律程序时间，如初查、立案、侦查终结的时间，写明采取的强制措施的种类、采取的时间、强制措施的变更情况，延长侦查羁押期限的情况及羁押处所等。

（三）侦查认定涉嫌犯罪的事实和证据

要概括叙写经侦查认定的犯罪事实，包括犯罪时间、地点、经过、手段、目的、动机、危害后果等与定罪有关的事实要素，要注意根据具体案件情况，围绕刑法规定的犯罪构成要件、犯罪特征，简明扼要地叙写。对于只有一个犯罪嫌疑人的案件，犯罪嫌疑人实施多次犯罪的，犯罪事实要分行逐一叙写，同时触犯多个罪名的犯罪嫌疑人的犯罪事实应该按照主次顺序分类列举。对于共同犯罪的案件，写明共同犯罪事实及各自在共同犯罪中的地位和作用后，要按照犯罪嫌疑人的主次顺序，分别叙明各个犯罪嫌疑人的单独犯罪事实。对多起犯罪的要逐一列写，并在之后列出认定该起犯罪事实的相关证据，在叙述清楚犯罪事实后，另起一段以"上述事实有下列证据证明："引出对证据的列举。对于有数个犯罪事实的，要在每叙述一个犯罪事实后，列举出相关的证据。列写证据时，首先列写犯罪嫌疑人的供述；其次列写证人证言；最后列写书证、物证、鉴定意见等证据材料，证据后要简要写明证明的主要内容。

（四）需要说明的问题

这部分的主要目的是对案件事实和证据部分进行解释和补充。主要包括如下内容：（1）有关自首、立功等量刑情节的认定和说明；（2）证据问题，着重说明在证据之间存在冲突的情况下，如何采信证据认定事实；（3）在案件定性有争议时，要对各种争议观点逐一分析，重点阐述其成立或不成立的理由；（4）如有不构成犯罪或经侦查后无法认定为犯罪的事实，简要叙明事实内容并依据事实和法律规定及司法实践论证犯罪嫌疑人的行为不构成犯罪或无法认定为犯罪的理由；（5）其他需要说明的问题，包括强制措施的改变，办案中发现的个人或单位违法违纪问题、发现的案件线索以及其他与本案有关应当在侦查终结时一并处理的问题。

（五）扣押款物情况

这一部分应写明在侦查过程中，扣押赃款赃物的种类、数量及保存处所。

（六）对本案结论和处理意见

这部分首先应概括说明犯罪嫌疑人的行为特征及其触犯的刑法条文和涉嫌罪名，最后根据事实和法律，对案件处理提出意见。另外，案件如扣押了赃款赃物，还应写明对扣押的赃款赃物处理意见。

（七）审签意见

部门负责人意见，写明是否同意侦查终结，并由部门负责人签名。检察长意见，由检察长签署，写明是否同意侦查终结。

第四节 补充侦查终结报告

一、补充侦查终结报告范例

检察长意见：
　　同意。

　　　　　　　　　　　　　　　　　　　　×××
　　　　　　　　　　　　　　　　××××年××月××日

局长意见：
　　同意，请检察长审批。

　　　　　　　　　　　　　　　　　　　　×××
　　　　　　　　　　　　　　　　××××年××月××日

处长意见：
　　同意，请局长审批。

　　　　　　　　　　　　　　　　　　　　×××
　　　　　　　　　　　　　　　　××××年××月××日

**××市人民检察院
补充侦查终结报告**

×检反贪补侦字〔×〕第×号

200×年6月13日，犯罪嫌疑人赵××涉嫌贪污、受贿案侦查终结并移送本院公诉处审查起诉。由于犯罪嫌疑人赵××拒不供认，赵××之子犯罪嫌疑人赵×松在境外未归案，使本案赃款去向问题一直未能解决。200×年7月11日本院公诉处将本案退回我局补充侦查，《退回补充侦查提纲》要求查明赵××贪污、受贿所得赃款的去向。7月5日，我院在调查中查明赵×松已返回国内，经严密布控，7月15日在××市将赵×松抓获，经讯问犯罪嫌疑人赵×

松，查明了赵××通过赵×松收受贿赂和将赃款交给赵×松保管的事实和证据，现将补充侦查情况报告如下：

一、赵××将赃款交给其子赵×松保管的事实及证据

199×年至199×年期间，犯罪嫌疑人赵××将国家下达到××市的××万吨化肥进口配额倒卖到沿海地区。在倒卖过程中，赵××先后收受贿赂350万元，贪污公款250万元。为保管这些赃款，赵×松还按赵××要求，以其本人、李×艳、李×博、李×贵、王×渝、王×林、王×伟的名字作户名，将赵××交其保管的400万元人民币存入在××市的各家银行。赵×松先后在××市租用银行保管箱1个，以其妻李×艳名义租用银行保管箱1个，并将这400万元的存折存单和200万元人民币现金放在保管箱中。

上述事实有下列证据予以证明：

……

二、补充侦查期间扣押赃款赃物情况

1. 赵×松在农业银行××分行开设的2××号保管箱内的人民币现金100万元，李×艳、李×博、李×贵存折各1个。

2. 李×艳在东亚银行××分行开设的5××号保管箱内的人民币现金100万元，王×林、王×渝、王×伟存折各1个。

三、补充侦查结论

1. 综上所述，犯罪嫌疑人赵××将贪污、受贿所得赃款600万元，全部交给其子赵×松保管，赃款去向已查明，根据《中华人民共和国刑事诉讼法》第一百六十六条的规定，拟移送本院公诉处审查起诉。

2. 对已扣押的现金人民币200万元和存折存单中的人民币400万元，待法院判决后依法处理。

当否，请批示。

承办人：×××　×××
××××年××月××日

二、补充侦查终结报告概述

补充侦查终结报告是人民检察院职务犯罪侦查部门承办案件的检察人员依据《刑事诉讼法》第171条的规定，按照公诉部门的退回补充侦查意见，就案件的部分事实和情节进行补充侦查后，决定结束侦查，依法对案件做出处理或提出处理意见报请检察长或检察委员会决定，所制作的检察业务工作文书。

补充侦查，是指公安机关或者人民检察院依照法定程序，在原有侦查工作

基础上，就案件的部分事实、情节继续进行侦查的诉讼活动。补充侦查并不是每个刑事案件都必须经过的法定程序，一般情况下，应根据公诉部门的补充侦查意见进行。

依据《人民检察院刑事诉讼规则（试行）》第381条、第382条及《关于人民检察院办理直接受理立案侦查案件实行内部制约的若干规定》第10条的规定，对于公诉部门退回补充侦查的案件，原侦查部门应当根据退补意见，对案件事实、证据和定性处理意见进行审查，并分别处理：（1）原认定犯罪事实清楚，证据不够充分的，应当进行补充侦查，补充侦查前办案人应根据公诉部门提供的补侦要求制作补充侦查计划，经批准后实施。补充证据后，办案人制作《补充侦查报告》，经部门负责人审核后报检察长批准，将补充侦查情况说明连同补充的证据，移送审查起诉部门审查。（2）对于证据确实难以补充的案件，办案人应当作出书面说明，经部门负责人审核，检察长批准，移送公诉部门。（3）在补充侦查过程中，发现新的同案犯罪嫌疑人或者新的罪行，需要追究刑事责任的，应当重新制作《起诉意见书》，移送审查起诉部门审查。（4）发现原认定的犯罪事实有重大变化，或不应当追究刑事责任的，应当重新提出处理意见。（5）原认定犯罪事实清楚、证据确实、充分的，侦查部门应当说明理由，移送审查起诉部门审查。（6）对于退回补充侦查的案件，应当在1个月以内补充侦查完毕。补充侦查以二次为限。

补充侦查终结报告依据《人民检察院刑事诉讼规则（试行）》第381条、第382条及《关于人民检察院办理直接受理立案侦查案件实行内部制约的若干规定》第10条的规定制作。记载补充侦查的情况和结论，对于检察人员汇报案件和集体讨论研究案件有重要的实用价值，是检察长决定案件的重要依据。

三、补充侦查终结报告的基本内容与制作要求

1. 公诉部门的退回补充侦查意见。

2. 补充侦查认定涉嫌犯罪的事实和证据。对多起犯罪的要逐一列写，并在之后列出认定该起犯罪事实的相关证据，列写犯罪事实要紧紧围绕犯罪构成要件完整、简要地叙述；列写证据时，首先写犯罪嫌疑人的供述，其次列写证人证言，最后列写书证等证据材料，证据后要简要写明证明的主要内容。

3. 需要说明的问题。这部分的主要目的是对案件事实和证据部分进行解释和补充。主要包括如下内容：（1）有关自首、立功等量刑情节的认定和说明；（2）证据问题，着重说明在证据之间存在冲突的情况下，如何采信证据认定事实；（3）在案件定性有争议时，要对各种争议观点逐一分析，重点阐

述其成立或不成立的理由；（4）如有不构成犯罪或经侦查后无法认定为犯罪的事实，简要叙明事实内容并依据事实和法律规定及司法实践论证犯罪嫌疑人的行为不构成犯罪或无法认定为犯罪的理由；（5）其他需要说明的问题，包括强制措施的改变，办案中发现的个人或单位违法违纪问题、发现的案件线索以及其他与本案有关应当在侦查终结时一并处理的问题。

4. 补充侦查扣押款物情况。这一部分应写明在补充侦查过程中，扣押赃款赃物的种类、数量及保存处所。

5. 补充侦查结论和处理意见。这部分首先应概括说明犯罪嫌疑人的行为特征及其触犯的刑法条文和涉嫌罪名，最后根据事实和法律，对案件处理提出意见。另外，补充侦查中如扣押了赃款赃物，还应写明对扣押的赃款赃物处理意见。

6. 审签意见。部门负责人意见，写明是否同意补充侦查终结，并由部门负责人签名。检察长意见，由检察长签署，写明是否同意补充侦查终结。

第五节　起诉意见书

一、起诉意见书范例

检察长意见：
　　同意移送审查起诉。

　　　　　　　　　　　　　　　　　　　×××
　　　　　　　　　　　　　　　　××××年××月××日

局长意见：
　　同意移送审查起诉，请检察长审批。

　　　　　　　　　　　　　　　　　　　×××
　　　　　　　　　　　　　　　　××××年××月××日

处（科）长意见：
　　同意移送审查起诉，请局长审批。

　　　　　　　　　　　　　　　　　　　×××
　　　　　　　　　　　　　　　　××××年××月××日

起诉意见书

×检反贪移诉〔×〕×号

犯罪嫌疑人蒋××,男,××××年××月××日生,身份证号:××××,汉族,研究生,中共党员,××市××县人,系××市××县教育局局长,现住××市××县××路××号。

案由及案件来源:本案由××市纪委在查办专案过程中,发现××市××县教育局局长蒋××涉嫌受贿犯罪,遂将此线索移交到我院,要求依法查处,经检察长批准,我们立即对此线索进行了初查,经初查查明蒋××确有犯罪事实存在,应当追究刑事责任。200×年8月5日,经分管检察长批准,我院以涉嫌受贿罪对其立案侦查,同日经本院决定由××市××公安分局对其刑事拘留,同年8月18日对其取保候审。

犯罪嫌疑人蒋××受贿一案,现已侦查终结。

经依法侦查查明的犯罪事实如下:

一、收受××中学教师吴××5000元贿赂的犯罪事实

200×年5月,××中学教师吴××找到时任××县教育局局长的蒋××请其帮忙将他从××中学调到巴×中学工作,蒋××答应帮忙并让其参加巴×中学的双向选择测试。之后,蒋××向当时××县教育局工作人员郭××,巴×中学校长林××打招呼,要其照顾吴××到巴×中学应聘参选。同年8月,吴××顺利调入巴×中学工作。同年10月,吴××为了感谢蒋××帮忙调动了工作,到蒋××办公室送给蒋5000元人民币。

认定上述事实的证据如下:

……

二、收受××中学教师夏××10000元贿赂的犯罪事实

200×年7月,××中学教师夏××找到时任××县教育局局长的蒋××请其帮忙将他从××中学调到东×中学工作,蒋××答应帮忙。之后,蒋××向当时××县教育局工作人员郭××,东×中学校长熊××打招呼,要其办理夏××调到东×中学的事。同年8月,夏××顺利调入东×中学工作。第二年春节期间的一天,夏××为了感谢蒋××帮忙调动了工作,到蒋××家里送给蒋10000元人民币。

认定上述事实的证据如下:

......

上述犯罪事实清楚，证据确实、充分，足以认定。

犯罪嫌疑人蒋××在侦查期间，能够主动交代检察机关尚不掌握的问题；其认罪态度较好，有悔罪表现。

综上所述，犯罪嫌疑人蒋××，身为国家机关工作人员，利用职务上的便利，收受贿赂总计人民币15000元，其行为已触犯《中华人民共和国刑法》第三百八十五条之规定，涉嫌受贿罪。根据《中华人民共和国刑事诉讼法》第一百六十六条和《人民检察院刑事诉讼规则（试行）》第二百八十六条、第二百八十七条之规定，移送审查起诉。

扣押的赃款15000元人民币随案移送。

此致

××市××区人民检察院公诉科

××市××区人民检察院反贪污贿赂局（印）

××××年××月××日

附：1. 随案移送案件卷宗两册；
2. 犯罪嫌疑人蒋××现取保候审；
3. 扣押财物、文件清单一份。

二、起诉意见书概述

起诉意见书是人民检察院职侦部门承办案件的检察人员依据《刑事诉讼法》第160条、第162条、第166条的规定对于人民检察院直接立案侦查的刑事案件经侦查终结后，将案件移送公诉部门审查起诉时，所制作的检察业务工作文书。

起诉意见书为人民检察院侦查部门在案件侦查终结后，认为应当对犯罪嫌疑人提起公诉，需要将案件移送公诉部门审查时适用。

《刑事诉讼法》第166条规定："人民检察院侦查终结的案件，应当作出提起公诉、不起诉或者撤销案件的决定。"而根据《刑事诉讼法》第160条的规定，公安机关侦查终结的案件，应当做到犯罪事实清楚，证据确实、充分。并且写出起诉意见书，连同案卷材料、证据一并移送同级人民检察院审查决定。这一规定同样适用于人民检察院直接立案侦查的案件。为了保证检察机关正确行使检察权，人民检察院在办理直接立案侦查的案件中，实行侦查、审查逮捕和审查起诉分别由不同的部门进行的内部监督制约工作机制。

《人民检察院刑事诉讼规则（试行）》第 286 条、第 287 条、第 289 条明确规定，人民检察院经过侦查，认为犯罪事实清楚，证据确实、充分，依法应当追究刑事责任的案件，应当写出侦查终结报告，并且制作起诉意见书。起诉意见书由侦查部门负责人审核，检察长批准。提出起诉意见的，侦查部门应当将起诉意见书，查封、扣押、冻结的犯罪嫌疑人的财物及其孳息、文件清单以及对查封、扣押、冻结的涉案款物的处理意见和其他案卷材料，一并移送本院公诉部门审查。国家或者集体财产遭受损失的，在提出提起公诉意见的同时，可以提出提起附带民事诉讼的意见。上级人民检察院侦查终结的案件，依照刑事诉讼法的规定应当由下级人民检察院提起公诉的，应当将有关决定、侦查终结报告连同案卷材料、证据移送下级人民检察院，由下级人民检察院按照上级人民检察院有关决定交侦查部门制作起诉意见书，移送本院公诉部门审查。下级人民检察院公诉部门认为应当对案件补充侦查的，可以退回本院侦查部门补充侦查，上级人民检察院侦查部门应当协助。下级人民检察院认为上级人民检察院的决定有错误的，可以向上级人民检察院提请复议，上级人民检察院维持原决定的，下级人民检察院应当执行。

起诉意见书记载了案件侦办过程，概括阐明了职侦部门经侦查认定的犯罪嫌疑人涉嫌犯罪的事实和证据，对公诉部门作出是否提起公诉的处理有着重要影响。

三、起诉意见书的基本内容与制作要求

（一）首部

主要内容包括：（1）文书名称，即"起诉意见书"；（2）文书编号，即"×检×移诉〔×〕×号"，叉号处依次为制作文书的人民检察院简称、具体办案部门简称、年度和文书序号。这里不需要在文书名称上方写明制作文书的人民检察院名称，因为这是人民检察院内部各部门之间适用的文书。

（二）犯罪嫌疑人基本情况

包括犯罪嫌疑人姓名；性别；出生年月日；身份证号码；籍贯、出生地；民族；文化程度；职业或者工作单位及职务，有变动的可以具体说明，尤其是在作案时在何单位任何职务要写清楚；政治面貌，即属何党派，是否中国共青团团员；若系人大代表或者政协委员，要写明其具体级、届代表、委员及代表、委员号、所任职务；现家庭住址；犯罪嫌疑人简历及前科情况，简历情况如果在职业、工作单位及职务和政治面貌部分不能全面反映，要在这里集中说明，前科情况还包括犯罪嫌疑人因违法犯罪行为所受到的行政处罚或者处分。案件中有多名犯罪嫌疑人的，要根据其罪行由重到轻分行逐一写明其基本情

况。单位犯罪案件中，应当写明单位的名称、地址、组织机构代码、法定代表人姓名、性别、身份证号码、联系方式。

（三）案由、案件来源及办理过程

这一部分主要包括以下内容：案由，即犯罪嫌疑人涉嫌的罪名，可以表述为"犯罪嫌疑人×××（姓名）涉嫌×××（罪名）一案"；案件来源，即检察机关获取案件线索或者受理案件的来源，具体包括单位或者公民举报、上级交办、有关部门移送、本院其他部门移交以及办案中发现等，在表述时概括简明，对于具体的姓名、名称不能指明；立案侦查情况，简要写明初查、立案等各个法律程序的具体时间；采取强制措施的情况，具体写明对犯罪嫌疑人采取的强制措施种类、采取的时间、强制措施变更情况及依法延长侦查羁押期限的具体情况。

（四）案件事实、证据及量刑情节

在这一部分首先要单起一段写明本案已经侦查终结，可以表述为"犯罪嫌疑人×××（姓名）涉嫌×××（罪名）一案，现已侦查终结"。然后另起一段以"经依法侦查查明："引出以下内容：

1. 案件事实。概括叙写经侦查认定的犯罪事实，包括犯罪时间、地点、经过、手段、目的、动机、危害后果等与定罪有关的事实要素，要注意根据具体案件情况，围绕刑法规定的犯罪构成要件、犯罪特征，简明扼要地叙写。对于只有一个犯罪嫌疑人的案件，犯罪嫌疑人实施多次犯罪的，犯罪事实要分行逐一叙写，同时触犯多个罪名的犯罪嫌疑人的犯罪事实应该按照主次顺序分类列举。对于共同犯罪的案件，写明共同犯罪事实及各自在共同犯罪中的地位和作用后，要按照犯罪嫌疑人的主次顺序，分别叙明各个犯罪嫌疑人的单独犯罪事实。

2. 证据。在叙述清楚犯罪事实后，另起一段以"认定上述事实的证据如下："引出对证据的列举。对于有数个犯罪事实的，要在每叙述一个犯罪事实后，列举出相关的证据。在叙述清楚犯罪事实和证据后，要另起一段以"上述犯罪事实清楚，证据确实、充分，足以认定"表明对案件事实和证据叙述的结束。

3. 案件情节。具体写明犯罪嫌疑人立功、自首等影响量刑的从重、从轻、减轻、免除处罚等犯罪情节。

（五）犯罪性质认定及移送审查起诉的依据

这一部分的内容主要包括：（1）概括说明犯罪嫌疑人的行为特征及其触犯的刑法条文和涉嫌罪名。可以表述为："综上所述，犯罪嫌疑人×××（姓名）利用职务之便，向×××（姓名）索取贿赂××万元，其行为已触犯《中华人民共和国刑法》第×××条之规定，涉嫌×××（罪名）。"（2）移送案件的法律依据及扣押款物情况。可以接前表述为："依照《中华人民共和国刑事诉讼法》第×××条移送审查起诉。查封、扣押、冻结财物、文件清单随案移送。"

（六）尾部

主要包括：送达部门，以单独成行居中的"此致"二字，引出另起一行的受文部门审查起诉部门名称，可以表述为"公诉处"、"公诉科"等；侦查部门名称及移送审查起诉的年、月、日，并加盖侦查部门印章。

另外，起诉意见书要根据需要列明附注事项，一般包括：随案移送的案卷材料、证据；犯罪嫌疑人现在处所，如果被羁押的，写明羁押处所，等等。

第六节　不起诉意见书

一、不起诉意见书范例

检察长意见：

同意移送审查不起诉。

×××
××××年××月××日

局长意见：

同意移送审查不起诉，请检察长审批。

×××
××××年××月××日

处（科）长意见：

同意移送审查不起诉，请局长审批。

×××
××××年××月××日

不起诉意见书

×检反贪不诉〔×〕×号

犯罪嫌疑人崔××，男，××××年××月××日生，身份证号：××××，汉族，大学文化，××市××有限责任公司总经理。现住××市××区××

路××号。

犯罪嫌疑人钟××，女，××××年××月××日生，身份证号：××××，汉族，大学文化，××市××有限责任公司副总经理。现住××市××区××路××号。

犯罪嫌疑人崔××、钟××挪用公款一案，本院于200×年8月27日立案侦查，同日经本院决定并由××市××区公安分局对二人刑事拘留，同年9月5日对其取保候审。现已侦查终结。

经依法侦查查明：200×年10月××市轻纺控股集团公司下属的国有控股公司××市嘉轩汽车密封件有限责任公司总经理崔××与副总经理钟××共谋，利用职务之便，以该公司名义向钟××的女婿石××借款10万元，作为石××的出资用于××公司的注册验资，200×年11月23日，10万元借款全部归还。

认定上述犯罪事实的证据如下：

……

综上所述，犯罪嫌疑人崔××、钟××利用职务之便，擅自挪用公款供他人进行营利活动，其行为已触犯《中华人民共和国刑法》第三百八十四条之规定，涉嫌挪用公款罪。鉴于二犯罪嫌疑人犯罪情节轻微，根据《中华人民共和国刑事诉讼法》第一百六十六条和第一百七十三条第二款的规定，移送审查不起诉。

此致
××市××区人民检察院公诉科

××市××区人民检察院反贪污贿赂局（印）
××××年××月××日

附：1. 随案移送案件卷宗两册；
2. 犯罪嫌疑人崔××、钟××现取保候审。

二、不起诉意见书概述

不起诉意见书是人民检察院职侦部门承办案件的检察人员依据《刑事诉讼法》第166条、第173条的规定对于人民检察院直接立案侦查的刑事案件侦查终结后，认为犯罪嫌疑人犯罪情节轻微，依照刑法规定不需要判处刑罚或者免除刑罚的，需要作出不起诉决定，将案件移送公诉部门审查时，所制作的检察业务工作文书。

不起诉意见书为人民检察院侦查部门在案件侦查终结后，认为犯罪嫌疑人犯罪情节轻微，依照刑法规定不需要判处刑罚或者免除刑罚，需要作出不起诉决定，将案件移送公诉部门审查时适用。

《刑事诉讼法》第 166 条规定："人民检察院侦查终结的案件，应当作出提起公诉、不起诉或者撤销案件的决定。"第 173 条第 2 款规定："对于犯罪情节轻微，依照刑法规定不需要判处刑罚或者免除刑罚的，人民检察院可以作出不起诉决定。"根据上述规定，人民检察院直接立案侦查的案件侦查终结后，对于符合《刑事诉讼法》第 173 条第 2 款规定的，可以依法作出不起诉决定。在人民检察院内部，侦查和审查起诉分由不同部门承担，对于需要根据《刑事诉讼法》第 173 条第 2 款规定对犯罪嫌疑人作出不起诉决定的，侦查部门不能自行承办，而应当移送公诉部门审查决定。对此，《人民检察院刑事诉讼规则（试行）》第 286 条、第 287 条明确规定，人民检察院侦查部门经过侦查，认为犯罪情节轻微，依照刑法规定不需要判处刑罚或者免除刑罚的案件，侦查人员应当写出侦查终结报告，并制作《不起诉意见书》；侦查部门应当将起诉意见书或者不起诉意见书，查封、扣押、冻结的犯罪嫌疑人的财物及其孳息、文件清单以及对查封、扣押、冻结的涉案款物的处理意见和其他案卷材料，一并移送本院公诉部门审查。《不起诉意见书》由侦查部门负责人审核，检察长批准。

不起诉意见书记载了案件侦办过程，概括阐明了职侦部门经侦查认定的犯罪嫌疑人涉嫌犯罪的事实和证据，对公诉部门作出是否不提起公诉的处理有着重要影响。

三、不起诉意见书的基本内容与制作要求

（一）首部

主要内容包括：（1）文书名称，即"不起诉意见书"；（2）文书编号，即"×检×移不诉〔×〕×号"，叉号处依次为制作文书的人民检察院简称、具体办案部门简称、年度和文书序号。应当注意，这里不需要在文书名称上方写明制作文书的人民检察院名称，因为这是人民检察院侦查部门与公诉部门之间适用的文书。

（二）犯罪嫌疑人基本情况

包括犯罪嫌疑人姓名，性别，出生年月日，身份证号码，籍贯、出生地，民族，文化程度，职业或者工作单位及职务，有变动的可以具体说明，尤其是在作案时在何单位任何职务要写清楚；政治面貌，即属何党派，是否中国共青团团员；如系人大代表或者政协委员，要写明其具体级、届代表、委员及代表、委员号、所任职务；现家庭住址；犯罪嫌疑人简历及前科情况，简历情况如果在职业、工作单位及职务和政治面貌部分不能全面反映，要在这里集中说明，前科情况还包括犯罪嫌疑人因违法犯罪行为所受到的行政处罚或者处分。如果需要对同案中多名犯罪嫌疑人作出不起诉决定的，要根据其罪行由重到轻分行逐一写明其基本情况。单位犯罪案件中，应当写明单位的名称、地址、组织机构代码、法定代表人姓名、性别、身份证号码、联系方式。

（三）案由及办理过程

这一部分主要包括以下内容：案由，即犯罪嫌疑人涉嫌的罪名，可以表述为"犯罪嫌疑人×××（姓名）涉嫌×××（罪名）一案"；立案侦查情况，简要写明初查、立案等各个法律程序的具体时间；采取强制措施的情况，具体写明对犯罪嫌疑人采取的强制措施种类、采取的时间、强制措施变更情况及依法延长侦查羁押期限的具体情况；最后写明本案"现已侦查终结"。

（四）案件事实、证据

在这一部分以"经依法侦查查明："引出以下内容：

1. 案件事实。叙述犯罪嫌疑人的犯罪事实，先按照其触犯罪名的犯罪构成作概括性的叙述，然后再逐一叙写经侦查认定的涉嫌犯罪事实，包括犯罪时间、地点、经过、手段、目的、动机。危害后果等与认定犯罪有关的事实要素，要注意根据具体案件情况，围绕刑法规定的犯罪构成要件、犯罪特征，简明扼要地叙写。对于只有一个犯罪嫌疑人的案件，犯罪嫌疑人实施多次犯罪的，犯罪事实要分行逐一叙写，同时触犯数个罪名的犯罪嫌疑人的犯罪事实应该按照主次顺序分类列举。对于共同犯罪的案件，写明共同犯罪事实及各自在共同犯罪中的地位和作用后，要按照犯罪嫌疑人的主次顺序，分别叙明各个犯罪嫌疑人的单独犯罪事实。

2. 证据。在叙述清楚犯罪事实后，另起一段对相关证据进行列举。对于有数个犯罪事实的，要在每叙述一个犯罪事实后，列举出相关的证据。证据包括经侦查获取的能够证明犯罪嫌疑人的行为构成犯罪并且需要追究刑事责任的证据。

（五）行为性质认定及提出不起诉意见的理由、依据

这一部分的内容主要包括：（1）概括说明犯罪嫌疑人的行为特征及其触犯的刑法条文和涉嫌罪名。可以表述为"综上所述，犯罪嫌疑人×××（姓名）利用职务之便，向×××（姓名）索取贿赂××元，其行为已触犯《中华人民共和国刑法》第×××条之规定，涉嫌×××（罪名）"。（2）提出不起诉意见的事实理由，这里要具体写明犯罪情节轻微，不需要判处刑罚或者免除刑罚的具体情形。（3）提出不起诉意见的法律依据及扣押款物处理意见。可以接前表述为"根据《中华人民共和国刑法》第×××条之规定，不需要

判处刑罚（或者应当免除刑罚），根据《中华人民共和国刑事诉讼法》第一百六十六条和第一百七十三条第二款之规定，移送审查不起诉"。(4) 提出对查封、扣押、冻结物品、文件处理建议。

（六）尾部

主要包括：送达部门，以单独成行居中的"此致"二字，引出另起一行的受文部门审查起诉部门名称，可以表述为"公诉处"、"公诉科"等；侦查部门名称及移送审查起诉的年、月、日，并加盖侦查部门印章。

另外，不起诉意见书要根据需要列明附注事项，一般包括：随案移送的案卷材料、证据；犯罪嫌疑人现在处所，如果被羁押的，写明羁押处所；查封、扣押、冻结物品、文件清单等等。

第七节 职务犯罪侦查业务填充式法律文书

一、移送案件通知书

（一）移送案件通知书概述

移送案件通知书，是人民检察院对所接受的报案、控告、举报和自首的材料，以及自行发现的犯罪案件线索材料，经过审查，认为属于其他机关主管或者管辖，决定将案件移送该机关后，把该结果通知报案人、控告人或者举报人、自首人时所制作的法律文书。本文书是依据《刑事诉讼法》第107条、第108条第3款、第4款和《人民检察院刑事诉讼规则（试行）》第157条第2项的规定制作。

（二）移送案件通知书的基本内容及制作要求

移送案件通知书为四联填充式法律文书，四联的具体格式、内容如下：

1. 第一联存根

（1）首部。除在文书名称下方标明"（存根）"字样以示区别外，与第二联完全相同。

（2）正文。包括十项内容，按次序依次为：案由，即涉嫌罪名；犯罪嫌疑人的基本情况，包括犯罪嫌疑人的姓名、性别、年龄、工作单位和住址、身份证号码、是否人大代表、政协委员；报案（控告、举报、自首）人的姓名、名称；送达单位，即管辖机关；移送时间；移送原因，即案件属于接受移送的机关主管或管辖；批准人；承办人；填发人；填发时间。

在该联下方，印有"第一联统一保存"字样，表明该联应当与其他存根统一由制作部门保存备查。

2. 第二联正本

（1）首部。包括：制作文书的人民检察院的名称；文书名称，即"移送案件通知书"；文书编号，即"检移〔〕号"，空格处依次填写人民检察院简称、具体办案部门简称、年度和序号。

（2）正文。包括以下内容：报案人、控告人、举报人或者自首人的姓名、名称；案件来源情况，四处空白按顺序应当依次填写报案、控告、举报、自首的年、月、日和特定案件情况，有犯罪嫌疑人的应当写明犯罪嫌疑人的姓名和其所涉嫌的罪名，没有具体犯罪嫌疑人的，除案件性质外，还应当写明其他足以使案件特定化的情况；移送案件的原因，空白处应当写明该案属于什么机关主管或者管辖；通知事项，即移送情况，空白处应当填写接受移送案件的主管机关的名称。

（3）尾部。包括：制作文书的时间；制作文书的人民检察院的印章。

在该联下方，印有"第二联送达报案（举报、控告、自首）人"字样，表明该联用于送达报案人、控告人、举报人或者自首人。

3. 第三联

（1）首部。包括：制作文书的人民检察院的名称；文书名称，即移送案件通知书；文书编号，与第二联相同。

（2）正文。包括三项内容：案件来源情况，空白处依次写明收到案件的年、月、日和报案人、举报人、控告人或自首人的姓名、名称以及案件的名称；移送的理由及法律依据，即该案同于接受移送的机关主管或管辖；通知事项，即"现将本案及有关材料移送你（　　）管辖"。

（3）尾部。包括：送达机关的名称，即案件接受移送的主管或管辖机关；制作文书的时间；制作文书的人民检察院的印章。

在该联下方，印有"第三联送达管辖机关"字样，表明该联应当送达管辖机关。

4. 第四联回执

（1）首部。包括：制作文书的人民检察院的名称；文书名称，即移送案件通知书；"（回执）"字样；文号与前三联相同。

（2）正文。包括两项内容：发出案件移送通知书的人民检察院名称；回执内容：空白处填写接受案件单位收到案件的时间、移送案件的编号以及案件名称，要注明案件犯罪嫌疑人的姓名（名称）及案件的性质。

（3）尾部。包括：回执文书的制作时间；回执制作单位即案件管辖机关的公章。

(三) 移送案件通知书范例

××× **人民检察院**
移送案件通知书
（存根）

检 移 〔 〕 号

案由
犯罪嫌疑人基本情况（姓名、性别、年龄、工作单位、住址、身份证号码、是否人大代表、政协委员）
报案（举报、控告、自首）人
送达单位
移送时间
移送原因
批准人
承办人
填发人
填发日期

第一联统一保存

××× **人民检察院**
移送案件通知书

检 移 〔 〕 号

：
　　年　月　　日你报案（举报、控告、自首）的　　　　　一案，我院经审查认为　　　　　。根据《中华人民共和国刑事诉讼法》第一百零八条人条的规定，已将本案及有关材料移送　　　　　管辖。特此通知。

年　月　日
（院印）

第二联送达报案
（举报、控告、自首）人

××× **人民检察院**
移送案件通知书

检 移 〔 〕 号

　　　　　：
　　　　　年　月　　日　　　　　报案（举报、控告、自首）的　　　　　一案，我院经审查认为属于　　　　　管辖，根据《中华人民共和国刑事诉讼法》第一百零八条人条的规定，现将本案及有关材料移送你院。

此致

年　月　日
（院印）

第三联送达侦查机关

××× **人民检察院**
移送案件通知书
（回执）

检 移 〔 〕 号

　　　　　人民检察院：
　　你院　　　年　　月　　日以　　　　　号移送案件通知书移送的　　　　　一案收悉。

此复

年　月　日
（公章）

第四联退回后附卷

第七章 职务犯罪侦查业务文书

377

二、提请批准直接受理书

（一）提请批准直接受理书概述

提请批准直接受理书，是基层人民检察院或者分、州、市级人民检察院认为需要直接受理国家机关人员利用职权实施的刑事诉讼法明确规定由人民检察院直接立案侦查的犯罪以外的其他重大的犯罪案件，经检察委员会讨论决定，提请省级以上人民检察院批准时制作的法律文书。文书后应附案件情况报告以及其他有关材料，案件情况报告的主要内容包括案件来源、犯罪嫌疑人的基本情况、经审查认定的主要犯罪事实及证据、提请批准直接受理的理由和法律依据等。提请批准直接受理书是人民检察院在立案阶段制作的一种检察法律文书。

本文书适用的主体是基层人民检察院或者分、州、市级人民检察院，其适用对象为国家机关工作人员利用职权实施的刑事诉讼法明确规定由人民检察院直接立案侦查的犯罪以外的其他重大的犯罪案件。

本文书是依据《刑事诉讼法》第18条第2款和《人民检察院刑事诉讼规则（试行）》第10条的规定而制作。《刑事诉讼法》第18条第2款规定："贪污贿赂犯罪，国家工作人员的渎职犯罪，国家机关工作人员利用职权实施的非法拘禁、刑讯逼供、报复陷害、非法搜查的侵犯公民人身权利的犯罪以及侵犯公民民主权利的犯罪，由人民检察院立案侦查。对于国家机关工作人员利用职权实施的其他重大的犯罪案件，需要由人民检察院直接受理的时候，经省级以上人民检察院决定，可以由人民检察院立案侦查。"

（二）提请批准直接受理书的基本内容及制作要求

提请批准直接受理书为三联填充式法律文书。各联的具体格式、内容如下：

1. 第一联存根

（1）首部。包括：制作文书的人民检察院的名称；文书的名称，即"提请批准直接受理书"；存根标志，即"（存根）"；文书编号，与正本相一致。

（2）正文。共包括八项内容，按顺序依次为：案由，即涉嫌罪名；犯罪嫌疑人的基本情况，包括姓名、性别、年龄、工作单位、住址、身份证号码、是否人大代表、政协委员；提请批准直接受理的理由，可简单写明是立案监督，还是公安机关申请等理由；送达单位，即所在地的省级以上人民检察院；批准人；批准时间；办案人；办案部门；填发时间；填发人。

在该联下方，印有"第一联统一保存"字样，表明该联应当由制作部门与其他存根统一保存备查。

2. 第二联副本

该联的格式、内容与第三联基本相同，不同有二处：一是该联在文书名称下方标有"（副本）"字样；二是在该联下方印有"第二联附卷"字样，表明该联应当由制作文书的下级人民检察院存卷备查。

3. 第三联正本

（1）首部。包括：制作文书的人民检察院的名称；文书名称，即"提请批准直接受理书"；文书编号"检请受〔〕号"，空格处依次填写人民检察院简称、具体办案部门简称、年度和序号。

（2）正文。包括以下内容：送达机关，只能是省级以上人民检察院；案件来源，应写明人民检察院发现案件的渠道，是在侦查、办理其他案件时自行发现，或者是被害人认为公安机关应当立案侦查的案件而不立案侦查，向人民检察院提出直接受理的请求，还是公安机关由于负责人回避等原因，行使管辖权存在困难，主动要求人民检察院直接受理等；犯罪嫌疑人的姓名及涉嫌罪名。由于提请批准直接受理书是提请对依法由其他机关立案侦查的犯罪案件直接受理立案侦查，这里案由只能是贪污贿赂犯罪、国家工作人员的渎职犯罪、国家机关工作人员利用职权实施的非法拘禁、刑讯逼供、报复陷害、非法搜查的侵犯公民人身权利的犯罪以及侵犯公民民主权利的犯罪以外的犯罪。

（3）尾部。包括：制作文书的日期；制作文书的人民检察院的印章；附项，即案件情况报告。案件情况报告应较详细地叙述已经查明的案件情况，需要直接受理立案侦查的理由，并应附有其他有关材料，如公安机关或者被害人的申请，有关的证据，等等。

在该联下方，印有"第三联逐级上报省级以上人民检察院"字样，表明该联应当逐级上报省级以上人民检察院。

（三）提请批准直接受理书范例

×××人民检察院
提请批准直接受理书
（存根）

检请受〔 〕 号

案由
犯罪嫌疑人基本情况（姓名、性别、年龄、身份证号码、工作单位、住址、是否人大代表、政协委员）
提请批准直接受理理由
送达单位
批准人
批准时间
办案人
办案部门
填发时间
填发人

第一联 统一保存

×××人民检察院
提请批准直接受理书
（副本）

检请受〔 〕 号

人民检察法院：
　　我院经_____号_____发现犯罪嫌疑人_____涉嫌_____一案。根据《中华人民共和国刑事诉讼法》第十八条的规定，我院认为需要直接受理。
　　特提请批准。

（检察院印）
年 月 日

附：案件情况报告

第二联 附卷

×××人民检察院
提请批准直接受理书

检请受〔 〕 号

人民检察法院：
　　我院经_____发现犯罪嫌疑人_____涉嫌_____一案。根据《中华人民共和国刑事诉讼法》第十八条的规定，我院认为需要直接受理。
　　特提请批准。

（检察院印）
年 月 日

附：案件情况报告

第三联 逐级上报省级以上人民检察院

三、批准直接受理决定书

（一）批准直接受理决定书概述

批准直接受理决定书，是省级以上人民检察院对下级人民检察院的提请批准直接受理书经过审查，认为符合法律规定的条件，决定批准下级人民检察院直接受理案件时所制作的法律文书。批准直接受理决定书是同提请批准直接受理书相配套的检察法律文书，适用于省级以上人民检察院批准下级人民检察院直接受理国家机关工作人员利用职权实施的刑事诉讼法明确规定由人民检察院直接立案侦查的犯罪案件以外的其他重大犯罪案件的情况。

本文书是依据《刑事诉讼法》第18条第2款和《人民检察院刑事诉讼规则（试行）》第10条的规定制作。

（二）批准直接受理决定书的基本内容及制作要求

批准直接受理决定书为三联填充式法律文书。各联的具体格式、内容如下：

1. 第一联存根

（1）首部。该联的首部除在文书名称下方标明"（存根）"字样，以示区别外，同正本联的首部相同。

（2）正文。正文内容较多，共有八项需填写的内容，依次为：案由，即涉嫌罪名，应与正本相一致；涉案人的基本情况；批准理由，写明请示的案件符合《刑事诉讼法》第18条的规定；送达单位，即正本联首部的主送人民检察院；批准人；办案人；办案部门；填发时间；填发人。

该联下方印有"第一联统一保存"字样，与其他存根联统一保存备查。

2. 第二联副本

副本的格式、内容与正本基本相同，不同有两处：一是在文书名称下方标明"（副本）"字样；二是该联下方印有"第二联附卷"字样，由省级以上人民检察院的制作部门存卷备查。

3. 第三联正本

（1）首部。包括：制作文书的人民检察院的名称；文书名称，即"批准直接受理决定书"；文书编号"检准受〔〕号"，空格处依次填写人民检察院的简称、具体办案部门简称、年度和序号。

（2）正文。包括三部分内容：主送人民检察院名称，也就是制作提请批准直接受理书的人民检察院的名称；案件来源，空白处应当依次填写提请批准直接受理书制作的年、月、日及文书编号；决定事项，空白处应当依次填写犯罪嫌疑人的姓名及涉嫌的罪名。

（3）尾部。包括：制作文书的时间；制作文书的省级以上人民检察院的印章。

该联下方印有"第三联送达提请直接受理的人民检察院"字样。

(三) 批准直接受理决定书范例

××人民检察院
批准直接受理决定书
（存根）

检准受〔　〕　号

案由
涉案人基本情况（姓名、性别、年龄、身份证号码、工作单位、住址、是否人大代表、政协委员
批准理由
送达单位
批准人
办案人
办案部门
填发时间
填发人

第一联统一保存

××人民检察院
批准直接受理决定书
（副本）

检准受〔　〕　号

××人民检察法院：
　　你院　　年　　月　　日〔　　〕号提请批准直接受理书收悉。根据《中华人民共和国刑事诉讼法》第十八条的规定，经审查，决定批准你院对犯罪嫌疑人　　　　涉嫌　　　　一案直接受理立案侦查。

（检察院印）
年　月　日

第二联附卷

××人民检察院
批准直接受理决定书

检准受〔　〕　号

××人民检察法院：
　　你院　　年　　月　　日〔　　〕号提请批准直接受理书收悉。根据《中华人民共和国刑事诉讼法》第十八条的规定，经审查，决定批准你院对犯罪嫌疑人　　　　涉嫌　　　　一案直接受理立案侦查。

（检察院印）
年　月　日

第三联送达提请直接受理的人民检察院

四、不批准直接受理决定书

（一）不批准直接受理决定书概述

不批准直接受理决定书，是省级以上人民检察院对下级人民检察院的提请批准直接受理决定书及所附有关材料，经过审查，认为不符合法律规定的直接受理条件，决定不批准下级人民检察院直接受理案件时所制作的法律文书。

本文书是依据《刑事诉讼法》第18条第2款和《人民检察院刑事诉讼规则（试行）》第10条的规定制作。

（二）不批准直接受理决定书的基本内容及制作要求

不批准直接受理决定书为三联填充式法律文书。各联的具体格式、内容如下：

1. 第一联存根

（1）首部。该联的首部除在文书名称下方标明"（存根）"字样，以示区别外，与正本联的首部相同。

（2）正文。正文共有八项需填写的内容，依次为：案由，即涉嫌罪名，应与正本相一致；涉案人的基本情况；不批准理由，写明请示的案件不符合《刑事诉讼法》第18条的规定；送达单位，即正本联首部的主送人民检察院；批准人；办案人；办案部门；填发时间；填发人。

该联下方印有"第一联统一保存"字样，与其他存根联统一保存备查。

2. 第二联副本

副本的格式、内容与正本基本相同，不同有两处：一是在文书名称下方标明"（副本）"字样；二是该联下方印有"第二联附卷"字样，由省级以上人民检察院的制作部门存卷备查。

3. 第三联正本

（1）首部。包括：制作文书的人民检察院的名称；文书名称，即"不批准直接受理决定书"；文书编号"检不准受〔〕号"，空格处依次填写人民检察院的简称、具体办案部门简称、年度和序号。

（2）正文。包括三部分内容：主送人民检察院名称，也就是制作提请批准直接受理书的人民检察院的名称；案件来源，空白处应当依次填写提请批准直接受理书制作的年、月、日及文书编号；决定事项，空白处应当依次填写涉案人的姓名及涉嫌的罪名。

（3）尾部。包括：制作文书的时间；制作文书的省级以上人民检察院的印章。

该联下方印有"第三联送达提请直接受理的人民检察院"字样。

(三) 不批准直接受理决定书范例

×××人民检察院
不批准直接受理决定书
(存根)

检 不准受 〔 〕 号

案由
涉案人基本情况(姓名、性别、年龄、身份证号码、工作单位、住址、是否人大代表、政协委员
不批准理由
送达单位
批准人
办案人
办案部门
填发时间
填发人

第一联统一保存

×××人民检察院
不批准直接受理决定书
(副本)

检 不准受 〔 〕 号

人民检察法院：

你院____年____月____日____号提请批准直接受理书收悉。根据《中华人民共和国刑事诉讼法》第十八条的规定，经审查，决定不批准你院对犯罪嫌疑人_____涉嫌_____一案直接受理。

(检察院印)
年 月 日

第二联附卷

×××人民检察院
不批准直接受理决定书

检 不准受 〔 〕 号

人民检察法院：

你院____年____月____日____号提请批准直接受理书收悉。根据《中华人民共和国刑事诉讼法》第十八条的规定，经审查，决定不批准你院对犯罪嫌疑人_____涉嫌_____一案直接受理。

(检察院印)
年 月 日

第三联送达提请直接受理的人民检察院

五、立案决定书

(一) 立案决定书概述

立案决定书是人民检察院对本院管辖范围内的案件线索,经过审查认为有犯罪事实需要追究刑事责任,决定予以立案侦查时制作的法律文书。本文书是依据《刑事诉讼法》第18条第2款、第107条、第110条和《人民检察院刑事诉讼规则(试行)》第183条的规定制作的。

立案决定书适用于人民检察院依法办理自行侦查的犯罪案件,在初查结束时,认为有犯罪事实需要追究刑事责任的情况下而制作。《刑事诉讼法》第107条规定:"公安机关或者人民检察院发现犯罪事实或者犯罪嫌疑人,应当按照管辖范围,立案侦查。"第110条规定:"人民法院、人民检察院或者公安机关对于报案、控告、举报和自首的材料,应当按照管辖范围,迅速进行审查,认为有犯罪事实需要追究刑事责任的时候,应当立案……"此外,依据《刑事诉讼法》第18条第2款"对于国家机关工作人员利用职权实施的其他重大的犯罪案件,需要由人民检察院直接受理的时候,经省级以上人民检察院决定,可以由人民检察院立案侦查"的规定,对符合该项规定的案件,人民检察院有权立案侦查。

《人民检察院刑事诉讼规则(试行)》第183条第1款规定:"人民检察院对于直接受理的案件,经审查认为有犯罪事实需要追究刑事责任的,应当制作立案报告书,经检察长批准后予以立案。在决定立案之日起三日以内,将立案备案登记表、提请立案报告和立案决定书一并报送上一级人民检察院备案。"立案决定书是人民检察院对案件正式开展侦查活动的合法依据,只有立案以后,人民检察院才能依法对犯罪嫌疑人采取各种侦查措施和强制措施。因此,立案决定书是人民检察院最重要的刑事诉讼法律文书之一。

(二) 立案决定书的基本内容及制作要求

立案决定书为两联填充式法律文书,两联的格式、内容如下:

1. 第一联存根

(1) 首部。除在文书名称下方标明"(存根)"字样以示区别外,与正本相同。

(2) 正文。共包括六项内容,按顺序应当依次填写:案由,即涉嫌罪名;涉案人的基本情况,包括姓名、性别、年龄、工作单位、住址、身份证号码,以及是否人大代表、政协委员;批准人;承办人;办案单位;填发时间;填发人。

该联下方印有"第一联统一保存"字样。

2. 第二联正本

（1）首部。包括：制作文书的人民检察院的名称；文书名称，即"立案决定书"；文书编号"检立〔〕号"，空格处依次填写人民检察院的简称、具体办案部门的简称、年度和序号。

（2）正文。包括两部分内容：第一部分是法律依据，分三种情况填写：一是对于人民检察院自行发现或者公安机关等其他机关移送的案件，空白处应当填写《刑事诉讼法》第107条；二是对单位或者个人报案、控告、举报，或者犯罪人自首的案件，空白处应当填写《刑事诉讼法》第110条；三是如果是经省级以上人民检察院决定，对国家机关工作人员利用职权实施的其他重大的犯罪案件直接立案侦查，空格处应当填写《刑事诉讼法》第18条第2款、第107条、第110条。第二部分是决定事项，即决定对案件立案侦查。两处空格按顺序依次填写犯罪嫌疑人的姓名及其所涉嫌的罪名。共同犯罪的案件，应当填写全部犯罪嫌疑人的姓名。

（3）尾部。包括：检察长及其签名或者盖章；制作文书的时间；制作文书的人民检察院的印章。

在该联下方印有"第二联附卷"字样，表明该联应当由制作文书的人民检察院附卷备查。

(三) 立案决定书范例

×××人民检察院 立案决定书 （存根）	×××人民检察院 立案决定书
检　立〔　〕　号 案由＿＿＿＿＿＿＿＿＿＿＿＿ 涉案人基本情况（姓名、性别、年龄、身份证号码、工作单位、住址、是否人大代表、政协委员）＿＿＿＿＿＿ 批准人＿＿＿＿＿＿＿＿＿＿＿＿ 承办人＿＿＿＿＿＿＿＿＿＿＿＿ 办案单位＿＿＿＿＿＿＿＿＿＿＿ 填发时间＿＿＿＿＿＿＿＿＿＿＿ 填发人＿＿＿＿＿＿＿＿＿＿＿＿	检　立〔　〕　号 ＿＿＿＿＿＿： 　　根据《中华人民共和国刑事诉讼法》第＿＿＿＿条的规定，本院决定对＿＿＿＿＿＿涉嫌＿＿＿＿＿＿一案立案侦查。 　　　　　　　　检察长（印） 　　　　　　　　　年　月　日 　　　　　　　　　（院印）
第一联统一保存	第二联附卷

六、补充立案决定书

（一）补充立案决定书概述

补充立案决定书，是人民检察院对已经立案侦查的案件，又发现新的共同犯罪嫌疑人，需要并案侦查时制作的法律文书，依据《刑事诉讼法》第 18 条第 2 款、第 107 条、第 110 条的规定而制作。主要适用于人民检察院对已经立案侦查的案件，又发现新的共同犯罪嫌疑人，需要并案侦查的情形。

（二）补充立案决定书的基本内容及制作要求

补充立案决定书为两联填充式法律文书，各联的具体格式、内容如下：

1. 第一联存根

（1）首部。包括：制作本文书的人民检察院名称；文书名称，即"补充立案决定书"；文书编号，即"检补立〔 〕号"，"检"前空格处填写制作本文书的人民检察院简称，"检"与"补立"之间的空格填写人民检察院具体办案部门的简称，中括号内填写制作本文书的年度，中括号与"号"之间的空格处填写本文书在该年度的序号。在文书名称下面标有"（存根）"字样。

（2）正文。包括的内容依次为：案由，即涉嫌罪名，如"贪污罪"、"受贿罪"、"挪用公款罪"等，涉及数个罪名的，应当完整填写；涉案人基本情况，包括姓名、性别、年龄、工作单位和住址、身份证号码、是否人大代表、政协委员，可根据实际掌握的案件情况予以填写；并入的案件，即原决定立案侦查的案件；批准人；承办人；办案单位；填发时间；填发人。

该联下方印有"第一联统一保存"字样。

2. 第二联正本

（1）首部。包括：制作文书的人民检察院的名称；文书名称，即"补充立案决定书"；文书编号，即"检补立〔〕号"。

（2）正文。包括：空格处按顺序依次填写原立案决定书中犯罪嫌疑人的姓名、涉嫌罪名、立案的时间、决定补充立案的犯罪嫌疑人的姓名、法律依据、决定补充立案侦查的犯罪嫌疑人姓名。

（3）尾部。包括：批准立案的检察长的签名或者印章；制作文书的时间，具体到年、月、日；加盖制作文书的人民检察院院印。

该联下方印有"第二联附卷"字样。

(三) 补充立案决定书范例

```
        ×××人民检察院
        补充立案决定书
            (存根)

            检 补 立 〔  〕 号

案由_____
涉案人基本情况（姓名、性别、年龄、
身份证号码、工作单位、住址、是否人
大代表、政协委员）_____
并入_____案件
批 准 人_____
承 办 人_____
办案单位_____
填发时间_____
填 发 人_____
```

第一联统一保存

```
        ×××人民检察院
        补充立案决定书
            (副本)

            检 补 立 〔  〕 号

犯罪嫌疑人_____涉嫌
_____一案，本院已于____年____月
____日立案。经侦查，犯罪嫌疑人_____
_____涉嫌共同犯罪，根据《中华人民共
和国刑事诉讼法》第_____条的规定，本
院决定对犯罪嫌疑人_____补充立
案，并案侦查。

            检察长（印）
            年  月  日
            （院印）
```

第二联附卷

七、不立案通知书

(一) 不立案通知书概述

不立案通知书，是人民检察院对于控告的材料，按照管辖范围进行审查以后，认为没有犯罪事实，或者具有《刑事诉讼法》第15条规定的情形之一，决定不予立案，将不立案的决定及其原因通知控告人时所制作的法律文书。不立案通知书是人民检察院在立案阶段制作的一种检察法律文书，其适用对象，是向人民检察院提出控告，人民检察院经过审查，认为没有犯罪事实，或者具有《刑事诉讼法》第15条规定的情形之一，决定不予立案的控告人。

不立案通知书依据《刑事诉讼法》第110条、第15条和《人民检察院刑事诉讼规则（试行）》第184条的规定制作。

(二) 不立案通知书的基本内容及制作要求

不立案通知书为三联填充式文书，各联的具体格式、内容如下：

1. 第一联存根

（1）首部。该联的首部与正本相同。下方标明"（存根）"字样，以示区别。

（2）正文。共包括七项内容，按顺序依次为：控告单位或控告人；被控告人的基本情况，包括姓名、性别、年龄、工作单位、住址；不立案的原因，与正本表述一致；批准人；承办人；办案单位；填发时间；填发人。

该联下方印有"第一联统一保存"字样，与其他存根统一保存备查。

2. 第二联副本

副本的格式、内容和制作方法，与正本相同。该联入检察卷存档。

3. 第三联正本

（1）首部。包括：制作文书的人民检察院的名称以及文书名称，即"不立案通知书"；文书编号"检不立〔〕号"，空格处依次填写人民检察院简称、具体办案部门简称、年度和序号。

（2）正文。填写以下内容：控告人姓名或控告单位名称；案件来源及案由，两处空白按顺序应当依次填写被控告人的姓名和所涉嫌的罪名；不立案的原因，该部分为整个文书的核心内容，直接关系到控告人不用不立案决定的申诉权利的行使，应当具体、明确。根据案件的不同情况，有三种表述方法：一是"经本院审查认为，没有犯罪事实"。二是"经本院审查认为，犯罪事实显著轻微，不需要追究刑事责任"。第一种和第二种表述方法引用《刑事诉讼法》第110条作为法律根据。三是"经本院审查认为，有《刑事诉讼法》第15条所列情形之一（此处应当写明是哪一种情形）"。此时引用《刑事诉讼法》第15条作为法律依据。

（3）尾部。包括：制作文书的时间；制作文书的人民检察院的印章。

该联下方印有"第三联送达控告人"字样。

(三)不立案通知书范例

×××人民检察院
不立案通知书
（存根）

检不立〔　〕　号

控告单位或控告人 _____
被控告人基本情况（姓名、性别、年龄、身份证号码、工作单位、住址、是否人大代表、政协委员）
_____
不立案原因 _____
批 准 人 _____
承 办 人 _____
办案时间 _____
填发时间 _____
填 发 人 _____

第一联 统一保存

×××人民检察院
不立案通知书
（副本）

检不立〔　〕　号

　　你（单位）控告_____涉嫌_____一案，经本院审查认为，根据《中华人民共和国刑事诉讼法》第_____条的规定，决定不予立案。
　　特此通知。如果不服本决定，可以在收到本通知书后十日以内向本院申请复议。

（检察院印）
年　月　日

第二联 附卷

×××人民检察院
不立案通知书

检不立〔　〕　号

　　你（单位）控告_____涉嫌_____一案，经本院审查认为，根据《中华人民共和国刑事诉讼法》第_____条的规定，决定不予立案。
　　特此通知。如果不服本决定，可以在收到本通知书后十日以内向本院申请复议。

年　月　日
（院印）

第三联 送达控告人

八、回避决定书

（一）回避决定书概述

回避决定书，是指人民检察院对符合刑事诉讼法规定的回避条件的检察人员、书记员、司法警察、翻译人员、鉴定人或者公安机关负责人，依法决定其回避时所制作的法律文书。

回避决定书可以适用于人民检察院刑事诉讼活动的各个阶段，但是主要适用于侦查和起诉阶段。回避决定书的适用范围仅限于当事人及其法定代理人申请回避后经审查决定回避或者人民检察院依职权直接决定回避的情况，而不适用于自行回避、驳回申请回避以及申请回避复议后决定回避等情况。

回避决定书主要是依据《刑事诉讼法》第28—31条和《人民检察院刑事诉讼规则（试行）》第23—26条、第30条、第33条的规定制作的一种检察法律文书。

（二）回避决定书的基本内容及制作要求

回避决定书为填充式法律文书，共三联。各联的具体格式、内容如下：

1. 第一联存根

（1）首部。与回避决定书正本首部内容基本相同。

（2）正文。包括以下九项内容：案由一栏，应当根据案件性质或者涉嫌的罪名填写；犯罪嫌疑人姓名；决定回避人的姓名；回避原因一栏，应当根据刑事诉讼法规定的符合回避条件的六种情形，恰当地填写有关内容；申请人的姓名；批准人一栏，应当根据批准决定回避的不同情况，分别填写检察长的姓名或者有关机构的名称，如果是经本院检察长决定回避的，应当填写本院检察长的姓名，如果是经本院检察委员会决定回避的，应当填写"本院检察委员会"的字样；承办人；填发人；填发时间。

该联下方印有"第一联统一保存"字样，与其他存根统一保存备查。

2. 第二联副本

（1）首部。与正本首部的内容相同，制作方法也一样。

（2）正文。与正本的正文内容相同，制作方法也一样。

（3）尾部。回避决定书副本联尾部与正本联尾部的不同之处，是增加了向申请回避人告知、签收的有关内容。尾部的其他部分内容与正本尾部的有关内容相同，制作方法也一样。

该联下方印有"第二联告知申请回避人后附卷"。

3. 第三联正本

（1）首部。包括以下三项内容：制作回避决定书的人民检察院的名称；

文书名称，即"回避决定书"；文书编号"检避〔〕号"，空格处依次填写人民检察院简称、具体办案部门简称、年度和序号。

（2）正文。包括以下四项内容：被决定回避人的姓名；具体依据的法律条款，应当根据被决定回避人的身份决定回避的原因以及具体决定回避的情形，恰当地填写所适用的法律条文；回避决定的机关或者部门，应当根据被决定回避人的身份，恰当地填写回避决定的机关或者部门，如果被决定回避人是检察长或者公安机关负责人的，空白处应当填写"本院检察委员会"，如果被回避决定人是检察人员、书记员、司法警察、翻译人员或者鉴定人的，空白处应当填写如"本院检察长×××"；被决定回避人的姓名。

（3）尾部。包括以下两项内容：制作回避决定书的时间；印章，如果是经本院检察长决定回避的，应当加盖本院检察长印；如果是经本院检察委员会决定回避的，应当加盖人民检察院的院印。

该联下方印有"第三联送达被决定回避人"字样。

（三）回避决定书范例

×××人民检察院
回避决定书
（存根）

检避〔 〕 号

案由_____
犯罪嫌疑人_____
被决定回避人_____
回避决定原因_____
申请人_____
批准人_____
承办人_____
填发人_____
填发时间_____

第一联——保存

×××人民检察院
回避决定书
（副本）

检避〔 〕 号

根据《中华人民共和国刑事诉讼法》第___条的规定，经___决定，对___予以回避。

年　月　日
（检察长印或院印）

此决定于___年___月___日向我宣布。
申请人_____
宣告人_____

第二联——告知申请人回避人后附卷

×××人民检察院
回避决定书

检避〔 〕 号

根据《中华人民共和国刑事诉讼法》第___条的规定，经___决定，对___案予以回避。

年　月　日
（检察长印或院印）

第三联——送达被决定回避人

394

九、许可会见犯罪嫌疑人决定书

（一）许可会见犯罪嫌疑人决定书概述

许可会见犯罪嫌疑人决定书是人民检察院在侦查特别重大贿赂犯罪案件过程中，经过审查，依法许可受委托辩护律师会见在押或被监视居住的犯罪嫌疑人时，所制作的法律文书。

本文书是依据《刑事诉讼法》第37条第3款和《人民检察院刑事诉讼规则（试行）》第46条的规定制作的一种检察法律文书。

（二）许可会见犯罪嫌疑人决定书的基本内容及制作要求

许可会见犯罪嫌疑人决定书为填充式法律文书，共四联。第一联为文书存根，第二联为文书副本，第三联为文书正本，第四联为许可会见犯罪嫌疑人通知书。各联的具体格式、内容如下：

1. 第一联存根

（1）首部。许可会见犯罪嫌疑人决定书正本首部的内容基本相同，制作方法也一样，不同之处在于文书名称下方标明"（存根）"字样，以示区别。

（2）正文。共包括以下十二项内容：案由一栏，应当根据特别重大贿赂案件的性质及涉嫌的罪名填写，如"受贿"、"行贿"，等等；案件编号一栏填写立案编号，如"〔2013〕10号"；犯罪嫌疑人、性别、年龄一栏分别填写犯罪嫌疑人的姓名、性别、年龄；申请人一栏填写提出会见犯罪嫌疑人受委托的律师的姓名；工作单位填写提出会见犯罪嫌疑人受委托的律师的工作单位，如"×××律师事务所"；批准会见的时间一栏填写批准受委托律师会见犯罪嫌疑人的开始时间；批准人一栏根据作出批准受委托律师会见犯罪嫌疑人决定的不同人员情况，填写"本院检察长×××"，或者填写"反贪局局长×××"，或者填写"×××处长（科长）"等；承办人填写具体办理提出会见犯罪嫌疑人申请审查的承办人的姓名；填发人填写具体制作批准会见在押犯罪嫌疑人决定书的人员的姓名；填发时间填写填发时的具体时间。在本联下方印有"第一联统一保存"字样，表明该联应与其他存根统一保存备查。

2. 第二联副本

许可会见犯罪嫌疑人决定书的副本联的格式、内容和制作方法与正本联基本相同，不同之处有两点：一是副本联在文书名称下方标有"（副本）"字样，以示区别；二是在副本联下方印有"第二联附卷"字样，表明该联供人民检察院随案附卷。

3. 第三联正本

（1）首部。包括以下三项内容：制作许可会见犯罪嫌疑人决定书的人民检察院的名称，即"人民检察院"，如"重庆市渝中区人民检察院"；文书名称，即"许可会见犯罪嫌疑人决定书"；文书编号，即"检许见〔〕号"，空格处依次填写人民检察院简称、具体办案部门简称、年度和序号。

（2）正文。包括以下三项内容：申请人姓名，亦即提出会见犯罪嫌疑人的受委托的律师的姓名；法律依据，即批准受委托律师提出的会见犯罪嫌疑人的决定是根据《刑事诉讼法》第37条第3款的规定作出的；受委托律师提出会见的犯罪嫌疑人的姓名；联系会见事宜的单位，一般为负责羁押的看守所或者执行监视居住的公安机关。

（3）尾部。包括以下两项内容：制作许可会见犯罪嫌疑人决定书的时间，即年、月、日，时间的填写应当依次用汉语数字表述，如"二〇一三年十二月十八日"；加盖作出许可会见犯罪嫌疑人决定书的人民检察院院印。

在本联下方印有"第三联交申请人"的字样，表明该联应当送达申请人，即送达提出会见犯罪嫌疑人的受委托的律师。

4. 第四联许可会见犯罪嫌疑人通知书

（1）首部。与许可会见犯罪嫌疑人决定书正本首部的内容基本相同，制作方法也一样。不同之处有两点，一是文书名称不同，第四联是送达看守所或者执行监视居住的公安机关的通知书，因此，其文书名称为"许可会见犯罪嫌疑人通知书"；二是第四联的下方标有"第四联送看守所或者执行监视居住的公安机关"字样，表明该联为人民检察院作出许可受委托律师会见犯罪嫌疑人通知看守所或者执行监视居住的公安机关安排会见时使用。

（2）正文。包括以下三项内容：看守所或者执行监视居住的公安机关名称；提出会见犯罪嫌疑人的受委托的律师的姓名，律师执业证编号或者身份证号；会见的犯罪嫌疑人的姓名、性别、年龄和强制措施执行情况。

（3）尾部。包括以下两项内容：制作许可会见犯罪嫌疑人决定书的时间，即年、月、日，时间的填写应当依次用汉语数字表述，如"二〇一三年十二月十八日"；加盖作出许可会见犯罪嫌疑人决定书的人民检察院院印。

（三）许可会见犯罪嫌疑人决定书范例

×××人民检察院 许可会见 犯罪嫌疑人决定书 （存根）	×××人民检察院 许可会见 犯罪嫌疑人决定书 （副本）	×××人民检察院 许可会见 犯罪嫌疑人决定书	×××人民检察院 许可会见 犯罪嫌疑人通知书
检 许 见 〔 〕 号	检 许 见 〔 〕 号	检 许 见 〔 〕 号	检 许 见 〔 〕 号
案由 案件编号 犯罪嫌疑人_____性别_____年龄_____ 申请人 工作单位 批准会见时间 批准人 承办人 填发人 填发时间	根据《中华人民共和国刑事诉讼法》第三十七条第三款之规定，决定批准你会见犯罪嫌疑人_____。请持此决定书与_____联系会见事宜。 年 月 日 （院印） 本决定书已收到。 申请人： 年 月 日	根据《中华人民共和国刑事诉讼法》第三十七条第三款之规定，决定批准你会见犯罪嫌疑人_____。请持此决定书与_____联系会见事宜。 年 月 日 （院印）	根据《中华人民共和国刑事诉讼法》第三十七条第三款之规定，决定许可_____（律师执业证编号_____或者身份证号_____）会见犯罪嫌疑人_____（性别_____，年龄_____），于_____年_____月_____日被执行_____。请予以安排。 年 月 日 （院印）
第一联统一保存	第二联附卷	第三联交申请人	第四联送看守所或者执行监视居住的公安机关

十、询问通知书

(一) 询问通知书概述

询问通知书是人民检察院在办理案件过程中,依法对证人、被害人进行询问时,所制作的通知被询问人的法律文书。询问通知书主要在人民检察院依法通知证人、被害人接受询问时使用。依据《刑事诉讼法》第122条、第125条、第162条和《人民检察院刑事诉讼规则(试行)》第203条、第205条、第164条的规定制作。

《刑事诉讼法》第122条规定:"侦查人员询问证人,可以在现场进行,也可以到证人所在单位、住处或者证人提出的地点进行,在必要的时候,可以通知证人到人民检察院或者公安机关提供证言。在现场询问证人,应当出示工作证件,到证人所在单位、住处或者证人提出的地点询问证人,应当出示人民检察院或者公安机关的证明文件。……"第125条规定:"询问被害人适用询问证人的规定。"《人民检察院刑事诉讼规则(试行)》第203条规定:"人民检察院在侦查过程中,应当及时询问证人,并且告知证人履行作证的权利和义务。……"第205条规定:"……在现场询问证人,应当出示工作证件。到证人所在单位、住处或者证人提出的地点询问证人,应当出示人民检察院的证明文件。"根据上述规定,人民检察院在办理直接受理立案侦查案件以及审查批捕、审查起诉工作中,询问证人既可以在现场进行,到证人所在单位、住处或者证人提出的地点进行,也可以通知证人到人民检察院进行。询问证人时,检察机关应当制作询问通知书。询问通知书具有法律效力,被询问人接到通知书后应当按时到指定地点接受询问。

(二) 询问通知书的基本内容及制作要求

询问通知书为填充式文书,共三联:第一联为存根,第二联为副本,第三联为正本。

1. 第一联存根

(1) 首部。包括:制作文书的人民检察院的名称;文书名称;在文书名称之下标有"(存根)"字样;文书编号。

(2) 正文。包括:案由,即案件犯罪性质,可根据案件涉嫌的罪名填写;犯罪嫌疑人的姓名;被询问人的姓名、性别、年龄、工作单位及住址;应到时间,即被询问人接受询问的时间;应到地点,即被询问人接受询问的地点;批准人的姓名;批准时间;案件承办人的姓名;填发通知人的姓名;填发通知书的时间。

该联下方印有"第一联统一保存"字样。

2. 第二联副本

（1）首部。包括制作本文书的人民检察院名称、文书名称、文书编号，其制作方法与第三联正本的要求一样，只是在文书名称下面标有"（副本）"字样。

（2）正文。依次填写的内容与第三联正本的制作要求一样。

（3）尾部。包括制作本文书的时间，具体到年、月、日；加盖制作本文书的人民检察院的院印；被询问人的签名或盖章。

该联下方印有"第二联附卷"字样。

3. 第三联正本

（1）首部。包括：制作文书的人民检察院名称；文书名称，即"询问通知书"；文书编号，即"检询〔〕号"。"检"前空格填写制作本文书的人民检察院的简称，"检"与"询"之间的空格填写人民检察院具体办案部门的简称，中括号内填写制作本文书的年度，中括号与"号"之间的空格填写本文书在该年度的序号。

（2）正文。具体内容包括：被询问人的姓名；制作询问通知书的法律依据，即"根据《中华人民共和国刑事诉讼法》第一百二十二条的规定"；被询问的原因可以概括地写，一般可表述为"兹因办理犯罪嫌疑人×××涉嫌××一案"；指定被询问人接受询问的时间；被询问人接受询问的地点。

（3）尾部。包括：制作本文书的时间，具体到年、月、日；加盖制作本文书的人民检察院院印。

该联下方印有"第三联送达被询问人"字样。

（三）询问通知书范例

×××人民检察院
询问通知书
（存根）

检 询 〔 〕 号

案由
犯罪嫌疑人
被询问人　　性别　　年龄
住址
工作单位
应到时间
应到地点
批准人
批准时间
承办人
填发时间
填发人

第一联统一保存

×××人民检察院
询问通知书
（副本）

检 询 〔 〕 号

：

根据《中华人民共和国刑事诉讼法》第一百二十二条之规定，兹因_____一案，请你于__年__月__日____接受询问。
询问地点_____。

年 月 日
（检察院印）

被询问人：
年 月 日

第二联附卷

×××人民检察院
询问通知书

检 询 〔 〕 号

：

根据《中华人民共和国刑事诉讼法》第一百二十二条之规定，兹因_____一案，请你于__年__月__日____接受询问。
询问地点_____。

年 月 日
（检察院印）

第三联送达被询问人

400

十一、调取证据通知书

(一) 调取证据通知书概述

调取证据通知书是人民检察院向有关单位或者个人收集、调取证据时所使用的法律文书。调取证据通知书主要用于人民检察院在办理直接受理立案侦查案件和审查起诉阶段,需要收集、调取证据时使用。

本文书依据《刑事诉讼法》第52条、第162条和《人民检察院刑事诉讼规则(试行)》第231—233条的规定制作。《刑事诉讼法》第52条规定,人民法院、人民检察院和公安机关有权向有关单位和个人收集、调取证据。《人民检察院刑事诉讼规则(试行)》第231条规定,检察人员可以凭人民检察院的证明文件,向有关单位和个人调取能够证明犯罪嫌疑人有罪或者无罪以及犯罪情节轻重的证据材料。第232条规定,人民检察院办理案件,需要向本辖区以外的有关单位和个人调取物证、书证等证据材料的,办案人员应当携带工作证、人民检察院的证明文件和有关法律文书。

根据上述规定,人民检察院在办理直接受理立案侦查案件和审查起诉案件过程中,需要向有关单位和个人收集、调取证据的,应当制作调取证据通知书,并将调取证据通知书送达被调取证据的单位或者个人。有关单位和个人未接到人民检察院制作的调取证据通知书的,有权拒绝侦查人员调取证据。

(二) 调取证据通知书的基本内容及制作要求

调取证据通知书为填充式文书,共四联。第一联为存根,第二联为副本,第三联为正本,第四联为回执。

1. 第一联存根

(1) 首部。包括:制作文书的人民检察院名称;文书名称,文书名称下方注明"(存根)"字样;文书编号。

(2) 正文。具体内容包括:案由,即案件的犯罪性质,可根据案件涉嫌的具体罪名填写;犯罪嫌疑人的基本情况,包括犯罪嫌疑人的姓名、性别、年龄、工作单位、住址、身份证号码,如果是人大代表或者政协委员,应当注明;调取证据名称;证据持有人的姓名或者证据持有者的单位名称;批准人姓名;案件承办人姓名;文书填发人姓名;填发通知书的具体时间。

该联下方印有"第一联统一保存"字样。

2. 第二联副本

副本联内容与正本联内容基本相同,只是在首部文书名称之下标有"(副本)"字样。

3. 第三联正本

（1）首部。包括：制作本文书的人民检察院名称；文书名称，即"调取证据通知书"；文书编号，即"检调证〔〕号"，空格处依次填写制作文书的人民检察院简称；具体办案部门的简称、年度和文书序号。

（2）正文。具体内容包括：提供证据的单位名称或者个人姓名；法律依据，即"根据《中华人民共和国刑事诉讼法》第五十二条的规定"；所需调取证据的种类、名称、来源、形状、数量等，如果所需调取证据的数量比较多，可在文书中概括写明所需物证几件、书证几件等，并注明详见《调取证据清单》，《调取证据清单》中应将所调取的全部证据详细列明；要求提供证据的具体时间。

（3）尾部。包括填发文书的年、月、日及人民检察院院印。

该联下方印有"第三联送达提供证据的单位或个人"字样。

4. 第四联回执

（1）首部。包括：制作文书的人民检察院名称；文书名称，在文书名称下方注明"（回执）"字样。

（2）正文。具体内容包括：要求调取证据的人民检察院的名称；写明调取证据通知书的文书编号；注明调取证据通知书已收悉；提供证据的种类、名称、形状、数量、来源等情况。

（3）尾部。包括：提供证据的单位或者个人的签名或者盖章；填写该文书的具体日期。

该联下方印有"第四联由提供证据的单位或个人提供证据退回后附卷"字样。

(三) 调取证据通知书范例

××× 人民检察院
调取证据通知书
(存根)

检 调证 [ ] 号

案由
犯罪嫌疑人基本情况（姓名、性别、年龄、工作单位、住址、身份证号码、是否人大代表、政协委员）
调取证据名称
证据持有人（单位）
批准人
承办人
填发人
填发时间

第一联统一保存

××× 人民检察院
调取证据通知书
(副本)

检 调证 [ ] 号

　　根据《中华人民共和国刑事诉讼法》第五十二条之规定，本院需要对在你处的下列证据材料予以调取。请将上列证据材料于____年____月____日前送交我院。

　　　　　　年　月　日
　　　　　（检察院印）

第二联附卷

××× 人民检察院
调取证据通知书

检 调证 [ ] 号

　　根据《中华人民共和国刑事诉讼法》第五十二条之规定，本院需要对在你处的下列证据材料予以调取。请将上列证据材料于____年____月____日前送交我院。

　　　　　　年　月　日
　　　　　（院印）

第三联送交提供证据的单位或个人

××× 人民检察院
调取证据通知书
(回执)

　　人民检察院：
　　你院____号调取证据通知书收悉，现将____送交你院。

　　　　（签名或盖章）
　　　　　年　月　日

第四联由提供证据的单位或个人提供证据退回后附卷

第七章　职务犯罪侦查业务文书

403

十二、调取证据清单

(一) 调取证据清单概述

调取证据清单是人民检察院在办理案件过程中,向有关单位或者个人调取证据时所开列的单据。

人民检察院在办理直接受理立案侦查案件和审查起诉阶段,需要向有关单位和个人收集、调取各种与案件有关的证据时适用本文书,在调取证据较多的情况下配合《调取证据通知书》使用。

(二) 调取证据清单的基本内容及制作要求

调取证据清单为填充式文书,一式三份。具体内容包括:

1. 首部。包括:制作文书的人民检察院名称;文书名称,即"调取证据清单"。

2. 正文。包括:调取证据的编号;所调取证据的具体名称;数量;单位(计量单位);备注,一般注明证据的特征、现状。

3. 尾部。包括:提供证据人的签名或者盖章,如果提供者多人,应逐一签名;承办案件人的签名或者盖章;制作调取证据清单的日期;人民检察院院印。

(三) 调取证据清单范例

×××人民检察院
调取证据清单

编号	名称	数量	特征	备注

(续表)

编号	名称	数量	特征	备注

提供人：
办　案　人：　　　　　　　　　　年月日
　　　　　　　　　　　　　　　　（院印）

本清单一式三份，一份附卷，一份交证据材料持有人，一份交证据材料保管人员。

十三、搜查证

（一）搜查证概述

搜查证是人民检察院依法对犯罪嫌疑人以及可能隐藏罪犯或犯罪证据的人的身体、物品、住处、工作单位和其他有关地方进行搜查时应出示的证明文件。

人民检察院直接受理立案侦查案件的侦查阶段和人民检察院审查起诉阶段补充侦查需要搜查的时候适用本文书。

本文书依据《刑事诉讼法》第134条、第136条第1款、第162条和《人民检察院刑事诉讼规则（试行）》第221条的规定制作。《刑事诉讼法》第134条规定："为了收集犯罪证据、查获犯罪人，侦查人员可以对犯罪嫌疑人以及可能隐藏罪犯或者犯罪证据的人的身体、物品、住处和其他有关的地方进行搜查。"第136条第1款规定："进行搜查，必须向被搜查人出示搜查证。"

《人民检察院刑事诉讼规则（试行）》第221条规定："进行搜查，应当向被搜查人或者他的家属出示搜查证。搜查证由检察长签发。"

（二）搜查证的基本内容及制作要求

搜查证为填充式文书，共二联，第一联为存根，第二联为正本。

1. 第一联存根

存根联可以分为首部、正文两个部分。

（1）首部。制作文书的人民检察院名称；文书名称下有"（存根）"字样；文书编号。

（2）正文。包括：案由，即案件的犯罪性质，可根据案件涉嫌的罪名填写；犯罪嫌疑人的基本情况，包括犯罪嫌疑人的姓名、性别、年龄、工作单位、住址、身份证号码，如果是人大代表或者政协委员，应当写明；搜查范围，包括被搜查人、被搜查的场所、对象；批准搜查人姓名；批准时间；承办案件人姓名；填发文书人姓名；填发文书具体时间。

该联下方印有"第一联统一保存"字样。

2. 第二联正本

正本联可以分为首部、正文、尾部三部分。

（1）首部。包括：制作本文书的人民检察院名称；文书名称，即"搜查证"；文书编号，即"检搜〔〕号"，空格处依次填写制作文书的人民检察院简称、具体办案部门简称、年度和序号。

（2）正文。具体包括以下内容：制作本文书的法律依据，即"根据《中华人民共和国刑事诉讼法》第一百三十四条、第一百三十六条的规定"；搜查人姓名；参加搜查的人数；被搜查人姓名（被搜查单位名称）；搜查的对象及范围。

（3）尾部。具体内容包括：批准执行搜查任务的人民检察院检察长的签名或者盖章；填发文书的年、月、日；人民检察院院印；向被搜查人（家属或者见证人）宣布搜查的时间，具体表述为"本证已于×××年××月××日××时向我宣布"；被搜查人（家属或者见证人）的签名或者盖章；宣告人的签名或者盖章。

该联下方印有"第二联使用后附卷"字样。

（三）搜查证范例

```
┌─────────────────────────┐   ┌─────────────────────────┐
│      ×××人民检察院        │   │      ×××人民检察院        │
│         搜 查 证          │   │         搜 查 证          │
│         （存根）           │   │                          │
├─────────────────────────┤   ├─────────────────────────┤
│      检  搜〔  〕  号     │   │      检  搜〔  〕  号     │
│                          │   │                          │
│ 案由_____     │   │ _____：           │
│ 犯罪嫌疑人基本情况（姓名、性│   │   根据《中华人民共和国刑  │
│ 别、年龄、工作单位、住址、身│   │ 事诉讼法》第一百三十四条、│
│ 份证号码、是否人大代表、政协│   │ 第一百三十六条的规定，兹派│
│ 委员）_____   │   │ 本院工作人员_____等___人 │
│ _____   │   │ 持此证对_____进行搜查。│
│ 搜查范围_____   │   │                          │
│ 批 准 人_____   │   │          检察长（印）     │
│ 批准时间_____   │   │            年  月  日     │
│ 承 办 人_____   │   │         （检察院印）      │
│ 填 发 人_____   │   │                          │
│ 填发时间_____   │   │ 本证已于__年__月__日向我宣布。│
│                          │   │ 被搜查人（家属）_____    │
│                          │   │ 宣告人_____             │
└─────────────────────────┘   └─────────────────────────┘
     第一联统一保存                   第二联使用后附卷
```

十四、扣押通知书

（一）扣押通知书概述

扣押通知书依据《刑事诉讼法》第139条的规定制作。为人民检察院对犯罪嫌疑人及其亲属退还、上缴的赃款以及其他与犯罪有关的财物、文件，有关单位和个人主动提交的与犯罪有关的财物、文件，或者人民检察院在办案中发现的与犯罪有关的财物、文件，决定予以扣押时使用。

（二）扣押通知书的基本内容及制作要求

本文书共三联，第一联统一保存，第二联附卷，第三联送达被扣押财物、文件原持有人或其家属。

1. 第一联存根

存根联可分为首部和正文两个部分。

（1）首部。包括：制作文书的人民检察院名称；文书名称，在文书名称下方注明"（存根）"字样；文书编号。

（2）正文。具体内容包括：案由，即案件的犯罪性质，根据案件涉嫌罪名填写；被扣押财物、文件持有人的基本情况，包括姓名、性别、年龄、工作单位、住址；被扣押人的姓名；被扣押的财物、文件的名称、种类、数量等；扣押原因；批准人的姓名；案件承办人的姓名；填发人的姓名；填发时间。

该联下方印有"第一联统一保存"字样。

2. 第二联副本

副本联的内容与正本联内容基本相同，不同之处在于：在文书名称下方注明"（副本）"字样。该联附卷。

3. 第三联正本

正本联分为首部、正文和尾部三个部分。

（1）首部。包括：制作文书的人民检察院名称；文书名称，即"扣押通知书"；文书编号，即"检扣通〔〕号"，空格处依次填写制作文书的人民检察院简称、具体办案部门简称、年度、序号。

（2）正文。具体内容包括：被扣押财物、文件持有人或者其家属姓名，或者被扣押财物、文件持有单位名称；决定扣押的法律依据，即"依据《中华人民共和国刑事诉讼法》第一百三十九条的规定"；扣押决定书的通知事项，即本院决定对有关财物、文件予以扣押。

（3）尾部。包括：制作本文书的年、月、日；人民检察院院印；备注，即"附：扣押财物、文件清单"。

该联下方印有"第三联送达被扣押财物、文件持有人或其家属"字样。

(三) 扣押通知书范例

×××人民检察院
扣押通知书
（存根）

检扣通〔 〕 号

案由
被扣押财物、文件持有人
性别 年龄
工作单位
住址
被扣押人
扣押的财物、文件
扣押原因
批准人
承办人
填发时间
填发人

第一联统一保存

×××人民检察院
扣押通知书
（副本）

检扣通〔 〕 号

根据《中华人民共和国刑事诉讼法》第一百三十九条的规定，本院决定对＿＿＿＿＿
予以扣押。

年 月 日
（检察长印或院印）

附：扣押财物、文件清单

第二联附卷

×××人民检察院
扣押通知书

检扣通〔 〕 号

根据《中华人民共和国刑事诉讼法》第一百三十九条的规定，本院决定对＿＿＿＿＿
予以扣押。

年 月 日
（检察院印）

附：扣押财物、文件清单

第三联送达被扣押财物、文件持有人或其家属

第七章 职务犯罪侦查业务文书

409

十五、查封/扣押财物、文件清单

(一) 查封/扣押财物、文件清单概述

本文书依据《刑事诉讼法》第 139 条、第 140 条的规定制作。为人民检察院在勘验、搜查中发现需要查封、扣押的财物、文件时使用。对于犯罪嫌疑人或他的家属以及有关单位和个人主动提供的与案件有关的财物、文件,以及邮电部门网络服务机构根据人民检察院《扣押邮件、电报通知书》检交的邮件、电报,需要扣押的,也应使用本文书。

(二) 查封/扣押财物、文件清单的基本内容及制作要求

使用本文书时,对查封、扣押财物或文件的名称、型号、规格、数量、重量、质量、新旧程度和缺损特征等,应在清单中注明。文书由侦查人员、见证人、持有人签名或盖章。如物品、文件持有人拒绝签名或盖章,应当在文书上注明。本文书使用人民检察院查封、扣押物品专用章。

对于应当查封的不动产和置于该不动产上不宜移动的设施、家具和其他相关财物,以及涉案的车辆、船舶、航空器和大型机械、设备等财物,必要时可以扣押其权利证书,经拍照或者录像后原地封存,必要时,可以将被查封的财物交持有人或者其近亲属保管,并书面告知保管人对被查封的财物应当妥善保管,不得转移、变卖、毁损、出租、抵押、赠予等。

本文书一式四份,一份统一保存备查,一份附卷,一份交物品、文件持有人,一份交扣押财物、文件保管人。四份清单使用同一编号。

1. 首部。包括:制作文书的人民检察院名称;文书名称,即"查封/扣押财物、文件清单";文书页码,即"第 页 共 页"。

2. 正文,共 6 列。具体内容包括:第 1 列为查封/扣押财物、文件的编号,即顺序号;第 2 列为被查封/扣押财物、文件名称;第 3 列为查封/扣押财物、文件的数量;第 4 列为查封/扣押财物、文件的单位(计量单位);第 5 列为被查封/扣押财物、文件的特征;第 6 列为备注。

3. 尾部。包括:被查封/扣押财物、文件持有人签名或者盖章;见证人签名或者盖章;查封/扣押人签名或者盖章;扣押财物、文件的年、月、日;扣押物品专用章,即"×××人民检察院扣押物品专用章"。

清单下方印有:"本清单一式四份,一份统一保存,一份附卷,一份交被查封/扣押财物、文件持有人,一份交被查封/扣押财物、文件保管人。"字样。

（三）查封/扣押财物、文件清单范例

×××人民检察院
查封/扣押财物、文件清单

第 页 共 页

编号	物品、文件名称	数量	单位	特征	备注

被查封/扣押财物、文件持有人：
见证人：
查封/扣押人： 年 月 日
（扣押物品、文件专用章）

本清单一式四份，一份统一保存，一份附卷，一份交被查封/扣押财物、文件持有人，一份交被查封/扣押财物、文件保管人。

十六、解除扣押通知书

（一）解除扣押通知书概述

本文书依据《刑事诉讼法》第143条、第173条的规定制作。为人民检察院对已查明与案件无关的扣押财物、文件，以及人民检察院决定不起诉的案件，对侦查中扣押的财物决定解除扣押，退回被扣押人时使用。

（二）解除扣押通知书的基本内容及制作要求

本文书共三联，第一联统一保存，第二联附卷，第三联送达被扣押财物、文件原持有人或其家属。

1. 第一联存根

存根联可以分为两部分：

（1）首部。包括：制作文书的人民检察院名称；文书名称，在文书名称下方注明"（存根）"字样；文书编号。

（2）正文。具体内容包括：案由，即此案属于何种犯罪性质，可根据案件涉嫌罪名填写；被扣押财物、文件持有人的基本情况：包括姓名、性别、年龄、工作单位、住址；被扣押人的姓名；解除扣押的财物、文件的名称、数量；解除扣押的原因；批准解除扣押财物、文件人的姓名；承办案件人的姓名；填发解除扣押通知书的人的姓名；填发解除扣押通知书的时间。

该联下方印有"第一联统一保存"字样。

2. 第二联副本

副本联内容与正本联内容基本相同，本联附卷。

3. 第三联正本

（1）首部。包括制作文书的人民检察院的名称；文书名称，即"解除扣押通知书"；文书编号"检解扣〔〕号"，空格处依次填写制作文书的人民检察院的简称、具体办案部门简称、年度和序号。

（2）正文。具体内容包括：被扣押财物、文件持有人或者其家属的姓名；制作文书的法律依据。

（3）尾部。包括：制作文书的年、月、日；人民检察院院印。

该联下方印有"第三联送达被扣押财物、文件持有人或其家属"字样。

(三) 解除扣押通知书范例

×××人民检察院
解除扣押通知书
（存根）

检 解扣 〔 〕 号

案由
被扣押财物、文件持有人
性别　　　　年龄
工作单位
住址
被扣押人
解除扣押的财物、文件
解除原因
批准人
承办人
填发时间
填发人

第一联统一保存

×××人民检察院
解除扣押通知书
（副本）

检 解扣 〔 〕 号

：

根据《中华人民共和国刑事诉讼法》第一百四十三条、第一百七十三条的规定，我院对　　年　　月　　日　　扣押通知书及财物、文件清单载明的第　　项财物、文件，决定解除扣押。

年　月　日
（检察院印）

被害人（原持有人）：签名或盖章

第二联附卷

×××人民检察院
解除扣押通知书

检 解扣 〔 〕 号

：

根据《中华人民共和国刑事诉讼法》第一百四十三条、第一百七十三条的规定，我院对　　年　　月　　日　　号扣押通知书、文件清单载明的第　　项财物、文件，决定解除扣押。

年　月　日
（院印）

第三联送达被扣押财物、文件持有人或其家属

第七章　职务犯罪侦查业务文书

413

十七、退还、返还查封/扣押/调取财物、文件通知书

（一）退还、返还查封/扣押/调取财物、文件通知书概述

本文书依据《刑事诉讼法》第143条、第234条的规定制作。为人民检察院在将有关调取或者查封、扣押的与案件有关的财物、文件返还被害人或者退还原财物、文件持有人时使用。

（二）退还、返还查封/扣押/调取财物、文件通知书的基本内容及制作要求

本文书共三联，第一联统一保存，第二联附卷，第三联送达领取人，第四联由原被查封/扣押/调取财物、文件持有单位退回后附卷。

1. 第一联存根

存根联可分为两个部分：

（1）首部。包括：制作文书的人民检察院名称；文书名称下有"（存根）"字样；文书编号。

（2）正文。包括：案由，可根据案件涉嫌的罪名填写；犯罪嫌疑人的姓名；领取人姓名；批准人姓名；承办人姓名；填发人姓名；填发文书的时间。

该联下方印有"第一联统一保存"字样。

2. 第二联副本

副本联结构、内容与正本联基本相同，只是在首部文书名称之下标有"（副本）"字样，本联附卷。

3. 第三联正本

正本联可以分为首部、正文和尾部三部分。

（1）首部。包括制作本文书的人民检察院名称；文书名称，即"退还、返还查封/扣押/调取财物、文件通知书"；文书编号" 检退返〔 〕号"，空格处依次填写制作文书的人民检察院简称、具体办案部门简称、年度和序号。

（2）正文。具体包括以下内容：退还、返还查封/扣押/调取财物、文件领取人姓名；决定事项，即"根据《中华人民共和国刑事诉讼法》第一百四十三条/第二百三十四条的规定，本院决定将查封/扣押/调取的有关财物、文件予以退还（返回）"。

（3）尾部。包括：制作文书的年、月、日；人民检察院院印；备注，即"附：退还、返还查封/扣押/调取财物、文件清单"。

该联下方印有"第三联送达领取人"字样。

4. 第四联由原被查封/扣押/调取财物、文件持有单位退回后附卷。

(三) 退还、返还查封/扣押/调取财物、文件通知书范例

×××人民检察院退还、返还查封/扣押/调取财物、文件通知书（存根）

检 退返 [ ] 号

案由
犯罪嫌疑人
领取人
批准人
填发人
填发时间

第一联统一保存

×××人民检察院退还、返还查封/扣押/调取财物、文件通知书

检 退返 [ ] 号

：
根据《中华人民共和国刑事诉讼法》第一百四十三条/第二百三十四条的规定，我院决定将查封/扣押/调取的有关财物、文件予以退还（返回）。

年　月　日
（院印）

附：退还、返还查封/扣押/调取财物、文件清单

第二联附卷

×××人民检察院退还、返还查封/扣押/调取财物、文件通知书

检 退返 [ ] 号

：
　　年　月　日报案根据《中华人民共和国刑事诉讼法》第一百四十三条/第二百三十四条的规定，我院决定将查封/扣押/调取的有关财物、文件予以退还（返回）。

年　月　日
（院印）

附：退还、返还查封/扣押/调取财物、文件清单

第三联送达领取人

×××人民检察院退还、返还查封/扣押/调取财物、文件通知书（回执）

检 退返 [ ] 号

人民检察院：
你院　　年　　月　　日　　号退还财物、文件通知书收悉，已收到退还、返还查封/扣押/调取财物、文件。

年　月　日
（公章）

附：退还、返还查封/扣押/调取物、文件清单

第四联由原被扣押（调取）财物、文件持有单位退回后附卷

第七章　职务犯罪侦查业务文书

415

十八、处理查封/扣押财物、文件决定书

（一）处理查封/扣押财物、文件决定书概述

本文书依据《刑事诉讼法》第234条的规定制作。为人民检察院处理查封/扣押的违禁品或不宜长期保存的物品以及依法对扣押的财物及其孳息处理时使用。

（二）处理查封/扣押财物、文件决定书的基本内容及制作要求

本文书共五联，第一联统一保存，第二联附卷，第三联送达原持有人，第四联送达受理单位，第五联退回后附卷。

1. 第一联存根

存根联可以分为两个部分：

（1）首部。包括：制作文书的人民检察院名称；文书名称下有"（存根）"字样；文书编号。

（2）正文。包括：案由，可根据案件涉嫌的具体罪名填写；犯罪嫌疑人基本情况，包括姓名、性别、年龄、工作单位、住址、身份证号码，如果是人大代表或者政协委员，应当写明；查封/扣押财物、文件原持有人姓名；受理处理查封/扣押财物、文件单位的名称；批准人姓名；承办人姓名；填发人；填发时间。

该联下方印有"第一联统一保存"字样。

2. 第二联副本

副本联（第二联）结构、内容与正本联基本相同，不同之处在于首部文书名称之下标有"（副本）"字样。

该联下方印有"第二联附卷"字样。

3. 第三联正本

正本联（第三联）可以分为首部、正文、尾部三部分。

（1）首部。包括制作文书的人民检察院名称；文书名称；文书编号。

（2）正文。具体内容包括：查封/扣押财物、文件原持有人姓名；法律依据，即"根据《中华人民共和国刑事诉讼法》第二百三十四条的规定"；决定事项，即"本院决定将查封/扣押的有关财物、文件"，空余地方填写处理情况，根据处理查封/扣押的财物、文件是违禁品还是不宜长期保存的物品、文件分别注明具体的处理情况；通知事项，即"你（单位）如不服本决定，可在收到本决定后向×××人民检察院申诉"。

（3）尾部。包括：制作文书的年、月、日；人民检察院院印；备注事项，即"附：处理查封/扣押财物、文件清单"。

该联下方印有"第三联送达原财物、文件持有人"字样。

4. 第四联正本

正本联可以分为首部、正文和尾部三部分。

（1）首部。包括：制作本文书的人民检察院名称；文书名称，即"处理查封/扣押财物、文件决定书"；文书编号"检处决〔〕号"，空格处依次填写制作文书的人民检察院简称、具体办案部门简称、年度和序号。

（2）正文。具体包括以下内容：受理有关财物、文件的单位；法律依据，即"根据《中华人民共和国刑事诉讼法》第二百三十四条的规定"；决定事项，即"本院决定将查封/扣押的有关财物、文件"，空余地方填写处理情况，根据处理查封/扣押的财物、文件是违禁品还是不宜长期保存的财物、文件分别注明具体的处理情况。

（3）尾部。包括：制作文书的年、月、日；加盖人民检察院院印；备注事项，即"附：处理查封/扣押财物、文件清单"。

该联下方印有"第四联送达受理单位"字样。

5. 第五联回执

回执联由受理处理查封/扣押财物、文件的单位，根据执行人民检察院处理查封/扣押财物、文件决定书的情况如实填写后退回人民检察院。回执联可以分为首部、正文和尾部三部分。

（1）首部。包括：发出人民检察院处理扣押财物、文件决定书的人民检察院的名称；文书名称，即"处理查封/扣押财物、文件决定书"，有"（回执）"字样；回执送达机关，即在正文上方根线上填写发出查封/处理扣押财物、文件决定书的人民检察院的名称。

（2）正文。需要填写的主要内容是人民检察院处理查封/扣押财物、文件决定书的制作日期和文号；执行情况，即"处理查封/扣押财物、文件决定书移送的有关财物、文件及清单收悉。此复"。

（3）尾部。需要填写具体的年、月、日，并加盖回复单位公章。

该联下方印有"第五联退回后附卷"字样。

(三) 处理查封/扣押财物、文件决定书范例

×××人民检察院
处理查封/扣押财物、文件决定书
(存根)

检处决 [ ] 号

案由：
犯罪嫌疑人的基本情况（姓名、性别、年龄、工作单位、住址、身份证号码、是否人大代表、政协委员）
原持有人
受理单位
批准人
承办人
填发人
填发时间

第一联统一保存

×××人民检察院
处理查封/扣押财物、文件决定书
(副本)

检处决 [ ] 号

根据《中华人民共和国刑事诉讼法》第二百三十四条的规定，本院决定将查封/扣押的有关财物、文件_____。

年 月 日
(院印)

附：处理财物、文件清单

第二联附卷

×××人民检察院
处理查封/扣押财物、文件决定书

检处决 [ ] 号

根据《中华人民共和国刑事诉讼法》第二百三十四条的规定，本院决定将查封/扣押的有关财物、文件_____。

你（单位）如不服本决定，可在收到本决定后向_____人民检察院申诉。

年 月 日
(院印)

附：处理财物、文件清单

第三联送达原财物、文件持有人

418

```
┌─────────────────────────────┐    ┌─────────────────────────────┐
│    ×××人民检察院              │    │    ×××人民检察院              │
│ 处理查封/扣押财物、文件决定书  │    │ 处理查封/扣押财物、文件决定书  │
│                             │    │         （回执）              │
│     检  处决〔  〕  号        │    │                             │
│                             │    │  _____人民检察院：         │
│ _____：              │    │    你院___年___月___日以___处理│
│ 根据《中华人民共和国刑事诉讼法》第│    │ 扣押财物、文件决定书移送的有关财物、│
│ 二百三十四条的规定，本院决定将查封/│    │ 文件及清单收悉。              │
│ 扣押的有关财物、文件_____ │    │    此复。                    │
│ _____。                     │    │                             │
│           年 月 日           │    │           年 月 日           │
│           （院印）           │    │           （公章）           │
│                             │    │                             │
│ 附：处理财物、文件清单         │    │                             │
└─────────────────────────────┘    └─────────────────────────────┘
     第四联送达受理单位                 第五联  联退回后附卷
```

十九、移送查封/扣押、冻结财物、文件决定书

（一）移送查封/扣押、冻结财物、文件决定书概述

本文书依据《刑事诉讼法》第234条的规定制作。为人民检察院质将查封/扣押、冻结的有关财物、文件（包括违法所得）移送有关部门处理时使用。

（二）移送查封/扣押、冻结财物、文件决定书的基本内容及制作要求

本文书共五联，第一联统一保存，第二联附卷，第三联送达原持有人，第四联送达受理单位，第五联退回后附卷。

1. 第一联存根

存根联分为首部和正文两个部分。

（1）首部。包括：制作文书的人民检察院名称；文书名称，在文书名称下方注明"（存根）"字样；文书编号。

（2）正文。具体内容包括：案由，即案件的犯罪性质，可根据案件涉嫌的罪名填写；犯罪嫌疑人的基本情况，包括犯罪嫌疑人的姓名、性别、工作单位、住址、身份证号码，如果是人大代表或者政协委员的，应当注明；受理移送查封/扣押、冻结财物、文件单位的名称；批准人姓名；承办案件人的姓名；填发文书人的姓名；填发文书的日期。

该联下方印有"第一联统一保存"字样。

2. 第二联副本

副本联的内容与正本联内容基本相同，不同之处在于：在首部文书名称下方注明"（副本）"字样。

该联下方印有"第二联附卷"字样。

3. 第三联副本

本联分为首部、正文和尾部三个部分。

（1）首部。包括：制作文书的人民检察院名称；文书名称，在文书名称下方注明"（副本）"字样；文书编号。

（2）正文。具体内容包括：原物品、文件持有人姓名；移送查封/扣押、冻结财物、文件的法律依据，即刑事诉讼法的有关规定；决定事项，即"本院决定将扣押、冻结的有关物品、文件移送"；移送主管部门的名称；通知事项，即"你（单位）如不服本决定，可在收到本决定后向×××人民检察院申诉"。

（3）尾部。包括制作文书的年、月、日；人民检察院院印；备注，即"移送查封/扣押、冻结财物、文件清单"。

该联下方印有"第三联送达原持有人"字样。

4. 第四联正本

正本联分为首部、正文和尾部三个部分。

（1）首部。包括：制作本文书的人民检察院名称；文书名称，即"移送查封/扣押、冻结财物、文件决定书"；文书编号"检移决〔〕号"，空格处依次填写制作文书的人民检察院简称、具体办案部门简称、年度、序号。

（2）正文。具体内容包括：接收有关财物、文件的主管机关名称；法律依据，表述为"根据《中华人民共和国刑事诉讼法》第二百三十四条的规定，本院决定将有关财物、文件移送你"，空余地方注明如何处理。

（3）尾部。包括制作本文书的日期；人民检察院院印；备注，即"移送查封/扣押、冻结财物、文件清单"。

该联下方印有"第四联送达受理单位"字样。

5. 第五联回执

回执联分为首部、正文和尾部三个部分。

（1）首部。包括制作文书的人民检察院名称；文书名称，在文书名称下方注明"（回执）"字样。

（2）正文。具体内容包括：制作文书的人民检察院名称；移送查封/扣押、冻结财物、文件决定书制作日期，编号；通知事项，即"移送查封/扣押、冻结财物、文件决定书移送的有关物品、文件及清单收悉。此复"。

（3）尾部。包括制作文书的年、月、日及受理移送的扣押、冻结财物、文件单位的公章。

该联下印有"第五联退回后附卷"字样。

(三) 移送查封/扣押、冻结财物、文件决定书范例

×××人民检察院
移送查封/扣押、
冻结财物、文件决定书
（存根）

检 移决 [ ] 号

案由_____
犯罪嫌疑人的基本情况（姓名、性别、年龄、工作单位、住址、身份证号码、是否人大代表、政协委员）_____
受理单位_____
批准人_____
承办人_____
填发人_____
填发时间_____

第一联统一保存

×××人民检察院
移送查封/扣押、
冻结财物、文件决定书
（副本）

检 移决 [ ] 号

：
根据《中华人民共和国刑事诉讼法》第二百三十四条的规定，本院决定将查封/扣押、冻结的有关财物、文件 移送你_____

年 月 日
（院印）

附：移送查封/扣押、冻结财物、文件清单

第二联附卷

×××人民检察院
移送查封/扣押、
冻结财物、文件决定书

检 移决 [ ] 号

：
根据《中华人民共和国刑事诉讼法》第二百三十四条的规定，本院决定将查封/扣押、冻结的有关财物、文件 移送_____

你（单位）如不服本决定，可在收到本决定后向_____人民检察院申诉。

年 月 日
（院印）

附：移送查封/扣押冻结财物、文件清单

第三联送达原持有人

```
┌─────────────────────────────┐   ┌─────────────────────────────┐
│      ×××人民检察院           │   │      ×××人民检察院           │
│      移送查封/扣押、         │   │      移送查封/扣押、         │
│      冻结物品、文件决定书    │   │      冻结财物、文件决定书    │
│                              │   │         （回执）             │
│       检 移 决〔 〕 号       │   │                              │
│                              │   │  _____人民检察院：        │
│ _____：                 │   │    你院___年___月___日以___  │
│   根据《中华人民共和国刑事   │   │  号移送查封/扣押、冻结财物、 │
│ 诉讼法》第二百三十四条的规定，│   │ 文件决定书移送的有关财物、文件│
│ 本院决定将有关财物、文件移送 │   │ 及清单收悉。                 │
│ 你_____。               │   │    此复                      │
│                              │   │                              │
│              年 月 日        │   │              年 月 日        │
│              （院印）        │   │              （公章）        │
│                              │   │                              │
│ 附：移送查封/扣押、冻结财物、│   │                              │
│ 文件清单                     │   │                              │
└─────────────────────────────┘   └─────────────────────────────┘
     第四联送达受理单位                  第五联退回后附卷
```

二十、查询犯罪嫌疑人存款/汇款/股票/债券/基金份额款通知书

（一）查询犯罪嫌疑人存款/汇款/股票/债券/基金份额款通知书概述

本文书依据《刑事诉讼法》第142条的规定制作。为人民检察院依法向银行或者其他金融机构、邮电部门查询犯罪嫌疑人存款/汇款/股票/债券/基金份额时使用。

本文书共四联，第一联统一保存备查，第二联附卷，第三联送达金融机构或邮电部门，第四联由送达单位填写，加盖公章退回后附卷。

（二）查询犯罪嫌疑人存款/汇款/股票/债券/基金份额款通知书的基本内容及制作要求

本文书共四联，第一联统一保存备查，第二联附卷，第三联送达金融机构或邮电部门，第四联由送达单位填写，加盖公章退回后附卷。

1. 第一联存根

（1）首部。与正本相同，只是在文书名称下有"（存根）"字样。

（2）正文。包括：案由，根据犯罪嫌疑人涉嫌的罪名填写"贪污"、"受贿"、"挪用公款"等；犯罪嫌疑人基本情况，包括姓名、性别、年龄、工作单位、住址、身份证号码，是否人大代表、政协委员；送达单位，填写送达的银行等金融机构或者邮电部门的名称；查询原因，填写查询的具体原因；批准人姓名；承办人姓名；填发人姓名；填发时间，填写填发的具体年、月、日。

此联标明"第一联统一保存"。

2. 第二联副本

副本联结构、内容与正本联基本相同，不同之处：在首部文书名称下增加"（副本）"字样；在此联下方标明"第二联附卷"。

3. 第三联正本

正本联分为首部、正文和尾部三部分。

（1）首部。包括：制作文书的人民检察院名称；文书名称，即"查询犯罪嫌疑人存款/汇款/股票/债券/基金份额款通知书"；文书编号，即"检查询〔〕号"，空格处依次填写人民检察院简称、具体办案部门简称、年度和序号。

（2）正文。具体包括以下内容：需要送达文书的银行等金融机构或者邮电部门名称；查询原因；查询的法律依据，即"根据《中华人民共和国刑事诉讼法》第一百四十二条的规定"；派往查询人员的姓名等。

（3）尾部。签发文书的年、月、日及院印；并附"查询存款/汇款/股票/债券/基金份额线索"。

此联下方标明"第三联送达金融机构或邮电部门"字样。

4. 第四联回执

回执联由银行等金融机构或者邮电部门根据执行人民检察院查询犯罪嫌疑人存款/汇款/股票/债券/基金份额款通知书的情况，如实填写后退回人民检察院附卷。回执联分为首部、正文和尾部三部分。

（1）首部。包括：制作文书的人民检察院名称；文书名称，即"查询犯罪嫌疑人存款/汇款/股票/债券/基金份额款通知书"；文书名称下有"（回执）"字样。

（2）正文。需要填写的内容包括：进行查询的人民检察院名称；查询犯罪嫌疑人存款/汇款/股票/债券/基金份额款通知书的文号；被查询的犯罪嫌疑人的存款/汇款/股票/债券/基金份额的情况。

（3）尾部。包括填写文书的年、月、日及银行等金融机构或者邮电部门的公章。

此联下方印有"第四联退回后附卷"字样。

(三) 查询犯罪嫌疑人存款汇款/股票/债券/基金份额通知书范例

×××人民检察院
查询犯罪嫌疑人存款汇款/股票/债券/基金份额通知书
（存根）

检查询〔　〕　号

案由

犯罪嫌疑人的基本情况（姓名、性别、年龄、工作单位、住址、身份证号码、是否人大代表、政协委员）

送达单位
查询原因
批准人
承办人
填发人
填发时间

第一联统一保存

×××人民检察院
查询犯罪嫌疑人存款汇款/股票/债券/基金份额通知书
（副本）

检查询〔　〕　号

　　　　　　：

根据《中华人民共和国刑事诉讼法》第　　　条的规定，需向你单位查询　　　的存款/汇款/股票/债券/基金份额，特派本院工作人员　　　前往你处查询，请予协助。

年　月　日
（检察院印）

附：查询存款/汇款/股票/债券/基金份额线索

第二联附卷

×××人民检察院
查询犯罪嫌疑人存款汇款/股票/债券/基金份额通知书

检查询〔　〕　号

　　　　　　：

根据《中华人民共和国刑事诉讼法》第　　　条的规定，需向你单位查询　　　的存款/汇款/股票/债券/基金份额，特派本院工作人员　　　前往你处查询，请予协助。

年　月　日
（检察院印）

附：查询存款/汇款/股票/债券/基金份额线索

第三联送达金融机构或邮电部门

×××人民检察院
查询犯罪嫌疑人存款汇款/股票/债券/基金份额通知书
（回执）

检查询〔　〕　号

人民检察院：

你院检查询　　号查询犯罪嫌疑人存款/汇款/股票/债券/基金份额通知书收悉，现将在我单位存款/汇款/股票/债券/基金份额的情况提供如下：

年　月　日
（公章）

第四联送回后附卷

第七章　职务犯罪侦查业务文书

二十一、协助查询存款/汇款/股票/债券/基金份额通知书

（一）协助查询存款/汇款/股票/债券/基金份额通知书概述

本文书依据《刑事诉讼法》第142条的规定制作。为人民检察院在侦查中需要查询有关企业、事业、机关、团体以及除犯罪嫌疑人外其他涉案人员的银行存款/汇款/股票/债券/基金份额时，通知银行或者其他金融机构协助查询时使用。

（二）协助查询存款/汇款/股票/债券/基金份额通知书的基本内容及制作要求

本文书共四联，第一联统一保存备查，第二联附卷，第三联送达银行或金融机构，第四联由送达单位填写，加盖公章退回后附卷。

1. 第一联存根

（1）首部。与正本相同，只是在文书名称下有"（存根）"字样。

（2）正文。包括：发往银行的名称；事由，即协助查询存款/汇款/股票/债券/基金份额的原因，内容与正本填写的原因相同；被查询单位名称；查询人姓名，即被派往查询的人员；批准人姓名；填发人姓名。

（3）尾部。人民检察院名称及填发的具体年、月、日。

此联下方印有"第一联统一保存"字样。

2. 第二联副本

副本联结构、内容与正本联基本相同，不同之处在于：在首部文书名称下增加"（副本）"字样；在下方标明"第二联附卷"字样。

3. 第三联正本

（1）首部。包括：制作文书的人民检察院名称；文书名称，即"协助查询存款/汇款/股票/债券/基金份额通知书"；文书编号，即"检协查〔〕号"，空格处依次填写人民检察院简称、具体办案单位简称、年度和序号。

（2）正文。具体包括以下内容：需要送达文书的银行名称；查询原因；需要查询的单位名称；派往查询人员的姓名。

（3）尾部。签发文书的年、月、日及院印；并附"当事人银行存款/汇款/股票/债券/基金份额线索"，包括单位名称、账号及其他有关情况。

此联下方标明"第三联送达银行"。

4. 第四联回执

回执联由银行根据执行人民检察院协助查询存款/汇款/股票/债券/基金份额通知书的情况，如实填写后退回人民检察院。回执联分为首部、正文和尾部三部分。

（1）首部。包括：制作文书的人民检察院名称；文书名称，即"协助查询存款/汇款/股票/债券/基金份额通知书"；文书名称下有"（回执）"字样。

（2）正文。需要填写的内容包括：发出协助查询存款/汇款/股票/债券/基金份额通知书的人民检察院名称；协助查询存款/汇款/股票/债券/基金份额通知书的文号；被查询单位名称；被查询的存款情况，包括存款的时间、数量、种类，等等。

（3）尾部。包括填写文书的年、月、日及银行的公章。

此联下方印有"第四联退回后附卷"字样。

(三) 协助查询存款/汇款/股票/债券/基金份额通知书范例

××人民检察院
协助查询存款/汇款/股票/债券/基金份额通知书
（存根）

检协查〔　〕　号

发往银行　　　　　　　　
事由　　　　　　　　　　
查询（个人）银行存款/汇款/股票/债券/基金份额　　　　单位
票/债券/基金份额　　　　　　
查询人　　　　　　　　　
批准人　　　　　　　　　
填发人　　　　　　　　　
填发时间　　　　　　　　

第一联统一保存

××人民检察院
协助查询存款/汇款/股票/债券/基金份额通知书
（副本）

检协查〔　〕　号

　　　　　　　：

兹因　　　　　　　，需向你行查询　　　　　单位的银行存款/汇款/股票/债券/基金份额，特派本院工作人员　　前往你处，请予协助查询为盼。

附：当事人银行存款/汇款/股票/债券/基金份额线索：
存款/汇款/股票/债券/基金份额名称
单位（个人）
账号
其他

　　　　　年　月　日
　　　　　　（院印）

第二联附卷

××人民检察院
协助查询存款/汇款/股票/债券/基金份额通知书

检协查〔　〕　号

　　　　　　　：

兹因　　　　　　　，需向你单位的银行查询　　　　的银行存款/汇款/股票/债券/基金份额，特派本院工作人员　　前往你处，请予协助查询为盼。

附：当事人银行存款/汇款/股票/债券/基金份额线索：
存款/汇款/股票/债券/基金份额名称
单位（个人）
账号
其他

　　　　　年　月　日
　　　　　　（院印）

第三联送达银行

××人民检察院
协助查询存款/汇款/股票/债券/基金份额通知书
（回执）

检协查〔　〕　号

××人民检察院：

你院　　　号查询　　　单位（个人）的存款/汇款/股票/债券/基金份额通知书收悉，现将　　单位的银行存款情况提供如下：

　　　　　　　　　。

　　　　　年　月　日
　　　　　　（公章）

第四联退回后附卷

二十二、冻结犯罪嫌疑人存款/汇款/股票/债券/基金份额通知书

（一）冻结犯罪嫌疑人存款/汇款/股票/债券/基金份额通知书概述

本文书依据《刑事诉讼法》第142条的规定制作。为人民检察院在侦查中，依法向银行等金融机构或邮电部门发出冻结犯罪嫌疑人存款/汇款/股票/债券/基金份额通知时使用。本文书以犯罪嫌疑人为单位制作。

（二）冻结犯罪嫌疑人存款/汇款/股票/债券/基金份额通知书的基本内容及制作要求

本文书共四联，第一联统一保存备查，第二联附卷，第三联送达金融机构或邮电部门，第四联由送达单位填写，加盖公章退回后附卷。

1. 第一联存根

存根联分为两个部分：

（1）首部。与正本相同，只是在文书名称下有"（存根）"字样。

（2）正文。包括：案由，可根据犯罪嫌疑人涉嫌的罪名填写"贪污"、"受贿"、"挪用公款"，等等；犯罪嫌疑人基本情况；填写送达的银行等金融机构或者邮电部门的名称；冻结原因，填写冻结的具体原因；批准人姓名；承办人姓名；填发人姓名；填发时间，填写填发的具体年、月、日。

本联下方印有"第一联统一保存"字样。

2. 第二联副本

副本联结构、内容与正本联基本相同。

本联下方印有"第二联附卷"字样。

3. 第三联正本

正本联分为首部、正文和尾部三部分。

（1）首部。包括：制作文书的人民检察院名称；文书名称，即"冻结犯罪嫌疑人存款/汇款/股票/债券/基金份额通知书"；文书编号"检冻〔〕号"，空格处依次填写制作文书的人民检察院的简称、具体办案部门的简称、文书制作年度和当年所在文号。

（2）正文。具体包括以下内容：需要送达文书的银行等金融机构或者邮电部门名称；冻结原因；冻结的法律依据，即"根据《中华人民共和国刑事诉讼法》第一百四十二条的规定"；被冻结犯罪嫌疑人的姓名等。

（3）尾部。签发文书的年、月、日及院印。

此联下方印有"第三联送达金融机构或邮电部门"字样。

4. 第四联回执

回执联由银行等金融机构或者邮电部门，根据执行人民检察院冻结犯罪嫌

疑人存款/汇款/股票/债券/基金份额通知书的情况，如实填写后退回人民检察院。回执联分为首部、正文和尾部三部分。

（1）首部。包括：制作文书的人民检察院名称；文书名称，即"冻结犯罪嫌疑人存款/汇款/股票/债券/基金份额通知书"；文书名称下有"（回执）"字样。

（2）正文。填写的内容包括：要求冻结犯罪嫌疑人存款/汇款/股票/债券/基金份额的人民检察院名称；冻结犯罪嫌疑人存款/汇款/股票/债券/基金份额通知书的文号；被冻结犯罪嫌疑人的姓名；被冻结存款/汇款/股票/债券/基金份额的数额等。

（3）尾部。包括填写文书的年、月、日及银行等金融机构或者邮电部门的公章。

此联下方印有"第四联退回后附卷"字样。

（三）冻结犯罪嫌疑人存款/汇款/股票/债券/基金份额通知书范例

×××人民检察院
冻结犯罪嫌疑人存款/
汇款/股票/债券/基金
份额通知书
（存根）

检冻〔 〕 号

案由
犯罪嫌疑人的基本情况（姓名、性别、年龄、工作单位、住址、身份证号码、是否人大代表、政协委员）
送达单位
冻结原因
批准人
承办人
填发人
填发时间

第一联统一保存

×××人民检察院
冻结犯罪嫌疑人存款/
汇款/股票/债券/基金
份额通知书
（副本）

检冻〔 〕 号

　　　　　　　　，根据
　　　　　　　　　　　，
《中华人民共和国刑事诉讼法》第一百四十二条的规定，对　　　　　在你单位的存款/汇款/股票/债券/基金份额　　　予以冻结，冻结期限自　　年　　月　　日至　　年　　月　　日止。

（检察院印）

　　年　　月　　日

第二联附卷

×××人民检察院
冻结犯罪嫌疑人存款/
汇款/股票/债券/基金
份额通知书

检冻〔 〕 号

　　　　　　　　，根据
　　　　　　　　　　　，
《中华人民共和国刑事诉讼法》第一百四十二条的规定，对　　　　　在你单位的存款/汇款/股票/债券/基金份额　　　予以冻结，冻结期限自　　年　　月　　日至　　年　　月　　日止。

（检察院印）

　　年　　月　　日

第三联送达金融机构或邮电部门

×××人民检察院
冻结犯罪嫌疑人存款/
汇款/股票/债券/基金
份额通知书
（回执）

检冻〔 〕 号

人民检察院：
　　你院　　　　　号冻结犯罪嫌疑人存款/汇款/股票/债券/基金份额通知书，对　　　　　在我单位存款/汇款/股票/债券/基金份额　　　　　　，已冻结。

（公章）

　　年　　月　　日

第四联退回后附卷

第七章　职务犯罪侦查业务文书

431

二十三、协助冻结存款/汇款/股票/债券/基金份额通知书制作要求

(一) 协助冻结存款/汇款/股票/债券/基金份额通知书概述

本文书依据《刑事诉讼法》第 142 条的规定制作。为人民检察院在办理案件过程中，冻结与案件有关的单位在银行等金融机构的财物，通知银行等金融机构协助时使用。

(二) 协助冻结存款/汇款/股票/债券/基金份额通知书制作要求

本文书共四联，第一联统一保存备查，第二联附卷，第三联送达银行等金融机构，第四联由送达单位填写，加盖公章退回后附卷。

(三) 协助冻结存款/汇款/股票/债券/基金份额通知书制作要求范例

×× 人民检察院
协助冻结存款/汇款/
股票/债券/基金份额
通知书
（存根）

检 协冻 [ ] 号

事由：
原因：_____ 逾期或撤销冻结后方可支付。
批准人：_____
填发人：_____
填发时间：_____

第一联 统一保存

×× 人民检察院
协助冻结存款/汇款/
股票/债券/基金份额
通知书
（副本）

检 协冻 [ ] 号

银行：
兹因办理_____案需要，根据《中华人民共和国刑事诉讼法》第一百四十二条的规定，关于_____（处）行_____单位在你_____账户的存款/汇款/股票/债券/基金份额，请协助予以冻结。
冻结期限自_____年_____月_____日
至_____年_____月_____日止。
附：当事人银行存款线索：
债券/基金份额名称：
存款/汇款/股票/债券/基金份额
单位名称
账号
其他

年 月 日
（检察院印）

第二联附卷

×× 人民检察院
协助冻结存款/汇款/
股票/债券/基金份额
通知书

检 协冻 [ ] 号

银行：
兹因办理_____案需要，根据《中华人民共和国刑事诉讼法》第一百四十二条的规定，关于_____（处）行_____单位在你_____账户的存款/汇款/股票/债券/基金份额，请协助予以冻结。
冻结期限自_____年_____月_____日
至_____年_____月_____日止。
附：当事人银行存款线索：
债券/基金份额名称：
存款/汇款/股票/债券/基金份额
单位名称
账号
其他

年 月 日
（院印）

第三联送达银行等金融机构

×× 人民检察院
协助冻结存款/汇款/
股票/债券/基金份额
通知书
（回执）

检 协冻 [ ] 号

_____人民检察院：
你院_____号协助冻结犯罪嫌疑人_____存款/汇款/股票/债券/基金份额，通知书收悉，已将_____存款/汇款/股票/债券/基金份额予以冻结。

年 月 日
（公章）

第四联退回后附卷

第七章 职务犯罪侦查业务文书

433

二十四、委托鉴定书

(一) 委托鉴定书概述

本文书依据《刑事诉讼法》第 144 条的规定制作。为人民检察院为查明案情,就案件中的专门性问题,委托具有鉴定资格的单位(人员)进行鉴定时使用。本文书的鉴定要求,仅限科学技术问题,必须具体明确填写。

(二) 委托鉴定书的基本内容及制作要求

本文书共三联,第一联统一保存备查,第二联附卷,第三联送达受委托鉴定单位(人员)。

1. 第一联存根

(1) 首部。包括:制作本文书的人民检察院名称、文书名称、文书编号,填写要求与第三联正本一样,与正本联不同的是在首部文书名称下面标有"(存根)"字样。

(2) 正文。具体内容依次包括:案由,根据犯罪嫌疑人所涉嫌的罪名填写为"贪污"、"受贿"、"挪用公款"等,如果因涉嫌多个罪名而立案的,应将所涉嫌的罪名填写全;犯罪嫌疑人基本情况:包括姓名、性别、年龄、工作单位、住址、身份证号码、是否是人大代表或政协委员,上述犯罪嫌疑人的基本情况,并不是要求每一项内容都必须填写完整、清楚,制作时可以根据具体案件的需要和实际掌握的情况加以填写;受委托鉴定单位(人员)的名称(姓名);送检的有关材料;鉴定的具体内容和鉴定目的;制作本文书的批准人的姓名或者名称;送检人的姓名;填发本文书的填发人的姓名;填发本文书的时间。

此联下方印有"第一联统一保存"字样。

2. 第二联副本

(1) 首部。包括:制作本文书的人民检察院名称、文书名称、文书编号,其制作方法与第三联正本的要求一样,只是在文书名称下面标有"(副本)"字样。

(2) 正文。依次填写的具体内容与第三联正本的制作要求一样。

(3) 尾部。包括:制作本文书的时间,具体到年、月、日;加盖制作本文书的人民检察院的院印。

本联下方印有"第二联附卷"字样。

3. 第三联正本

(1) 首部。包括:制作本文书的人民检察院名称;文书名称,即"委托鉴定书";文书编号,即"检委鉴〔〕号",空格处依次填写制作文书的人民检察院的简称、具体办案部门的简称、制作文书年度和文书在当年的编号。

（2）正文。依次填写：送达对象，即受委托鉴定的单位（人员）的名称（姓名）；具体案件情况，应当填写："犯罪嫌疑人×××涉嫌×××罪"，如果为防止被委托鉴定人先入为主，影响公正性，也可以不填写犯罪嫌疑人具体涉嫌的罪名，可写为"涉嫌职务犯罪"或者"涉嫌刑事犯罪"；需要进行鉴定的对象；受委托鉴定单位（人员）的名称（姓名）；具体的鉴定内容和目的。

（3）尾部。包括：制作本文书的时间，具体到年、月、日；加盖制作本文书的人民检察院的院印。

此联下方印有"第三联送达受委托鉴定单位（人员）"字样。

(三) 委托鉴定书范例

×××人民检察院
委托鉴定书
（存根）

检委鉴〔 〕 号

案由
犯罪嫌疑人基本情况（姓名、性别、年龄、身份证号码、工作单位、住址、是否人大代表、政协委员）
鉴定单位（人员）
送检材料
鉴定内容、目的
批准人
送检人
填发人
填发时间

第一联统一保存

×××人民检察院
委托鉴定书
（副本）

检委鉴〔 〕 号

人民检察法院：
本院办理的_____一案，需对_____进行鉴定，根据《中华人民共和国刑事诉讼法》第一百四十四条的规定，现委托_____按下列要求进行鉴定。鉴定内容、目的：

（检察院印）
年 月 日

第二联附卷

×××人民检察院
委托鉴定书

检委鉴〔 〕 号

人民检察法院：
本院办理的_____一案，需对_____进行鉴定，根据《中华人民共和国刑事诉讼法》第一百四十四条的规定，现委托_____按下列要求进行鉴定。鉴定内容、目的：

（检察院印）
年 月 日

第三联送达受委托鉴定单位（人员）

436

二十五、传唤通知书

（一）传唤通知书概述

传唤通知书是人民检察院在办理刑事案件过程中，需要对没有被拘留、逮捕的犯罪嫌疑人进行讯问。通知犯罪嫌疑人在指定时间到达指定地点接受讯问时制作的检察法律文书。

传唤通知书是人民检察院自侦部门在办理检察机关自侦案件和审查逮捕、审查起诉部门在办理审查逮捕、审查起诉案件过程中，为依法查明案件事实，有效惩治犯罪，保护公民合法权益，需要讯问没有被采取拘留、逮捕强制措施的犯罪嫌疑人，通知犯罪嫌疑人按照人民检察院指定的时间和地点准时到场接受讯问时使用。

本文书依据《刑事诉讼法》第117条和《人民检察院刑事诉讼规则（试行）》第193条的规定制作。

（二）传唤通知书的基本内容及制作要求

传唤通知书为三联填充式法律文书。

1. 第一联存根

（1）首部。填写要求与第三联正本一样。

（2）正文。具体内容依次包括：案由，根据犯罪嫌疑人所涉嫌的罪名填写为"贪污"、"受贿"、"挪用公款"等，如果因涉嫌多个罪名而立案的，应将所涉嫌的罪名填写全；犯罪嫌疑人基本情况；接受传唤的犯罪嫌疑人应当到达指定地点的时间，应具体到年、月、日、时；被传唤人应当按时到达的指定地点；制作本文书的批准人的姓名或者名称；具体办理这一案件的承办人姓名；填发本文书的填发人姓名；填发时间。

此联下方印有"第一联统一保存"字样。

2. 第二联副本

（1）首部。填写要求与第三联正本一样。

（2）正文。填写要求与第三联正本一样。

（3）尾部。包括：制作本文书的时间，具体到年、月、日；加盖制作本文书的人民检察院的院印；讯问开始的时间，具体到年、月、日、时、分；讯问结束的时间，具体到年、月、日、时、分；对于讯问开始与结束的时间，要求传唤人填写并签名或者盖章加以确认，如果被传唤人拒绝签名或者盖章的，应当在本联文书中注明。

此联下方印有"第二联附卷"字样。

3. 第三联正本

（1）首部。包括：制作本文书的人民检察院名称；文书名称，即"传唤通知书"；文书编号，即"检传〔　〕号"，空格处依次填写制作文书的人民检察院的简称、具体办案部门的简称、文书制作年度和当年编号，如"渝检反贪传〔2013〕18号"。

（2）正文。依次填写：需要通知到场接受讯问的犯罪嫌疑人的住址；刑事案件中需要讯问的犯罪嫌疑人的姓名；制作本文书的人民检察院决定讯问犯罪嫌疑人的时间，也就是犯罪嫌疑人应当到场的时间，具体到年、月、日、时；制作本文书的人民检察院决定讯问犯罪嫌疑人的地点，也就是犯罪嫌疑人应当按时到场的地点。

（3）尾部。包括：制作本文书的时间，具体到年、月、日；加盖制作本文书的人民检察院的院印。

本联下方印有"第二联送达被传唤人"字样。

(三) 传唤通知书范例

×××人民检察院
传唤通知书
（存根）

检传〔 〕 号

案由
犯罪嫌疑人基本情况（姓名、性别、年龄、工作单位、住址、身份证号码、是否人大代表、政协委员）
应到时间
应到地点
批准人
批准时间
承办人
填发人

第一联统一保存

×××人民检察院
传唤通知书
（副本）

检传〔 〕 号

根据《中华人民共和国刑事诉讼法》第一百一十七条的规定，现通知居住在_____的犯罪嫌疑人_____于_____年_____月_____日_____时到达_____接受讯问，得以拘传。

被传唤人必须持此件报到，无故不到，得以拘传。

年 月 日
（院印）

讯问开始时间：___年___月___日___时___分
讯问结束时间：___年___月___日___时___分
被讯问人：

第二联附卷

×××人民检察院
传唤通知书

检询〔 〕 号

根据《中华人民共和国刑事诉讼法》第一百一十七条的规定，现通知居住在_____的犯罪嫌疑人_____于_____年_____月_____日_____时到达_____接受讯问，得以拘传。

被传唤人必须持此件报到，无故不到，得以拘传。

年 月 日
（检察院印）

第三联送达被传唤人

二十六、拘传证

（一）拘传证概述

拘传证是依据《刑事诉讼法》第 64 条和《人民检察院刑事诉讼规则（试行）》第 78—80 条的规定制作，主要适用于人民检察院自侦部门办理检察机关自侦案件和审查逮捕、审查起诉部门在办理审查逮捕、审查起诉案件过程中，为依法查明案件事实，有效惩治犯罪，保护公民合法权益，需要讯问没有被采取拘留、逮捕强制措施的犯罪嫌疑人，通过拘传依法强制犯罪嫌疑人到案接受讯问的情形。拘传证一般在以下两种情况下适用：一是未被羁押的犯罪嫌疑人经检察机关合法传唤，无正当理由拒不到案接受讯问的；二是虽然检察机关没有经合法传唤，但如果不予以拘传，犯罪嫌疑人可能逃跑、自杀或者泄露消息、串供等，可能影响刑事诉讼顺利进行的。

《刑事诉讼法》第 64 条规定："人民法院、人民检察院和公安机关根据案件情况，对犯罪嫌疑人、被告人可以拘传、取保候审或者监视居住。"

《人民检察院刑事诉讼规则（试行）》第 78 条规定："人民检察院根据案件情况，对犯罪嫌疑人可以拘传。拘传应当经检察长批准，签发拘传证。"第 79 条规定："拘传时，应当向被拘传的犯罪嫌疑人出示拘传证。对抗拒拘传的，可以使用械具，强制到案。执行拘传的人员不得少于二人。"第 80 条规定："拘传持续的时间从犯罪嫌疑人到案时开始计算。犯罪嫌疑人到案后，应当责令其在拘传证上填写到案时间，并在拘传证上签名、捺指印或者盖章，然后立即讯问。讯问结束后，应当责令犯罪嫌疑人在拘传证上填写讯问结束时间。犯罪嫌疑人拒绝填写的，检察人员应当在拘传证上注明。一次拘传持续的时间不得超过十二小时；案情特别重大、复杂，需要采取拘留、逮捕措施的，拘传持续的时间不得超过二十四小时。两次拘传间隔的时间一般不得少于十二小时，不得以连续拘传的方式变相拘禁犯罪嫌疑人。……"

（二）拘传证的基本内容及制作要求

拘传证为二联填充式法律文书。

1. 第一联存根

（1）首部。包括：制作本文书的人民检察院名称；文书名称，即"拘传证"；文书编号，即"检拘传〔〕号"，空格处依次填写制作文书的人民检察院的简称、具体办案部门的简称、文书制作年度和当年编号，如"渝检反贪拘传〔2013〕4 号"。在首部文书名称下面标有"（存根）"字样。

（2）正文。包括：案由，根据案件中犯罪嫌疑人所涉嫌的罪名填写为"贪污"、"受贿"、"挪用公款"等，如果因涉嫌多个罪名而立案的，应将所涉嫌的罪名填写全；犯罪嫌疑人基本情况；制作本文书的批准人的姓名或者名称；具体办理这一案件的承办人的姓名；填发本文书的填发人的姓名；填发本文书的时间；执行时间。

此联下方印有"第一联统一保存"字样。

2. 第二联正本

（1）首部。包括：制作本文书的人民检察院名称、文书名称、文书编号，填写要求与第一联一样。

（2）正文。内容包括：执行拘传任务的检察人员的姓名；需要拘传的犯罪嫌疑人的姓名。

（3）尾部。包括：制作本文书的时间，具体到年、月、日；加盖制作本文书的人民检察院的院印和检察长印；拘传到案的时间，具体到年、月、日、时、分；讯问结束的时间，也具体到年、月、日、时、分；被拘传人签名或盖章；作为宣告人的检察人员签名。

此联下方印有"第二联在拘传讯问后附卷"字样。

（三）拘传证范例

×××人民检察院 拘传证 （存根）	×××人民检察院 拘传证
检 拘传〔 〕 号 案由_____ 犯罪嫌疑人基本情况（姓名、性别、年龄、工作单位、住址、身份证号码、是否人大代表、政协委员） 批准人_____ 承办人_____ 填发人_____ 填发时间_____ 执行时间_____	检 拘传〔 〕 号 根据《中华人民共和国刑事诉讼法》第六十四条的规定，兹派本院工作人员_____对犯罪嫌疑人_____予以拘传。 检察长 年 月 日 （院印） 到案时间：___年___月___日___时___分 讯问结束时间：___年___月___日___时___分 被拘传人：_____ 宣告人：_____
第一联统一保存	第二联在拘传讯问后附卷

二十七、取保候审决定书、执行通知书

（一）取保候审决定书、执行通知书概述

取保候审决定书、执行通知书是依据《刑事诉讼法》第65条和《人民检察院刑事诉讼规则（试行）》第93条的规定制作，主要适用于人民检察院自侦部门办理检察机关自侦案件和审查起诉部门在办理审查起诉案件过程中，为保障刑事诉讼的顺利进行，对符合取保候审条件的犯罪嫌疑人，依法决定对其采取取保候审的强制措施的情形。

《刑事诉讼法》第65条规定："人民法院、人民检察院和公安机关对于有下列情形之一的犯罪嫌疑人、被告人，可以取保候审：（一）可能判处管制、拘役或者独立适用附加刑的；（二）可能判处有期徒刑以上刑罚，采取取保候审不致发生社会危险性的；（三）患有严重疾病、生活不能自理，怀孕或者正在哺乳自己婴儿的妇女，采取取保候审不致发生社会危险性的；（四）羁押期

限届满，案件尚未办结，需要采取取保候审的。取保候审由公安机关执行。"

《人民检察院刑事诉讼规则（试行）》第 93 条规定："人民检察院应当向取保候审的犯罪嫌疑人宣读取保候审决定书，由犯罪嫌疑人签名、捺指印或者盖章，并责令犯罪嫌疑人遵守刑事诉讼法第六十九条的规定，告知其违反规定应负的法律责任；以保证金方式担保的，应当同时告知犯罪嫌疑人一次性将保证金存入公安机关指定银行的专门账户。"

（二）取保候审决定书、执行通知书的基本内容及制作要求

本文书为三联填充式法律文书。

1. 第一联存根

（1）首部。包括：制作本文书的人民检察院名称；文书名称，即"取保候审决定书"；文书编号，即"检保〔〕号"，"检"前空格处填写制作本文书的人民检察院的简称，"检"与"保"之间填写人民检察院具体办案部门的简称，中括号内填写制作本文书的年度，中括号与"号"之间填写本文书在该年度的序号，如"渝检反贪保〔2013〕8 号"。在首部文书名称下面标有"（存根）"字样。

（2）正文。具体内容依次包括：案由，根据案件中犯罪嫌疑人所涉嫌的罪名填写为"贪污"、"受贿"、"挪用公款"等，如果因涉嫌多个罪名而立案的，应将所涉嫌的罪名填写全；犯罪嫌疑人基本情况，包括姓名、性别、年龄、工作单位、住址、身份证号码、是否是人大代表、政协委员，上述犯罪嫌疑人的基本情况，并不是要求每一项内容都必须填写完整、清楚，制作时可以根据具体案件的需要和实际掌握的情况加以填写；保证人的姓名或者保证金的大写数额；负责执行取保候审的机关名称；制作本文书的批准人的姓名或者名称；具体办理这一案件的承办人的姓名；填发本文书的填发人的姓名；填发本文书的时间。

第一联统一保存。

2. 第二联副本

（1）首部。包括制作本文书的人民检察院名称、文书名称、文书编号，填写要求与第一联一样，不同的是在首部文书名称下面标有"（副本）"字样。

（2）正文。依次填写的具体内容包括：被取保候审的犯罪嫌疑人的姓名；犯罪嫌疑人涉嫌的罪名；保证人的姓名；保证金的数额；取保候审起算的时间，具体到年、月、日；执行取保候审的机关名称。

（3）尾部。包括：制作本文书的时间，具体到年、月、日；加盖制作本文书的人民检察院的院印；被取保候审的犯罪嫌疑人填写的向其宣布取保候审

决定的日期，具体到年、月、日；被取保候审的犯罪嫌疑人签名或者盖章；作为宣告人的检察人员签名或者盖章。

第二联向犯罪嫌疑人宣告后附卷。

3. 第三联取保候审执行通知书

（1）首部。包括制作本文书的人民检察院名称、文书名称、文书编号，填写要求与第一联一样。

（2）正文。依次填写的具体内容包括：被取保候审的犯罪嫌疑人的姓名；犯罪嫌疑人涉嫌的罪名；保证人的姓名；保证金的数额；取保候审起算的时间，具体到年、月、日；执行取保候审的机关名称。

（3）尾部。包括：制作本文书的时间，具体到年、月、日；加盖制作本文书的人民检察院的院印；附注：被取保候审的犯罪嫌疑人的姓名、性别、年龄、工作单位、住址。

第三联送达执行机关。

(三) 取保候审决定书、执行通知书范例

×××人民检察院
取保候审决定书
(存根)

检 保〔 〕 号

案由
犯罪嫌疑人基本情况（姓名、性别、年龄、工作单位、住址、身份证号码、是否人大代表、政协委员）
保证人（保证金数额大写）
执行机关
批准人
承办人
填发人
填发时间

第一联统一保存

×××人民检察院
取保候审决定书
(副本)

检 保〔 〕 号

犯罪嫌疑人_____，因涉嫌_____，根据《中华人民共和国刑事诉讼法》第六十五条的规定，本院决定对其取保候审，由保证人_____担保（由犯罪嫌疑人交纳保证金_____元），期限从____年____月____日起算，并由_____执行。犯罪嫌疑人在取保候审期间应当遵守《中华人民共和国刑事诉讼法》第六十九条的规定。

此决定已于____年____月____日向我宣布。

犯罪嫌疑人：
宣告人：

(检察院印)
年 月 日

第二联向犯罪嫌疑人宣告后附卷

×××人民检察院
取保候审执行通知书

检 保〔 〕 号

犯罪嫌疑人_____，因涉嫌_____，根据《中华人民共和国刑事诉讼法》第六十五条的规定，本院决定对其取保候审，保证人_____已向本院出具保证书（犯罪嫌疑人已交纳保证金_____元），期限从____年____月____日起算。

此致

(检察院印)
年 月 日

注：犯罪嫌疑人 性别____ 年龄____
工作单位____ 住址____

第三联送达执行机关

二十八、保证书

（一）保证书概述

保证书依据《刑事诉讼法》第66条、第68条和《人民检察院刑事诉讼规则（试行）》第89条的规定制作，主要适用于人民检察院自侦部门办理检察机关自侦案件和审查起诉部门在办理审查起诉案件过程中，为保障刑事诉讼的顺利进行，对符合取保候审条件的犯罪嫌疑人，依法决定对其采取取保候审的强制措施，并采用保证人担保方式，保证人向人民检察院保证承担法定义务而填写的法律文书。

《刑事诉讼法》第66条规定："人民法院、人民检察院和公安机关决定对犯罪嫌疑人、被告人取保候审，应当责令犯罪嫌疑人、被告人提出保证人或者交纳保证金。"

（二）保证书的基本内容及制作要求

保证书为四联填充式法律文书。

1. 第一联存根

（1）首部。包括：文书名称，即"保证书"；文书编号，即"检保书〔〕号"，空格处依次填写制作文书的人民检察院的简称、具体办案部门的简称、文书制作年度和当年编号，如"渝检反贪保书〔2013〕4号"。在首部文书名称下面标有"（存根）"字样。

（2）正文。具体内容依次包括：案由，根据犯罪嫌疑人所涉嫌的罪名填写为"贪污"、"受贿"、"挪用公款"等，如果因涉嫌多个罪名而立案的，应将所涉嫌的罪名填写全；犯罪嫌疑人即被取保候审人的姓名；保证人的姓名、性别、年龄、住址；保证人与犯罪嫌疑人之间的关系；保证人填写保证书的日期，应具体到年、月、日；制作本文书的批准人的姓名或者名称；具体办理这一案件的承办人的姓名；填发本文书的填发人的姓名；填发本文书的时间。

第一联统一保存。

2. 第二联副本

（1）首部。包括：文书名称；文书编号，其制作方法与第一联首部的要求一样，只是在文书名称下面标有"（副本）"字样。

（2）正文。填写的具体内容包括：保证人的住址；保证人的工作单位名称；被保证人即被取保候审人的姓名；保证人与被保证人的关系；填写本文书的日期，具体到年、月、日；作出取保候审决定的人民检察院名称；"此致"之后的画线处也填写作出取保候审决定的人民检察院名称。

（3）尾部。包括：保证人签名；填写时间，具体到年、月、日。

第二联附卷。

3. 第三联正本

（1）首部。包括文书名称；文书编号，其制作方法与第一联首部的要求一样。

（2）正文。依次填写的具体内容和填写要求与第二联一样。

（3）尾部。包括保证人签名及签署时间，具体到年、月、日。

第三联送达执行机关。

4. 第四联正本

（1）首部。填写要求与第一联一样。

（2）正文。依次填写的具体内容和填写要求与第二联一样。

（3）尾部。包括保证人签名及签署时间，具体到年、月、日。附注，即必须同时附有《刑事诉讼法》第68条、第69条的法律条文。

第四联送达保证人。

（三）保证书范例

保证书
（存根）

检 保字 [ ] 号

案由 _____
犯罪嫌疑人 _____
保证人 _____ 年龄 ____
性别 _____
住址 _____
与犯罪嫌疑人关系 _____
保证日期 _____
批准人 _____
承办人 _____
填发人 _____
填发时间 _____

第一联 统一保存

保证书
（副本）

检 保字 [ ] 号

我住在 _____，在 _____ 工作，与被保证人 _____ 是 _____ 关系，我于 ____ 年 ____ 月 ____ 日向 _____ 人民检察院自愿做如下保证：

严格履行《中华人民共和国刑事诉讼法》第六十八条规定的义务，监督被保证人遵守《中华人民共和国刑事诉讼法》第六十九条的规定。

本人未履行保证义务的，愿承担法律责任。

此致

_____ 人民检察院

保证人：_____
　　　　　年　月　日

第二联 附卷

保证书

检 保字 [ ] 号

我住在 _____，在 _____ 工作，与被保证人 _____ 是 _____ 关系，我于 ____ 年 ____ 月 ____ 日向 _____ 人民检察院自愿做如下保证：

严格履行《中华人民共和国刑事诉讼法》第六十八条规定的义务，监督被保证人遵守《中华人民共和国刑事诉讼法》第六十九条的规定。

本人未履行保证义务的，愿承担法律责任。

此致

_____ 人民检察院

保证人：_____
　　　　　年　月　日

第三联 送执行机关

保证书

检 保字 [ ] 号

我住在 _____，在 _____ 工作，与被保证人 _____ 是 _____ 关系，我于 ____ 年 ____ 月 ____ 日向 _____ 人民检察院自愿做如下保证：

严格履行《中华人民共和国刑事诉讼法》第六十八条规定的义务，监督被保证人遵守《中华人民共和国刑事诉讼法》第六十九条的规定。

本人未履行保证义务的，愿承担法律责任。

此致

_____ 人民检察院

保证人：_____
　　　　　年　月　日

附：《中华人民共和国刑事诉讼法》第六十八条、第六十九条。

第四联 送保证人

二十九、监视居住决定书、执行通知书

（一）监视居住决定书、执行通知书概述

本文书依据《刑事诉讼法》第72条、第73条第1款和《人民检察院刑事诉讼规则（试行）》第109条、第113条、第115条的规定制作。为人民检察院依法对犯罪嫌疑人决定监视居住时使用。

（二）监视居住决定书、执行通知书的基本内容及制作要求

监视居住决定书为填充式文书，共三联：第一联为存根，第二联向犯罪嫌疑人宣告后附卷，第三联为监视居住执行通知书送达执行机关。制作本文书时，依据决定采取的强制措施，填写相应的法律适用条文。向犯罪嫌疑人宣读本文书时应告知其《刑事诉讼法》第75条的规定，由犯罪嫌疑人签名或者盖章。监视居住由公安机关执行。送达本文书第三联时，应告知执行机关在拟批准犯罪嫌疑人离开住处、居所或会见其他人员之前，应当征得人民检察院同意。对犯罪嫌疑人由拘留或者逮捕变更为监视居住的，除制作本书外，还应同时制作《决定释放通知书》通知看守所。

1. 第一联存根

第一联分为首部和正文两部分。

（1）首部。包括制作本文书的人民检察院名称、文书名称、文书编号，填写要求与第三联正本联一样，与正本联不同的是在首部文书名称下面标有"（存根）"字样。

（2）正文。具体内容依次包括：案由，可以根据案件中犯罪嫌疑人所涉嫌的罪名填写为"贪污"、"受贿"、"挪用公款"等，如果因涉及多个罪名而立案的，应将所涉嫌的罪名填写全；犯罪嫌疑人基本情况，包括姓名、性别、年龄、工作单位、住址、身份证号码、是否是人大代表或政协委员，上述犯罪嫌疑人的基本情况，并不是要求每一项内容都必须填写完整、清楚，制作时可以根据具体案件的需要和实际掌握的情况加以填写；监视居住原因；监视居住地点；是否指定居所；起算时间；执行机关；批准人；办案人；办案单位；填发人；填发时间，每一项内容都必须填写完整、清楚。

此联统一保存。

2. 第二联副本

第二联分为首部、正文和尾部三部分。

（1）首部。包括制作本文书的人民检察院名称；文书名称，即"监视居住决定书"；文书编号。

（2）正文。依次填写的具体内容包括：被决定监视居住的犯罪嫌疑人的

姓名；犯罪嫌疑人涉嫌的罪名；监视居住起算的时间，具体到年、月、日；执行监视居住的机关名称。

（3）尾部。包括：制作本文书的时间，具体到年、月、日；加盖制作本文书的人民检察院的院印；让监视居住的犯罪嫌疑人填写的向其宣布监视居住决定的日期，具体到年、月、日；被监视居住的犯罪嫌疑人签名或者盖章；作为宣告人的检察人员签名或者盖章。

此联向犯罪嫌疑人宣告后附卷。

3. 第三联正本

第三联分为首部、正文和尾部三部分。

（1）首部。包括：制作本文书的人民检察院名称；文书名称，即"监视居住执行通知书"；文书编号"检监〔〕号"，空格处依次填写制作文书的人民检察院的简称、具体办案部门的简称、文书制作年度和当年编号。

（2）正文。依次填写的具体内容包括：被决定监视居住的犯罪嫌疑人的姓名；犯罪嫌疑人涉嫌的罪名；监视居住起算的时间，具体到年、月、日；执行监视居住的机关名称。

（3）尾部。包括：制作本文书的时间，具体到年、月、日；加盖制作本文书的人民检察院的院印；附注被监视居住的犯罪嫌疑人的姓名、性别、年龄、工作单位、住址，是否属于限制律师会见的特殊案件需明确告知执行机关。

此联送达执行机关。

(三) 监视居住决定书、执行通知书范例

×××人民检察院
监视居住决定书
（存根）

检监〔 〕 号

案由 _____
犯罪嫌疑人基本情况（姓名、性别、年龄、工作单位、住址、身份证号码、是否人大代表、政协委员） _____
监视居住原因 _____
监视居住地点 _____
是否指定居所 _____
起算时间 _____
执行机关 _____
批准人 _____
办案人 _____
办案单位 _____
填发人 _____
填发时间 _____

第一联统一保存

×××人民检察院
监视居住执行通知书

检监〔 〕 号

犯罪嫌疑人 _____ 因涉嫌 _____，根据《中华人民共和国刑事诉讼法》第七十二条/第七十三条，本院决定对其监视居住/指定居所监视居住，期限从 ___年___月___日起算，执行《中华人民共和国刑事诉讼法》第七十五条的规定。

此决定已于 ___年___月___日向我宣布。
犯罪嫌疑人：_____
宣告人：_____

  年 月 日
  （院印）

第二联向犯罪嫌疑人宣告后附卷

×××人民检察院
监视居住执行通知书

检监〔 〕 号

犯罪嫌疑人 _____ 因涉嫌 _____，根据《中华人民共和国刑事诉讼法》第七十二条/第七十三条，本院决定对其监视居住/指定居所监视居住，期限从 ___年___月___日起算。特通知你单位执行。
此致

  年 月 日
  （院印）

注：犯罪嫌疑人 _____ 性别 _____ 年龄 _____
工作单位 _____ 住址 _____
是否属于限制律师会见的特殊案件：是□ 否□

第三联送达执行机关

三十、拘留决定书

（一）拘留决定书概述

拘留决定书依据《刑事诉讼法》第163条和《人民检察院刑事诉讼规则（试行）》第129条、第131条的规定制作，适用于人民检察院自侦部门办理检察机关自侦案件过程中，为保障刑事诉讼的顺利进行，对符合拘留条件的犯罪嫌疑人，依法决定对其采取拘留的强制措施的情形。拘留是一种在紧急情况下为保证刑事诉讼活动的顺利进行而暂时剥夺犯罪嫌疑人人身自由的强制措施，其适用对象仅限于现行犯或者重大嫌疑分子。因此，拘留决定书只能在人民检察院自侦部门侦查案件时使用。

《刑事诉讼法》第163条规定："人民检察院直接受理的案件中符合本法第七十九条、第八十条第四项、第五项规定情形，需要逮捕、拘留犯罪嫌疑人的，由人民检察院作出决定，由公安机关执行。"

"第八十条第四项、第五项规定情形"，就是指犯罪后企图自杀、逃跑或者在逃的和有毁灭、伪造证据或者串供可能的。《人民检察院刑事诉讼规则（试行）》第131条规定："人民检察院作出拘留决定后，应当将有关法律文书和有关案由、犯罪嫌疑人基本情况的材料送交同级公安机关执行。必要时人民检察院可以协助公安机关执行。……"

（二）拘留决定书的基本内容及制作要求

拘留决定书为四联填充式法律文书。

1. 第一联存根

（1）首部。包括：制作本文书的人民检察院名称；文书名称，即"拘留决定书"；文书编号，即"检拘〔〕号"，空格处依次填写制作文书的人民检察院的简称、具体办案部门的简称、文书制作年度和当年编号，如"渝检反贪拘〔2013〕8号"。在首部文书名称下面标有"（存根）"字样。

（2）正文。具体内容依次包括：案由，根据犯罪嫌疑人所涉嫌的罪名填写为"贪污"、"受贿"、"挪用公款"等，如果因涉嫌多个罪名而立案的，应将所涉嫌的罪名填写全；犯罪嫌疑人情况，包括姓名、性别、年龄、工作单位、住址、身份证号码、是否人大代表、政协委员，上述犯罪嫌疑人的基本情况，并不是要求每一项内容都必须填写完整、清楚，制作时可以根据具体案件的需要和实际掌握的情况加以填写；拘留原因，按照《刑事诉讼法》第80条的规定填写；制作本文书的批准人的姓名或者名称；具体办理这一案件的承办人的姓名；填发本文书的填发人的姓名；填发本文书的时间。

第一联统一保存。

2. 第二联副本

（1）首部。包括：制作本文书的人民检察院名称、文书名称、文书编号，其制作方法与第一联的要求一样，只是在文书名称下面标有"（副本）"字样。

（2）正文。填写的具体内容包括：被决定拘留的犯罪嫌疑人的姓名；犯罪嫌疑人的性别；犯罪嫌疑人出生的年、月、日；犯罪嫌疑人的住址；犯罪嫌疑人涉嫌的罪名；执行拘留的机关名称。

（3）尾部。包括：制作本文书的时间，具体到年、月、日；加盖制作本文书的人民检察院的院印。

第二联附卷。

3. 第三联正本

（1）首部。包括：制作本文书的人民检察院名称、文书名称、文书编号，填写要求与第一联一样。

（2）正文。依次填写的具体内容与第二联的制作要求一样，是否属于限制律师会见的特殊案件需明确告知执行机关。

（3）尾部。包括：制作本文书的时间，具体到年、月、日；加盖制作本文书的人民检察院的院印。

第三联送达执行机关。

4. 第四联回执

（1）首部。包括：制作本文书的人民检察院名称；文书名称，即"拘留决定书"；在文书名称下面标有"（回执）"字样。

（2）正文。依次填写的具体内容包括：作出拘留决定的人民检察院名称；人民检察院作出拘留决定的日期，具体到年、月、日；人民检察院作出的拘留决定书的文号；犯罪嫌疑人的姓名；犯罪嫌疑人被执行拘留的时间，具体到年、月、日；执行拘留的机关名称；犯罪嫌疑人被送看守所羁押的时间，具体到年、月、日、时；看守所的名称。

（3）尾部。包括：制作本文书的时间，具体到年、月、日；加盖制作本文书的执行机关的公章。

第四联执行机关执行后退回附卷。

(三) 拘留决定书范例

×××人民检察院
拘留决定书
（存根）

检 拘 〔 〕 号

案由
犯罪嫌疑人基本情况（姓名、性别、年龄、工作单位、住址、身份证号码、是否人大代表、政协委员
拘留原因
批准人
承办人
填发时间

第一联统一保存

×××人民检察院
拘留决定书
（副本）

检 拘 〔 〕 号

犯罪嫌疑人＿＿＿，性别＿＿＿，生于＿＿年＿＿月＿＿日，因涉嫌＿＿＿居住在＿＿＿，根据《中华人民共和国刑事诉讼法》第一百六十三条的规定，本院决定对其刑事拘留，请即执行。

此致

　　　　　　　年　　月　　日
　　　　　　　（院印）

第二联附卷

×××人民检察院
拘留决定书

检 拘 〔 〕 号

犯罪嫌疑人＿＿＿，性别＿＿＿，生于＿＿年＿＿月＿＿日，因涉嫌＿＿＿居住在＿＿＿，根据《中华人民共和国刑事诉讼法》第一百六十三条的规定，本院决定对其刑事拘留，请即执行。

此致

　　　　　　　年　　月　　日
　　　　　　　（院印）

是否属于限制律师会见的特殊案件：是□ 否□

第三联送达执行机关

×××人民检察院
拘留决定书
（回执）

检 拘 〔 〕 号

＿＿＿人民检察院：
　　你院＿＿年＿＿月＿＿日以＿＿号拘留决定书决定拘留的犯罪嫌疑人＿＿＿已于＿＿年＿＿月＿＿日＿＿时＿＿分执行拘留，并于＿＿年＿＿月＿＿日＿＿时送＿＿＿看守所羁押。

特此通知

　　　　　　　年　　月　　日
　　　　　　　（公章）

第四联执行机关执行后退回附卷

454

三十一、拘留人大代表报告书

（一）拘留人大代表报告书概述

拘留人大代表报告书，是指人民检察院在办理刑事案件过程中，由于符合《刑事诉讼法》规定的拘留条件的犯罪嫌疑人是县级以上人民代表大会的代表，依照有关法律规定，对其依法决定采取拘留强制措施后向其所属的人民代表大会主席团或者常务委员会报告时制作的检察法律文书。本文书主要依据《中华人民共和国全国人民代表大会和地方各级人民代表大会代表法》第32条和《人民检察院刑事诉讼规则（试行）》第132条的规定制作。

（二）拘留人大代表报告书的基本内容及制作要求

拘留人大代表报告书为填充式文书，共三联：第一联为存根，第二联附卷，第三联报送人大主席团或者人大常务委员会。

1. 第一联存根

本联分为首部和正文两部分。

（1）首部。包括制作本文书的人民检察院名称、文书名称、文书编号，填写要求与第三联正本联一样，不同的是在首部文书名称下面标有"（存根）"字样。

（2）正文。具体内容依次包括：案由，可以根据案件中犯罪嫌疑人所涉嫌的罪名填写为"贪污"、"受贿"、"挪用公款"等，如果因涉嫌多个罪名而立案的，应将所涉嫌的罪名填写全；犯罪嫌疑人姓名、性别、年龄、工作单位、住址、身份证号码、犯罪嫌疑人担任人大代表的人民代表大会名称，要写明第×届的人大代表；犯罪嫌疑人被刑事拘留的时间，具体到年、月、日；现羁押处所的名称；制作本文书的批准人的姓名或者名称；具体办理这一案件的承办人的姓名；填发本文书的填发人的姓名；填发本文书的时间。

本联统一保存。

2. 第二联副本

此联分为首部、正文和尾部三部分。

（1）首部。包括制作本文书的人民检察院名称、文书名称、文书编号，其制作方法与第三联的要求一样，只是在文书名称下面标有"（副本）"字样。

（2）正文。依次填写的具体内容与第三联的制作要求一样。

（3）尾部。包括：制作本文书的时间，具体到年、月、日；加盖制作本文书的人民检察院的院印。

第二联附卷。

3. 第三联正本

本联分为首部、正文和尾部三部分。

（1）首部。包括：制作本文书的人民检察院名称；文书名称，即"拘留人大代表报告书"；文书编号"检拘代〔〕号"，空格处依次填写制作文书的人民检察院的简称、具体办案部门的简称、文书制作年度和当年编号。

（2）正文。依次填写的具体内容包括：报告对象，即×××人民代表大会主席团或者×××人民代表大会常务委员会；被决定拘留的犯罪嫌疑人的姓名；犯罪嫌疑人涉嫌的罪名。

（3）尾部。包括：制作本文书的时间，具体到年、月、日；加盖制作本文书的人民检察院的院印。

第三联报送人大主席团或常委会。

(三) 拘留人大代表报告书范例

×××人民检察院
拘留人大代表报告书
（存根）

检 拘代 〔 〕 号

案由
犯罪嫌疑人　　　　年龄
性别
工作单位
住址
身份证号码
犯罪嫌疑人系　　　　人大代表
拘留时间
羁押处所
批准人
承办人
填发人
填发时间

第一联——保存

×××人民检察院
拘留人大代表报告书
（副本）

检 拘代 〔 〕 号

犯罪嫌疑人　　　　，因涉嫌　　　　，根据《中华人民共和国刑事诉讼法》第一百六十三条的规定，依法对其拘留。因该犯罪嫌疑人系本届人民代表大会代表，根据《中华人民共和国全国人民代表大会和地方各级人民代表大会代表法》第三十二条的规定，特此报告。

年　月　日
（院印）

第二联附卷

×××人民检察院
拘留人大代表报告书

检 拘代 〔 〕 号

犯罪嫌疑人　　　　，因涉嫌　　　　，根据《中华人民共和国刑事诉讼法》第一百六十三条的规定，依法对其拘留。因该犯罪嫌疑人系本届人民代表大会代表，根据《中华人民共和国全国人民代表大会和地方各级人民代表大会代表法》第三十二条的规定，特此报告。

年　月　日
（院印）

第三联报送人大主席团或常委会

三十二、报请许可采取强制措施报告书

(一) 报请许可采取强制措施报告书概述

报请许可采取强制措施报告书,是指人民检察院在办理刑事案件过程中,由于符合《刑事诉讼法》规定的逮捕、取保候审、监视居住和拘传条件的犯罪嫌疑人是县级以上人民代表大会的代表,依照有关法律规定,拟对其依法决定采取强制措施而事先向其所属的人民代表大会主席团或者常务委员会报请许可时制作的检察法律文书。

报请许可采取强制措施报告书既是为了加强对各级人民代表大会代表的司法保障,也是为了保证刑事诉讼的顺利进行。本文书主要依据《中华人民共和国全国人民代表大会和地方各级人民代表大会代表法》第32条和《人民检察院刑事诉讼规则(试行)》第132条、第146条的规定制作。

(二) 报请许可采取强制措施报告书的基本内容及制作要求

报请许可采取强制措施报告书为填充式文书,共三联:第一联为存根,第二联附卷,第三联报送人大主席团或者人大常务委员会。

1. 第一联存根

存根联分为首部和正文两部分。

(1) 首部。填写要求与第三联正本联一样,与正本联不同的是在首部文书名称下面标有"(存根)"字样。

(2) 正文。具体内容依次包括:案由;犯罪嫌疑人姓名、性别、年龄、工作单位、住址、身份证号码;犯罪嫌疑人担任人大代表的人民代表大会名称,要写明第×届的人大代表;采取强制措施时间;执行处所;制作本文书的批准人的姓名或者名称;具体办理这一案件的承办人的姓名;填发本文书的填发人的姓名;填发本文书的时间。

存根联统一保存。

2. 第二联副本

本联分为首部、正文和尾部三部分。

(1) 首部。包括制作本文书的人民检察院名称、文书名称、文书编号,其制作方法与第三联的要求一样,只是在文书名称下面标有"(副本)"字样。

(2) 正文。与第三联的制作要求一样。

(3) 尾部。包括:制作本文书的时间,具体到年、月、日;加盖制作本文书的人民检察院的院印;附注:同时报送案件情况报告。

第二联附卷。

3. 第三联正本

正本联分为首部、正文和尾部三部分。

（1）首部。包括：制作本文书的人民检察院名称；文书名称，即"报请许可采取强制措施报告书"；文书编号"检强许〔〕号"，空格处依次填写制作文书的人民检察院的简称、具体办案部门的简称、文书制作年度和当年编号。

（2）正文。依次填写的具体内容包括：报告对象，即×××人民代表大会主席团或者×××人民代表大会常务委员会；拟决定对其采取强制措施的犯罪嫌疑人的姓名；犯罪嫌疑人涉嫌的罪名；根据拟采取的强制措施种类，分别填写《刑事诉讼法》中的相关条文。

（3）尾部。包括：制作本文书的时间，具体到年、月、日；加盖制作本文书人民检察院的院印；附注：同时报送案件情况报告。

正本联报送人大主席团或常委会。

（三）报请许可采取强制措施报告书范例

×××人民检察院
报请许可采取强制措施报告书
（存根）

检强许〔 〕号

案由
犯罪嫌疑人　　　　年龄
性别
工作单位
住址
身份证号码
犯罪嫌疑人系　　　　人大代表。采
取强制措施时间
执行处所
批准人
承办人
填发人
填发时间

第一联统一保存

×××人民检察院
报请许可采取强制措施报告书
（副本）

检强许〔 〕号

犯罪嫌疑人　　　　，因涉嫌
　　　　，根据《中华人民共和国刑事诉讼法》第　　　的规定，应当依法逮捕（监视居住、取保候审、拘传）。因该犯罪嫌疑人系本届人民代表大会代表，根据《中华人民共和国全国人民代表大会和地方各级人民代表大会代表法》第三十二条的规定，特提请许可。

年　月　日
（院印）

附：案件情况报告

第二联附卷

×××人民检察院
报请许可采取强制措施报告书

检强许〔 〕号

犯罪嫌疑人　　　　，因涉嫌
　　　　，根据《中华人民共和国刑事诉讼法》第　　　的规定，应当依法逮捕（监视居住、取保候审、拘传）。因该犯罪嫌疑人系本届人民代表大会代表，根据《中华人民共和国全国人民代表大会和地方各级人民代表大会代表法》第三十二条的规定，特提请许可。

年　月　日
（院印）

附：案件情况报告

第三联报送人大主席团或常委会

三十三、延长侦查羁押期限决定、通知书

(一) 延长侦查羁押期限决定、通知书概述

本文书依据《刑事诉讼法》第154—157条和《人民检察院刑事诉讼规则（试行）》第274—277条的规定制作，适用于人民检察院办理检察机关自侦案件过程中，需要对已经决定逮捕的犯罪嫌疑人延长侦查羁押期限，经提请有批准权的上级人民检察院批准延长后，通知看守所和犯罪嫌疑人的情形。

《刑事诉讼法》第154条规定："对犯罪嫌疑人逮捕后的侦查羁押期限不得超过二个月。案情复杂、期限届满不能终结的案件，可以经上一级人民检察院批准延长一个月。"第155条规定："因为特殊原因，在较长时间内不宜交付审判的特别重大复杂的案件，由最高人民检察院报请全国人民代表大会常务委员会批准延期审理。"第156条规定："下列案件在本法第一百五十四条规定的期限届满不能侦查终结的，经省、自治区、直辖市人民检察院批准或者决定，可以延长二个月：（一）交通十分不便的边远地区的重大复杂案件；（二）重大的犯罪集团案件；（三）流窜作案的重大复杂案件；（四）犯罪涉及面广，取证困难的重大复杂案件。"第157条规定："对犯罪嫌疑人可能判处十年有期徒刑以上刑罚，依照本法第一百五十六条规定延长期限届满，仍不能侦查终结的，经省、自治区、直辖市人民检察院批准或者决定，可以再延长二个月。"

(二) 延长侦查羁押期限决定、通知书的基本内容及制作要求

本文书共四联，第一联为存根，统一保存备查；第二联由侦查监督部门附卷；第三联向犯罪嫌疑人宣告后由侦查部门附卷；第四联送达看守所。

1. 第一联存根

（1）首部。包括：制作本文书的人民检察院名称、文书名称"延长侦查羁押期限决定、通知书"、文书编号"检延通〔〕号"，空格处依次填写制作文书的人民检察院的简称、具体办案部门的简称、文书制作年度和当年编号。在文书名称下面标有"（存根）"字样。

（2）正文。具体内容依次包括：案由，根据犯罪嫌疑人所涉嫌的罪名填写，如果因涉嫌多个罪名而立案的，应将所涉嫌的罪名填写全；犯罪嫌疑人基本情况，包括姓名、性别、年龄、工作单位、住址、身份证号码、是否人大代表和政协委员，上述犯罪嫌疑人的基本情况，并不是要求每一项内容都必须填写完整、清楚，制作时可以根据具体案件的需要和实际掌握的情况加以填写；送达机关即看守所的名称；延长侦查羁押期限的原因；延长侦查羁押期限的起止年、月、日；制作本文书的批准人的姓名或者名称；具体办理这一案件的承

办人的姓名；填发本文书的填发人的姓名；填发本文书的时间。

存根联统一保存。

2. 第二联副本

（1）首部。包括制作本文书的人民检察院名称、文书名称"延长侦查羁押期限决定书"、文书编号，其制作方法与第一联的要求一样，只是在文书名称下面标有"（副本）"字样。

（2）正文。依次填写：原作出逮捕决定的时间，具体到年、月、日；原逮捕决定书的文号；犯罪嫌疑人涉嫌的罪名；已经逮捕的犯罪嫌疑人姓名；需要延长侦查羁押期限的具体原因，应当根据《刑事诉讼法》第154—157条规定的具体情形填写；说明继续羁押必要性的理由和依据；刑事诉讼法中具体的条文依据；犯罪嫌疑人的姓名；延长羁押的期限，以月为单位填写；延长侦查羁押期限的起算时间和截止时间，具体到年、月、日。

（3）尾部。包括：制作本文书的时间，具体到年、月、日；加盖制作本文书的人民检察院的院印。

第二联侦监部门附卷。

3. 第三联正本

（1）首部。包括制作本文书的人民检察院名称、文书名称"延长侦查羁押期限决定书"、文书编号，其制作方法与第二联的要求一样。

（2）正文。制作方法与第二联正文的要求一样。

（3）尾部。包括：制作本文书的时间，具体到年、月、日；加盖制作本文书的人民检察院的院印；由犯罪嫌疑人填写向其宣告的日期，具体到年、月、日，并由犯罪嫌疑人签名或者盖章；宣告人签名或者盖章。

第三联向犯罪嫌疑人宣告后侦查部门附卷。

4. 第四联延长侦查羁押期限通知书

（1）首部。包括：制作本文书的人民检察院名称；文书名称，即"延长侦查羁押期限通知书"；文书编号。

（2）正文。首先填写送达延长侦查羁押期限通知书的看守所/监狱的名称；其后依次填写的具体内容与第二联正文的制作要求一样。

（3）尾部。包括：制作本文书的时间，具体到年、月、日；加盖制作本文书的人民检察院的院印。

第四联送达关押犯罪嫌疑人的看守所。

(三）延长侦查羁押期限决定、通知书范例

××人民检察院
延长侦查羁押期限决定书
（存根）

检延决〔　〕　号

案由_____
犯罪嫌疑人基本情况_____
送达机关_____
延长原因_____
延长期限自____年____月____日起至____年____月____日止，共____个月。
批准人_____
承办人_____
填发人_____
填发时间_____

第一联统一保存

××人民检察院
延长侦查羁押期限决定书
（副本）

检延决〔　〕　号

：
本____年____月____日____号逮捕决定书以涉嫌____一案，决定逮捕犯罪嫌疑人____，期限届满不能侦查终结，经本院审查认为（说明继续羁押必要性的理由和依据），仍有继续羁押的必要，根据《中华人民共和国刑事诉讼法》第____条的规定，决定延长侦查羁押期限____个月，自____年____月____日起至____年____月____日止。

（院印）
____年____月____日

第二联侦查监督部门附卷

××人民检察院
延长侦查羁押期限决定书

检延决〔　〕　号

本院____年____月____日____号逮捕决定书以涉嫌____一案，决定逮捕犯罪嫌疑人____，期限届满不能侦查终结，经本院审查认为（说明继续羁押必要性的理由和依据），仍有继续羁押的必要，根据《中华人民共和国刑事诉讼法》第____条的规定，决定延长侦查羁押期限____个月，自____年____月____日起至____年____月____日止。

本决定已于____年____月____日向犯罪嫌疑人宣告。
宣告人：
犯罪嫌疑人：

（院印）
____年____月____日

第三联向犯罪嫌疑人宣告后侦查部门附卷

××人民检察院
延长侦查羁押期限通知书

检延决〔　〕　号

：（看守所/监狱名称）
本院____年____月____日____号逮捕决定书以涉嫌____一案，因____犯罪决定逮捕犯罪嫌疑人____，期限届满不能侦查终结，根据《中华人民共和国刑事诉讼法》第____条的规定，决定延长侦查羁押犯罪嫌疑人____的侦查羁押期限____个月，自____年____月____日起至____年____月____日止。

（院印）
____年____月____日

第四联送达看守所

第七章　职务犯罪侦查业务文书

463

三十四、决定释放通知书

(一) 决定释放通知书概述

决定释放通知书根据《刑事诉讼法》第 92、93、97、161、162、164、165、174 条和《人民检察院刑事诉讼规则（试行）》第 135、138、294、345、348 条的规定制作，为人民检察院对已拘留的犯罪嫌疑人不需要逮捕，或需要变更拘留、逮捕措施，或拘留、逮捕超过法定期限，以及决定撤销案件或不起诉后，通知执行机关释放在押犯罪嫌疑人时使用。

根据《刑事诉讼法》第 92、93、97、161、162、164、165、174 条的规定，人民检察院对于直接立案侦查案件中决定逮捕的犯罪嫌疑人，必须在逮捕后 24 小时以内进行讯问，在发现不应当逮捕的时候，必须立即释放；犯罪嫌疑人、被告人被逮捕后，人民检察院仍应当对羁押的必要性进行审查。对于不需要继续羁押的，应当建议予以释放或者变更强制措施；人民法院、人民检察院或者公安机关对于被采取强制措施法定期限届满的犯罪嫌疑人、被告人应当予以释放、解除取保候审、监视居住或者依法变更强制措施。犯罪嫌疑人、被告人及其法定代理人、近亲属或者辩护人对于人民法院、人民检察院或者公安机关采取强制措施法定期限届满的，有权要求解除强制措施；人民检察院在侦查过程中发现不应对犯罪嫌疑人追究刑事责任的，应当撤销案件，犯罪嫌疑人已被逮捕的，应当立即释放；人民检察院对于直接立案侦查案件中被拘留的人，应当在拘留后的 24 小时以内进行讯问，发现不应当拘留的，必须立即释放，对需要逮捕而证据还不充足的，可以取保候审或者监视居住；人民检察院对刑事案件进行审查起诉后作出不起诉决定的，如果被不起诉人在押，应当立即释放。另外，《人民检察院刑事诉讼规则（试行）》第 135、138、294、345、348 条对需要依法释放在押犯罪嫌疑人的情形也有具体规定。人民检察院根据上述规定决定释放犯罪嫌疑人时，应当制作决定释放通知书，通知执行机关释放在押的犯罪嫌疑人。

(二) 决定释放通知书的基本内容及制作要求

决定释放通知书为填充式文书，共四联：第一联为存根，第二联为副本，第三联为正本，第四联为回执。

1. 第一联存根

（1）首部。包括：制作文书的人民检察院名称；文书名称，即"决定释放通知书"，下有"（存根）"字样；文书编号，即"检释〔〕号"，空格处依次填写制作文书的人民检察院的简称、具体办案部门的简称、文书制作年度和当年编号。

（2）正文。包括：案由，根据案件涉嫌的罪名填写如"贪污"、"玩忽职守"，等等；犯罪嫌疑人基本情况，包括姓名、性别、年龄、工作单位、住址、身份证号码，如果是人大代表或者政协委员，应当写明；正在执行的强制措施种类，应当填写"拘留"或者"逮捕"；决定释放原因，应当根据案件实际简明扼要地填写，如"案件已撤销"，等等；批准人；承办人；填发人；填发时间。

存根联统一保存。

2. 第二联副本

副本联结构、内容与正本联基本相同，只是在首部文书名称之下标有"（副本）"字样。本联附卷。

3. 第三联正本

（1）首部。包括制作本文书的人民检察院名称；文书名称，即"决定释放通知书"；文书编号，即"检释〔〕号"，空格处依次填写制作文书的人民检察院简称、具体办案部门简称、文书制作年度和当年编号，如"渝检反贪释〔2013〕1号"。

（2）正文。具体包括以下内容：送达执行机关的名称；决定逮捕或者拘留犯罪嫌疑人的时间，犯罪嫌疑人的姓名、性别、年龄、住所和羁押场所；释放的原因，要根据案件情况实事求是地填写，如因"本院已经将对该犯罪嫌疑人的逮捕措施变更为监视居住"或者"本院已经撤销犯罪嫌疑人×××（姓名）涉嫌×××（罪名）一案"，等等；法律依据，要根据决定释放的具体情形，准确填写《刑事诉讼法》的对应条文；决定事项，即"决定释放"；要求事项，即"请即执行"。

（3）尾部。包括制作文书的年、月、日，并加盖院印。

此联送达执行机关。

4. 第四联回执

回执联分为首部、正文和尾部三部分。

（1）首部。包括：发出决定释放通知书的人民检察院的名称；文书名称，即"决定释放通知书"，在文书名称下有"（回执）"字样；回执送达机关，即在正文上方的横线上填写发出决定释放通知书的人民检察院的名称。

（2）正文。需要填写的内容包括：人民检察院决定释放通知书的文号；执行的具体情况，例如"已于×××年××月××日将犯罪嫌疑人×××从×××看守所释放"。

（3）尾部。需要填写具体的年、月、日，并加盖公章。

回执联由执行逮捕、拘留措施的机关，根据执行人民检察院决定释放通知书的情况如实填写后退回人民检察院附卷。

(三) 决定释放通知书范例

×××人民检察院
决定释放通知书
（存根）

检 释 〔 〕 号

案由	
犯罪嫌疑人基本情况（姓名、性别、年龄、身份证号码、工作单位、住址、是否人大代表、政协委员）	
强制措施种类	
决定释放原因	
批准人	
承办人	
填发人	
填发时间	

第一联统一保存

×××人民检察院
决定释放通知书
（副本）

检 释 〔 〕 号

　　　　　：

我院＿＿＿年＿＿月＿＿日决定逮捕（拘留）的犯罪嫌疑人＿＿＿，性别＿＿＿，现年＿＿岁，住＿＿＿，现羁押于＿＿＿看守所，因＿＿＿，根据《中华人民共和国刑事诉讼法》第＿＿条的规定决定释放，请即执行。

此致

（检察院印）

　　年　月　日

第二联附卷

×××人民检察院
决定释放通知书

检 释 〔 〕 号

　　　　　：

我院＿＿＿年＿＿月＿＿日决定逮捕（拘留）的犯罪嫌疑人＿＿＿，性别＿＿＿，现年＿＿岁，住＿＿＿，现羁押于＿＿＿看守所，因＿＿＿，根据《中华人民共和国刑事诉讼法》第＿＿条的规定决定释放，请即执行。

此致

（检察院印）

　　年　月　日

第三联送达执行机关

×××人民检察院
决定释放通知书
（回执）

检 释 移 〔 〕 号

　　　人民检察院：

现将＿＿＿号决定释放通知书的执行情况通知如下：

（公章）

　　年　月　日

第四联执行机关提回后附卷

第八章
职务犯罪预防检察建议书

第一节 检察建议书概述

一、检察建议书的含义

检察建议书是指人民检察院在办案过程中,对有关单位在管理上存在的问题和漏洞,为建章立制,加强管理,以及认为应当追究有关当事人的党纪、政纪责任,向有关单位正式提出建议或向人民法院提出再审民事、行政裁判建议时所制作的检察业务工作文书。而职务犯罪预防工作中的检察建议书有其特定性。职务犯罪预防检察建议书是检察机关职务犯罪预防部门结合职务犯罪的工作内容,依照法律规定,针对发生贪污贿赂、渎职等职务犯罪案件单位或部门在管理中存在的容易引发职务犯罪的突出问题,向该单位提出纠正错误、加强管理、堵漏建制的建议和意见时所制作的检察业务工作文书。

二、检察建议书相关规定

最高人民检察院反贪污贿赂总局、渎职侵权检察厅、职务犯罪预防厅《关于加强检察机关反贪、渎职、预防部门相互配合进一步提高惩治和预防职务犯罪工作水平的通知》第3条规定:"反贪、渎检部门在查办重大、典型职务犯罪案件或开展的有关专项活动中，发现的应由预防部门了解、掌握的有关情况的，应及时通报预防部门；认为预防部门有必要介入了解、掌握有关情况的，应通报预防部门，经主管检察长批准后，由预防部门指定专人介入，并严守工作纪律和保密纪律。反贪、渎检部门在查办案件过程中，也应注意掌握犯罪嫌疑人的作案环境和发案原因，针对发现的问题，及时提出检察建议，一并送预防部门，并与预防部门合作，落实检察建议的内容。反贪、渎检部门查办的重大、典型职务犯罪案件侦查终结后，应将侦查终结报告一并送预防部门。预防部门应及时深入分析作案环境、发案原因等情况，认为有预防必要的，积极开展相关预防活动。"

职务犯罪预防工作中的《检察建议书》由职务犯罪预防部门办案人员制作，部门负责人审核，检察长批准。

向发案单位提出检察建议，是人民检察院在履行法律监督职能过程中，结合执法办案，建议有关单位健全制度，改进工作，正确实施法律法规，完善社会管理、服务，预防和减少职务犯罪的一种工作方式。通过检察建议书的形式，向发案单位明确指出在财务制度、管理措施、监督制约等方面存在的突出问题，进而帮助他们树立法制观念，制定整改措施，减少和杜绝违法犯罪行为的发生，对扩大办案效果，做好预防职务犯罪工作具有重要意义。

第二节 检察建议书基本内容及范例

一、检察建议书的基本内容与制作要求

（一）首部

包括制作本文书的人民检察院名称；文书名称，即"检察建议书"；文书编号，即"检建〔　〕号"，空格处依次填写制作文书的人民检察院简称、具体办案部门名称、年度和序号。如"×检预防建〔2013〕2号"。

（二）正文

包括以下部分：

1. 发往单位，即主送单位的全称，行文上顶格书写。

2. 问题的来源或提出建议的起因。写明本院在办理案件过程中发现该单位在管理方面存在的漏洞以及需要提出有关建议的问题。

3. 提出建议所依据的事实。此部分为提出检察建议所依据的事实，应写明被建议单位在预防违法犯罪、履行监督管理职责或者在执法、司法等方面存

在的问题及事实依据。要紧紧抓住关键问题，客观分析原因，叙述要准确、文字要精练、内容概括性要强。

4. 提出建议的依据和建议内容。此部分应写明检察机关提出检察建议所依据的有关规定，被建议单位违反的法律法规和有关规章制度，或者建议措施所依据的有关规定，可在本处简要注明有关规定的条款项，在附项中说明具体内容。

5. 治理防范的具体建议。建议内容应当具体明确，突出重点，措施应当针对性强，切实可行。

6. 要求事项。此部分为实现建议内容或督促建议落实而向受文单位提出的具体要求。可包括以下内容：（1）要求受文单位研究解决或督促整改；（2）要求受文单位回复落实情况，可提出具体时间要求，并注明回复的邮政地址、联系电话和联系人等。

（三）尾部

填写制作检察建议书的年、月、日，并加盖院印。有抄送单位的注明抄送单位。

二、检察建议书范例

××市人民检察院检察建议书

×检预防建〔×〕×号

××市××商务区开发投资有限公司：

你公司原董事长梁××涉嫌受贿一案，我院已侦查终结。在查办该案过程中，我院发现你公司在工程资金的管理、招投标运作、民主决策及权力监督机制等方面存在制度不完善、监督不到位等问题。为确保国有资金使用安全，让"民心工程"真正惠及于民，保持国家工作人员职务的廉洁性，杜绝类似案件再发生，根据《中华人民共和国人民检察院组织法》等有关法律的规定，特向你单位提出如下建议：

一、切实抓好法律法规的落实。必须严格执行《中华人民共和国城市规划法》、《重庆市城市规划管理条例》、《重庆市城市总体规划》、《重庆市城市规划管理技术规定》等规定的专业技术规范，工程项目的容积率、绿化率、配套设施、建筑间距、限高规定等应当符合相关技术要求。

二、认真做好工程预算工作。工程预算是工程建设的早期工作，也是关乎国有资金安全使用的基础性工作，建议你公司在以后的工程预算中，在确保工程质量的前提下，要全面论证工程预算的科学性、合理性及工程造价的准确性，确定最大限度发挥国有资金效益的预算方案，为工程建设打下良好的基础。

三、切实落实民主决策制度。对于在市政府授权范围内进行土地储备、整治、转让过程中涉及的重大事项，建议你公司要进一步规范完善项目选址、局部规划调整等工作机制，特别是对用地性质、容积率、限高等局部调整事项，要坚持原则、按条件、程序办理，必要时采取公开政策依据、前置条件、办理流程及审批结果，增加透明度，杜绝"暗箱操作"，减少"潜规则"的生存空间。

四、在工程建设中将廉政建设与监督工作有机结合起来。一是严格执行预选投标单位的廉洁准入制度，将行贿犯罪档案查询当成一项制度坚持好、落实好。二是将廉政工作纳入双方的合同，并作为一项必不可少的重要内容。三是通过不同渠道、采取不同形式召开承建方和监管方相关人员座谈会，搜集施工过程中有无不廉洁行为，检查工程质量进度及工程款项的拨付情况，从而加强施工过程的监督管理。四是加强对内部的监管，公开标准，增加邀标工作的透明度，最大限度地防范各类职务犯罪行为的发生。

请你公司针对上述检察建议，认真研究，采取切实有效的措施，并将整改情况在收到本建议书 60 日内书面回复我院。

联系人：×××　联系电话：××××××××

××市人民检察院（印）

××××年××月××日

第三编

民事行政诉讼监督业务文书

第九章
民事行政诉讼监督业务叙述式文书

第一节 民事行政申诉案件审查终结报告

一、民事行政申诉案件审查终结报告范例

关于××建筑公司与付××、涂××
建设工程分包合同纠纷申诉一案的审查终结报告

申诉人××第一建筑（集团）有限公司因与被申诉人付××、涂××建设工程分包合同纠纷一案，不服××市中级人民法院〔2006〕×中民终字第55号民事判决书，向检察机关提出申诉。××市人民检察院于××××年××月××日决定立案审查。经调阅原审案卷，承办人对该案已审查终结，现将情况报告如下：

一、当事人及案件基本情况

申诉人（一审被告、二审上诉人）××第一建筑（集团）有限公司，住所地××市××区××街××号。

法定代表人张××，董事长。

被申诉人（一审的原告、二审被上诉人）付××，男，××××年×××日出生，汉族，建筑工人，住××县××镇场镇。

被申诉人（一审的原告、二审被上诉人）涂××，女，

××××年××月××日出生,汉族,建筑工人,住××县××镇场镇。付××之妻。

2002年3月,××第一建筑(集团)有限公司(以下简称××一建司)中标修建××县城市建设综合开发公司发包的该县污水处理厂基建工程,随后组建××污水处理厂项目部。2002年7月10日,该污水处理厂项目部与付××、涂××签订了《土石方机械化施工合同》,××一建司将承包的××县污水处理厂基建工程中的土石方工程分包给付××、涂××进行机械化作业。该合同约定,工程量计算和结算依据,按业主设计几项内容的土石方开挖总量约为30000m³,如实际开挖方量与以上方量不合,结算时按业主设计与甲方实际开挖方量结算。2002年8月2日,双方又签订了补充协议,该协议第1条对原合同第3条(乙方承担的作业内容)进行了修改,该协议第2条约定:原合同第5条"工程单价及工程总价:现场内机械开挖、爆破、运输每立方米土石方综合单价16元"修订为"工程单价按18元/m³,以实际开挖方量计算"。2002年9月1日,原、被告双方又签订了补充协议(二),该协议第1条约定:1号反应池土石方施工工期为20日,不管遇任何情况工期不变,自9月1日开始至9月21日必须完成。第4条约定,如工期不能按时完成,罚款按每超一天按前一天的处罚加倍处罚,如超一天处罚1000元,超两天处罚2000元。嗣后,付××、涂××夫妇组织人力、物力进行施工。2003年8月19日,当事人双方进行了工程结算,并签署了《××县污水处理厂土石方工程结算单》,结算单载明:工程总价金额为1056039元,2003年至2004年1月17日××一建司已支付给付××、涂××夫妇867039.2元,2005年1月20日××一建司又支付给付××、涂××夫妇11万元,尚欠工程款7.9万元。其中已经扣除了工程延期罚款5000元。××一建司承建的该县污水处理厂基建工程全部完工后,××一建司××污水处理厂项目部与业主对工程进行了结算。付××、涂××夫妇将该县污水处理厂土石方工程结算单与××精锐设计工程咨询有限公司出具的××县污水处理厂工程竣工结算审核报告进行比对,认为××一建司向其结算的土石方与××一建司××污水处理厂项目部与业主结算的土石方工程量相差较大。为此,双方发生争议。付××、涂××夫妇认为除××一建司已经向其支付的工程款外,××一建司尚欠工程款254338元,遂于2006年2月5日向××县人民法院起诉,要求××一建司向其支付上述工程款。

二、法院裁判情况

××县人民法院经审理于2006年4月24日作出〔2006〕×民初字第110号民事判决书认为,原、被告签订的《土石方机械化施工合同》、《补充协议》、《补充协议（二）》均系双方真实意思的表示，且不违反法律规定，合法有效，本院予以确认。2003年8月19日原、被告双方进行了工程结算，并签订了土石方工程结算清单，结算清单载明被告尚欠原告工程款7.9万元，对此金额双方均无异议。结算清单中第22项扣工程延期罚款5000元亦视为双方均予认可。因此，原告请求返还该罚款的主张及被告请求判令原告按补充协议（二）再支付罚款的主张，本院均不予支持。《土石方机械化施工合同》××条约定："工程量计算和结算依据：按业主设计几项内容的土石方开挖总量约为30000m³，如实际开挖方量与以上方量不合，结算时按业主设计与甲方实际开挖方量结算。"补充协议第2条约定："工程单价及工程总价：现场内机械开挖、爆破、运输每立方米土石方综合单价16元修改为工程单价按18元/m³，以实际开挖方量计算。"可见补充协议第2条对挖方单价进行了修改，但并未对原合同××条的"结算时按业主设计与甲方（原告）实际开挖方量结算"的规定进行修改，故双方结算仍应按原告的实际开挖量进行计算。根据××精锐设计工程咨询有限公司作出的××县污水处理厂工程竣工结算审核报告，原告的实际开挖量除双方的土石方工程结算单结算的工程量外，还少结算了包括箱涵、管网、平基土石方等部分的工程量，被告应当予以结算支付给原告。原告主张的挖机台班费因原告未举出充分的证据证明，本院不予支持。被告称该竣工结算审核报告有出入，但也未能举出证据予以证实，本院不予采纳。遂依照《中华人民共和国合同法》第十四条、第六十条、第六十一条、第一百零七条之规定，判决：（1）原、被告签订的《土石方机械化施工合同》及《补充协议》有效；（2）限被告××一建司在本判决生效后十日内支付原告付××、涂××未结算的工程款231008.20元；（3）驳回原、被告的其他诉讼请求。

××一建司不服一审判决，上诉至××市中级人民法院。

××市中级人民法院经审理于2006年8月2日作出〔2006〕×中民终字第55号民事判决书认为，双方签订的《土石方机械化施工合同》、《补充协议》（一、二）均系双方真实意思的表示，土石方工程不属技术性较强的工程，对施工作业人的技术、资质无特别要求，没有违反法律强制性规定，被上诉人签订合同的主体资质适格，合同的效力应予确认。即使被上诉人没有承建分包本案土石方工程的资质，合同及补充协议无效，只要把工程按要求完工后，依法也应获得相应的工程款，况且本案被上诉人作业的土石方工程质量检验时评定为优良等级，说明被上诉人施工作业的工程系合格工程。二被上诉人系夫妻关系，补充协议（一、二）和土石方工程结算清单虽然由付××一人签订，应认定为被上诉人付××、涂××均认可。对上诉人提出被上诉人无资质、主体不适格、合同无效的主张不予支持。在被上诉人主动要求办理工程结算无果的情况下，2003年8月19日双方对完工的土石方工程按业主设计方量进行了结算，并扣除被上诉人工程延期罚款5000元后，双方签字认可上诉人欠被上诉人工程款79000元，上诉人要求按补充协议加倍收取被上诉人延期罚款的主张不予支持。上诉人全部基建工程完工后与业主对土石方工程按实际开挖量进行结算，并经有资质的机构审核出具竣工结算报告，事后被上诉人才知悉自己所做的工程少结算方量。工程量出入在于结算方式的不同，上诉人与被上诉人按业主设计施工图纸结算，上诉人与业主按实际开挖量结算，但合同约定按业主设计与实际开挖量结算，虽然双方签订的补充协议对《土石方机械化施工合同》部分内容有修改，但仅是对工程的范围、工程价款进行了修改，对工程量计算和结算依据没修改，被上诉人在不知道真实方量的情况下与上诉人办理的结算，并不表明对自己多做工程量及价款的放弃。上诉人与业主结算方量的单价为30多元，上诉人与被上诉人约定的方量单价才18元，从单价上悬殊较大，上诉人本身利益可观，再少算被上诉人方量于情理不容。因此本案应根据双方合同约定的结算方式，本着实事求是、公平合理的原则，按被上诉人实际开挖方量进行结算。被上诉人所做工程范围确定，实际开挖方量明确，上诉人应当按照被上诉人实际完成的土石方工程方量，依照约定的价款向被上诉人结算并支付工程款。对2003年8月19日上诉人与被上诉人办理结算的方量及价款予以纠正。总之，原判认定事实清楚，适用法律适当，判决结论正确，二审予以支持。上诉人的上诉理由均不能成立，不予支持。遂判决：驳回上诉，维持原判。

三、申诉理由及反驳意见

××一建司申诉称：工程款应当按实际开挖方量进行结算，××精锐设计工程咨询有限公司出具的××县污水处理厂工程竣工结算审核报告不能作为其与付××、涂××夫妇之间进行工程款结算的依据。

付××、涂××未提供反驳意见。

四、审查处理意见

承办人经审查认为原审判决认定事实的证据不足，判决结果确有错误。理由是：

1. 关于结算依据的问题。双方当事人于2002年7月10日签订的《土石方机械化施工合同》××条约定，工程量计算和结算依据：按业主设计几项内容的土石方开挖总量约为30000m^3，如实际开挖方量与以上方量不合，结算时按业主设计与甲方实际开挖方量结算。该合同条款存在明显缺陷，因为它并没有解决当实际开挖方量与业主设计方量不一致时，双方究竟是以业主设计方量还是以实际开挖方量作为结算依据的问题。随后双方于2002年8月2日签订的《补充协议》第2条（原合同第5条"工程单价及工程总价：现场内机械开挖、爆破、运输每立方米土石方综合单价16元"修订为"工程单价按18元/m³，以实际挖方量计算"。）则弥补了前合同条款存在的缺陷，该条不仅修订了工程单价，而且明确约定以实际开挖方量来计算工程款。所以，双方当事人之间进行工程款结算的依据应当是实际开挖方量。对此双方均不否认，原审法院亦予确认。

2003年8月19日，双方正是按照上述协议所确定的结算依据办理的工程结算。以实际开挖方量为基础，双方经协商签订了《××县污水处理厂土石方工程结算单》，该结算单载明：工程总价金额为1056039.2元，2003年至2004年1月17日××一建司已支付给付××、涂××夫妇867039.2元，2005年1月20日××一建司又支付给付××、涂××夫妇11万元，尚欠工程款7.9万元，其中已经扣除了工程延期罚款5000元。之后，双方均在结算单上签名。如果没有相反的证据证明，该结算单确实存在少算、漏算工程量或者被申诉人付××是受到胁迫才违背了真实意思在结算单上签字的情形，该结算单的效力应当受到尊重。

根据双方签订的《土石方机械化施工合同》，业主设计的土石方开挖总量约为30000m³，双方签署的结算单载明已完成的工程总量为54621m³，明显超过了业主设计方量，而原审法院却认定当事人双方是"按业主设计施工图纸结算"而不是按实际开挖方量来结算工程款，显属认定事实的证据不足。

2. ××一建司与业主之间的审计报告即××精锐设计工程咨询有限公司出具的××县污水处理厂工程竣工结算审核报告不能作为××一建司与付××、涂××夫妇之间进行工程款结算的依据。根据合同的相对性原理，总承包人××一建司与分包人付××、涂××夫妇之间进行工程款结算应根据其双方签订的合同，而××一建司与业主方之间进行工程款结算则根据另外的合同——××一建司与业主方之间签订的合同。二者在合同主体、结算的时间先后、结算的范围等方面都不相同。而原审法院却将××一建司与业主方之间的审计报告即××精锐设计工程咨询有限公司出具的××县污水处理厂工程竣工结算审核报告作为总承包人××一建司与分包人付××、涂××夫妇之间的工程款结算依据，以此认定申诉人××一建司少算被申诉人的工程量，显然违反了合同的相对性原理，继而对当事人双方签字认可的结算方量及价款进行变更，判决由××一建司支付付××、涂××未结算的工程款231008.20元（比结算单载明的7.9万元的工程余额多了15万元），该判决结果显然也是错误的。

3. 原审判决关于"事后被上诉人才知悉自己所做的工程少结算方

量。……被上诉人在不知道真实方量的情况下与上诉人办理的结算，并不表明对自己多做工程量及价款的放弃"的认定有违常理常情。作为有理性的完全民事行为能力人，从事建设工程施工行业的付××、涂××夫妇对于自己做了多少工程量应该很清楚，因为实际开挖方量正是付××、涂××要求对方当事人××一建司支付工程款的依据。原审法院却认为付××、涂××夫妇是在不知道真实方量的情况下与对方当事人××一建司办理了结算，显然有悖常理常情，进而推翻当事人双方已签字认可的结算，主张了付××、涂××夫妇的诉讼请求，判决结果明显不当。

综上所述，××市中级人民法院〔2006〕×中民终字第55号民事判决认定事实证据不足，判决结果确有错误。本案符合《中华人民共和国民事诉讼法》第二百条第×项、第二百零八条及《人民检察院民事行政抗诉案件办案规则》规定的抗诉条件，建议向××人民检察院提请抗诉。

以上意见当否？请批示。

承办人 ×××
××××年××月××日

二、民事行政申诉案件审查终结报告概述

民事行政申诉案件审查终结报告是承办人对本院办理的民事行政申诉案件进行审查后，认为案件事实、证据已经查清，争议焦点已经明确，对所涉法律关系的认定及法律适用已经明确清晰，可以终结审查时，依据《人民检察院民事行政抗诉案件办案规则》第24条的规定制作的检察业务法律文书。"本院办理的民事行政申诉案件"包括：本院立案并自行办理的案件，上级人民检察院立案交办的案件，下级人民检察院（建议）提请（不提请）抗诉的案件。

承办人对案件进行深入审查后，认为案情已经查清，相关法律关系及法律适用已经明确清晰，可以终结审查时，应当制作审查终结报告。民事行政申诉案件的具体承办人员对申诉材料、答辩意见、人民法院审判卷宗及下级人民检察院的检察卷进行全面、仔细的审查后，就原审人民法院的审判程序和生效裁判是否存在错误提出自己的意见，并从案件事实、证据和法律适用等方面对自己的观点进行充分论证，从而形成审查终结报告。审查终结报告经民事行政检察部门的负责人审核，报检察长审批后，方可制作相关法律文书。

本文书的法律依据是《人民检察院民事行政抗诉案件办案规则》第24条。该条规定，民事、行政案件审查终结，应当制作《审查终结报告》，载

明：案件来源、当事人基本情况及案情、法院裁判情况、申诉理由、反驳意见及下级院意见、承办人审查处理意见及法律依据。

审查终结报告只在人民检察院内部使用，在案件讨论、研究时，以终结报告为基础；在追究错案责任时，可以成为证明承办人真实意见的证据。需要注意的是，审查终结报告并非检察机关的决定，不对申诉人、被申诉人及其他当事人产生法律约束力。

三、民事行政申诉案件审查终结报告的基本内容与制作要求

（一）首部

标题为：关于×××与×××申诉一案的审查终结报告。空格处依次填写申诉人姓名或名称、被申诉人姓名或名称、案由等三项内容。其中，申诉人和被申诉人的姓名或名称必须写全称，不能简写或缩写，案由以原审人民法院认定的案由为准。审查终结报告无文书编号。

（二）正文

本文书的正文包括以下五项内容：案件来源；当事人及案件基本情况；法院裁判情况；申诉理由、反驳意见或下级院意见；承办人审查处理意见及法律依据。

1. 案件来源。包括当事人姓名（名称）、案由、案件来源及立案（受案）时间、作出生效裁判的人民法院名称及生效裁判文书编号。当事人姓名、名称必须写全称，如需要简写或缩写，应当在案件基本情况部分先写明全称后加括弧以注明其简称，如中国×××化妆品有限公司（以下简称×××公司）。案由以原审人民法院认定的案由为准。案件来源包括当事人或其他利害关系人申诉、国家机关转办、上级人民检察院交办和下级人民检察院（建议）提请（不提请）抗诉四种情况。关于立案（受案）时间，人民检察院自立自办的案件写为"本院于×××年××月××日决定立案审查"；下级人民检察院（建议）提请（不提请）抗诉的案件，写为"××人民检察院于×××年××月××日向我院（建议）提请（不提请）抗诉"。作出生效裁判的人民法院名称及生效裁判文书编号。本部分应载明："……因不服×××人民法院×××号民事（行政）判决（裁定），向人民检察院提出申诉。"

2. 当事人及案件基本情况。当事人基本情况包括当事人姓名或名称、性别、出生年月、民族、住所地、个人身份等。当事人为法人或其他组织的，还应载明其法定代表人或主要负责人的姓名及所任职务。个人身份，系指作为自然人的当事人是否城镇居民、农村村民、在校学生、现役军人等。案件基本情况是承办人对案件进行全面审查后认定的案件事实。承办人认定的事实与原审

法院认定的事实一致，只需按时间顺序叙述；如果与原审法院认定事实不同的，则应当写明分歧所在。承办人在审查过程中查明的新的事实，应写明："另查明……"对审判人员在审理该案时有贪污受贿、徇私舞弊、枉法裁判以及人民法院违反法定程序，经查证属实的，也在此一并叙述。最后，还应载明由谁向法院提起诉讼。

3. 法院裁判情况。法院裁判情况应按时间顺序写明人民法院一审、二审、再审裁判的作出日期、文号、理由、主文和处理意见。主文指法院裁判文书中表明其如何认定和运用证据、如何认定事实、如何适用法律的内容，即"本院认为……"的内容。处理意见指法院的判决结果，即"判决如下……"的内容。

4. 申诉理由、反驳意见或下级院意见。本部分应写明申诉人的申诉理由和被申诉人的反驳意见，被申诉人未提出反驳意见的，应载明"被申诉人无反驳意见"。对下级人民检察院（建议）提请（不提请）抗诉的案件，还应当写明其审查处理意见。

5. 承办人审查处理意见及法律依据。这部分的内容是审查终结报告的重点，应当根据承办人审查确认的事实和案情，结合法律、法规、司法解释及其他规范性文件的规定，参考相关法学理论，深入论证人民法院的生效裁判是否正确、原审诉讼程序是否合法。主要包括以下内容：（1）证据是否具有合法性、客观性、关联性，是否充分，法院对举证责任的分配是否正确；（2）对有关法律、法规、司法解释的适用是否正确；（3）在行政诉讼中，人民法院对法律、行政法规、政府规章和其他规范性文件的效力及适用条件的认定是否正确；（4）人民法院的审判程序是否合法，审判范围是否超出了当事人的诉请范围；（5）审判人员在审理案件时有无贪污受贿、徇私舞弊、枉法裁判等违法行为。最后，总结人民法院的生效裁判是否存在错误以及存在哪些错误，原审诉讼程序是否违法以及有哪些违法情节，原审审判人员是否有贪污受贿、徇私舞弊、枉法裁判等违法行为以及有哪些违法行为，并提出处理意见和法律依据。即"……本案符合（不符合）《中华人民共和国民事诉讼法》第二百条第×项、第二百零八条（或《中华人民共和国行政诉讼法》第六十四条）及《人民检察院民事行政抗诉案件办案规则》规定的抗诉条件，拟向××人民法院提出抗诉或拟向××人民检察院提请抗诉或不支持监督申请。以上意见当否？请批示"。由于审查终结报告只是承办人对案件进行审查后提出的个人意见，因此，承办人对某些疑难案件的认识，有可能出现模棱两可、没有十足把握的情况。对于这种情况，承办人可以写出多种观点，并在本部门的案件讨论会议上提出来，让本部门的检察人员共同探讨，然后作出决定。经部门讨论仍不能决定的，报请检察长或检察委员会决定。

（三）尾部

尾部应包括承办人姓名、部门负责人审核意见及日期、检察长审签意见、日期及本文书制作日期。

第二节　提请抗诉报告书

一、提请抗诉报告书范例

××省××市人民检察院
民事行政检察提请抗诉报告书

×检民行请抗〔×〕×号

××省人民检察院：

申诉人廖××因与被申诉人××市地质勘查局××地质队劳动争议纠纷一案，不服××市中级人民法院〔2005〕×中民终字第1037号民事判决，向检察机关提出申诉。我院于××××年××月××日决定立案。经依法调阅原×审案卷，我院对该案已审查终结，决定向你院提请抗诉。现将情况报告如下：

一、当事人及案件基本情况

申诉人（一审原告、二审上诉人）廖××，男，××××年××月××日出生，汉族，待业，住××市××区××小区。

被申诉人（一审被告、二审被上诉人）××市地质勘查局××地质队，住××市××区××街××号。

负责人陈××，队长。

1988年7月，廖××经原××微生物研究所（以下简称微生所）招录为季节性临时工，并于1991年5月12日受微生所委派前往贵州参加该所承包的"水钢锅炉系统烟囱基础灌注桩工程"施工过程中，不慎被刻丝钳击中右眼球致伤，先后送入水城矿务局医院和××市第三人民医院治疗，于同年12月出院就近门诊治疗一个月，以后回家间断治疗。后因其右眼球破裂伤，眼球被摘除，安装义眼。1993年3月20日，××地质勘查局作出《关于撤销××微生物研究所及遗留问题处理意见的批复》（局发〔1993〕人字第33号），批准撤销微生所，由××地质队（以下简称地质队）妥善安置微生所在职职工，微生所的债权债务由地质队负责清理接收。微生所在撤销前于1993年3月25日作出《关于廖××伤残处理的决定》，对廖受伤属工伤予以认可，并对其伤残待遇处理问题按省、市和大队的有关文件精神作出报销诊疗费、药费、住院费、路费3996.42元，付给住院期间伙食补助费361.60元，支付治疗期间的工资2040元，支付因工致残补助费1408元，给付护理人员工资568元，给付护理人员伙食补助费568元，合计8942.02元。2004年6月8日，廖向××市××区仲裁委员会申请对其工伤待遇赔偿及养老保险纠纷进行仲裁，该仲裁委于同年8月13日以廖因工受伤致残已在微生所撤销前作出过处理为由，驳回其申诉请求。

廖不服仲裁结果，于2004年8月30日诉至××省××市××区人民法院，请求判令解除其与被告地质队的劳动关系，由被告地质队支付一次性工伤医疗补助金12240元和一次性伤残补助金91800元，支付解除劳动合同经济补偿金17340元并依法支付赔偿金，为其办理从1988年7月到解除合同为止的基本养老保险或者直接支付保险金。后在审理过程中放弃了支付赔偿金的诉讼请求。

二、法院裁判情况

2004年11月29日，××区人民法院经审理后作出〔2004〕×民初字第958号民事判决认为，职工在工作时间和工作场所内因工作原因受到事故伤害的，应当进行工伤认定。职工发生工伤，经治疗伤情相对稳定后存在残疾、影响劳动能力的，应当进行劳动能力鉴定。对劳动者工伤性质的认定和劳动能力伤残等级进行鉴定的机构，应分别为劳动行政保障部门和劳动能力鉴定委员会。劳动能力的鉴定由用人单位、工伤职工或者其直系亲属向设区的市级劳动能力鉴定委员会提出申请，并提供工伤认定决定和职工工伤医疗的有关资料。原告廖××于1991年5月12日在施工过程中受伤致残，应由劳动保障行政部门进行工伤认定和由劳动能力鉴定委员会对其劳动能力进行鉴定。原告廖起诉要求被告进行工伤赔偿，因没有劳动保障行政部门进行工伤认定和劳动能力鉴定委员会对其劳动能力的鉴定，故原告要求被告对其工伤赔偿的请求，法院不予主张。为此，依照《工伤保险条例》第十四条第一款、第二十一条、第二十三条之规定，判决驳回原告廖××的诉讼请求。

廖不服，上诉至××省××市中级人民法院。该院经审理后作出〔2005〕×中民终字第1037号民事判决认为：廖××因工受伤致残，应享受国家规定的工伤待遇，但1993年3月25日在原微生所撤销前已经对廖的伤残待遇作出过处理，按照××市劳动局×劳发〔1997〕49号文件规定，1996年10月1日以前发生的工伤，已经处理的不再重新处理，上诉人廖××要求解除双方的劳动关系，由被上诉人地质队支付一次性工伤医疗补助金1244元和一次性伤残补助金91800元，并为其办理从1988年7月到解除劳动合同时止的基本养老保险，支付解除劳动合同经济补偿金17340元，其上诉请求应予驳回。上诉人廖××在二审审理中称其于2004年4月才收到原微生所撤销前于1993年3月25日作出的《关于廖××伤残处理的决定》，但未提供相应证据。上诉人廖××于2004年6月8日向××市××区仲裁委申请仲裁，已超过申请仲裁的时效。上诉人称原审法院故意引导其作出不合格的劳动能力鉴定，没有举示相应的证据，其上诉理由不予采信。上诉人在一审出示××市××区司法鉴定所×法医鉴〔2004〕第91号司法鉴定书，原审法院未予采信并无不当。《工伤保险条例》第六十四条规定："本条例自2004年1月1日起施行。本条例施行前已受到事故伤害或者患职业病的职工尚未完成工伤认定的，按照本条例的规定执行。"原审法院适用《工伤保险条例》第十四条第一款、第二十一条、第二十三条之规定作出判决，系适用法律不当。综上，原审判决认定事实基本清楚，适用法律不当，但上诉人廖××提出的上诉理由无法支撑其上诉请求，原判决主文表述不当，应予改判。依照《中华人民共和国民事诉讼法》第一百五十三条第一款第二项之规定，判决驳回廖××的诉讼请求。

三、申诉理由及反驳意见

廖××申诉称：（1）二审法院认定其所受工伤已经处理与事实不符；（2）其仲裁申请并未超过诉讼时效。

被申诉人未提出反驳意见。

四、审查处理意见

本院经审查认为，××市中级人民法院〔2005〕×中民终字第1037号民事判决认定事实不清，适用法律不当。理由是：

1. 原审判决认定廖××工伤已经处理与本案客观事实不符。工伤处理的程序包括工伤事故发生后，作出工伤性质认定、按国家规定确定各项工伤待遇、实际履行等。本案中，虽然微生所在撤销前于1993年3月25日作出《关于廖××伤残处理的决定》，对廖××受伤属工伤予以认可，并对其伤残待遇处理问题按省、市和大队的有关文件精神作出报销诊疗费、药费、住院费、路费3996.42元，付给住院期间伙食补助费361.60元，支付治疗期间的工资2040元，支付因工致残补助费1408元，给付护理人员工资568元，给付护理人员伙食补助费568元，合计8942.02元。但并未按照国家有关规定确定廖××工伤等级，且廖也未领取上述费用。故此种情形不能等同于××市劳动局×劳发〔1997〕49号文件中"已经处理"的情况，并不表示该工伤已经处理完毕。

2. 二审法院划分举证责任明显不当。虽然地质队在庭审中出示了微生所撤销前于1993年3月25日作出的《关于廖××伤残处理的决定》，但未出示该《处理决定》是否送达及何时送达廖××的证据，二审法院对此明显的证据瑕疵未置可否，反而要求廖××在二审审理中提供相应证据证实其所称于2004年4月才收到该《处理决定》的事实，此举证责任的划分与民事诉讼法及最高人民法院《关于民事诉讼证据的若干规定》的精神明显相悖。

3. 原审判决认定廖××仲裁申请已过诉讼时效错误。如前所述，既然地质队未能举出微生所撤销前于1993年3月25日作出的《关于廖××伤残处理的决定》是否送达及何时送达廖××的证据，廖所称于2004年4月才收到该《处理决定》的主张就不应当被否定，其于2004年6月8日向××市××区仲裁委员会申请对其工伤待遇赔偿及养老保险纠纷进行仲裁就未超过诉讼时效。

综上所述，××市中级人民法院〔2005〕×中民终字第1037号民事判决认定事实不清，适用法律不当，导致判决结果错误。廖××申诉理由成立。本案符合《中华人民共和国民事诉讼法》第二百条第×项、第二百零八条及《人民检察院民事行政抗诉案件办案规则》规定的抗诉条件，决定向你院提请抗诉。

××××年××月××日

（院印）

二、提请抗诉报告书概述

提请抗诉报告书是地方各级人民检察院对同级人民法院已经发生法律效力的民事行政判决、裁定，经审查认为符合或不符合《民事诉讼法》第200条、第208条或《行政诉讼法》第64条及最高人民检察院《人民检察院民事行政抗诉案件办案规则》第35条至第37条规定的抗诉条件，决定向上一级人民检察院提请抗诉时制作使用的业务文书。

《民事诉讼法》第208条第2款规定："地方各级人民检察院对同级人民法院已经发生法律效力的判决、裁定，发现有本法第二百条规定情形之一的……提请上级人民检察院向同级人民法院提出抗诉。"《人民检察院民事行政抗诉案件办案规则》第29条第1款规定："人民检察院提请抗诉，应当制作《提请抗诉报告书》，并将审判卷宗、检察卷宗报上级人民检察院。"据此，地方各级人民检察院对同级人民法院的生效民事行政裁判自行立案办理的案件，经审查认为符合法定抗诉条件的，应当制作提请抗诉报告书，并按规定报送上一级人民检察院；上级人民检察院对下级人民法院的生效民事行政裁判立案后交下级人民检察院办理的案件，经下级人民检察院审查后，认为符合法定抗诉条件的，应当制作提请抗诉报告书，并按规定报送上一级人民检察院。提请抗诉报告书可以作为上一级人民检察院审查案件时的参考意见。

三、提请抗诉报告书的基本内容与制作要求

（一）首部

标题为：×××人民检察院民事（行政）检察提请抗诉报告书。文书编号为：×检民（行）提抗字〔×〕×号，叉号处依次填写制作文书的人民检察院简称、年度和序号三项内容。

（二）正文

提请抗诉报告书的正文包括五个部分：案件来源；当事人及案件基本情况；法院裁判情况；申诉理由、反驳意见及下级检察院意见；审查处理意见及法律依据。

1. 案件来源。首先要写明接受提请抗诉的上级人民检察院名称。人民检察院的名称应写全称，不得写简称或缩写。其次写明当事人姓名（名称）、案由、作出生效裁判的人民法院名称及生效裁判文书编号、受案时间、案件来源及审查情况。当事人姓名、名称必须写全称，如需要简写或缩写，应当在案件基本情况部分先写明全称后加括弧注明。案由要以原审人民法院认定的案由为准。作出生效裁判的人民法院名称及生效裁判文书编号，应载明："……因不服×××人民法院×××号民事（行政）判决（裁定），向人民检察院提出申诉。"受案（立案）时间及案件来源部分应写为："×××人民检察院于××××年××月××日受理。"审查情况应扼要写明："经依法调阅原×审案卷，我院对该案已审查终结，决定向你院提请抗诉。"

2. 当事人及案件基本情况。当事人基本情况包括当事人姓名或名称、性别、出生年月、民族、住所地、个人身份等。当事人为法人或其他组织的，还应载明其法定代表人或主要负责人的姓名及所任职务。个人身份，系指作为自然人的当事人是否为城镇居民、农村村民、在校学生、现役军人等。案件基本情况是制作文书的检察机关对案件进行审查后认定的案件事实。本院认定的事实与原审法院认定的事实一致，只需按时间顺序叙述；如果与原审法院认定事实不同的，则应当写明分歧所在。在审查过程中查明的新的事实，应写明："另查明……"对审判人员在审理该案时有贪污受贿、徇私舞弊、枉法裁判以及人民法院违反法定程序，经查证属实的，也在此一并叙述。最后，还应载明由谁向法院提起诉讼。

3. 法院裁判情况。法院裁判情况应按时间顺序写明人民法院一审、二审裁判的作出日期、文号、理由、主文和处理意见。主文指法院裁判文书中表明其如何认定和运用证据、如何认定事实、如何适用法律的内容，即"本院认为……"的内容。处理意见指法院的判决结果，即"判决如下……"的内容。

4. 申诉理由、反驳意见及下级检察院意见。本部分应写明申诉人的申诉理由和被申诉人的反驳意见，力求准确、简明、扼要。被申诉人未提出反驳意见的，应载明："……无反驳意见。"对下级人民检察院建议提请抗诉的案件，还应当写明其审查处理意见。

5. 审查处理意见及法律依据。这部分的内容是本文书的重点，应当根据本院审查确认的事实和情节，结合法律、法规、司法解释及其他规范性文件的规定，参考相关法学理论，阐明人民法院的生效裁判不正确、原审诉讼程序不合法的理由和根据，并进行细致全面的分析和论证。可以从以下几方面进行阐述：（1）证据是否具有合法性、客观性、关联性，是否充分，法院对举证责任的分配是否正确；（2）对有关法律、法规、司法解释的适用是否正确；（3）在行政诉讼中，人民法院对法律、行政法规、政府规章和其他规范性文件的效力及适用条件的认定是否正确；（4）人民法院的审判程序是否合法，审判范围是否超出了当事人的诉请范围；（5）审判人员在审理案件时有无贪污受贿、徇私舞弊、枉法裁判等违法行为。此部分的撰写要注意两个问题：（1）事实问题陈述多，对法律原理、法律条文陈述少，切忌将说理变成对案件事实的简单重复。（2）应重点阐述所提出处理意见的法律原理。处理意见的理由包括社会常识、自然常识、生活常识、法律原理以及法律条文的具体规定。其中，法律原理和法律条文是所要阐述的重点，而社会常识、自然常识、生活常识只是在对事实进行判断和法律推理过程中起辅助作用，不能使这些内容成为主要内容。加强法律文书说理所强调的是加强对与案件事实相关的法律理论、法律条文的论述。因此，应当在相关的法律原理和法律条文上下功夫，要充分阐述法律依据与案件本身的适用和联系。最后，总结人民法院的生效裁判存在哪些错误，原审诉讼程序有哪些违法情节，原审审判人员有哪些违法行为，并提出处理意见和法律依据。表述为："……本案符合《中华人民共和国民事诉讼法》第二百条及二百零八条（或《中华人民共和国行政诉讼法》第六十四条）及《人民检察院民事行政抗诉案件办案规则》规定的抗诉条件，决定向你院提请抗诉。"

（三）尾部

尾部载明部门负责人审核意见及日期和检察长审批意见及日期，本文书制作日期，并加盖人民检察院印章。

第三节　民事抗诉书

一、民事抗诉书范例

××市人民检察院
民事抗诉书

×检民抗〔×〕×号

申诉人彭××、裴××因与被申诉人彭××、巫××拆迁合同纠纷一案，不服××市××区人民法院〔201×〕×法民初字第×号民事判决，向检察机关提出申诉。我院对该案进行了审查，现已审查终结。

彭×、彭××和彭×××系同胞三姐妹。彭×、张××于1948年结婚；彭××、巫××于1972年结婚；彭×××、裴××于1980年结婚。

1987年12月，××市××区人民法院作出〔87〕民字第×号民事判决书，判决溉澜溪饮食服务商店将溉澜溪一村50号不带楼的前后两间房屋退还给谷××，其余房屋归溉澜溪饮食服务商店所有，中间共墙为共有财产。该案二审审理期间，谷××去世，由谷××的法定继承人彭×三姐妹参加诉讼。1988年2月，××省××市中级人民法院〔88〕民上字第×号民事判决书判决，溉澜溪饮食服务商店将溉澜溪一村50号不带楼的前后两间房屋退还给彭×等三人，其余房屋归溉澜溪饮食服务商店所有，中间共墙为共有财产。1995年9月的产权证显示，坐落于××市××区溉澜溪一村50号左边的房屋一幢，该房屋2间，建筑结构木柱穿逗，层数2，建筑面积61平方米，所有权人彭×三姐妹，各占三分之一。

2000年3月18日，彭×三姐妹共同出具《申请》一份，其中载明："溉澜溪一村50号房屋，木穿逗结构，面积61平方米，系彭×三姐妹共有，为便于管理此房屋，另两姐妹主动放弃对此房屋的继承份额。现此房归彭×××一人所有，特申请有关部门给予办理相关手续。"

2001年12月24日，彭×三姐妹签订了《协议》约定："溉澜溪一村50号旧房屋，原系彭×三姐妹所有，为了便于管理此房屋，现经三姐妹协商作出以下决定：由彭×××出资给另两姐妹各壹仟伍佰元人民币后，此房屋的所有权归彭×××壹人所有，另两姐妹不再对此房屋享有所有权，以后该房屋由彭×××壹人负责管理。"《协议》签订当天，另两姐妹分别签字收到彭×××

交来人民币壹仟伍佰元。该《协议》经××市人民法院〔2011〕×法民终字第×号民事判决确认有效。

2001年4月16日，××市国土资源和房屋管理局出具《××市房屋安全鉴定书》，载明："房屋地址为××区溉澜溪一村50号左边，建筑面积61m²，建造年代：解放前。鉴定意见：该房年久失修，川逗木排列材质普遍老化、腐朽，且变形倾斜，墙体部分垮塌，木檩桷材质普遍老化、腐朽，且变形下挠，根据部颁《危标》综合评定，该房属D级危房，为确保安全，建议拆除。"同年5月21日，××市××区国土局发放了对该房重建的《城镇居民建房用地许可证》载明："申请用地事由为危房改建，批准使用面积为用原宅基地面积44m²，备注：拆除全部旧房，在原宅基地范围内按批准面积修建房屋。"11月21日，××市规划局××区分局发放的《建设工程规划许可证》批准该房的建设规模为88m²。前述证书上显示建设单位为彭×三姐妹。2001年5月29日，彭×××向××区寸滩街道办事处缴纳了建房清洁费500元。2002年9月2日，××市平正房地产测量事务所应彭×××委托出具《××市房地产面积测算报告书》载明："房屋地址：××区溉澜溪一村50号，地面以上层数为2，总建筑面积88m²。"2002年5月21日至2003年6月18日期间，彭×××办理了新建房屋的安装自来水、有线电视、电表等手续。房屋重修后未重新进行产权登记。

2002年7月12日，××市××区城镇建设拆迁管理办公室发出通知称，××区溉澜溪暂停办理房屋的买卖、交换、析产、分割、赠与、抵押、典当、分户、出租、改变用途、调配等手续，不准扩建、改建房屋（经鉴定的危房排危除外）；有效期为1年。

2008年3月27日，因溉澜溪土地整治储备菜市场片区项目，××市××区房屋管理局向××市江北嘴中央商务区开发投资有限公司（以下简称江北嘴投资公司）颁发了《房屋拆迁许可证》（江拆许字〔2008〕第10号），本案诉争房屋亦在拆迁范围。

2009年11月20日，彭×××与××市江城拆迁工程有限公司（以下简称江城公司）签订的《城市房屋拆迁补偿协议书》（江拆代字〔727〕号）载明：拆迁人（受托人）江城拆迁公司（甲方），被拆迁人彭×三姐妹（乙方）；拆迁人江北嘴投资公司全权授权具有房屋拆迁资质的江城拆迁公司对乙方的房屋进行拆迁；被拆迁房屋情况：坐落地点溉一村50号，产权人彭×三姐妹，结构简易，用途住宅，权证号022243，建筑面积61平方米；安置补偿情况：(1)货币安置：补偿面积61平方米，补偿单价2650元，合计161650元；(2)拆迁安置补偿其他费用：搬家（迁）补助费250元，水电总表补偿或恢复600+600元，天然气补偿或恢复2150+250元，闭路补偿或恢复450元，小计4300元；产权调换现（期）房安置：货币补偿总额165950元，安置地点南桥寺丽景7-31-2，安置面积64.9平方米，安置单价2190元，小计金额142131元，四通费补差4100元，合计金额1462 31元。该拆迁补偿协议书被拆迁人乙方处只有彭×××的签字。

2011年，彭×××、裴××诉至法院，请求确认××市××区溯澜溪一村50号房屋的产权归其所有。××市中级人民法院〔2011〕×中法民终字第×号民事判决书，以彭×××、裴××基于《协议》享有的仅仅是债权，在房屋未变更登记到彭×××、裴××名下之前，物权并未发生变动；重庆市江北区溯澜溪一村50号左边的房屋已经被拆除，该房屋产权人对该房屋所享有的物权随着标的物的灭失而消灭为由，驳回了彭×××、裴××的诉讼请求。

2010年7月，另两姐妹向××市××区人民法院起诉，请求判决彭×××与江城公司签订的房屋拆迁补偿协议无效，并判令江城公司与彭×三姐妹重新签订拆迁补偿协议。

2012年1月29日，××市××区人民法院作出〔2010〕×法民初字第02763号民事判决认为，据本案收集产权登记显示，坐落于××市××区溯澜溪一村50号左边的房屋（建筑面积61平方米），至房屋拆除时，登记的所有权人为彭×三姐妹，三人各占房屋三分之一产权份额。因彭×三姐妹取得前述房屋产权份额系在各自夫妻关系存续期间，故彭×三姐妹各自取得的产权份额为各自夫妻的共同财产。

2001年12月24日的《协议》法院虽已确认其效力。根据《中华人民共和国物权法》第十四条规定，不动产物权的设立、变更、转让和消灭，依照法律规定应当登记的，自记载于不动产登记簿时发生效力；第十六条规定，不动产登记簿是物权归属和内容的根据。彭×三姐妹虽签订《协议》约定由彭×××出资给另两姐妹各1500元后，房屋所有权归彭×××一人所有，但彭×××、裴××基于该《协议》享有的仅仅是债权，在房屋未变更登记到彭×××、裴××名下之前，物权并未发生变动。

我国《物权法》第九十七条规定，处分共有的不动产或者动产以及对共有的不动产或者动产作重大修缮的，应当经占份额三分之二以上的按份共有人或者全体共同共有人同意，但共有人之间另有约定的除外。证据已显示，××区溯澜溪一村50号左边的房屋（木柱穿逗结构，建筑面积61平方米），彭×与张××占三分之一产权份额，彭××与巫××占三分之一产权份额，彭×××与裴××占三分之一产权份额。而《城市房屋拆迁补偿协议书》（江拆代字

〔727〕号）载明内容显示，被拆迁人是彭×三姐妹；拆迁补偿房屋为前述简易结构及建筑面积61平方米的房屋。但前述房屋的拆迁补偿协议书却只有彭×××的签字，证据不能证实彭×××签署该拆迁补偿协议书得到房屋共有人的授权。因此，彭×××对江北区溉澜溪一村50号左边的房屋（建筑面积61平方米）的处分，未经占份额三分之二以上的按份共有人同意，彭×××与江北嘴投资公司签署的江拆代字〔727〕号《城市房屋拆迁补偿协议书》违反法律强制性规定，该拆迁补偿协议书无效。

我国《合同法》规定，当事人依法享有自愿订立合同的权利，任何单位和个人不得非法干预。因此，江拆代字〔727〕号《城市房屋拆迁补偿协议书》被确认无效后，需拆迁双方通过协商确定补偿内容。因此，原告请求法院判令江北嘴投资公司、江城拆迁公司就江拆代字〔727〕号《城市房屋拆迁补偿协议书》的内容重新与彭×三姐妹共同签订拆迁补偿协议，没有法律依据，不予支持。遂判决：（1）确认彭×××与××市江北嘴中央商务区开发投资有限公司签订的江拆代字〔727〕号《城市房屋拆迁补偿协议书》无效；（2）驳回另两姐妹的其他诉讼请求。

本院经审查认为，××市××区人民法院对本案判决认定的基本事实缺乏证据证明且适用法律确有错误。理由是：

一、原审认定"房屋的拆迁补偿协议书只有彭×××的签字，不能证实彭×××签署该拆迁补偿协议书得到房屋共有人的授权"缺乏证据证明。经查，彭×三姐妹三人于2001年12月24日签订的《协议》已经由重庆市第一中级人民法院〔2011〕渝一中法民终字第04538号民事判决确认有效。根据该《协议》载明："溉澜溪一村50号旧房屋，原系彭×三姐妹所有，为了便于管理此房屋，现经三姐妹协商作出以下决定：由彭×××出资给另两姐妹各壹仟伍佰元人民币后，此房屋的所有权归彭×××壹人所有，另两姐妹不再对此房屋享有所有权，以后该房屋由彭×××壹人负责管理。"之后，彭×××于签约当天履行了向另两姐妹各支付1500元的义务，故自2001年12月24日开始，涉及该房屋的所有事宜由彭×××一人负责管理。彭×三姐妹在达成让渡所有权的意思表示后，同时达成了由彭×××负责对涉及房屋的事宜进行管理的意思表示。该意思表示为非要式行为，不违反法律、行政法规的禁止性规定，一经作出即产生法律效力。也就是说，三人约定在另两姐妹作出让渡所有权份额给彭×××的意思表示至三人到产权登记机关变更房屋所有权登记这段时间，另两姐妹委托彭×××行使对房屋的占有、使用、收益和处分权能。原审判决认定彭×××没有得到房屋共有人的授权的事实缺乏证据证明，属认定事实错误。

二、原审对《物权法》第九十七条理解片面，属适用法律错误。根据我国《物权法》第九十七条"处分共有的不动产或者动产以及对共有的不动产或者动产作重大修缮的，应当经占份额三分之二以上的按份共有人或者全体共同共有人同意，但共有人之间另有约定的除外"之规定，在共有人之间另有约定的情况下，对共有财产的处理依据约定进行。本案中，彭×三姐妹原为讼争房屋的按份共有人，三人各占三分之一的产权份额。彭×××与江城公司签订《城市房屋拆迁补偿协议书》是2010年6月，虽然在签《城市房屋拆迁补偿协议书》时讼争房屋的完全产权尚未变更到彭×××名下，但另两姐妹早在2001年12月已经将对房屋的所有权进行了让渡，并委托给彭×××代为行使所有权权能。并且江城公司工作人员是在看到彭×××出示了三人签订的《协议》后，得知另两姐妹已经表示将房屋的所有权让渡给彭×××并委托彭×××对房屋进行管理处分的情况下，才与彭×××签订《城市房屋拆迁补偿协议书》。因此，本案情形符合《物权法》第九十七条所规定的"当事人另有约定"的情形，彭×××根据《协议》约定与江城公司签订《城市房屋拆迁补偿协议书》的行为符合《物权法》中对按份共有财产处理的规定，该《城市房屋拆迁补偿协议书》应为有效。原审仅仅注意到《物权法》第九十七条规定的前半部分，却忽略了条文后半部分的但书条款，属适用法律错误，导致判决结果不当。

三、彭×××并未超越自己享有的权利范围行使权利。一方面，彭×××与另两姐妹签订《协议》后，由于没有办理产权变更登记，彭×××对讼争房屋尚未享有完全产权，仅基于该协议对另两姐妹二人享有请求为交付不动产行为，即办理产权过户的权利，这种权利是一种基于合同产生的债权。另一方面，作为讼争房屋的所有者之一和其他产权人的受托人，彭×××与江城公司签订《城市房屋拆迁补偿协议书》虽然约定了彭×××应当将房屋腾空后交付拆迁公司拆除，但在协议当事人尚未通过民事法律行为或事实行为导致房屋所有权发生变化之前，江城公司对讼争房屋也不享有所有权，仅得根据拆迁补偿协议要求彭×××履行腾空交付房屋等义务，此种权利与彭×××依据《协议》享有的债权为同一性质，均为请求权、对人权，而非性质为支配权、对世权的物权。这与《城市房屋拆迁补偿协议书》的第三条第三项"若乙方没有在规定的时间内腾空交房，甲方可以直接扣除乙方所剩的尾款，作为违约金的一部分。同时，甲方也可以向人民法院提起诉讼，诉讼期间有权申请人民法院先于执行"这一约定相符。因此，江城公司因《城市房屋拆迁补偿协议书》的签订获得的仅是要求彭×××履行拆迁补偿协议约定义务，即腾空房屋等权利，而非房屋所有权。综上，彭×××通过《城市房屋拆迁补偿协议书》向江城公司转让的是其基于与另两姐妹签订的《协议》所获得的要求对方当事人为一定行为的债权性质相一致的请求权,也是一种债权,故彭×××并未超出自己所享有的权利范围。

综上所述,××市××区人民法院〔2010〕×法民初字第02763号民事判决认定的基本事实缺乏证据证明,适用法律错误,判决结果不当。依据《中华人民共和国民事诉讼法》第二百条第二项、第六项及第二百零八条之规定,特向你院提出抗诉,请依法再审。

此致

重庆市第一中级人民法院

××××年××月××日

附:检察卷壹宗

二、民事抗诉书概述

民事抗诉书是人民检察院对人民法院已经发生法律效力的民事判决、裁定、调解书,依据《民事诉讼法》第200条、第208条及最高人民检察院《人民检察院民事行政抗诉案件办案规则》第33条至第36条的规定,认为符合抗诉条件,决定按照审判监督程序向同级人民法院提出抗诉时,所制作的法律文书。

人民检察院对人民法院民事审判活动的检察监督职能由民事行政检察部门具体负责。民事行政检察部门主要通过以下四个途径来发现人民法院的生效民事裁判及审判程序的错误:(1)当事人及利害关系人提出的民事申诉;(2)国家权力机关或其他国家机关转办的民事申诉案件;(3)上级人民检察院交办或转办的民事申诉案件;(4)下级人民检察院提请抗诉的民事申诉案件。民事行政检察部门认为通过上述途径所获得的申诉材料或案件材料不齐全时,可以要求当事人及下级人民检察院补充。人民检察院受理案件后,符合立案条件的,应予以立案审查。立案后应依法向原审人民法院调阅案卷材料。民事行政检察部门对案卷和证据材料进行全面审查后,认为人民法院的生效裁判及调解书确有错误的,应当就认定的案件事实、法律适用、证据情况及原审人民法院的生效裁判和审判程序中的错误制作民事抗诉书。民事抗诉书经民事行政检察监督部门的负责人审核后,报请检察长或检察委员会决定,经检察长签发后,连同检察案卷送达同级人民法院,向同级人民法院提出抗诉。同时,民事抗诉书副本还应当送达申诉人、被申诉人及其他当事人、提请抗诉的相关下级人民检察院。

检察机关向法院提出抗诉，必须依照法律规定的形式和程序进行，从而促使检察机关依法行使职权，保障抗诉活动的严肃性和规范性。《民事诉讼法》第212条规定："人民检察院决定对人民法院的判决、裁定、调解书提出抗诉的，应当制作抗诉书。"最高人民检察院《人民检察院民事行政抗诉案件办案规则》第40条规定："人民检察院决定抗诉的案件，应当制作《抗诉书》。……"由此可见，民事抗诉书是检察机关对人民法院的民事判决、裁定、调解书提出抗诉的必要形式，因而民事抗诉书的制作也自然成为民事抗诉活动的必经程序和重要环节。

民事抗诉书的作用不仅仅是向人民法院表明检察机关提出抗诉的意图，最重要的是阐明检察机关提出抗诉的理由，指出人民法院生效裁判及调解书的错误所在，以启动再审监督程序，促使法院纠正错误，维护司法公正。民事抗诉书通过对案件事实、证据材料及相应的法律法规的分析，指出人民法院原生效民事裁判及调解书的错误所在，明确提出自己的观点，并加以充分论证。民事抗诉书不仅表明检察机关的抗诉行为有理有据，同时也方便人民法院发现原生效民事裁判及调解书的错误，并依法予以纠正，从而保障抗诉活动的顺利进行，最终维护司法公正和法律的统一实施。

为进一步增强民事行政检察工作的透明度，促使民事行政检察人员正确把握办案数量、质量和效率的辩证关系，以正确履行法律监督职能，充分体现检察机关严格司法、文明司法、理性司法，2005年最高人民检察院民事行政检察厅下发了《关于加强民事行政抗诉书说理工作的意见》，要求民行检察部门结合工作实际，积极有效地落实民事、行政抗诉书说理工作，从规范案件审查终结报告制作工作做起，不断提高提请抗诉报告书，尤其是抗诉书制作水平，通过强化说理工作，提升办案水平，保证案件质量。

三、民事抗诉书的基本内容与制作要求

（一）首部

标题为：×××人民检察院民事抗诉书。文书编号为：×检民抗〔×〕×号，叉号处依次填写制作该民事抗诉书的人民检察院简称、年度、序号三项内容。

（二）正文

民事抗诉书的正文包括五个部分，即当事人基本情况、案由及案件来源；案件基本情况；法院裁判情况；本院的抗诉理由及法律依据；综述。

1. 当事人基本情况、案由及案件来源。当事人基本情况包括当事人姓名

或名称、性别、出生年月、民族、住所地、个人身份、职业和职务等情况。当事人为法人或其他组织的，名称应为该法人或组织的全称，不得用简称或缩写，同时还应载明其法定代表人或主要负责人的姓名及所任职务。如"×××化工有限公司（住所地××市××区××路××号，法定代表人×××，董事长）"。个人身份，系指作为自然人的当事人是否为城镇居民、农村村民、在校学生、现役军人等。案由应明确具体，必须以原审法院认定的案由为准，即使检察机关经审查认为原审法院对案由的认定有误，也只能在抗诉理由中指出，不得在此处变更案由。案件来源部分应载明该案属于当事人或其他利害关系人申诉、国家权力机关或者其他国家机关转办、上级人民检察院交办和下级人民检察院提请抗诉四种情形中的哪一种，同时还须载明原审法院的名称及生效裁判文书的编号，对于人民检察院的内部程序则不必叙述。本部分的写作应注意语言简练、交代清楚，不可长篇大论。

2. 案件基本情况。该部分主要是在全面审查原审材料和当事人提交的申诉材料、答辩材料以及检察机关依法调查收集的证据的基础上，结合对涉案诉讼证据的分析判断，叙述检察机关审查后认定的案件事实。如果检察机关认定的事实与原审法院认定的事实一致，则只需按时间顺序叙述即可；反之，如果检察机关认定事实与原审法院认定事实不同的，则应当写明分歧所在。如"原审法院认定申诉人（原审被告）×××未按《××购销合同》的约定给付被申诉人××公司相应的货款。经本院查明，申诉人×××已于××××年××月××日向被申诉人××公司给付了全部货款"。至于检察机关认定事实的理由及依据应在"抗诉理由及法律依据"部分加以阐述，此处可省略。如果在案件的审查过程中，检察机关查明了原审法院未查明的事实，应当在本部分后面另起一段，以"另查明……"的方式加以叙述。对审判人员在审理该案时有贪污受贿、徇私舞弊、枉法裁判以及人民法院违反法定程序，经查证属实的，也在此一并写明。最后，还应载明由谁向人民法院提起诉讼。该部分的写作应忠实于检察机关查明的事实，实事求是，语言平实、精练，逻辑清晰，表达准确，力求让人一目了然，迅速把握基本案情，同时要求做到本部分的每一句话都能在人民法院的原审案卷和检察机关依法收集的证据中有相应的证据支撑。

3. 法院裁判情况。应按时间顺序写明人民法院一审、二审裁判的作出日期、文号、理由和主文。理由指法院裁判文书中表明其如何认定和运用证据、如何认定事实、如何适用法律的内容，即"本院认为……"的内容。主文即处理意见是指法院的判决结果，即"判决如下……"的内容。

4. 抗诉理由及法律依据。民事抗诉书的任务是指出人民法院生效裁判的错误所在，以启动再审监督程序。必须通过高水准、高专业的法理论证说服再审人民法院依法改判纠错，以实现民行检察的目的。可以说民事抗诉书的根本生命在于"说理"。通过理由的深刻阐述，展现法的精神力量和理性光芒，使监督充满活力与权威，使抽象的社会公平正义在个案中得到充分的体现。如果把案件事实（证据）、法条看作是民事抗诉书的躯体，那么说理就是民事抗诉书活的灵魂，通过说理实现法律"灵"与"肉"的统一。本部分应当以查明的具体案情为基础，以确实充分的证据材料为支撑，结合法律法规及相关司法解释的规定，对检察机关的抗诉理由进行说理、论证。

抗诉理由一般可以从以下几个方面表述：（1）人民法院裁判认定事实错误的说理。民事抗诉不同于刑事抗诉，不能以"案件客观真实"的标准来否定法院裁判，而应从"优势证据规则"出发，分析人民法院据以作出裁判的证据是否达到高度盖然性的标准，从而判断人民法院原生效裁判是否错误。对于事实方面说理应注意把握五个方面问题：第一，应以原审卷宗材料为审查基础，以证据规则为主线，原则上无须另辟蹊径，自行认定案件基础事实。第二，当事人双方提交的各种证据出现冲突矛盾时，应围绕争执焦点分析法官衡量各种证据的证明力以及证据之间的关联性，从而确认一方证据属优势证据并作为定案依据之事实行为是否符合证据规则。原则上，直接证据的效力高于间接证据；原始证据的效力强于传来证据；除非书面证据被证明是伪证，原则上书面证据的效力应当高于言词证据；复制品、复印件不能单独作为定案的直接依据，它往往只能作为补强证据使用，即对有关言词证据、书证等证据在尚不够充分的情况下起到补强作用，而不能单独作为定案的依据。在论证法院事实认定错误时都应该注意到该证明规则的掌握及法理分析。第三，应围绕原审中当事人双方举证、质证、辩论等环节，审查判断法官证据采信、事实认定是否符合证据规则要求。第四，当事人双方提交的各种证据出现冲突矛盾时，如果未能形成优势证据，案件事实真伪不明，法官根据举证责任分配判定一方承担不利后果的，应围绕法官分配举证责任行为是否违反证据规则方面作法理上的深入阐述。第五，关于证明标准。民事证明不要求司法人员寻求绝对真实，其证明标准比刑事证明标准要低，达到高度盖然性即可，因此法官自由心证有一定的弹性空间，抗诉书不能苛求法院裁判认定事实绝对客观真实，只有其达不到高度盖然性程度的，才能够说人民法院裁判认定事实主要证据不足，分析时要根据证据规则并结合常理阐述法院裁判所采证据是否达到了高度盖然性的证明标准。（2）人民法院裁判适用法律错误的说理。对人民法院裁判适用法律错误进行说理主要是审查原审生效裁判对案件中的法律关系定性是否正确，援引法条是否正确，对法律概念及立法意图的理解是否准确，要针对人民法院裁判适用法律错误的不同类型，有针对性地进行说理：第一，对定性错误的说理。在定性错误的情况下，抗诉理由需要运用部门法划分理论和部门法学基本范畴（如物权与债权，违约与侵权等），从法理层面对当事人之间的关系在法律上的定性进行深入阐述，最好能印证具体法条依据。第二，定性正确，但具体法条援引错误的说理。对于这类错误要分别不同情况对待。对于错误引用同层次的其他类似法条的，抗诉理由须将案件事实所应正确归属的法条援引出来，依法条结构之理论分析法条的"假设"、"处理"与案件事实要素的相适应性，同时还可将原审裁判错引法条与本案的不相适应指出对比分析清楚，论述时，必须充分解释有关法条的法理含义以及与案件事实的关系，摒弃不加说理的简单援引；对于本该援引高阶位法条却错误援引了低阶位法条，抗诉理由应从基本法理着手，对法律规范的效力阶位进行法理分析，阐明原审适用了低阶位法条之错误，指出正确的高阶位法条；对于所援引的法条已经失效，现已被新的法条替代的，应结合分析案件事实发生时间以及有关法条的时间效力，论述本案应援引新法条而非旧法条。第三，对于法条援引正确，但对于法条本身的含义理解错误的说理。对于此种情形，抗诉理由必须以各种法律解释学方法充分阐释法条正确、完整的含义，指出原审裁判错误理解或部分遗漏所引法条含义之处。（3）对人民法院审理程序存在违法进行说理。对于法院裁判情况违反回避制度、剥夺当事人参加诉讼的权利、剥夺辩论权、裁判超出或遗漏诉讼请求等法定程序进行说理。本次修订后的民事诉讼法将上述情形均作为"绝对再审"的情形。所谓"绝对再审"是指某些程序违法一旦存在，便不问实体结果如何，必须再审。对于"绝对再审"情形，抗诉理由应在原审裁判概况部分初步描述相关程序违法的实际情况（如遗漏必要共同诉讼人），在抗诉理由中，应根据诉讼法以及相关司法解释，结合基本案情以及原审程序事实，分析原审程序到底违反了哪条规定，并论述该项程序违法属于必须再审情形，依法应当再审。（4）法官的违法行为。即审判人员审理案件时有贪污受贿、徇私舞弊、枉法裁判等行为。在审查民事申诉案件过程中，如发现审判人员贪污受贿、徇私舞弊、枉法裁判，并有证据予以证实的，无论裁判结果是否正确，应无条件予以抗诉。分析时做到法理充足，援引法条具体、明确、规范，力求将原审程序违法及其应引起再审的理由阐释清楚。

5. 综述。本部分是对抗诉理由及法律依据进行总结归纳，指出法院原生效判决、裁定存在哪些错误，本案应具体适用的法律法规。写明："依照《中华人民共和国民事诉讼法》第二百条、第二百零八条及最高人民检察院《人民检察院民事行政抗诉案件办案规则》之规定，特向你院提出抗诉，请依法再审。"

（三）尾部

载明送达的人民法院名称，决定抗诉的日期，并加盖人民检察院印章。最后，写明随案移送的卷宗及有关材料情况。

第四节　行政抗诉书

一、行政抗诉书范例

××省人民检察院
行政抗诉书

×检行抗〔×〕×号

向××（男，××××年××月××日出生，汉族，原郁山建材厂业主，住××省××市××区××楼 B 座 4-2 号）因与××省××县水利农机局（地址××省××县×街××号，法定代表人贾××，局长）行政处罚一案，不服××市中级人民法院〔2003〕×中法行终字第 35 号行政判决，向检察机关提出申诉。本院对该案现已审查终结，情况如下：

2000 年，向××开始在××省××县郁山镇投资开办郁山建材厂，主要生产页岩砖。2001 年 9 月 10 日，郁山建材厂与郁山镇沙湾村二组签订用水协议，以每年 60 元的用水费通过管引方式有偿使用该组蓄水沟的水，作为本厂的生产、生活用水。2003 年 1 月，××省××县水利农机局发现郁山建材厂未办理取水许可证，涉嫌违法取水，遂向该厂先后发出《责令办证通知书》和《责令停止水事违法行为通知书》。郁山建材厂认为自己属于少量用水，所以直至 2003 年 3 月 20 日前一直没有申请办理取水许可证，也未缴纳水资源费。××县水利农机局的执法人员经到郁山建材厂查看，拍摄了该厂的取料地点现场、取水口、生产现场照片，认定该厂取用该水源用于年生产 600—700 万匹页岩砖的生产量以及职工 40 余人的生活用水。由于该厂没安装用水计量器，××县水利农机局便根据该厂取水设施的设置、管道口径尺寸、水源落差，结合专门的计算方法，测得该厂年用水量为 5400—6300 吨。为此，××县水利农机局于 2003 年 3 月 7 日作出〔2003〕×行罚字第 2 号《行政处罚决定书》，责令郁山建材厂立即停止违法取水行为，限于 2003 年 3 月 21 日前补办取水许可证，并罚款 30000 元。郁山建材厂虽于 3 月 20 日申请补办了取水许可证，但对该处罚决定不服，于3月27日向××省××县人民政府申请行政复议，请求撤销处罚决定。××县人民政府于5月19日作出复议决定，维持〔2003〕×行罚字第2号《行政处罚决定书》。为此，郁山建材厂于2003年6月13日依法向××省××县人民法院提起行政诉讼，请求判令撤销该行政处罚决定。

2003年7月28日，××省××县人民法院以〔2003〕×法行初字第16号行政判决认为：郁山建材厂未向水利行政主管部门申请办理取水许可证，而在郁山镇沙湾村擅自取水，用于其生产及职工生活用水的行为，属于水事违法行为。被告××县水利农机局认定原告违法的事实清楚、证据充分，对其处罚适用的法律正确，其处罚的内容得当，予以确认。为此，依照《中华人民共和国行政诉讼法》第五十四条第一项、最高人民法院《关于执行〈中华人民共和国行政诉讼法〉若干问题的解释》第五十六条第四项的规定，判决维持被告××省××县水利农机局于2003年3月7日作出的〔2003〕×行罚字第2号《行政处罚决定书》；驳回原告郁山建材厂请求撤销××县人民政府作出的×府复〔2003〕5号《行政复议决定书》的诉讼请求。

郁山建材厂不服，向××市中级人民法院提出上诉。

2003年12月11日，××市中级人民法院作出〔2003〕×中法行终字第35号行政判决认为，郁山建材厂在未办理取水许可证的情况下，大量取水，其行为违反了《中华人民共和国水法》第二条、第七条的规定，被上诉人按照《中华人民共和国水法》第六十九条之规定给予行政处罚，其处罚的情形与法律规定的情形一致，行政处罚适用的法律正确，且处罚的程序合法，一审法院判决维持该处罚决定并无不当，上诉人的上诉理由不能成立。为此，依照《中华人民共和国行政诉讼法》第六十一条第一项之规定，判决驳回上诉，维持原判。

向××不履行二审判决，并于2003年10月25日将郁山建材厂转让给他人，××县水利农机局向法院申请执行罚款及加处罚款，2004年2月23日，××县法院以〔2004〕×法行执字第15号行政执行裁定书认为，郁山建材厂系向××个人独资企业，属起字号的个体工商户，不具有法人资格，遂裁定准予强制执行向××罚款30000元及从2003年3月24日起至缴款之日止，每日按罚款数额的百分之三加处罚款。

本院审查后认为，二审判决维持××县水利农机局〔2003〕×行罚字第2号《行政处罚决定书》属适用法律错误，其理由是：

1. ××县水利农机局〔2003〕×行罚字第2号《行政处罚决定书》因为没有载明收缴罚款的代收机构，依法应属无效。《中华人民共和国行政处罚法》第三十九条规定行政处罚决定书应当载明行政处罚的履行方式。国务院

《罚款决定与罚款收缴分离实施办法》第七条明确规定：行政机关作出罚款决定的行政处罚决定书应当载明代收机构的名称、地址和当事人应当缴纳罚款的数额、期限等，并明确对当事人逾期缴纳罚款是否加处罚款。当事人应当按照行政处罚决定书确定的罚款数额、期限，到指定的代收机构缴纳罚款。国务院法制局办公室《关于贯彻执行〈罚款决定与罚款收缴分离实施办法〉有关问题的意见》第三条进一步明确指出："行政处罚决定书应当载明的内容，依照《行政处罚法》第三十四条第二款、第三十九条和《办法》第七条第一款的规定执行。没有载明法定内容的行政处罚决定书，不得使用；使用的，该行政处罚决定书无效。"由此可见，该处罚决定书因缺少法定内容，应属无效具体行政行为。由于行政处罚决定书没有指明缴纳罚款的代收机构，被处罚人也就不知该向谁缴纳罚款。因此，造成被处罚人将被执行30多万元的加处罚款的严重后果，不应由被处罚人承担。

2. 根据《中华人民共和国行政诉讼法》的规定，人民法院应当对具体行政行为是否合法进行审查，包括对程序与实体、形式与内容的合法性进行审查。然而，一、二审法院忽视法律对行政处罚决定书法定要件的审查，对没有载明履行方式的行政处罚决定书判决维持显属适用法律错误。

综上所述，××市中级人民法院〔2003〕×中法行终字第35号行政判决适用法律错误，判决不当。依照《中华人民共和国行政诉讼法》第六十四条及最高人民检察院《人民检察院民事行政抗诉案件办案规则》之规定，特向你院提出抗诉，请依法再审。

此致
××省高级人民法院

××××年××月××日
（院印）

附：检察卷宗×册。

二、行政抗诉书概述

行政抗诉书是人民检察院依据《行政诉讼法》第64条及最高人民检察院《人民检察院民事行政抗诉案件办案规则》的规定，发现下级人民法院的生效行政判决或裁定确有错误，并按照审判监督程序向同级人民法院提出抗诉时，所制作的法律文书。

根据《行政诉讼法》第64条、《人民检察院民事行政抗诉案件办案规则》

第37条和第40条的规定，最高人民检察院发现各级人民法院的生效行政裁判确有错误，上级人民检察院发现下级人民法院的生效行政裁判确有错误，决定向同级人民法院提出抗诉时，都应当制作行政抗诉书。

人民检察院对人民法院行政审判活动的检察监督职能由民事行政检察部门具体负责。民事行政检察部门主要通过以下四个途径来发现人民法院的生效行政裁判及审判程序的错误：第一，当事人及利害关系人提出的行政申诉；第二，国家权力机关或其他国家机关交办的行政申诉案件；第三，上级人民检察院交办或转办的行政申诉案件；第四，下级人民检察院提请抗诉的行政申诉案件。民事行政检察部门对案卷和证据材料进行全面审查后，认为人民法院的生效裁判确有错误的，应当就认定的案件事实、法律适用、证据情况及原审人民法院的生效裁判和审判程序中的错误制作行政抗诉书。行政抗诉书经民事行政检察部门的负责人审核后，报请检察长或检察委员会决定，经检察长签发，连同检察案卷送达同级人民法院，向同级人民法院提出抗诉。同时行政抗诉书副本还应当送达申诉人、被申诉人及其他当事人、提请抗诉的相关下级人民检察院。

三、行政抗诉书的基本内容与制作要求

（一）首部

标题为：×××人民检察院行政抗诉书。文书编号为：×检行抗〔×〕×号，又号处依次填写制作该抗诉书的人民检察院简称、年度、序号三项内容。

（二）正文

行政抗诉书的正文包括五个部分，即当事人基本情况、案由及案件来源；案件基本情况；法院裁判情况；本院的抗诉理由及法律依据；综述。

1. 当事人基本情况、案由及案件来源。当事人基本情况包括当事人姓名或名称、性别、出生年月、民族、住所地、个人身份等。当事人为法人或其他组织的，名称应为该法人或组织的全称，不得简写、缩写，同时还应载明其法定代表人或主要负责人的姓名及所任职务。如"××市×××公安局（住所地××市××区××路××号，法定代表人×××局长）"。个人身份，系指作为自然人的当事人是否城镇居民、农村村民、在校学生、现役军人等。案由应明确具体，必须以原审法院认定的案由为准，即使检察机关经审查认为原审法院对案由的认定有误，也只能在抗诉理由中指出，不得在此处变更案由。案件来源部分应载明该案属于当事人或其他利害关系人申诉、国家权力机关或者其他国家机关转办、上级人民检察院交办还是下级人民检察院提请抗诉，同时还须载明原审人民法院的名称及生效裁判文书的编号。

2. 案件基本情况。该部分主要是在全面审查原审材料和当事人提交的申

诉材料、答辩材料的基础上，结合对涉案诉讼证据的分析判断，叙述检察机关审查后认定的案件事实。如检察机关认定的事实与原审法院认定的事实一致，则只需按时间顺序叙述即可；反之，如检察机关认定事实与原审法院认定事实不同的，则应当写明分歧所在。检察机关认定事实的理由及依据应在"抗诉理由及法律依据"部分加以阐述。如果在案件的审查过程中，检察机关查明了原审法院未查明的事实，应当在本部分后面另起一段，以"另查明……"的方式加以叙述。对审判人员在审理该案时有贪污受贿、徇私舞弊、枉法裁判以及人民法院违反法定程序，经查证属实的，也在此一并写明。最后，还应载明由谁向人民法院提起诉讼。该部分的写作应忠实于检察机关查明的事实，实事求是、语言简练、逻辑清晰、表达准确。

3. 法院裁判情况。按时间顺序写明人民法院一审、二审裁判的作出日期、文号、理由、主文和处理意见。主文指法院裁判文书中表明其如何认定和运用证据、如何认定事实、如何适用法律法规的内容，即"本院认为……"的内容。处理意见指法院的判决结果，即"判决如下……"的内容。

4. 抗诉理由及法律依据。与民事抗诉书一样，抗诉理由部分也是行政抗诉书的核心内容。由于行政诉讼的许多基本诉讼制度和规则与民事诉讼大体相同，因此行政抗诉书抗诉理由撰写的要点也与民事抗诉书大体相似，可参考前述民事抗诉书抗诉理由的撰写要点来撰写本部分内容。同时要注意，行政诉讼与民事诉讼各有自身的特点，存在一些不同的诉讼制度和规则。因此，要注意根据行政诉讼的特点来进行阐述。（1）要着重从原审认定的行政行为是否存在并成立，该行政行为属于具体行政行为或抽象行政行为、行政事实行为或行政法律行为的认定是否正确，对行政行为是否对相对人产生了约束力的认定是否正确等方面进行阐述。（2）行政诉讼的举证规则、证明标准等与民事诉讼举证规则相比具有其自身的特点，存在差异。因此，行政抗诉书应当根据行政诉讼证据规则作不同于民事诉讼的证据分析。在证据规则的错误中，比较常见的是人民法院对举证责任分配的错误。举证责任分配的错误包括两个方面：一是对行为意义上的举证责任分配错误。如对于本应由行政主体就其具体行政行为的合法性承担举证责任，法院却错误地要求行政相对人证明该行政行为的非法性。二是对结果意义上的举证责任分配错误。如当诉讼进行到终结而案件事实仍处于真伪不明状态时，应当由行政主体承担败诉责任，但法院却判决行政主体胜诉。（3）在行政诉讼中，人民法院原则上只对具体行政行为的合法性进行审查，对于抽象行政行为和行政行为的合理性一般不予审查；对于违法行政行为，除行政处罚显失公正外，不得判决变更原具体行政行为，只能判决撤销或判令被诉行政主体限期重新作出。如果人民法院违反上述原则，则属于超越权限的错误。在抗诉书中应当将其作为一个重要的抗诉理由予以提出。

5. 综述。就抗诉理由和法律依据进行总结归纳，指出人民法院原生效判决、裁定存在哪些错误，应适用的具体法律法规，写明："依照《中华人民共和国行政诉讼法》第六十四条及最高人民检察院《人民检察院民事行政抗诉案件办案规则》之规定，特向你院提出抗诉，请依法再审。"

（三）尾部

载明送达的人民法院名称，决定抗诉的日期，并加盖人民检察院印章。最后，写明随案移送的卷宗及有关材料情况。

第五节 民事行政检察不支持监督申请决定书

一、民事行政检察不支持监督申请决定书范例

×××人民检察院
民事行政检察不支持监督申请决定书

×检民行〔×〕×号

申诉人××有限公司于××××年××月××日因××纠纷一案向本院提出监督申请。本院依法对该案进行了审查，经依法调阅原审案卷，现已审查终结。

本院认为：该案不符合《中华人民共和国民事诉讼法》第二百零八条、第二百零九条规定的监督条件。理由如下：

一、关于巨××公司是否存在违约的问题。为证明巨××公司存在违约行为，新××公司举示了2006年9月26日、2006年12月2日向巨××公司发出的"要求支付工程进度款和退还保证金的函件"及所称邮寄该函件的特快专递回单。但该两封函件系新××公司单方面制作，且从特快专递回单中无法看出已邮寄送达巨××公司。即使上述证据的真实性无异议，也仅是新××公司向巨××公司提出要求，不能据此证明巨××公司存在违约行为。新××公司还举示了工程进度表、停工报告、报停通知、银行进账单、建委的会议纪要等证据。工程进度表、停工报告、报停通知均系新××公司单方制作，且无其他证据予以佐证，不能证明巨××公司首先违约。而银行进账单、建委的会议纪要均无反映当事人双方是否存在违约，是谁违约的内容，与待证事实无关联性，也不能证明巨××公司首先违约。

二、关于原审判词的问题。原审判决称："新××公司没有充分证据证明

是巨××公司首先不按进度支付工程款。双方所举示的证据均无法证实对方首先违约，且巨××公司未提起反诉，故本案对违约金不予主张。"其并非因巨××公司未提起反诉而不主张新××公司起诉的违约金，而是因新××公司与巨××公司都提出了证据证明对方违约，但均无法证明谁违约在先，且巨××公司虽举示相应证据，然而并未反诉新丰违约，故对双方的违约金都不予主张，即原审判决认为双方证据都不足以证明对方违约。故不属于新××公司申诉所称的情况，其申诉理由不能成立。

综上所述，本院决定不支持××有限公司的监督申请。

××××年××月××日
（院印）

二、民事行政检察不支持监督申请决定书概述

民事行政检察不支持监督申请决定书是人民检察院为适应2013年开始实施的修订后《民事诉讼法》所新制定的一种法律文书，按照最高人民检察院《关于贯彻执行〈中华人民共和国民事诉讼法〉若干问题的通知》第7条第3款和第8条第2款的规定，不支持监督决定书系人民检察院在审查案件后决定不提出抗诉或检察建议或不提请抗诉时，通知申诉人、被申诉人及其他当事人所使用的法律文书。

由于不支持监督申请书替代了之前使用的不抗诉决定书和不提请抗诉决定书，因此《人民检察院民事行政抗诉案件办案规则》第26条仍是其适用的标准的规定。该条规定具有以下情形的检察机关应该作出不抗诉决定：（1）申诉人在原审过程中未尽举证责任的；（2）现有证据不足以证明原判决、裁定存在错误或者违法的；（3）足以推翻原判决、裁定的证据属于当事人在诉讼中未提供的新证据的；（4）原判决、裁定认定事实或者适用法律确有错误，但处理结果对国家利益、社会公共利益和当事人权利义务影响不大的；（5）原审违反法定程序，但未影响案件正确判决、裁定的；（6）不符合法律规定的抗诉条件的其他情形。

前述第（1）、（2）、（3）种情形，法院裁判认定的事实没有违背法定证据规则，因而不符合抗诉条件；第（4）种情形是指依法应当抗诉，但是抗诉所维护的利益小于抗诉再审所消耗的司法资源，主要是为了防止以较大的司法消耗去维护较小的利益，当然，如果原裁判适用法律并无错误，也无须抗诉；第（5）种情形属于未满足法定抗诉条件。不符合法律规定的抗诉条件的其他情形，例如，申诉人或检举人主张审判人员贪污受贿或者徇私舞弊，经检察机

关查证情况不属实的。

依据2013年实施的修订后的《民事诉讼法》第209条第2款之规定，对于当事人而言，检察机关作出了不支持监督申请决定书，当事人不得再次就该民事判决、裁定向检察院申请检察建议或抗诉。

三、民事行政检察不支持监督申请决定书的基本内容与制作要求

民事行政检察不支持监督申请决定书的基本内容为：

1. 首部。（1）标题为：×××人民检察院民事行政检察不支持监督申请决定书。（2）文书编号为：×检民行〔×〕×号，叉号处依次填写制作文书的人民检察院简称、年度和序号。

2. 正文。应当载明：申诉人姓名或名称；申请抗诉或检察建议时间及事由；检察机关的审查过程；本院决定不提出抗诉或检察建议的理由及法律、法规、司法解释依据；综述。

3. 尾部。领导审批的年月日，并加盖人民检察院印章。

第六节　再审检察建议书（民事、行政）

一、再审检察建议书范例

××市人民检察院
民事再审检察建议书

〔×〕×检民再建第×号

××市××区人民法院：

申诉人李××、罗×因与被申诉人原××市农村信用合作联社城北信用社（现重庆市农村商业银行合川支行城北分理处）、罗××借款合同纠纷一案，不服原××市人民法院〔2004〕×法民初字第2738号民事调解书，向检察机关提出申诉。我院对该案已审查终结，情况如下：

1999年5月17日，罗××向原合川市农村信用合作联社城北信用社（以下简称原城北信用社）借款80万元，以罗××、罗×共同所有的原××市立信大厦平街层房产（房屋所有权证：×市字第60486号，国有土地使用证编号：×国用99字第003511号）为该笔借款作抵押担保。2000年8月22日，

罗××、罗×与原城北信用社签订了房地产抵押合同，又以共同所有的原××市立信大厦平街层房产设立了金额为240万元的最高额抵押担保，所担保的贷款截止期限为2001年8月30日。之后，罗××于2000年9月6日向原城北信用社借款80万元，于2000年9月19日向原城北信用社借款70万元，于2000年9月21日向原城北信用社借款40万元，上述3笔贷款都在2000年8月22日最高额抵押担保的担保范围之内。2001年3月14日，罗××再次向原城北信用社借款30万元，并以其与李××共同所有的原合川市合阳办事处交通街立信大厦5-6×1-1-F号（房屋所有权证编号：合市字第92084号，国有土地使用证编号：合国用2001字第001309号）作为抵押担保。

另查明，在原审中，罗××向法院提交了李××和罗×的授权委托书，两份授权委托书的受委托人均为罗××，委托权限为特别授权。在检察机关审查期间，罗××、罗×、李××均陈述该两份授权委托书是在李××、罗××不知情的情况下由受委托人罗×书写的，经委托××人民检察院司法鉴定中心对署名为罗×的授权委托书进行鉴定，2010年11月15日，该中心出具×检司鉴（文检）〔2010〕30号文件检察鉴定书，鉴定结论为：送检的《授权委托书》上委托人栏内"罗×"签名字迹不是罗×本人书写的，是罗××书写。原审中罗××代理罗×、李××与原城北信用社达成了调解协议。原审送达给李××和罗×的民事调解书由罗××签收，罗××签收法院调解书后，未将调解书转交罗×和李××，也未告知代为进行诉讼有关事宜。本案执行环节所有法律文书均采用邮寄方式送达，但邮寄地址——原××市南津街街道办事处合和大厦1单元2-2既非罗××、罗×、李××三人中任何一人的户口所在地，也不是他们三人中任何一人的经常居住地。2009年5月22日李××、刘××的银行存款被重庆市合川区人民法院扣划，罗×、李××才知道自己涉诉一事。

再查明，罗××与罗×是亲兄弟关系，罗×是罗××的哥哥。罗×与刘××原为夫妻关系，双方于2007年7月19日在××市××区民政局登记离婚。罗××与李××原为夫妻关系，双方于2004年6月21日在原××市婚姻登记管理处登记离婚。

2004年10月8日，原城北信用社向原××市人民法院起诉，要求罗××偿还借款260万元及其利息。

2004年10月26日，原××市人民法院作出〔2004〕×法民初字第2738号民事调解书，调解协议约定，由罗××在2004年12月10日前归还原城北信用社借款200万元及利息，由罗×、李××承担连带责任；由罗××在2005年7月31日前归还原城北信用社借款60万元及利息，由罗×、李××承担连带责任。

2009年5月22日，××市××区人民法院作出〔2005〕合法执字第386-6号执行裁定书，扣划被执行人李××在中国银行××支行中什字分理处存款账户860……413存款56200元；同日，××市××区人民法院作出〔2005〕×法执字第386-7号执行裁定书，扣划被执行人罗×之妻刘××在中国农业银行××支行营业部存款账户31-0……482存款78860元，账户622……510存款2000元，合计80860元。扣划李××和刘××的款项用于支付申请执行人原城北信用社（现重庆农村商业银行合川支行城北分理处）标的款。

本院经审查认为，原××市人民法院〔2004〕×法民初字2738号民事调解书违反了自愿合法原则，严重侵害了当事人诉讼权利，确有不当。理由是：

1. 本案的调解书违反了当事人自愿合法的原则。《中华人民共和国民事诉讼法》第九条规定："人民法院审理民事案件，应当根据自愿和合法的原则进行调解；调解不成的，应当及时判决。"该法第八十五条规定："人民法院审理民事案件，根据当事人自愿的原则，在事实清楚的基础上，分清是非，进行调解。"同时该法第八十八条还规定："调解达成协议，必须双方自愿，不得强迫。调解协议的内容不得违反法律规定。"可见，调解的前提是所有当事人的意思表示必须自愿、真实。本案中，罗××、罗×及李××均已确认两份授权委托书是在李××、罗×不知情的情况下由受委托人罗××书写的，故罗××无权代理李××、罗×进行诉讼，而事后也未得到李××、罗×对其代理行为的追认，罗×与原城北信用社达成的调解并不能反映李××及罗×的真实意思。而经委托××市人民检察院司法鉴定中心对《授权委托书》上罗×的签名进行鉴定，其结论为"送检的《授权委托书》上委托人栏内'罗×'签名字迹不是罗×本人书写，是罗××书写"。鉴定结论也能与当事人的陈述相互印证，形成完整的证据锁链，足以证明该《授权委托书》系罗××伪造的。原审送达给李××和罗×的民事调解书系由罗××签收，罗××签收法院调解书后，未将调解书转交罗×和李××，也未告知代为进行诉讼有关事宜，致使李××及罗×不知道原审诉讼，也未能参与到原审诉讼中。故原审调解书并非罗×、李××的真实意思表示，违反了调解自愿原则，严重损害了李××、罗×的合法权益。

2. 调解书的内容加重了罗×的民事责任。《中华人民共和国担保法》第十八条第二款规定："连带责任保证的债务人在主合同规定的债务履行期届满没有履行债务的，债权人可以要求债务人履行债务，也可以要求保证人在其保证范围内承担保证责任。"该法第二十一条规定："保证担保的范围包括主债权及利息、违约金、损害赔偿金和实现债权的费用。保证合同另有约定的，按照约定。当事人对保证担保的范围没有约定或者约定不明确的，保证人应当对全部债务承担责任。"而本案中，依据担保合同的约定，罗×所担保的债务总额为270万元，已于2000年9月20日偿还40万元，故其担保的债务余额只有230万元。原审调解书确认罗×对共计260万元债务承担连带责任已经超过了罗×担保的范围，加重了其民事责任。

3. 本案当事人申诉未超过申诉期限。《中华人民共和国民事诉讼法》第一百八十二条规定："当事人对已经发生法律效力的调解书，提出证据证明调解违反自愿原则或者调解协议的内容违反法律的，可以申请再审。经人民法院审查属实的，应当再审。"同时，该法第一百八十四条规定："当事人申请再审，应当在判决、裁定发生法律效力后二年内提出；二年后据以作出原判决、裁定的法律文书被撤销或者变更，以及发现审判人员在审理该案件时有贪污受贿，徇私舞弊，枉法裁判行为的，自知道或者应当知道之日起三个月内提出。"可见，"发生法律效力后二年之内"提出申诉仅是针对判决和裁定，而对于违反自愿原则的调解提出的申诉，并非从调解结案之日起计算两年的申诉期限。本案虽于2004年10月26日调解结案，但并未将调解书及相关执行法律文书送达申诉人李××及罗×本人，且本案执行环节的法律文书均采用邮寄方式送达，但邮寄地址——原××市南津街街道办事处合和大厦1单元2-2既非罗××、罗×、李××三人中任何一人的户口所在地，也不是他们三人中任何一人的经常居住地，致使李××、罗×在进入执行程序之后未能提出异议。直至2009年5月22日，申诉人账户中存款被法院扣划，才知道自己的权利受到了侵害，同年，申诉人向××区人民检察院提出了申诉，故本案申诉人的申诉并未超过申诉期限。

综上所述，原××市人民法院〔2004〕×法民初字2738号民事调解书违反了自愿合法原则，严重侵害了当事人的权利，确有不当。依据《中华人民共和国民事诉讼法》第二百零八条第二款，最高人民检察院《人民检察院民事行政抗诉案件办案规则》第四十七条特向你院提出再审检察建议，请依法自行启动再审程序予以纠正，并将结果回复我院。

××××年××月××日

附：1. 检察卷一宗；
2. 相关证据材料一册。

二、再审检察建议书概述

再审检察建议书是人民检察院在履行民事行政诉讼监督职责过程中，认为同级或者下级人民法院生效民事行政判决、裁定认定事实或者适用法律确有错误，或者有证据证明同级或者下级人民法院生效民事调解书、行政赔偿调解书侵害国家利益、社会公共利益，符合修订后的《民事诉讼法》第208条第2款、第209条及《人民检察院民事行政抗诉案件办案规则》第47条规定的条件，向相关人民法院提出再审检察建议，要求人民法院依法自行启动再审程序，依法纠正时使用的法律文书。

2013年实施的《民事诉讼法》第208条第2款规定了提出再审检察建议的条件："地方各级人民检察院对同级人民法院已经发生法律效力的判决、裁定，发现有本法第二百条规定情形之一的，或者发现调解书损害国家利益、社会公共利益的，可以向同级人民法院提出检察建议，并报上级人民检察院备案；也可以提请上级人民检察院向同级人民法院提出抗诉。"重庆市高级人民法院、重庆市人民检察院《关于规范民事行政检察建议工作的若干意见（试行）》明确了不适用再审检察建议的情形：（1）人民法院尚未发生法律效力的相关民事、行政判决、裁定；（2）民事、行政案件当事人在人民法院民事、行政判决、裁定生效后两年内，无正当理由未向人民法院申请再审或未向人民检察院提出申诉的；（3）人民法院对民事、行政案件当事人提出的申诉已经立案复查，或者经复查后已经驳回申诉的；（4）民事、行政案件已经人民法院再审或者正在再审的；（5）民事案件当事人经人民法院依法判决解除婚姻关系或者收养关系的；（6）民事、行政案件当事人在诉讼中依法撤诉或者人民法院裁定按撤诉处理的；（7）人民法院在民事案件审理中作出的符合自愿、合法原则，未侵害国家利益、社会公共利益以及第三人合法权益的民事调解书；（8）民事案件当事人已经执行和解的；（9）行政案件的原告已经撤诉或者当事人已经和解结案的；（10）民事、行政案件当事人对人民检察院作出的终止审查或者不抗诉决定不服，再次提出申诉的；（11）人民法院就诉讼费负担问题作出的民事裁定；（12）人民法院依照《民事诉讼法》规定，在特别程序、督促程序、公示催告程序、企业法人破产还债程序中作出的生效判决、裁定；（13）人民法院依照《民事诉讼法》关于财产保全、先予执行的规定作出的裁定，以及在执行程序中作出的裁定；（14）其他不宜提出再审检察建议的情形。法院收到再审检察建议后，应当在3个月内进行审查并将审查结果书面回复检察机关。法院认为需要再审的，应当通知当事人。检察院认为法院不予再审的决定不当的，或者法院逾期未裁定再审的，应当提请上级检察院提出抗诉。

三、再审检察建议书的基本内容与制作要求

再审检察建议书的基本内容为：

1. 首部。（1）标题为：×××人民检察院民事（行政）再审检察建议书。（2）文书编号为：〔×〕×检民（行）再建×号，叉号处依次填写年度、制作文书的人民检察院简称和序号。

2. 正文。应当载明：送达的人民法院名称；申诉人、被申诉人及其他当事人姓名或名称、住所地及个人身份；案由及案件来源；作出生效判决、裁定或调解书的人民法院名称及生效裁判文书编号；案件基本情况；原审裁判情况；本院决定提出再审检察建议理由及法律、法规、司法解释和规范性文件依据；综述。

3. 尾部。领导审批的年月日，并加盖人民检察院印章。最后写明随案移送的卷宗和相关材料。

四、适用本文书应注意的问题

适用本文书应当注意下列问题：

1. 本文书应当由检察委员会讨论决定，由分管检察长签发，正本连同检察正卷送达同级法院。副本应当送达申诉人、被申诉人及其他当事人，以及提请抗诉的相关下级人民检察院，并报送上一级人民检察院和同级人民代表大会内务司法委员会。

特别说明一点：根据2012年修订后的《民事诉讼法》、2011年"两高"《关于对民事审判活动与行政诉讼实行法律监督的若干意见（试行）》都只规定了上级检察院对下级法院的裁判与调解书抗诉，同级检察院对同级法院的裁判与调解书提出再审检察建议。据此，上级检察院对下级法院所作的生效民事裁判或者调解书，认为符合法定抗诉条件的，应当提出抗诉，而不能以再审检察建议代替抗诉。

2. 个人身份、案由及案件来源。

（1）关于个人身份，系指作为自然人的申诉人、被申诉人和其他当事人是否城镇居民、农村村民、在校学生、现役军人、港澳办居民、外籍或无国籍人员。

（2）关于案由，无论检察机关是否认为人民法院原生效裁判认定的"案由"有误，均以此为再审检察建议案件的"案由"，若认为原案由确有错误并需改变的，可在再审检察建议理由中提出。

（3）关于案件来源，只有当事人或者其他利害关系人申诉、国家权力机

关或者其他国家机关转办，上级人民检察院交办、转办等三种情形，不必叙述下级人民检察院提请抗诉等内部程序。

3. 案件基本情况。应当在全面审查原审材料和分析判断涉案诉讼证据的基础上，叙述检察机关认定的案件事实，并在最后写明由谁提起诉讼。

4. 原审裁判过程。应当按时间顺序写人民法院历次裁判文书的作出时间、编号、理由、主文及处理决定。

5. 本院再审检察建议理由及法律依据。这是本文书的重中之重，应当针对人民法院原生效裁判存在的错误，以过硬的依据，恰当的用语和充分的说理，结合个案的具体情况和对再审检察建议条件的准确把握，阐述检察机关提出再审检察建议，要求人民法院依法自行启动再审的事实认定、证据判断和所适用的法律、法规、司法解释和规范性文件相关条文及其立法原意。

6. 综述。应当总结分析原审裁判存在哪几方面需要再审纠正的问题，并具体指明提出再审检察建议的司法解释和规范性文件依据。

第七节　改进民事（行政）审判（执行）工作检察建议书

一、改革民事（行政）审判（执行）工作检察建议书范例

××县人民检察院
改进民事审判工作检察建议书

×检民行改建〔×〕×号

××县人民法院：

申诉人屈××因与被申诉人杨××人身损害赔偿纠纷一案，不服你院〔20××〕×民初字第××号民事判决，向检察机关提出申诉。本院经审查认为，你院关于该案的民事审判活动有如下违法行为：

1. 该案的审理时间超过了法定的审理期限。你院于2006年5月22日受理了本案，受理后适用普通程序对本案进行审理，到12月16日结案，其间历经7个多月，超过了《中华人民共和国民事诉讼法》第一百三十五条"人民法院适用普通程序审理的案件，应当在立案之日起六个月内审结"的规定。

2. 你院未依法告知当事人合议庭组成人员。你院向当事人送达的《告知审判庭组成人员通知书》中载明是由周洪明担任审判长,与人民陪审员唐德志、明亮夫组成合议庭,在未通知当事人变更合议庭组成人员的情况下审理、判决的合议庭组成人员变成了夏小康、吴继双、陈昌全,不符合《中华人民共和国民事诉讼法》第一百二十八条"合议庭组成人员确定后,应当在三日内告知当事人"的规定。

综上所述,你院关于该案的民事审判活动中确有违法律行为。依据《中华人民共和国民事诉讼法》第十四条,最高人民检察院《人民检察院民事行政抗诉案件办案规则》第四十七条,以及重庆市高级人民法院、重庆市人民检察院《关于规范民事行政检察建议工作的若干意见(试行)》第六条之规定,特向你院提出改进民事审判工作检察建议,请依法自行纠正上述行为,并将处理结果回复我院。

××××年××月××日
(院印)

二、改进民事(行政)审判(执行)工作检察建议书概述

本文书是人民检察院在履行法律监督职责过程中,认为有证据证明同级或者下级人民法院在特别程序、督促程序、公示催告程序、企业法人破产还债程序和执行程序中作出的生效判决、裁定,以及人民法院及其工作人员在民事行政诉讼活动中确有违法采取对妨碍诉讼的强制措施、违法保全或者执行错误并造成损失的情形,或者确有足以影响案件正确裁判和执行的失误或者瑕疵,符合《民事诉讼法》第208条第3款"各级人民检察院对审判监督程序以外的其他审判程序中审判人员的违法行为,有权向同级人民法院提出检察建议",第235条"人民检察院有权对民事执行活动实行法律监督",以及《人民检察院民事行政抗诉案件办案规则》第47条规定的条件,向相关人民法院提出改进工作检察建议,要求人民法院依照相关程序受理当事人请求,或者依照其他规定自行纠正时使用的法律文书。

2012年修订后的《民事诉讼法》将检察建议确立为一种诉讼监督措施,民事诉讼监督案件的结案方式,并且赋予它不同的监督和救济功能,用于纠正民事审判中的违法行为或者不作为。为与向行政检察提出的检察建议相区别,对民事诉讼检察监督的检察建议称作改进工作检察建议。

三、改进民事（行政）审判（执行）工作检察建议书的基本内容和制作要求

（一）改进民事（行政）审判（执行）工作检察建议书的基本内容

本文书的基本内容为：

1. 首部。（1）标题为：×××人民检察院改进民事（行政）审判（执行）工作检察建议书。（2）文书编号为：〔×〕×检民（行）改建×号，叉号处依次填写年度、制作文书的人民检察院简称和序号。

2. 正文。应当载明：送达的人民法院名称；申诉人、被申诉人及其他当事人姓名或名称；案由及案件来源；作出生效判决、裁定或调解书的人民法院名称及生效裁判文书编号；原审裁判情况；本院决定提出改进工作检察建议理由及法律、法规、司法解释和规范性文件依据；综述。

3. 尾部。领导审批的年月日，并加盖人民检察院印章。最后写明随案移送的卷宗和相关材料。

（二）改进民事（行政）审判（执行）工作检察建议书的制作要求

本文书由分管检察长签发，正本连同案件相关材料送达同级或者下级人民法院。副本应当送达申诉人、被申诉人及其他当事人，提请抗诉的相关下级人民检察院，并报送上一级人民检察院。

第八节　检察建议书（对行政机关发出的）

一、检察建议书范例

××市人民检察院
检察建议书

×检建〔×〕×号

××市××县卫生局：

我院在办理李×与××市××县大庙中心卫生院医疗损害赔偿纠纷一案中发现该院在对患者李×实施医疗行为过程中违反诊疗护理规范、常规，存在多个过错，对患者的健康造成了损害。而其内部管理不善，在过错医疗行为监督机制上缺失，对其他患者而言也存在相当大的安全隐患，极易危害患者生命健康，引发新的医患矛盾和纠纷。

经审查，我院在本案中发现××市××县大庙中心卫生院，在医疗行为中未尽充分防止感染的注意义务，术后未进行石膏外固定且存在漏诊情形，且由于档案管理不善，造成李×在手术前后左小腿X片影像学资料缺失等。前述行为严重影响了患者的治疗，增加了患者治愈的困难。你局作为卫生行政管理部门，应依法对该卫生院及辖区内医疗机构的执业行为进行检查指导和监督管理，总结分析，吸取教训，制定措施，加强管理，切实维护患者合法权益，缓解医患矛盾，营造和谐安全的就医环境。

根据《医疗机构管理条例》及《医疗机构管理条例实施细则》的相关规定，特向你局提出如下检察建议：

一、对××市××县大庙中心卫生院在医疗行为过程中违反诊疗护理规范、常规等不规范行为以及管理上的漏洞予以认真检查，并制定有针对性的整改措施加强管理，防止并杜绝此类事件的再次发生，保护患者生命健康。

二、全面排查你局辖区内医疗机构在执业行为中的不规范医疗行为，进一步加强监督管理。

三、根据排查情况，对医疗机构管理制度上的漏洞进行限期整改并检查落实，依法对有关责任人员进行处理。

以上建议望你局认真研究，并将研究采纳整改落实情况在收到建议书后60日内书面回复我院。

邮政地址：
联系电话：
联系人：

××××年××月××日

抄送：

二、检察建议书概述

针对行政机关发出的检察建议检察建议是人民检察院为促进法律正确实施、促进社会和谐稳定，在履行法律监督职能过程中，结合执法办案，建议有关单位完善制度，加强内部制约、监督，正确实施法律法规，完善社会管理、服务，预防和减少违法犯罪的一种重要方式。针对行政机关发出的检察建议不仅民行检察部门可以使用，检察机关各业务部门均可针对规定使用。

《人民检察院检察建议工作规定（试行）》第5条规定："人民检察院在检察工作中发现有下列情形之一的，可以提出检察建议：（一）预防违法犯罪等方面管理不完善、制度不健全、不落实，存在犯罪隐患的；（二）行业主管部门或者主管机关需要加强或改进本行业或者部门的管理监督工作的；（三）民间纠纷问题突出，矛盾可能激化导致恶性案件或者群体性事件，需要加强调解疏导工作的；（四）在办理案件过程中发现应对有关人员或行为予以表彰或者给予处分、行政处罚的；（五）人民法院、公安机关、刑罚执行机关和劳动教养机关在执法过程中存在苗头性、倾向性的不规范问题，需要改进的；（六）其他需要提出检察建议的。"

三、检察建议的基本内容

检察建议主要包括以下内容：

1. 首部。（1）标题为：×××人民检察院检察建议书。（2）文书编号为：×检建〔×〕×号，叉号处依次填写制作文书的人民检察院简称、年度和序号。

2. 正文。应当载明：送达的单位名称，问题的来源或者提出建议的起因（写明问题的由来、为查找问题所做的主要工作，以及提出检察建议的必要性），应当消除的隐患及违法现象（写明被建议单位在预防违法犯罪、履行监督管理职责或者在执法、司法等方面存在的问题及事实依据。要紧紧抓住关键问题，客观分析原因，叙述要准确、文字要精练、内容概括性要强），治理防范的具体意见（建议内容应当具体明确，突出重点，措施应当针对性强，切实可行），提出建议所依据的法律、法规及有关规定（写明检察机关提出检察建议所依据的有关规定，被建议单位违反的法律法规和有关规章制度，或者建议措施所依据的有关规定，可在本处简要注明有关规定的条款项，在附项中说明具体内容），被建议单位书面回复落实情况的期限等其他建议事项（应要求被建议单位在收到建议书后60日内将整改落实情况以书面形式回复，并注明回复的邮政地址、联系电话和联系人等）。

3. 尾部。领导审批的时间，并加盖人民检察院印章。

本文书应当送达被建议单位，有抄送机关的还送抄送机关。

第九节 中止（恢复）审查通知书

一、中止（恢复）审查通知书范例

×××人民检察院
民事行政检察中止审查通知书

×检民行中查〔×〕×号

张××：

申诉人张××因与被申诉人李××人身损害赔偿纠纷一案，不服×××人民法院〔2010〕渝一中法民终字第××号民事判决，向检察机关提出申诉。×××人民检察院于××××年××月××日决定立案。经我院审查后认为，因本案申诉人向人民法院另行申诉，人民法院已立卷复查，依据《重庆市检察机关民事行政检察办案暨业务指导工作办法》第二十八条之规定，决定中止审查。

××××年××月××日
（院印）

×××人民检察院
民事行政检察恢复审查通知书

×检民行复查〔×〕×号

张××：

申诉人张××因与被申诉人李××人身损害赔偿纠纷一案，不服×××人民法院〔2010〕渝一中法民终字第××号民事判决，向检察机关提出申诉。审查过程中，因本案当事人向×××人民法院另行申诉，并且×××人民法院已立卷复查，我院于××××年××月××日决定中止审查。现人民法院复查后已经驳回本案当事人再审申请，依照《重庆市检察机关民事行政检察办案暨业务指导工作办法》第二十八条之规定，决定恢复审查。

××××年××月××日
（院印）

二、中止（恢复）审查通知书概述

中止审查通知书和恢复审查通知书是人民检察院对于本院立案或者下级人民检察院提请抗诉的民事行政申诉案件经审查，认为该案符合《重庆市检察机关民事行政检察办案暨业务指导工作办法（试行）》第28条规定的条件，决定中止审查或者恢复审查，通知申诉人、被申诉人和其他当事人，以及提请抗诉的相关下级人民检察院时使用的法律文书。

中止审查适用于人民检察院立案的民事行政申诉案件已由人民法院立案复查这一情形，其他情形不适用中止审查，恢复审查则适用于人民法院经复查后驳回再审申请的情形，即在此情况下人民检察院继续审查案件。

三、中止（恢复）审查通知书的基本内容

1. 首部。（1）标题为：×××人民检察院民事行政检察中止（恢复）审查通知书。（2）文书编号为：×检民行中（复）查〔×〕×号，叉号处依次填写制作文书的人民检察院简称、年度和序号。

2. 正文。应当载明：申诉人、被申诉人及其他当事人的姓名或者名称；案由及案件来源；作出生效判决、裁定或调解书的人民法院名称及生效裁判文书编号；受案时间；本院决定中止审查或者恢复审查理由及规范性文件依据。

3. 尾部。领导审批的时间，并加盖人民检察院印章。

本文书应当送达申诉人、被申诉人及其他当事人，以及提请抗诉的相关下级人民检察院。

第十节 终止审查决定书

一、终止审查决定书范例

×××人民检察院××分院
民事行政检察终止审查决定书

×检×院民行终〔×〕×号

申诉人陈××因与被申诉人余××其他房屋纠纷一案,不服××市×××中级人民法院〔20××〕××法民终字第××判决,向检察机关提出申诉。

在我院审查过程中,双方当事人达成和解,签订了《解除合同协议书》,该协议书约定陈××在支付余××相关费用后,双方当事人解除2005年8月28日签订的《房屋转让合同书》。依据最高人民检察院《人民检察院民事行政抗诉案件办案规则》第二十二条之规定,决定终止审查。

××××年××月××日

二、终止审查决定书概述

终止审查决定书是人民检察院对于本院受理或者下级人民检察院提请抗诉的民事行政申诉案件经审查,认为该案符合《人民检察院民事行政抗诉案件办案规则》第22条规定的条件,决定终止审查,通知申诉人、被申诉人及其他当事人,以及提请抗诉的相关下级人民检察院时使用的法律文书。

终止审查不是民事诉讼法规定的检察机关审查抗诉结案方式,而是检察机关根据履行职责需要创设的抗诉案件结案方式。它是指因意外原因而停止对抗诉案件的审查。

终止审查决定是具有法律效力的检察决定,下级检察院对于上级检察院决定终止审查的案件,不得再行提出检察建议、提请抗诉。当事人没有正当理由,不得再次申请检察院抗诉。

根据《人民检察院民事行政抗诉案件办案规则》第22条的规定,终止审查主要适用于以下情形:(1)申诉人撤回申诉,且不损害国家利益和社会公共利益的；（2）案件当事人自行和解的；（3）申诉人无正当理由逾期不按照人民检察院的要求提供能够证明其申诉主张的证据材料的；（4）已经由人民法院裁定再审的；（5）应当终止审查的其他情形。

三、终止审查决定书的基本内容

1. 首部。（1）标题为：×××人民检察院民事行政检察终止审查决定书。（2）文书编号为：×检民行终查〔×〕×号，叉号处依次填写制作文书的人民检察院简称、年度和序号。

2. 正文。应当载明：申诉人、被申诉人及其他当事人的姓名或者名称；案由及案件来源；作出生效判决、裁定或调解书的人民法院名称及生效裁判文书编号；本院决定终止审查理由及司法解释和规范性文件依据。

3. 尾部。领导审批的时间，并加盖人民检察院印章。

本文书应当送达申诉人、被申诉人及其他当事人以及提请抗诉的相关下级人民检察院。

第十一节　出庭意见书

一、出庭意见书范例

×××人民检察院
出席行政抗诉案件再审法庭意见书

向××（××市××区××楼B座4-2号居民，原郁山建材厂业主）因与××市××县水利农机局行政处罚纠纷，不服××市××中级人民法院〔2003〕××中法行终字第35号行政判决一案，×××人民检察院于××××年××月××日以×检行抗〔×〕×号《行政抗诉书》向×××人民法院提出抗诉。依据《中华人民共和国行政诉讼法》第十条之规定，本院检察员×××、××受本院×××检察长的指派，代表国家出席该案再审法庭，并依法履行法律监督职责。现发表出庭意见如下：

1. 今天的再审法庭审理程序合法，合议庭组成人员、法庭调查与庭审质证、法庭辩论等程序均合法。

2. 通过今天再审法庭调查、质证和辩论，充分证明了××县水利农机局〔2003〕××行罚字第2号《行政处罚决定书》应属无效行政处罚行为，原审以此为依据作出的判决显属错误。

首先，庭审中，我们注意到××县水利农机局已承认其〔2003〕××行罚字第2号《行政处罚决定书》没有载明收缴罚款的代收机构，而《中华人民共和国行政处罚法》第三十九条规定："行政处罚决定书应当载明……行政处罚的履行方式……"国务院《罚款决定与罚款收缴分离实施办法》第七条明确规定"行政机关作出罚款决定的行政处罚决定书应当载明代收机构的名称、地址和当事人应当缴纳罚款的数额、期限等……当事人应当按照行政处罚决定书确定的罚款数额、期限，到指定的代收机构缴纳罚款"。国务院法制局办公室《关于贯彻执行〈罚款决定与罚款收缴分离实施办法〉有关问题的意见》（国法办函〔1997〕182号）第三条进一步明确指出："行政处罚决定书应当载明的内容，依照《行政处罚法》第三十四条第二款、第三十九条和《罚款决定与罚款收缴分离实施办法》第七条第一款的规定执行。没有载明法定内容的行政处罚决定书，不得使用；使用的，该行政处罚决定书无效。"因此，该《行政处罚决定书》应属无效。

其次，根据《中华人民共和国行政诉讼法》的规定，人民法院应当对具体行政行为是否合法进行审查，包括对程序与实体、形式与内容的合法性进行审查。然而，一、二审法院忽视法律对行政处罚决定书法定要件的审查，对没有载明履行方式的行政处罚决定书判决维持显属适用法律错误。

综上所述，××市××中级人民法院〔2003〕××中法行终字第35号行政判决，认定事实不清，适用法律不当，判决结果错误。建议再审合议庭依法予以改判。

检察人员：×××
检察人员：××
××××年××月××日

二、出庭意见书概述

出庭意见书是出席民事行政抗诉再审法庭的检察人员依据《人民检察院民事行政抗诉案件办案规则》第44条、第45条的规定，依法履行职责，并对人民法院再审活动的合法性进行监督时制作和使用的检察业务文书。

《民事诉讼法》第14条规定："人民检察院有权对民事诉讼实行法律监督。"第213条规定："人民检察院提出抗诉的案件，人民法院再审时，应当通知人民检察院派员出席法庭。"《行政诉讼法》第10条规定："人民检察院有权对行政诉讼实行法律监督。"最高人民检察院《人民检察院民事行政抗诉案件办案规则》第44条规定："人民法院开庭审理抗诉案件，人民检察院应当派员出席再审法庭。受理抗诉案件的人民法院指令下级人民法院再审的，提出抗诉的人民检察院可以指令再审人民法院的同级人民检察院派员出席再审法庭。"第45条规定："检察人员出席抗诉案件再审法庭的任务是：（一）宣读抗诉书；（二）发表出庭意见；（三）发现庭审活动违法的，向再审法院提出建议。"出庭意见书应当就人民法院再审活动的合法性进行评价，以抗诉书为基础，结合再审过程中的实际情况，进一步阐述抗诉理由和依据，并就案件的实体处理向再审合议庭提出建议。

检察机关向法院表达抗诉理由的途径主要是抗诉书，检察人员在出席再审法庭时，只是宣读抗诉书和监督再审法庭的庭审活动，而并不代表任何一方当事人的利益，也不参与法庭调查、质证和辩论。

出庭意见书是检察人员在再审法庭的庭审过程中在抗诉书基础上向法院进一步表达检察机关抗诉的理由和依据，在制作时务必要做到语言精练、抓住"抗点"。

三、出庭意见书的基本内容与制作要求

（一）首部

标题为：×××人民检察院出席民事（行政）抗诉案件再审法庭意见书。

（二）正文

出庭意见书的正文包括以下三项内容：出席再审法庭的依据；对再审活动合法性的评价；对抗诉及再审检察建议案件实体处理的建议。

1. 出席再审法庭的依据。这一部分包括当事人基本情况及案由、作出生效裁判的人民法院名称及生效裁判文书编号、提出抗诉的人民检察院名称、《抗诉书》及《再审检察建议》编号及受理该案的人民法院名称、出席再审法庭检察人员身份和地位及出席再审法庭的法律依据。

当事人基本情况包括当事人姓名或名称、性别、出生年月、民族、住所地、个人身份等。当事人为法人或其他组织的，名称应为该法人或组织的全称，不得简写、缩写，同时还应载明其法定代表人或主要负责人的姓名及所任职务。个人身份系指作为自然人的当事人是否为城镇居民、农村村民、在校学生、现役军人等。

案由以原审法院认定的案由为准，即使检察机关经审查认为原审法院对案由的认定有误，也不得在此处变更。

作出生效裁判的人民法院名称及生效裁判文书编号，应写为：……不服×××人民法院×××号民事判决（裁定、调解书）一案。提出抗诉的人民

检察院名称、《抗诉书》及《再审检察建议》编号及受理该案的人民法院名称，应在"生效裁判文书编号"之后写明：×××人民检察院于×××年××月××日以×检民（行）抗〔×〕×号《民事（行政）抗诉书》向×××人民法院提出抗诉。

出席再审法庭检察人员身份、地位及出席再审法庭的法律依据，可表述为："依据《中华人民共和国民事诉讼法》第十四条、第二百一十三条，或依据《中华人民共和国行政诉讼法》第十条之规定，本院检察员×××、××受×××人民检察院×××检察长的指派，代表国家出席该案再审法庭，并依法履行法律监督职责。"空格处依次填写出庭检察人员姓名、提出抗诉的人民检察院名称、检察长姓名三项内容。

2. 对再审活动合法性的评价。简要写明再审法庭的合议庭组成、回避制度的执行、法庭告知事项、法庭调查、法庭质证、法庭辩论等审判程序是否符合法律、司法解释的相关规定。如人民法院在再审过程中有违法行为的，应指出其违法事实及法律依据。

3. 对抗诉及再审检察建议案件实体处理的建议。以抗诉书及再审检察建议书为基础，结合再审法庭调查、法庭质证、法庭辩论的情况，进一步简要说明人民检察院的抗诉及再审检察建议理由及依据。

最后为"综上所述，×××人民法院×法民（行）×字×号民事（行政）判决（裁定、调解书）认定事实不清，适用法律错误，审判程序违法，判决及调解结果错误。建议再审合议庭依法予以改判"。

（三）尾部

本文书尾部载明出席再审法庭检察人员姓名和文书制作日期。

第十章
民事行政诉讼监督业务填充式法律文书

第一节 民事行政申诉案件调查取证审批表

一、民事行政申诉案件调查取证审批表范例

×××人民检察院
民事行政申诉案件调查取证审批表

×检民行调字〔×〕×号

调查人××物业管理有限公司，地址××市××区××路××号，调查人及记录人×××。
×××案件
来源：申诉
案由：物业管理合同纠纷
受理检察院：×××人民检察院
调查取证理由及内容：该××物业管理有限公司向法院出示的某证据有伪证之嫌，需调查。
承办人意见：
建议对此证据进行调查。

×××

××××年××月××日

民事行政检察部门负责人意见：

同意。

×××

××××年××月××日

备注：

二、民事行政申诉案件调查取证审批表概述

民事行政申诉案件调查取证审批表是人民检察院民事行政检察部门用于调查取证审批，不对外公开的填充式法律文书，是作出《调查取证通知书》的前置条件。

三、民事行政申诉案件调查取证审批表的基本内容及制作说明

（一）首部

文书名称，即"×××人民检察院民事行政申诉案件调查取证审批"。文书编号的叉号处依次填写制作文书的人民检察院简称、年度、序号，如"×检民行调字〔×〕×号"。

（二）正文

依次填写：被调查人，应写明其姓名、住所地、身份情况，姓名必须写全称。被调查人为两人以上（包括两人）的，一般应全部列明；调查人及记录人；案件来源，包括当事人或其他利害关系人申诉、上级检察机关转办、交办、国家权力机关或其他国家机关转办；案由，以原审人民法院认定的案由为准；受理检察院；调查取证理由及内容；承办人意见及日期；部门负责人意见，即是否同意承办人意见及日期；备注。

第二节　民事行政申诉案件公开听证审批表

一、民事行政申诉案件公开听证审批表范例

×××人民检察院
民事行政申诉案件公开听证审批表

×检民行听字〔×〕×号

申诉人及其他当事人唐××。
刘××承办检察官及记录人×××。
×××案件
来源：申诉
案由：买卖合同纠纷
受理检察院×××人民检察院
公开听证理由及时间、地点：因双方提供的证据互相矛盾，应于××××年××月××日在×××人民检察院公开听证。
承办人意见：建议公开听证。

　　　　　　　　　　　　　　　　　　　　×××
　　　　　　　　　　　　　　　　　××××年××月××日

民事行政检察部门负责人意见：
同意。

　　　　　　　　　　　　　　　　　　　　×××
　　　　　　　　　　　　　　　　　××××年××月××日

备注：

二、民事行政申诉案件公开听证审批表概述

民事行政申诉案件公开听证审批表是人民检察院民事行政检察部门办理公开听证决定书审批时使用的填充式法律文书，本文书不对外公开。

三、民事行政申诉案件公开听证审批表的基本内容及制作说明

（一）首部

文书名称，即"×××人民检察院民事行政申诉案件公开听证审批表"。文书编号的叉号处依次填写制作文书的人民检察院简称、年度、序号，如"×检民行听字〔×〕×号"。

（二）正文

依次填写：申诉人及其他当事人，应写明其姓名或名称，必须写全称；承办检察官及记录人；案件来源，包括当事人或其他利害关系人申诉、上级检察机关转办或交办、国家权力机关或其他国家机关转办；案由，以原审人民法院认定的案由为准；受理检察院；公开听证理由及时间、地点；承办人意见及日期；部门负责人意见，即是否同意承办人意见及日期；备注。

第三节 民事行政申诉案件中止审查审批表

一、民事行政申诉案件中止审查审批表范例

×××人民检察院
民事行政申诉案件中止审查审批表

×检民行中字〔×〕×号

申诉人：×××
被申诉人：×××
案件来源：申诉
案由：×××纠纷
受案检察院：×××检察院
中止审查理由：

人民检察院（承办人）意见：
××××年××月××日
人民检察院民事行政检察部门负责人意见：
××××年××月××日

备注：

二、民事行政申诉案件中止审查审批表概述

民事行政申诉案件中止审查审批表是承办检察官在办理民事行政申诉案件的过程中,由于出现了某种阻碍案件审查工作顺利进行的事实,需要中止对案件的审查时制作使用的填充式法律文书。中止审查理由即为"阻碍案件审查工作顺利进行的事实"。案件中止审查后,若该阻碍事实消除,则可以恢复审查。本审批表不对外公开。

三、民事行政申诉案件中止审查审批表的基本内容及制作说明

(一) 首部

文书名称,即"×××人民检察院民事行政申诉案件中止审查审批表"。文书编号的叉号处依次填写制作文书的人民检察院简称、年度、序号,如"×检民行中字〔×〕×号"。

(二) 正文

依次填写:申诉人和被申诉人,应写明其姓名或名称,必须写全称,当事人为法人或其他组织的,还应写明其法定代表人或主要负责人的姓名及职务,申诉人为两人以上(包括两人)的,一般应全部列明,人数众多的,可以只列出1—2名代表人;案件来源,包括当事人或其他利害关系人申诉、上级检察机关转办、交办、国家权力机关或其他国家机关转办;案由,以原审人民法院认定的案由为准;受案检察院;中止审查理由;承办人意见及日期;部门负责人意见,即是否同意承办人意见及日期;备注。

第四节 民事行政申诉案件恢复审查审批表

一、民事行政申诉案件恢复审查审批表范例

×××人民检察院
民事行政申诉案件恢复审查审批表

×检民行复字〔×〕×号

申诉人高××,被申诉人××房地产有限责任公司,法定代表人向×案件来源申诉案由商品房买卖合同纠纷中止审查检察院及《中止审查通知书》文

号×××人民检察院×检民行中字〔2007〕×号恢复审查理由：因×××人民法院复查后驳回了申诉人高××的再审申请，申诉人高××申请恢复审查。

承办人意见：
建议恢复审查。

×××

××××年××月××日

民事行政检察部门负责人意见：
同意。

×××

××××年××月××日

备注：

二、民事行政申诉案件恢复审查审批表概述

民事行政申诉案件恢复审查审批表是在民事行政申诉案件中止审查后，因阻碍案件办理的因素消除，需要恢复审查时制作使用的填充式法律文书。"恢复审查理由"一栏应载明阻碍办案的事实消除，可以恢复对案件的审查。本审批表不对外公开。

三、民事行政申诉案件恢复审查审批表的基本内容及制作说明

（一）首部

文书名称，即"×××人民检察院民事行政申诉案件恢复审查审批表"。文书编号的叉号处依次填写制作文书的人民检察院简称、年度、序号，如"×检民行复字〔×〕×号"。

（二）正文

依次填写：申诉人和被申诉人，应写明其姓名或名称，必须写全称，当事人为法人或其他组织的，还应写明其法定代表人或主要负责人的姓名及职务，申诉人为两人以上（包括两人）的，一般应全部列明，人数众多的，可以只列出1—2名代表人；案件来源，包括当事人或其他利害关系人申诉、上级检察机关转办、交办、国家权力机关或其他国家机关转办；案由，以原审人民法院认定的案由为准；中止审查检察院及《中止审查通知书》文号；恢复审查

理由；承办人意见及日期；部门负责人意见，即是否同意承办人意见及日期；备注。

第五节 民事行政申诉案件终止审查审批表

一、民事行政申诉案件终止审查审批表范例

×××人民检察院
民事行政申诉案件终止审查审批表

×检民行终字〔×〕×号

申诉人：薛××
被申诉人：××对外贸易有限责任公司，法定代表人郝××
案件来源：申诉
案由：财产损害赔偿纠纷
受案检察院：×××检察院
终止审查理由：因当事人双方自行达成和解协议。
承办人意见：
建议终止审查。

×××
××××年××月××日

民事行政检察部门负责人意见：
同意。

×××
××××年××月××日

备注：

二、民事行政申诉案件终止审查审批表概述

民事行政申诉案件终止审查审批表是人民检察院民事行政检察部门用于作

出终止审查决定审批的填充式法律文书,本审批表不对外公开,是作出终止审查决定的前提条件。

终止审查的依据是《人民检察院民事行政抗诉案件办案规则》第 22 条的规定,该条规定终止审查理由包括:(1)申诉人撤回申诉,且不损害国家利益和社会利益的;(2)人民法院已经裁定再审的;(3)当事人自行和解的;(4)应当终止审查的其他情形。终止审查与中止审查不同的是,前者不可再恢复审查,而后者可以。

三、民事行政申诉案件终止审查审批表的基本内容及制作说明

(一)首部

文书名称,即"×××人民检察院民事行政申诉案件终止审查审批表"。文书编号的叉号处依次填写制作文书的人民检察院简称、年度、序号,如"×检民行终字〔×〕×号"。

(二)正文

依次填写:申诉人和被申诉人,应写明其姓名或名称,必须写全称,当事人为法人或其他组织的,还应写明其法定代表人或主要负责人的姓名及职务,申诉人为两人以上(包括两人)的,一般应全部列明,人数众多的,可以只列出 1—2 名代表人;案件来源,包括当事人或其他利害关系人申诉、上级检察机关转办、交办、国家权力机关或其他国家机关转办;案由,以原审人民法院认定的案由为准;受案检察院;终止审查理由;承办人意见及日期;部门负责人意见,即是否同意承办人意见及日期;备注。

第六节 民事行政申诉案件调（借）阅案卷通知书

一、民事行政申诉案件调（借）阅案卷通知书范例

×××人民检察院
调（借）阅案卷通知书
（存根）

×检民（行）调（借）〔×〕×号

申诉人：赵××
被申诉人：林××
案　由：人身损害赔偿纠纷
送达机关：×××人民法院
案卷文号：〔×〕×民终字第×号
批准人：×××
承办人：×××
填发人：×××
填发时间：××××年××月××日
备注

第一联统一保存

×××人民检察院
调（借）阅案卷通知书

×检民（行）调（借）〔×〕×号

检调借号

×××人民法院：
　　我院受理了赵××与林××人身损害赔偿纠纷一案。经审查，认为需要调（借）阅该案的审判案卷，请协助办理。

××××年××月××日
（院印）

	案卷文号	册数	法院经办人签字	检察院经办人签字	办理日期
调（借）出		×册	××	××	××××年××月××日
归还		×册	××	××	××××年××月××日

第二联附卷

二、民事行政申诉案件调（借）阅案卷通知书概述

民事行政申诉案件调（借）阅案卷通知书是依据有关法律及最高人民检察院《人民检察院民事行政抗诉案件办案规则》第14条的规定而制作。是人民检察院民事行政检察部门办理民事、行政申诉案件，调（借）阅人民法院

审判卷宗时使用的填充式法律文书。本文书一式两联，第一联民行部门统一保存备查，第二联在调（借）卷时留人民法院，归还案卷时收回附卷。

三、民事行政申诉案件调（借）阅案卷通知书的基本内容及制作说明

民事行政申诉案件调（借）阅案卷通知书为两联填充式法律文书，各联之间须填写文书编号，并加盖骑缝章。各联的基本内容与要求如下：

（一）第一联存根

本联主要用于审批程序，不附入卷中，而是由民行检察部门统一存留。

1. 首部。本部分应当写明文书名称和文书编号。文书名称即"×××人民检察院调（借）阅案卷通知书"，文书名称下方须注"（存根）"字样。文书编号为固定格式，为"×检民行调（借）〔×〕×号"，其中"×检"系调（借）阅案卷人民检察院的简称；在"〔〕"内应注明年度；在"×号"处写明文书序号。

2. 正文。应当依次写明：申诉人、被申诉人、案由、送达机关、案卷文号、承办人、批准人、填发人、填发日期。

3. 备注。在表格的下方注明"第一联统一保存"。

（二）第二联正本

本联在调（借）卷时留人民法院，归还案卷时收回附卷。

1. 首部。本部分与存根叙写内容基本相同，唯一不同之处在于文书名称下方没有注"（存根）"字样。

2. 正文。本部分应当依次填写调（借）卷人民法院名称；申诉人姓名及案由；具体填写方式如下："×××人民法院：我院受理××申诉一案。经审查，认为需要调（借）阅该案的审判案卷，请协助办理。"

3. 尾部。包括：日期及院印；案卷文号；册数；法院经办人签字；检察院经办人签字；办理日期。

4. 备注。归还案卷时收回附卷。

第七节 民事行政检察询问通知书

一、民事行政检察询问通知书范例

×××人民检察院 民事行政检察询问通知书 （存根）	检 民 行 询 号	×××人民检察院 民事行政检察询问通知书
×检民（行）询〔×〕×号 被询问人：胡×× 工作单位或住址：××市××区××路××号 案　由：×××纠纷 询问时间：×××年××月××日 应到地点：×××人民检察院 批准人：××× 承办人：××× 填发人：××× 填发时间：×××年××月××日		×检民（行）询〔×〕×号 案　由：×××纠纷 被询问人：×××有限责任公司 询问事由：×××的有关事项 应到时间：×××年××月××日××时××分 应到处所：×××人民检察院 注意事项： 1. 询问人必须持本通知书，准时到达应到处所。 2. 被询问人收到通知书后，应在送达回证上签名或盖章。 　　　　　检察员：××× 　　　　　×××年××月××日 　　　　　　（院印）

第一联统一保存　　　　　　　　　　第二联送达被询问人

二、民事行政检察询问通知书概述

民事行政检察询问通知书是人民检察院对于本院立案、上级检察院交办或者下级检察院建议（不）提请抗诉的民事行政申诉案件进行审查过程中，认为符合《民事诉讼法》第210条规定的条件，需要通知当事人、证人在指定时间和地点接受询问时使用的法律文书。本文书为两联填充式法律文书，第一联为存根，由民行检察部门统一保存备查；第二联送达被询问人。

三、民事行政检察询问通知书的基本内容及制作说明

本文书为两联填充式法律文书，各联之间须填写文书编号，并加盖骑缝章。各联的基本内容与要求如下：

（一）第一联存根

本联主要用于审批程序，不附入卷中，而是由民行检察部门统一保存。

1. 首部。本部分应当写明文书名称和文书编号。文书名称即"×××人民检察院民事行政检察询问通知书"，文书名称下方须注"（存根）"字样。文书编号为固定格式，为"×检民行询〔×〕×号"，其中"×检"系通知询问人民检察院的简称；在"〔〕"内应注明年度；在"×号"处写明文书序号。

2. 正文。应当依次写明：被询问人；工作单位或住址；案由；询问时间；应到地点；批准人；承办人；填发人；填发日期。

3. 备注。在表格的下方注明"第一联统一保存"。

（二）第二联正本

本联送达被询问人。

1. 首部。本部分与存根叙写内容基本相同，唯一不同之处在于文书名称下方没有注"（存根）"字样。

2. 正文。本部分应当依次填写案由；被询问人；工作单位或住址；询问事由；应到时间；应到处所。

3. 尾部。写明注意事项；承办人签名及日期和院印。

4. 备注。在表格下方注明"第二联送达被询问人"。

第八节 民事行政检察撤回抗诉决定书

一、民事行政检察撤回抗诉决定书范例

××人民检察院民事行政检察撤回抗诉决定书
（存根）

×检民（行）撤抗［×］×号

案由：人身损害赔偿纠纷
抗诉书编号：×检民抗〔×〕×号
送达机关：××人民法院
撤回原因：抗诉不当
承办人：×××
批准人：×××
填发人：×××
填发日期：××××年××月××日
备注：

第一联统一保存

××人民检察院民事行政检察撤回抗诉决定书
（副本）

×检民（行）撤抗［×］×号

××人民法院：
本院于××××年××月××日以×检民抗字〔×〕×号民事（行政）抗诉书对××人民法院〔×〕×一中民终字第×号民事（行政）判决（裁定）提出抗诉，现经本院复查认为对该案的抗诉不当，决定撤回该案的抗诉。原×检民事（行政）抗诉书作废，请予以注销。并请将该案的检察案卷退回。

××××年××月××日
（院印）

第二联附卷

××人民检察院民事行政检察撤回抗诉决定书

×检民（行）撤抗［×］×号

××人民法院：
本院于××××年××月××日以×检民抗字〔×〕×号民事（行政）抗诉书对××人民法院〔×〕×一中民终字第×号民事（行政）判决（裁定）提出抗诉，现经本院复查认为对该案的抗诉不当，决定撤回该案的抗诉。原×检民事（行政）抗诉书作废，请予以注销。并请将该案的检察案卷退回。

××××年××月××日
（院印）

第三联送达受理抗诉的人民法院

××人民检察院民事行政检察撤回抗诉决定书

×检民（行）撤抗［×］×号

××人民法院：
本院于××××年××月××日以×检民抗字〔×〕×号民事（行政）抗诉书对××人民法院〔×〕×一中民终字第×号民事（行政）判决（裁定）提出抗诉，现经本院复查认为对该案的抗诉不当，决定撤回该案的抗诉。原×检民事（行政）抗诉书作废，请予以注销。并请将该案的检察案卷退回。

××××年××月××日
（院印）

第四联报上一级人民检察院备案

二、民事行政检察撤回抗诉决定书概述

撤回抗诉决定书是人民检察院发现已经向人民法院提出抗诉的民事行政申诉案件抗诉不当，有最高人民检察院《人民检察院民事行政抗诉案件办案规则》第42条第1款、第43条第2款规定的情形之一，决定撤回抗诉，通知受理民事行政抗诉案件的人民法院时使用的法律文书。

《人民检察院民事行政抗诉案件办案规则》第42条规定："人民检察院发现本院抗诉不当的，应当由检察长或者检察委员会决定撤回抗诉。人民检察院决定撤回抗诉，应当制作《撤回抗诉决定书》，送达同级人民法院，通知当事人，并报送上一级人民检察院。"第43条第2款规定："下级人民检察院接到上级人民检察院的《撤销抗诉决定书》，应当制作《撤回抗诉决定书》，送达同级人民法院，通知当事人，并报送上一级人民检察院。"可见，制作《撤回抗诉决定书》必须符合以下情形之一：（1）人民检察院发现本院抗诉不当的；（2）下级人民检察院接到上级人民检察院的《撤销抗诉决定书》。

三、民事行政检察撤回抗诉决定书的基本内容及制作说明

撤回抗诉决定书为四联填充式法律文书，各联之间须填写文书编号，并加盖骑缝章。各联的基本内容与要求如下：

（一）第一联存根

本联主要用于审批程序，不附入卷中，而是由民行检察部门统一存留。

1. 首部。本部分应当写明文书名称和文书编号。文书名称即"×××人民检察院撤回民事（行政）抗诉决定书"，文书名称下方须注"（存根）"字样。文书编号为固定格式，为"×检民行撤抗〔×〕×号"，其中"×检"系撤回民事（行政）抗诉人民检察院的简称；在"〔〕"内应注明年度；在"×号"处写明文书序号。

2. 正文。应当依次写明：案由；抗诉书编号；送达机关；撤回原因，即简要写明撤回抗诉的原因；承办人、批准人、填发人；填发日期。

3. 备注。在表格的下方注明"第一联统一保存"。

（二）第二联副本

本联由承办人附入内卷。

1. 首部。本部分与存根叙写内容基本相同，唯一不同之处在于文书名称下方注"（副本）"字样。

2. 正文。本部分应当依次填写受理抗诉的人民法院名称；抗诉至人民法院的时间；抗诉书文号；终审人民法院的名称及生效裁判文书文号；本院决定

撤回抗诉理由及法律依据。具体填写方式如下:"×××人民法院:本院于×××年××月××日以×号民事(行政)抗诉书对×××人民法院××号民事(行政)判决(裁定)提出抗诉。现经本院复查认为:……决定撤回对该案的抗诉。原××号民事(行政)抗诉书作废,请予以注销。并请将该案的检察案卷退回。"

3. 尾部。本部分应写明填发文书的日期,并加盖人民检察院的院印。

4. 备注。在表格的下方注明"第二联附卷"。

(三)第三联正本

1. 首部。本部分与存根和副本叙写内容基本相同,唯一不同之处在于文书名称下方没有"(存根)"、"(副本)"字样。

2. 正文和尾部。本部分的制作内容与副本完全一致,不再赘述。

3. 备注。在表格的下方注明"第三联送达受理抗诉的人民法院"。

(四)第四联正本

1. 首部。本部分与存根和副本叙写内容基本相同,唯一不同之处在于文书名称下方没有"(存根)"、"(副本)"字样。

2. 正文和尾部。本部分的制作内容与副本完全一致,不再赘述。

3. 备注。在表格的下方注明"第四联报上一级人民检察院备案"。

第九节 民事行政检察撤销抗诉决定书

一、民事行政检察撤销抗诉决定书范例

×××人民检察院
民事行政检察
撤销抗诉决定书
（存根）

×检民（行）撤销〔××〕×号

案由：×××纠纷
抗诉书编号：×检民抗〔××〕×号
送达机关：×××人民检察院
撤回原因：抗诉不当
承办人：×××
批准人：×××
填发人：×××
填发日期：×××年××月××日
备注

第一联统一保存

×××人民检察院
民事行政检察撤销抗诉决定书
（副本）

×检民（行）撤销〔××〕×号

×××人民检察院：
　　你院于×××年××月××日以×检民抗〔××〕×号民事抗诉书对×××一中民终字第×号民事判决（裁定）提出抗诉，我院复查认为：该案抗诉不当，决定撤销对该案的抗诉。请撤回×检民抗〔××〕×号民事抗诉书。

　　　　　　　×××年××月××日
　　　　　　　　　　（院印）

第二联附卷

×××人民检察院
民事行政检察撤销抗诉决定书

×检民（行）撤销〔××〕×号

×××人民检察院：
　　你院于×××年××月××日以×检民抗〔××〕×号民事抗诉书对×××一中民终字第×号民事判决（裁定）提出抗诉，我院复查认为：该案抗诉不当，决定撤销对该案的抗诉。请撤回×检民抗〔××〕×号民事抗诉书。

　　　　　　　×××年××月××日
　　　　　　　　　　（院印）

第三联送达作出抗诉决定的下级人民检察院

二、民事行政检察撤销抗诉决定书概述

民事行政检察撤销抗诉决定书是上级人民检察院发现下级人民检察院已提出抗诉的民事行政案件抗诉不当,撤销下级人民检察院的抗诉决定时使用的法律文书。该法律文书系检察机关内部的法律文书,不得对外使用。

民事行政检察撤销抗诉决定书是依据最高人民检察院《人民检察院民事行政抗诉案件办案规则》第43条的规定而制作。第43条第1款规定:"上级人民检察院发现下级人民检察院抗诉不当的,有权撤销下级人民检察院的抗诉决定。"撤回抗诉决定书与撤销抗诉决定书的区别在于,前者应送达受理抗诉的人民法院,后者则为检察机关内部法律文书。本文书为三联填充式法律文书,第一联为存根;第二联为副本,承办人附卷;第三联为正本,送达作出抗诉决定的下级人民检察院。

三、民事行政检察撤销抗诉决定书的基本内容及制作说明

撤销抗诉决定书为三联填充式法律文书,各联之间须填写文书编号,并加盖骑缝章。各联的基本内容与要求如下:

(一) 第一联存根

本联主要用于审批程序,不附入卷中,而是由民行检察部门统一存留。

1. 首部。本部分应当写明文书名称和文书编号。文书名称即"×××人民检察院民事行政检察撤销抗诉决定书",文书名称下方须注"(存根)"字样。文书编号为固定格式,为"×检民行撤销〔×〕×号",其中"×检"系作出撤销抗诉决定的人民检察院的简称;在"〔〕"内应注明年度;在"×号"处写明文书序号。

2. 正文。应当依次写明:案由;抗诉书编号;送达机关;撤销原因,即简要写明撤销抗诉的原因;批准人;承办人;填发人;填发日期。

3. 备注。在表格的下方注明"第一联统一保存"。

(二) 第二联副本

本联由承办人附入内卷。

1. 首部。本部分与存根叙写内容基本相同,唯一不同之处在于文书名称下方注"(副本)"字样。

2. 正文。本部分应当依次填写提出抗诉的人民检察院名称;抗诉至人民法院的时间;抗诉书文号;终审人民法院的名称;终审判决(裁定)书的文号;本院决定撤销抗诉理由及法律依据。具体填写方式如下:"×××人民检察院:你院于×××年××月××日以×号民事(行政)抗诉书对×××

人民法院××号民事（行政）判决（裁定）提出抗诉，我院认为：……决定撤销对该案的抗诉。请撤回原×号民事（行政）抗诉书。"

3. 尾部。本部分应写明填发文书的日期，并加盖人民检察院的院印。

4. 备注。在表格的下方注明"第二联附卷"。

（三）第三联

1. 首部。本部分与存根和副本叙写内容基本相同，唯一不同之处在于文书名称下方没有"（存根）"、"（副本）"字样。

2. 正文和尾部。本部分的制作内容与副本完全一致，不再赘述。

3. 备注。在表格的下方注明"第三联送达作出抗诉决定的下级人民检察院"。

第十节 民事行政检察出庭通知书

一、民事行政检察出庭通知书范例

×××人民检察院 民事行政检察 出庭通知书 （存根）	检 民 行 出 号	×××人民检察院 民事行政检察出庭通知书
×检×民（行）出〔×〕×号 申诉人：柯×× 案　由：商品房买卖合同纠纷 出庭人员：×××和××× 开庭时间：×××年××月××日 批准人：××× 承办人：××× 填发人：××× 填发时间：×××年××月××日		×检民（行）出〔×〕×号 ×××人民法院： 　　本院×××年××月××日接到你院开庭审理柯××商品房买卖合同纠纷一案出庭通知，决定派×××和×××届时出席法庭，依法执行职务。 　　　　　　　×××年××月××日 　　　　　　　　　　　（院印）

第一联统一保存　　　　　　　第二联送达人民法院

二、民事行政检察出庭通知书概述

民事行政检察出庭通知书是人民检察院决定派检察人员出席再审法庭时使用的法律文书。其依据《民事诉讼法》第 213 条和最高人民检察院《人民检察院民事行政抗诉案件办案规则》第 44 条第 1 款的规定而制作。《民事诉讼法》第 213 条规定:"人民检察院提出抗诉的案件,人民法院再审时,应当通知人民检察院派员出席法庭。"最高人民检察院《人民检察院民事行政抗诉案件办案规则》第 44 条第 1 款规定:"人民法院开庭审理抗诉案件,人民检察院应当派员出席再审法庭。"该出庭通知书应送达开庭审理该抗诉案件的人民法院。

本文书为两联填充式法律文书,第一联为存根,由民行检察部门统一保存;第二联为正本,送达开庭审理该抗诉案件的人民法院。

三、民事行政检察出庭通知书的基本内容及制作说明

民事行政检察出庭通知书为两联填充式法律文书,各联之间须填写文书编号,并加盖骑缝章。各联的基本内容与要求如下:

(一) 第一联存根

本联主要用于审批程序,不附入卷中,而是由民行检察部门统一保存。

1. 首部。本部分应当写明文书名称和文书编号。文书名称即"×××人民检察院民事行政检察出庭通知书",文书名称下方须注"(存根)"字样。文书编号为固定格式,为"×检民行出〔×〕×号",其中"×检"系作出出庭通知决定的人民检察院的简称;在"〔〕"内应注明年度;在"×号"处写明文书序号。

2. 正文。应当依次写明:申诉人、案由、出庭人员、开庭时间、批准人、承办人、填发人、填发日期。

3. 备注。在表格的下方注明"第一联统一保存"。

(二) 第二联正本

本联送达开庭审理该抗诉案件的人民法院。

1. 首部。本部分与存根叙写内容基本相同,唯一不同之处在于文书名称下方不注明"(存根)"字样。

2. 正文。本部分应当依次填写审理该抗诉案件的人民法院名称;收到人民法院出庭通知时间;出席法庭的检察人员姓名。具体填写方式如下:"×××人民法院:本院于××××年××月××日接到你院开庭审理××一案出庭通知,决定派×××届时出席法庭,依法执行职务。"

3. 尾部。本部分应写明填发文书的日期并加盖出庭抗诉人民检察院的院印。

4. 备注。在表格的下方注明"第二联送达人民法院"。

第十一节 民事行政检察指令出庭通知书

一、民事行政检察指令出庭通知书范例

×××人民检察院
民事行政检察
指令出庭通知书
（存根）

× 检民（行）指令〔×〕× 号

被指令出庭院：×××区人民检察院
案件申诉人：赵××
案　　由：商品房买卖合同纠纷
再审法院：×××区人民法院
批 准 人：×××
填 发 人：×××
填发时间：××××年××月××日

备　注

第一联统一保存

×××人民检察院
民事行政检察指令出庭通知书

× 检民（行）指令〔×〕× 号

×××区人民检察院：

本院以×检民抗〔×〕×号民事抗诉书对赵××商品房买卖合同纠纷一案向×××人民法院提出抗诉，该案由××区人民法院再审，现指令于该案再审开庭时派员出席审再审法庭，依法履行职责。

××××年××月××日
（院印）

第二联送达受指令人民检察院

×××人民检察院
民事行政检察指令出庭通知书

× 检民（行）指令〔×〕× 号

×××人民法院：

本院以×检民抗〔×〕×号民事抗诉书对赵××商品房买卖合同纠纷一案向×××人民法院提出抗诉，该案由你院再审，×××人民检察院已指派×××人民检察院在你院再审开庭时派员出席再审法庭，届时请你院直接通知该院。

××××年××月××日
（院印）

第三联送达再审抗诉案件的人民法院

第十章　民事行政检察业务填充式法律文书监督
541

二、民事行政检察指令出庭通知书概述

民事行政检察指令出庭通知书是上级人民检察院指令与再审人民法院同级的人民检察院出席再审法庭时使用的法律文书。依据最高人民检察院《人民检察院民事行政抗诉案件办案规则》第44条第2款的规定制作。《人民检察院民事行政抗诉案件办案规则》第44条第2款规定："受理抗诉的人民法院指令下级人民法院再审的，提出抗诉的人民检察院可以指令再审人民法院的同级人民检察院派员出席再审法庭。"

指令出庭通知书系检察机关内部法律文书，不得对外使用。

本文书共三联，第一联统一保存备查；第二联送达受指令人民检察院；第三联送达再审抗诉案件的人民法院。

三、民事行政检察指令出庭通知书的基本内容及制作说明

民事行政检察指令出庭通知书为三联填充式法律文书，各联之间须填写文书编号，并加盖骑缝章。各联的基本内容与要求如下：

（一）第一联存根

本联主要用于审批程序，不附入卷中，而是由民行检察部门统一保存。

1. 首部。本部分应当写明文书名称和文书编号。文书名称即"××人民检察院民事行政检察指令出庭通知书"，文书名称下方须注"（存根）"字样。文书编号为固定格式，为"×检民行指令〔×〕×号"，其中"×检"系作出指令出庭决定的人民检察院的简称；在"〔〕"内应注明年度；在"×号"处写明文书序号。

2. 正文。应当依次写明：被指令出庭院；案件申诉人；案由；再审法院；批准人；填发人；填发时间。

3. 备注。在表格的下方注明"第一联统一保存"。

（二）第二联正本

本联送达受指令人民检察院。

1. 首部。本部分与存根叙写内容基本相同，唯一不同之处在于文书名称下方不注明"（存根）"字样。

2. 正文。本部分应当依次填写受指令出庭人民检察院名称；作出指令出庭决定人民检察院的抗诉书文号；申诉人、被申诉人及案由；作出指令出庭决定人民检察院的同级人民法院名称；再审人民法院名称。具体填写方式如下："×××人民检察院：本院以××号民事（行政）抗诉书向×××人民法院提出抗诉，该案由×××人民法院再审，现指令你院于该案再审开庭时派员出席

再审法庭,依法履行职责。"

3. 尾部。本部分应写明填发文书的日期并加盖作出指令出庭决定人民检察院的院印。

4. 备注。在表格的下方注明"第二联送达受指令人民检察院"。

(三) 第三联正本

本联送达再审该案的人民法院。

1. 首部。本部分与第二联相同。

2. 正文。本部分应当依次填写：审理该抗诉案件的人民法院名称；作出指令出庭决定人民检察院的抗诉书文号；申诉人、被申诉人及案由；作出指令出庭决定人民检察院的同级人民法院名称；出席再审法庭的人民检察院名称。具体填写方式如下："×××人民法院：本院以××号民事（行政）抗诉书向×××人民法院提出抗诉，该案由你院再审，我院已指派×××人民检察院在你院对该案再审开庭时派员出席再审法庭，届时请你院直接通知该院。"

3. 尾部。本部分应写明填发文书的日期并加盖作出指令出庭决定人民检察院的院印。

4. 备注。在表格的下方注明"第三联送达再审该案的人民法院"。

第四编

控告申诉检察业务文书

第十一章
刑事申诉业务文书

第一节 刑事申诉审查报告

一、刑事申诉审查报告概述

刑事申诉审查报告是人民检察院控告申诉检察部门承办人对经审查不符合立案复查条件的刑事申诉，为阐明不立案复查理由，报领导审批同意后审查结案而制作的检察业务工作文书。

根据最高人民检察院《不服人民检察院处理决定刑事申诉案件办理标准》（2005年12月6日印发）第7条之规定，符合下列条件的不服检察机关处理决定的刑事申诉案件，人民检察院可以不再立案复查：（1）经最高人民检察院审查或者复查作出决定的；（2）经省级人民检察院复查作出决定，申诉人未提出新的事实或者证据的；（3）申诉人的合理诉求已经依法处理但仍坚持申诉，所提出的要求不符合法律政策规定的；（4）申诉人反映的问题经调查没有事实和法律依据，或者申诉人反映的问题已经依法处理，申诉人明确表示接受处理意见，又以同一事由重新申诉的；（5）属于证据不足的案件，已经人民检察院依法复查，但限于客观条件，事实仍无法查清，证据仍无法达到确实、充分的要求，申诉人又不能提供新的事实或者证据的；

(6)案件已经两级人民检察院立案复查,且采取公开审查形式复查终结,申诉人没有提出新的充足理由的;(7)申诉人反映的问题已过诉讼时效,或者反映1979年颁布的刑法、刑事诉讼法实施前的问题,已经作出结论,经省级人民检察院审查认为无复查依据,申诉人仍要求重新处理的。

根据最高人民检察院《人民检察院办理不服人民法院生效刑事判决申诉案件工作指南》第21条、第22条之规定,具有下列情形之一的不服法院生效刑事裁判的申诉案件,经部门负责人或者检察长批准,可以不立案复查:(1)原判决或者裁定正确,申诉人提出的申诉理由不能成立或者没有相应证据支持的;(2)申诉人提出的申诉理由不影响原判决、裁定定罪量刑或者公正审判的;(3)因法律规定不明确、存有争议,认定判决、裁定确有错误的法律依据不充分的;对不服人民法院已经发生法律效力的刑事判决、裁定的申诉,经两级人民检察院办理且省级人民检察院已经复查的,如果没有新的事实和理由,人民检察院不再立案复查。但原审被告人可能被宣告无罪的除外。

二、刑事申诉审查报告的基本内容和制作要求

1. 首部。文书标题为"×××申诉案审查报告",文书标题居中。

2. 申诉人基本情况及与原案的关系。应写明申诉人姓名、性别、年龄、民族、文化程度、籍贯、工作单位及职务、住址及与本案当事人的关系等情况。如是单位申诉的,则应写明法人或其他组织的名称、住所、法定代表人或主要负责人的姓名、职务等情况。被害人不服人民法院生效刑事裁判或者还有其他原审被告人的,应当写明原审被告人或者其他原审被告人的基本情况。

3. 案由及案件来源。首先应写明原案定案的案由、申诉人的姓名及作出该案诉讼终结决定的人民检察院(法院)的名称、文书编号和文书名称,并应指出申诉性质,即申诉人是"不服"何种处理决定或判决裁定;其次应写明申诉人提出申诉的时间、指明申诉的对象,即对哪个案件的哪个诉讼处理决定提出申诉;最后写明案件是由申诉人本人提出,还是由有关部门转办、交办。

4. 原案诉讼过程、认定事实及适用的法律。写明何时被何机关判刑或不起诉等处理过程、综合写明原决定书或判决书认定的事实、原决定书或判决书适用的法律等内容。

5. 主要申诉理由。对申诉人提出的申诉理由、依据和具体要求进行摘抄或归纳概括,语言要精练,不用照搬申诉书用语,但应客观、实事求是地反映申诉理由、依据及请求。

6. 审查处理意见及依据。该部分内容为本文书之核心内容,也是作出审

查处理意见的依据和基础。着重从案件事实和适用法律不存在错误可能，无立案复查的必要的角度写明审查认定的事实。因为一般对刑事申诉进行审查时，并未调卷进入复查程序，所以在此认定的事实多是从申诉人提供的申诉材料、原案的法律文书等材料中综合分析形成，此报告相比较其他结案报告而言，更为简略，可以不引用相关证据，但应概括论述当事人的行为性质及适用的法律依据，阐述作出不立案复查的理由及法律依据。

7. 尾部。承办人签名（应为两人以上），制作文书的年、月、日。注意不得加盖院章。

三、刑事申诉审查报告范例

周××申诉案审查报告

一、申诉人基本情况及与原案关系

申诉人周××，男，××××年××月××日出生，汉族，高中文化，××省××县人，无业，住××省××县××街道B街××号×单元××号。系原案被告人。

二、案由及案件来源

申诉人不服××省××县人民法院〔77〕法刑字第321号刑事判决，于2012年12月6日向本院提出申诉。

三、原案诉讼过程、认定事实及适用的法律

原审法院认定：被告人周××在1973年至1974年招生工作中，借工作之便，采取帮助升学、复查身体和预查身体等手段，在寝室和考生体检室等处，抚摸、猥亵侮辱未婚女考生×××、×××等多人。原审法院认定周××流氓成性，侮辱女考生，情节严重，手段恶劣，造成了极坏的影响，判处其有期徒刑九年。

四、主要申诉理由

申诉人认为自己猥亵、侮辱女考生的事实不成立，要求抗诉。

五、审查处理意见及依据

经审查认定：周××在1973年至1974年招生工作中，利用其在××省××县文教局任职之便，采取帮助升学、复查身体和预查身体等手段，在寝室和考生体检室等处，对女考生郝××、张××、唐××、杨××、吕×等人进行抚摸、猥亵。

经审查承办人认为，申诉人周××在1973年、1974年的招生工作中，确有侮辱、猥亵女考生的行为，××省××县人民法院对周××行为的定性及量刑是符合当时刑事政策之规定，××省××县人民法院〔77〕法刑字第 321 号刑事判决书认定事实清楚，定性准确，量刑适当。申诉人周××的申诉理由不成立。承办人意见：申诉人周××的申诉理由不能成立，驳回申诉。

承办人：×××、×××
××××年××月××日

第二节　刑事申诉审查结果通知书

一、刑事申诉审查结果通知书概述

刑事申诉审查结果通知书是指对非必须立案复查的刑事申诉案件进行是否需要立案复查的审查后，认为申诉人的申诉不符合立案复查条件时，用以驳回申诉人申诉请求的法律文书。本文书一式两份，一份送达申诉人，一份附卷。

根据《人民检察院复查刑事申诉案件规定》第 16 条之规定，人民检察院对有下列情形之一的刑事申诉，应当立案复查：（1）不服人民检察院不起诉决定，7 日内提出申诉的；（2）原处理决定、判决或裁定有错误可能的；（3）上级人民检察院或本院检察长交办的。对于除此之外的其他刑事申诉，由控告申诉部门受理，经审查后决定是否立案复查。根据《人民检察院复查刑事申诉案件规定》第 15 条第 3 项之规定，对不需要立案复查的刑事申诉，制作《刑事申诉不立案复查通知书》，通知申诉人，后来为避免将未立案复查的案件与进入复查程序的案件相混淆，最高人民检察院将《刑事申诉不立案复查通知书》统一修改为《刑事申诉审查结果通知书》，并规定此文书不加盖院印，而使用审查刑事申诉案件专用章。

二、刑事申诉审查结果通知书的基本内容与制作要求

1. 首部。文书标题为"×××人民检察院刑事申诉审查结果通知书"，文书标题居中，分两行，上行为院名全称即"×××人民检察院"；下行为文书名称"刑事申诉审查结果通知书"；文书编号为"×检×审通〔×〕×号"，叉号处依次填写制作本文书检察院简称、部门简称、制作本文书的年度、文书序号。

2. 申诉人基本情况。应写明申诉人姓名、性别、年龄、民族、文化程度、籍贯、工作单位及职务、住址等情况。如是单位申诉的，则应写明法人或其他组织的名称、住所、法定代表人或主要负责人的姓名、职务等情况。

3. 案由、案件来源及申诉理由。案由部分应写明申诉性质，即申诉人是"不服"何种处理决定或判决裁定；作出诉讼处理决定的人民检察院或人民法院的名称、文书编号和文书名称；如经几级人民检察院复查应简要写明复查经过及结论。案件来源及申诉理由部分应写明申诉人提出申诉的时间、指明申诉的对象，写明案件是由申诉人本人提出，还是由有关部门转办、交办。并归纳概括申诉人认为原诉讼处理决定错误的理由。

4. 审查结论。本文书制作简洁，审查结论部分用语比较固定，均为："经本院审查认为，×××人民检察作出的×××决定（×××人民法院作出的×××刑事判决或裁定），事实清楚、证据确实充分，处理适当。申诉人×××的申诉理由不能成立，驳回申诉。"

5. 尾部。在制作本法律文书的年月日（签发本法律文书的日期）上加盖人民检察院审查刑事申诉案件专用章。切记不可使用人民检察院院章。

三、刑事申诉审查结果通知书范例

××省××县人民检察院
刑事申诉审查结果通知书

×检刑申审通〔×〕×号

申诉人杨××，男，××××年××月××日出生，汉族，高中文化，××省××县人，无业，住××省××县××街××号。

申诉人杨××不服××省××县人民法院以强奸罪对其作出的〔2009〕××法刑初字第×号刑事判决。申诉人杨××以其是通奸而非强奸为由，于2013年1月20日向本院提出申诉。

经本院审查认为，××省××县人民法院〔2009〕××法刑初字第×号刑事判决，事实清楚，证据确实充分，处理适当。申诉人杨××的申诉理由不能成立，驳回申诉。

××××年××月××日
（审查刑事申诉案件专用章）

第三节 刑事申诉提请立案复查报告

一、刑事申诉提请立案复查报告概述

刑事申诉提请立案复查报告是人民检察院控告申诉检察部门承办人对经审查符合立案复查条件的刑事申诉,为阐明立案复查理由,报领导审批同意后进入复查程序而制作的检察业务工作文书。

《人民检察院复查刑事申诉案件规定》第16条规定:"人民检察院对有下列情形之一的刑事申诉,应当立案复查:(一)不服人民检察院不起诉决定,七日内提出申诉的;(二)原处理决定、判决或裁定有错误可能的;(三)上级人民检察院或本院检察长交办的。"

二、刑事申诉提请立案复查报告的基本内容和制作要求

1. 首部。文书标题为:×××申诉案提请立案复查报告,文书标题居中。

2. 申诉人基本情况及与原案的关系。应写明申诉人姓名、性别、年龄、民族、文化程度、籍贯、工作单位及职务、住址及与本案当事人的关系等情况。如是单位申诉的,则应写明法人或其他组织的名称、住所、法定代表人或主要负责人的姓名、职务等情况。被害人不服人民法院生效刑事裁判或者还有其他原审被告人的,应当写明原审被告人或者其他原审被告人的基本情况。

3. 案件来源及原处理情况。首先写明何时被何机关作了何种处理的诉讼过程(在此可综合写明原处理决定认定的事实、适用的法律等内容);写明原案定案的案由、申诉人的姓名及作出该案诉讼终结决定的人民检察院(法院)的名称、文书编号和文书名称,并应指出申诉性质,即申诉人是"不服"何种处理决定或判决裁定;其次应写明申诉人提出申诉的时间、指明申诉的对象,即对哪个案件的哪个诉讼处理决定提出申诉的;最后写明案件是由申诉人本人提出,还是由有关部门转办、交办。

4. 申诉理由、依据及请求。对申诉人提出的申诉理由、依据和具体要求进行摘抄或归纳概括,语言要精练,不用照搬申诉书用语,但应客观、实事求是地反映申诉理由、依据及请求。

5. 提请立案理由。该部分内容为本文书之核心内容,主要从原处理决定

有错误可能或刑事申诉属必须立案的范畴来阐明提请立案的理由。

6. 尾部。承办人签名（应为两人以上），制作本检察业务工作文书的年、月、日。注意不得加盖院章。

三、刑事申诉案提请立案复查报告范例

李××申诉案提请立案复查报告

一、申诉人基本情况

申诉人李××，女，××××年××月××日出生，汉族，大学文化，A省B县人，A省B县人民医院医生，住A省B县C街×-×号，系原案死者张×之妻。

二、案件来源及原处理情况

1997年1月19日杨××因交通肇事致申诉人之夫张×死亡，杨××交通肇事一案由B县公安分局侦查终结后，于2013年1月8日移送B县人民检察院审查起诉，同日B县人民检察院以缺少必要的法律文书为由，不予受理，退回B县公安分局。2013年2月13日B县公安分局再次移送B县人民检察院审查起诉，B县人民检察院经审查后认为杨××交通肇事一案已过追诉时效，于2013年2月27日对杨××作出不起诉决定。申诉人李××不服，于2013年3月2日，向本院提出申诉。

三、申诉理由及根据

申诉人李××认为从1997年1月19日杨××交通肇事致其夫死亡之后，她作为被害人家属在追诉期限内提出控告，公安机关应当立案而不予立案，所以该案不受追诉时效的限制，应追究杨××的刑事责任。要求本院纠正B县人民检察院的不起诉决定。

四、提请立案理由

根据初步审查了解的情况，申诉人李××不服B县人民检察院不起诉决定，在七日内提出申诉，根据《人民检察院刑事诉讼规则（试行）》第四百一十七条之规定，应由本院立案复查。且该案是否已过追诉时效的问题，需阅卷及补充调查后才能得出结论，建议对此案立案复查。

承办人：×××、×××
××××年××月××日

第四节 刑事申诉复查终结报告

一、刑事申诉复查终结报告概述

刑事申诉复查终结报告是人民检察院控告申诉检察部门的案件承办人经复查后认为所承办刑事申诉案件符合《人民检察院复查刑事申诉案件规定》第24条之结案标准，而依据其第25条之规定，为将复查所掌握的情况、认定的事实、证据及复查处理意见报请检察长或检察委员会决定，所制作的检察业务工作文书。

《人民检察院复查刑事申诉案件规定》第26条规定："刑事申诉案件经部门集体讨论，提出处理意见后，报检察长或检察委员会决定。"刑事申诉复查终结报告全面记载了刑事申诉复查工作过程，复查认定事实和证据分析以及复查处理意见是检察长或检察委员会全面掌握案件情况和作出正确决定的重要依据。

二、刑事申诉复查终结报告的基本内容与制作要求

1. 首部。刑事申诉案件是对诉讼终结的案件进行复查，其报告有别于其他检察业务类报告，是"复查报告"，而非"审查报告"。通常使用"×××（申诉人姓名或名称）申诉案复查终结报告"的形式，不应写为"×××人民检察院刑事申诉复查终结报告"，更不能写为"×××人民检察院刑事申诉审查终结报告"。

2. 申诉人基本情况及与原案的关系。应写明申诉人姓名、性别、年龄、民族、文化程度、籍贯、工作单位及职务、住址及与本案当事人的关系等情况。如是单位申诉的，则应写明法人或其他组织的名称、住所、法定代表人或主要负责人的姓名、职务等情况。被害人不服人民法院生效刑事裁判或者还有其他原审被告人的，应当写明原审被告人或者其他原审被告人的基本情况。

3. 案由及案件来源。首先应写明原案最终定案的案由（罪名）、申诉人的姓名及作出该案诉讼终结决定的人民检察院（法院）的名称、文书编号和文书名称，并应指出申诉性质，即申诉人是"不服"何种处理决定或判决裁定；其次应写明申诉人提出申诉的时间、指明申诉的对象，即对哪个案件的哪个诉讼处理决定提出申诉；最后写明案件是由申诉人本人提出，还是由有关部门转办、交办，并写明本院立案复查的时间。

4. 原案诉讼过程及认定事实、适用法律情况。写明何时因涉嫌何罪被采取何种强制措施，何时被何机关判刑或不起诉等处理过程、综合写明原决定书或判决书认定的事实、原决定书或判决书适用的法律等内容。如案件经过多次处理，对认定的事实不一致的，要分别写清楚，不能省略，对认定的事实基本一致的，可以概括写明。

5. 申诉理由、依据及请求。对申诉人提出的申诉理由、依据和具体要求进行摘抄或归纳概括，语言要精练，不用照搬申诉书用语，但应客观、实事求是地反映申诉理由、依据及请求。尤其注意不得将该部分内容与案由和案件来源部分合并书写。

6. 复查简要过程、复查认定的事实及证据。该部分内容为本文书之核心内容，也是作出处理意见的依据和基础。需要写明承办人在认真复查、阅卷的基础上认定事实，包括原案发生的时间、地点、动机、目的、经过、手段、情节、后果诸要素。对事实不清、证据不足的案件，也应当写明经承办人审查认定的案件基本情况。包括案发经过、立案侦查的情况，证据材料能够确切认定的事实，证据指向上的分歧以及尚未查明的事实等内容。

对证据的客观性、关联性和合法性以及证明力作出说明。要按照《刑事诉讼法》第48条所规定的证据总类和顺序分别写明。（1）物证。应写明物证的来源、特点、数量、形状等有关内容，能证实什么问题，有鉴定或辨认的，应把鉴定和辨认情况一并写明。（2）书证。应当写明书证的来源及内容，能证实的问题。（3）证人证言。应写明证人与犯罪嫌疑人、被告人的关系、证明的主要内容、说明什么问题。（4）被害人陈述。简明扼要地写明被害人陈述的内容，证明案件的什么问题。（5）犯罪嫌疑人、被告人供述和辩解。简明扼要地写明犯罪嫌疑人、被告人供述和辩解的主要内容以及认罪态度。（6）鉴定意见。应写明作何具体鉴定，意见是什么，鉴定意见与其他有关证据有何关系。（7）勘验、检查、辨认、侦查实验等笔录。应写明勘验的场所与案件事实有关作为认定根据的内容，提取的有关物品。（8）视听资料、电子数据。应写明视听资料及电子数据等的来源，该证据在何种情况下形成的以及真伪程度。证据部分尤其是言词证据应适当摘录。注意归纳总结所证明的问题，切忌照抄照搬、写成阅卷笔录。对事实、证据的认定没有争议的案件，证据部分可以略写；如果与作出原诉讼处理决定机关认定不一致的，则应当重点写明争议部分的事实和证据。

7. 需要说明的问题。这部分不是必须写的项目，如果所需阐述的问题能在"复查认定的事实"部分写清楚，则不必单列。有的案件在复查认定的事实之外，还有其他对案件处理结果具有影响、需要说明的问题，在复查认定的部分又不便表述的,可在此部分单列予以说明。

8. 复查处理意见。应概括论述当事人的行为性质,进而作出认定原处理决定(或判决、裁定)是否正确的结论,并准确表述复查处理意见及适用的法律依据,处理意见的说理应充分、透彻,适用法律依据引用条款应准确、有针对性。

9. 尾部。承办人签名(应为两人以上),制作本检察业务工作文书的年、月、日。注意不得加盖院章。

三、刑事申诉复查终结报告范例

孙××申诉案复查终结报告

一、申诉人基本情况及与原案的关系

申诉人孙××,男,××××年×月×日出生,汉族,高中文化,××省××县人,无业,住A市B区××路××号。系原案被告人。

二、案由及案件来源

申诉人不服A市B区法院〔1988〕×刑公字第254号刑事判决,于2013年2月14日向本院提出申诉,2013年2月16日,经检察长批准,决定立案复查。

三、原案诉讼过程及认定事实、适用法律情况

1988年11月19日,A市B区法院作出〔1988〕×刑公字第254号刑事判决认定:1988年4月,被告人孙××、李××、张××,为获取非法利益,共谋策划倒卖摩托车,并分工由孙、张二人负责找货源,李负责找销路。同年6月中旬,李、孙二人利用职务之便,共同伪造了存款的假账页和存折各一份,交给张在外联系购买摩托车,以证明其有款,骗取供货方信任。同年6月24日,张联系到A市中山交电商场副经理冉××,冉同意卖给张300辆JH70型嘉陵摩托车。张当即用电话告诉李、孙二人,经孙××等人表示同意签订合同后,张以"广州××五金贸易公司"的名义与中山交电商场签订了合同。6月25日,李××与江某联系C县华侨建设公司驻A市农贸联合中心经营部主任蒋××,经协商,李将摩托车卖给该经营部,并给蒋3000元好处费。蒋提出见货付款。应李要求蒋先给一份号码为0072480的空白转账支票。当天下午,李将这张转账支票填上138万元摩托车货款,加盖上工行××分理处结算专用章,然后交给孙××,由孙交给张××去中山商场提货,冉坚持款到账后才发货。6月27日,李××急于提到摩托车,遂在工行××分理处填写了一份"特种转账付出传票"138万元,连同0072480转账支票,亲自送到××金

融服务部——中山交电商场开户行。6月29日，该部凭这份"特种转账付出传票"将"结算资金"138万元划到中山交电商场账上。

此后，李××多次催促孙、张二人提货，冉借故推迟发货时间，此时李将挪用公款的问题告之孙××。并采取银行票据交换方式填平账目，6月30日、7月1日，李××将票据分别提到建设银行××支行、××金融服务公司，均被退回。7月4日，孙××又将被退回的票据提到××金融服务公司。7月5日，又被该公司退回，孙××在当天再次将该交换票据提到交换所，并附一便条"付款单位已给××行打招呼，他们承认付款，请转××行"。

B区法院对孙××犯挪用公款罪判处有期徒刑8年，犯投机倒把罪判处有期徒刑7年，数罪并罚，决定执行有期徒刑12年。

四、申诉理由、依据及请求

申诉理由：（1）事前没有挪用公款的行为，事后是否协助尚有疑问，不构成挪用公款罪；（2）倒卖摩托车事前无通谋，未获利，不构成投机倒把罪。请求启动审判监督程序。

五、复查简要过程、复查认定的事实及证据

经查阅原案案卷材料，询问申诉人及相关证人。复查认定：1988年4月，被告人孙××、李××、张××，为获取非法利益，共谋策划倒卖摩托车，并分工由孙、张二人负责找货源，李负责找销路。同年6月中旬，李、孙二人利用职务之便，共同伪造了存款的假账页和存折各一份，交给张在外联系购买摩托车，以证明其有款，骗取供货方信任。6月24日，张联系到××中山交电商场副经理冉××，冉同意卖给张300辆JH70型嘉陵摩托车。张当即用电话告诉李、孙二人，经孙××等人表示同意签订合同后，张以"广州××五金贸易公司"的名义与中山交电商场签订了合同。6月25日，李××与江某联系C县华侨建设公司驻A市农贸联合中心经营部主任蒋××，经协商，李将摩托车卖给该经营部，并承诺给蒋3000元好处费。蒋提出见货付款。应李要求蒋先给一份号码为0072480的空白转账支票。当天下午，李将这张转账支票填上138万元摩托车货款，加盖上工行××分理处结算专用章，然后交给孙××，由孙交给张××去中山商场提货，冉坚持款到账后才发货。6月27日，李××急于提到摩托车，遂在工行××分理处填写了一份"特种转账付出传票"138万元，连同0072480转账支票，亲自送到××金融服务部——中山交电商场开户行。6月29日，该部凭这份"特种转账付出传票"将"结算资金"138万元划到中山交电商场账上。

此后，李××多次催促孙、张二人提货，冉借故推迟发货时间，此时李将挪用公款的问题告之孙××，并采取银行票据交换方式填平账目。6月30日、

7月1日，李××将票据分别提到建设银行××支行、××金融服务公司，均被退回。7月4日，孙××又将被退回的票据提到××金融服务公司。7月5日，又被该公司退回，孙××在当天再次将该交换票据提到交换所，并附一便条"付款单位已给××行打招呼，他们承认付款，请转××行"。

认定上述事实的证据有：

……

六、复查处理意见

承办人认为：（1）孙××为谋取非法利益在1988年4月，就已与张××、李××等人有共谋倒卖当时国家不允许自由买卖的物资——摩托车的行为，在实际倒卖摩托车的过程中，也积极参与，严重扰乱社会主义市场经济秩序，数额特别巨大，其行为已触犯1979年《中华人民共和国刑法》第118条和全国人民代表大会常务委员会《关于严惩严重破坏经济的罪犯的决定》第1条第1项之规定，构成投机倒把罪；（2）孙××在明知李××将银行资金挪用后，当交换票据被退回后，仍于1988年7月4日、7月5日两次将票据提到××金融服务公司和交换所，继续拖延挪用公款时间，参与挪用公款，数额特别巨大，根据全国人民代表大会常务委员会《关于惩治贪污罪贿赂罪的补充规定》第3条之规定，孙××利用职务之便积极参与挪用公款的行为，已构成挪用公款罪。

综上所述，〔1988〕×刑公字第254号刑事判决对孙××所作判决，定性准确、适用法律正确、量刑适当。申诉人孙××的申诉不符合《人民检察院刑事诉讼规则（试行）》第五百九十一条规定的审判监督程序的抗诉条件，应当不予抗诉。

承办人：×××、×××
××××年××月××日

第五节 刑事申诉复查决定书

一、刑事申诉复查决定书概述

刑事申诉复查决定书是人民检察院控告申诉检察部门依据《刑事诉讼法》第176条、第177条及《人民检察院复查刑事申诉案件规定》第5条第1、2、3、4项之规定，对不服检察机关处理决定的刑事申诉案件复查终结后作出复查决定时所使用的法律文书。本文书一式二份，一份送达申诉人，一份附卷。

复查刑事申诉案件，应在立案后 3 个月内办结。案情复杂的，最长不得超过 6 个月。根据《人民检察院复查刑事申诉案件规定》第 29 条之规定，《刑事申诉复查决定书》应在 10 日内送交申诉人、原案被处理人和有关部门。

上级人民检察院作出的复查决定，可以责成下级人民检察院宣布执行。下级人民检察院对上级人民检察院的复查决定必须执行，并将执行情况及时书面报告上级人民检察院。

二、刑事申诉复查决定书的基本内容与制作要求

1. 首部。文书标题为：×××人民检察院刑事申诉复查决定书，文书标题居中，分两行，上行为院名全称即"×××人民检察院"；下行为文书名称"刑事申诉复查决定书"；文书编号为"×检×复决〔×〕×号"，叉号处依次填写制作文书的人民检察院简称、部门简称、制作本文书的年度、文书序号。

2. 申诉人基本情况。应写明申诉人姓名、性别、年龄、民族、文化程度、籍贯、工作单位及职务、住址等情况。如是单位申诉的，则应写明法人或其他组织的名称、住所、法定代表人或主要负责人的姓名、职务等情况。如果是其他人代为申诉的，应写明代申诉人和被代申诉人的基本情况，以及代申诉人与被代申诉人的关系。

3. 案由及案件来源。案由部分应写明申诉性质，即申诉人是"不服"何种处理决定；作出申诉处理决定的人民检察院的名称、文书编号和文书名称；如经几级人民检察院复查应简要写明复查经过及结论。案件来源及申诉理由部分应写明申诉人提出申诉的时间、指明申诉的对象，写明案件是由申诉人本人提出，还是由有关部门转办、交办。最后写明本院立案复查时间。

4. 申诉理由和请求。归纳概括叙述申诉人认为原诉讼处理决定错误的理由。如申诉理由比较简单的，可将此部分与案由及案件来源部分合并书写。

5. 复查认定的事实。在认真复查、阅卷的基础上认定的事实，包括原案发生的时间、地点、动机、目的、经过、手段、情节、后果诸要素。对事实不清、证据不足的案件，也应当写明经承办人审查认定的案件基本情况。包括案发经过、立案侦查的情况，证据材料能够确切认定的事实，证据指向上的分歧以及尚未查明的事实等内容。注意认定事实应与复查结论相呼应。

6. 复查结论及根据。应在概括论述当事人的行为性质及适用的法律依据的基础上，分析检察机关原处理决定是否适当，明确作出是维持还是改变原处理决定的决定事项，并准确引用法律条文作为法律依据。

7. 尾部。在制作本法律文书的年月日（签发本法律文书的日期）上加盖人民检察院院章。

三、刑事申诉复查决定书范例

××省××市人民检察院
刑事申诉复查决定书

×检刑申复决〔×〕×号

申诉人王某，女，××××年××月××日出生，汉族，小学文化程度，务农，××市××区人，住××市××区××镇××村××组3号附1号。

申诉人王某不服××省××市××县人民检察院×检刑不诉〔2013〕4号不起诉决定书对周某某作出的不起诉决定，以被不起诉人周某某的行为已构成故意伤害罪为由，于2013年5月15日书面向本院提出申诉，本院于2013年5月21日立案复查。

本院复查查明：2013年1月17日19时许，申诉人王某与被申诉人周某某等人在××省××市×县××镇××村××组因村里修路剩下的石子归属问题发生纠纷，继而发生争吵、抓扯。公安民警当日出警对双方予以劝解，双方均表示无大碍后各自回家。次日，王某到派出所报警称其在打斗过程中被周某某打伤右肩部，致使右肩锁骨脱位。2013年4月14日经鉴定，王某右肩锁关节脱位属轻伤。

本院复查认为，周某某故意伤害一案，在审查起诉期间，××县人民检察院两次退回公安机关补充侦查，所收集在案的证据仍不能确定王某的伤害后果系周某某所为，在案证据不能得出唯一性、排他性结论，不符合起诉条件，××省××市×县人民检察院根据《中华人民共和国刑事诉讼法》第一百七十一条第四款的规定，对周某某作出的不起诉决定是正确的。

本院决定：维持××县人民检察院×检刑不诉〔2013〕4号不起诉决定。

××××年××月××日
（院印）

第六节 刑事申诉复查通知书

一、刑事申诉复查通知书概述

刑事申诉复查通知书是人民检察院控告申诉检察部门对于不服人民法院已生效判决、裁定的刑事申诉案件，经复查初审后决定抗诉或不予抗诉时，通知申诉人所使用的法律文书。本文书一式二份，一份送达申诉人，一份附卷。

根据最高人民检察院《人民检察院刑事诉讼规则（试行）》第596条之规定，人民检察院刑事申诉检察部门对不服人民法院已经发生法律效力的刑事判决、裁定的申诉案件复查终结后，应当制作刑事申诉复查通知书，并在10日以内通知申诉人。

复查不服法院生效刑事裁判申诉案件，应当自立案复查之日起3个月内办结。案情复杂的，最长不得超过6个月。地方各级人民检察院经复查提请上一级人民检察院抗诉的案件，上级人民检察院审查案件的期间不计入复查期限。

经复查提请上一级人民检察院抗诉的，应当在上一级人民检察院作出是否抗诉的决定后制作刑事申诉复查通知书。

二、刑事申诉复查通知书的基本内容与制作要求

1. 首部。文书标题为：×××人民检察院刑事申诉复查通知书，文书标题居中，分两行，上行为院名全称即"×××人民检察院"；下行为文书名称"刑事申诉复查通知书"；文书编号为"×检×复通〔×〕×号"，叉号处依次填写制作本文书检察院简称、部门简称、制作本文书的年度、文书序号。

2. 申诉人基本情况。应写明申诉人姓名、性别、年龄、民族、文化程度、籍贯、工作单位及职务、住址等情况。如是单位申诉的，则应写明法人或其他组织的名称、住所、法定代表人或主要负责人的姓名、职务等情况。被害人不服人民法院生效刑事裁判或者还有其他原审被告人的，应当写明原审被告人或者其他原审被告人的基本情况。

3. 案由及案件来源。案由部分应写明申诉性质，即申诉人是"不服"何种判决裁定；作出该判决裁定的人民法院的名称、文书编号和文书名称；如果经复查应简要写明复查经过及结论。案件来源及申诉理由部分应写明申诉人提出申诉的时间、指明申诉的对象，写明案件是由申诉人本人提出，还是由有关部门转办、交办。最后写明本院立案复查时间。

4. 申诉理由及依据。要概括性地叙述申诉人提出的申诉理由，客观地、实事求是地写明。同时表述申诉人提出的具体要求及相关的法律规定。

5. 原判决裁定认定的事实。原判决、裁定认定的事实。应写明法院的名称及分述一审法院、二审法院的审判情况。法院所认定的事实以及作出的判决、裁定。如果申诉人不服一审人民法院的判决和裁定的申诉案件，只写明一审法院的审判情况即可。

6. 复查认定的事实及复查结论和依据。复查认定的事实如果与法院认定的事实基本一致的，可以简写，但如果与法院认定的事实出入较大的，应详细写明。可以与法院认定的事实对比写，也可以直接写明这次复查认定的事实。最后，根据这次复查的情况，依据法律的规定，决定向哪个人民法院提出抗诉；或者是"根据法律规定，不符合抗诉条件，本院决定不予抗诉"的复查意见。

7. 尾部。在制作本法律文书的年、月、日（签发本法律文书的日期）上加盖人民检察院院章。

三、刑事申诉复查通知书范例

××省×市人民检察院
刑事申诉复查通知书

×检刑申复通〔×〕×号

申诉人杨××，女，××××年××月××日出生，汉族，高中文化，××省C市人，务农，住××省×市×区××镇××村。

原审被告人广××，女，××××年××月××日出生，汉族，小学文化，××省×市人，无业，住××省×市×区××镇××街××号。

申诉人不服××省×市×区人民法院〔2003〕×刑初字第227号刑事判决，以原审被告人广××犯罪时已满十八周岁，自首情节不成立为由向××省×市政法委提出申诉，2013年2月10日××省×市政法委将该案转本院办理，本院于2013年2月12日立案复查。

×区人民法院〔2003〕×刑初字第227号判决认定：2002年5月15日凌晨，被告人广××在×区××大楼前的夜摊上，因恋爱纠纷与杨××发生口角并抓扯，在抓扯过程中，广××持水果刀将杨××腹部刺伤，经法医鉴定，杨××的损伤程度为重伤。同日下午，被告人广××主动到公安机关投案，并赔偿了被害人杨××的经济损失人民币5200元。

×区法院认为被告人广××因纠纷而持械故意伤害他人致重伤，其行为已构成故意伤害罪，被告人广××犯罪时未满十八周岁，应当从轻处罚；被告人广××犯罪后自动投案，且如实交代了犯罪事实，是自首，亦可从轻处罚；被告人广××犯罪后积极赔偿了被害人经济损失，认罪态度较好，有一定悔罪表现，适用缓刑不致再危害社会。据此，判处广××有期徒刑三年，缓刑三年。

本院复查查明：2002年5月15日凌晨，广××在×区××大楼前的夜摊上，因琐事与杨××发生口角并抓扯，在抓扯过程中，广××持水果刀将杨××腹部刺伤，经法医鉴定，杨××的损伤程度为重伤。2002年5月15日，广××到派出所投案，并如实供述了刺伤杨××的事实，但在杨××伤情鉴定为重伤，公安机关将该案转立为刑事案件后，广××却逃避公安机关抓捕。公安机关经多次查找无果后，决定对广××进行上网追捕，后于2003年7月18日凌晨，在××路××发廊内将其抓获。

本院复查认为，虽然广××在投案后，又逃避公安机关的抓捕，根据最高人民法院《处理自首和立功具体应用法律若干问题的解释》之规定，不能认定为自首，但鉴于广××犯罪时未满18周岁，根据《中华人民共和国刑法》第十七条第三款之规定，应当从轻或减轻处罚，且广××归案后如实交代了犯罪事实，并通过其母亲积极赔偿了被害人的经济损失，有一定悔罪表现。×市×区人民法院〔2003〕×刑初字第227号刑事判决书认定被告广××犯故意伤害罪，定性准确；判处被告人广××有期徒刑三年，缓刑三年，量刑适当，申诉人杨××的申诉理由不能成立。根据法律规定，不符合抗诉条件，本院决定不予抗诉。

××××年××月××日
（院印）

第七节　纠正案件错误通知书

一、纠正案件错误通知书概述

纠正案件错误通知书是上级人民检察院在办理申诉案件过程中发现下级人民检察院的处理决定有错误时，依据《人民检察院刑事诉讼规则（试行）》第425条、《人民检察院复查刑事申诉案件规定》第29条第2款的规定指令下级人民检察院纠正错误决定的法律文书。本文书一式三份，一份送达作出错误决定的下级人民检察院，一份送达申诉人，一份附卷。

二、纠正案件错误通知书的基本内容与制作要求

1. 首部。文书标题为：×××人民检察院纠正案件错误通知书，文书标题居中，分两行，上行为院名全称即"×××人民检察院"；下行为文书名称"纠正案件错误通知书"；文书编号为"×检×纠错〔×〕×号"，叉号处依次填写制作本文书检察院简称、部门简称、制作本文书的年度、文书序号。

2. 发往单位。作出错误决定的下级人民检察院名称。

3. 案由及案件来源。首先写明申诉人姓名；其次写明申诉人是"不服"何种诉讼处理决定（包括作出该诉讼决定的人民检察院的名称、文书编号和文书名称）；最后写明申诉人提出申诉的时间、指明申诉的对象，写明案件是由申诉人本人提出，还是由有关部门转办、交办。

4. 复查认定的事实、证据，认定案件错误的理由及依据。必须写明本院复查查明下级人民检察院作出的诉讼处理决定是错误的事实及证据。在叙述查明事实的基础之上，阐述认定下级人民检察院作出的诉讼处理决定错误的理由及法律依据，应针对错误决定的性质加以分析说明。

5. 通知纠正的事项及要求。此部分应对下级人民检察院提出具体而明确的指令性意见，包括：（1）撤销下级人民检察院的诉讼处理决定；（2）本院（发出该通知的检察院）对该案作出的处理决定；（3）执行本通知的其他要求。

6. 尾部。在制作本法律文书的年、月、日（签发本法律文书的日期）上加盖人民检察院院章。

三、纠正案件错误通知书范例

××市人民检察院第×分院
纠正案件错误通知书

×检×分刑申纠错〔×〕×号

××区人民检察院：

李××不服××区人民检察院对其作出的×检刑不诉〔×〕×号不起诉决定，于2013年2月10日向本院提出申诉。

本院经复查认为，李××分别于2012年1月2日、2012年1月7日

盗窃×区某工厂货物520元、630元，两次盗窃金额均未达到我市认定盗窃数额较大的标准，均不构成盗窃罪。××区人民检察院在审查起诉中将两次盗窃金额累计，认定李××构成盗窃罪，并根据《中华人民共和国刑事诉讼法》第一百七十三条第二款之规定，对李××作出不起诉决定是错误的。

本院决定，撤销×区人民检察院×检刑不诉〔×〕×号不起诉决定。

××××年××月××日

（院印）

第八节　刑事申诉中止复查通知书

一、刑事申诉中止复查通知书概述

刑事申诉中止复查通知书是人民检察院控告申诉检察部门对于已经立案复查的刑事申诉案件，决定中止审查时，通知申诉人所使用的法律文书。本文书一式二份，一份送达申诉人，一份附卷。

根据最高人民检察院《检察机关执法工作基本规范（2013版）》第3·46条及《人民检察院办理不服人民法院生效刑事裁判申诉案件工作指南》第37条之规定，具有下列情形之一的，经部门负责人批准，应当中止复查：（1）人民法院对原判决、裁定调卷审查的；（2）无法与申诉人及其代理人取得联系的；（3）申诉的自然人死亡，需要等待其他申诉权利人表明是否继续申诉的；（4）申诉的法人或者其他组织终止，尚未确定权利义务承受人的；（5）其他应当中止复查的情形。中止复查的原因消除后，人民检察院应当恢复复查。

二、刑事申诉中止复查通知书的基本内容与制作要求

最高人民检察院在2002年制定的《人民检察院法律文书格式（样本）》中对中止复查的法律文书制作并未作出明确规定，在此以最高人民检察院案件管理系统征求意见中的中止复查法律文书样式作为参考。

1. 首部。文书标题为：×××人民检察院刑事申诉中止复查通知书，文书标题居中，分两行，上行为院名全称即"×××人民检察院"；下行为文书

名称"刑事申诉中止复查通知书";文书编号为"×检×中止通〔×〕×号",叉号处依次填写制作本文书检察院简称、部门简称、制作本文书的年度、文书序号。

2. 申诉人姓名。应写明申诉人姓名。

3. 案件来源及处理情况。首先写明申诉人不服何种处理决定或判决裁定进行申诉;其次应写明本院立案复查的时间;最后写明案件中止审查的理由。

4. 中止决定。该部分内容为本院的中止决定。

5. 尾部。在制作本法律文书的年、月、日(签发本法律文书的日期)上加盖审查刑事申诉案件专用章。

三、刑事申诉中止复查通知书范例

××省××市××县人民检察院
刑事申诉中止复查通知书

×检刑申中止通〔×〕×号

杨××:

你不服××省××市××县人民法院〔2010〕×刑初字第257号刑事判决,以原案被告人李×不具有自首情节,不应当从轻处罚为由,于2013年1月3日向本院提出申诉,本院于次日立案复查。现因××省××市××县人民法院已对原判决调卷审查,本院决定中止复查。待中止原因消除后,立即恢复复查。

特此通知。

××××年××月××日
(审查刑事申诉案件专用章)

第九节 恢复刑事申诉复查通知书

一、恢复刑事申诉复查通知书概述

恢复刑事申诉复查通知书是人民检察院控告申诉检察部门对于已经中止复

查的刑事申诉案件，决定恢复复查时，通知申诉人所使用的法律文书。本文书一式二份，一份送达申诉人，一份附卷。

根据最高人民检察院《检察机关执法工作基本规范（2013版）》第3·46条及《人民检察院办理不服人民法院生效刑事裁判申诉案件工作指南》第37条之规定，中止复查的原因消除后，人民检察院应当恢复复查。

二、恢复刑事申诉复查通知书的基本内容与制作要求

最高人民检察院在2002年制定的《人民检察院法律文书格式（样本）》中对恢复复查的法律文书制作并未作出明确规定，在此提供重庆市检察院的恢复复查法律文书样本作为参考。

1. 首部。文书标题为：×××人民检察院恢复刑事申诉复查通知书，文书标题居中，分两行，上行为院名全称即"×××人民检察院"；下行为文书名称"恢复刑事申诉复查通知书"；文书编号为"×检×恢复通〔×〕×号"，叉号处依次填写制作本文书检察院简称、部门简称、制作本文书的年度、文书序号。

2. 申诉人姓名。应写明申诉人姓名。

3. 案件来源及处理情况。首先写明申诉人不服何种处理决定或判决裁定进行申诉；其次应写明本院立案复查的时间；案件中止审查的理由；案件恢复复查的理由。

4. 恢复复查决定。该部分内容为本院的恢复复查决定。

5. 尾部。在制作本法律文书的年、月、日（签发本法律文书的日期）上加盖审查刑事申诉案件专用章。

三、恢复刑事申诉复查通知书范例

××省××市××县人民检察院
恢复刑事申诉复查通知书

×检刑申恢复通〔×〕×号

张××：

你不服××省××市××县人民法院〔2010〕×刑初字第257号刑事判决，以原案被告人李×不具有从轻处罚情节，不应当从轻处罚为由，于2013年1月3日向本院提出申诉，本院于次日立案复查。我院在复查过程中，因××省××市××县人民法院人民法院已对本案立卷审查，本院于2013年1月

10日决定中止复查。现因人民法院经复查后已经驳回本案当事人再审申诉。依照有关规定,决定恢复复查。

特此通知。

××××年××月××日
(审查刑事申诉案件专用章)

第十节 刑事申诉终止复查通知书

一、刑事申诉终止复查通知书概述

刑事申诉终止复查通知书是人民检察院控告申诉检察部门对于已经立案复查的刑事申诉案件,决定终止审查时,通知申诉人所使用的法律文书。本文书一式二份,一份送达申诉人,一份附卷。

办理不服人民法院生效刑事裁判申诉案件,根据最高人民检察院《人民检察院办理不服人民法院生效刑事裁判申诉案件工作指南》第38条之规定,具有下列情形之一的,经分管检察长批准,应当终止复查:(1)人民法院对原判决、裁定决定再审的;(2)申诉人自愿申请撤回申诉,且不损害国家利益、社会公共利益或者第三人合法权益的;(3)申诉的自然人死亡,没有其他申诉人或者申诉权利人放弃申诉的;(4)申诉的法人或者其他组织终止,没有权利义务承受人或者权利义务承受人放弃申诉的;(5)案件终止复查后超过6个月仍不能恢复复查的;(6)其他应当终止复查的情形。

办理不服检察机关决定刑事申诉案件,对具有最高人民检察院《检察机关执法工作基本规范(2013版)》第3·47条第1、2、4、5、6、7、8项规定情形之一的,经分管检察长批准,应当终止复查:(1)人民检察院因同一案件事实对原撤销案件的犯罪嫌疑人重新立案侦查、对被不起诉案件的被不起诉人重新起诉的;(2)人民检察院接到人民法院受理受害人对被不起诉人起诉的通知的;(3)申诉人自愿申请撤回申诉,且不损害国家利益、社会公共利益或者第三人合法权益的;(4)申诉的自然人死亡,没有其他申诉人或者申诉权利人放弃申诉的;(5)申诉的法人或者其他组织终止,没有权利义务承受人或者权利义务承受人放弃申诉的;(6)案件终止复查后超过6个月仍不能恢复复查的;(7)其他应当终止复查的情形。

二、刑事申诉终止复查通知书的基本内容与制作要求

最高人民检察院在 2002 年制定的《人民检察院法律文书格式（样本）》中对中止复查的法律文书制作并未作出明确规定，在此提供重庆市人民检察院的终止复查法律文书样本作为参考。

1. 首部。文书标题为：×××人民检察院刑事申诉终止复查通知书，文书标题居中，分两行，上行为院名全称即"×××人民检察院"；下行为文书名称"刑事申诉终止复查通知书"；文书编号为"×检×终止通〔×〕×号"，叉号处依次填写制作本文书检察院简称、部门简称、制作本文书的年度、文书序号。

2. 申诉人姓名。应写明申诉人姓名。

3. 案件来源及处理情况。首先写明申诉人不服何种处理决定或判决裁定而进行申诉；其次应写明本院立案复查的时间；最后写明案件终止审查的理由。

4. 终止决定。该部分内容为本院的终止决定。

5. 尾部。在制作本法律文书的年、月、日（签发本法律文书的日期）上加盖人民检察院院章。

三、刑事申诉终止复查通知书范例

××省××县人民检察院
刑事申诉终止复查通知书

×检刑申终止通〔×〕×号

刘××：

你不服××省××县人民法院〔2012〕×刑初字第 122 号刑事判决，以申诉人没有犯罪事实为由，于 2013 年 3 月 13 日向本院提出申诉，本院于同年 3 月 17 日立案复查。现因你自愿撤回申诉，本院决定终止复查。

特此通知。

××××年××月××日
（院印）

第十二章
刑事赔偿业务文书

第一节 审查刑事赔偿申请通知书

一、审查刑事赔偿申请通知书概述

审查刑事赔偿申请通知书是人民检察院控告申诉检察部门依据《国家赔偿法》第2条、第6条、第19条和《人民检察院国家赔偿工作规定》第10条之规定，在受理赔偿请求人提出的赔偿请求后，经审查作出处理决定，通知赔偿请求人所制作的法律文书。本文书一式两份，一份送达赔偿请求人，一份附卷。

二、审查刑事赔偿申请通知书的基本内容与制作要求

1. 首部。文书标题为：×××人民检察院审查刑事赔偿申请通知书，文书标题居中，分两行，上行为院名全称即"×××人民检察院"。除最高人民检察院外，各地人民检察院的名称前应写明省（自治区、直辖市）的名称；赔偿请求人为外国人时，各级人民检察院的名称前均应注明"中华人民共和国"的字样；下行为文书名称"审查刑事赔偿申请通知书"；文书编号为"×检赔申通〔×〕×号"，叉号处依次填写制作本文书检察院简称、制作本文书的年

度、文书序号。

2. 赔偿请求人的姓名或名称。赔偿请求人为外国人时，应在其中文译名后面用括号注明外文姓名。

3. 对赔偿申请审查后的具体处理意见。分六种情况分别适用下列六种不同的表述方式：（1）赔偿请求人提出的赔偿申请不符合立案条件的。应写明："你（单位）提出的赔偿申请不符合《中华人民共和国国家赔偿法》第×条的规定，可以在具备立案条件后再提出赔偿申请。"（2）如果赔偿请求人的赔偿请求不属于人民检察院赔偿的，应写明："你（单位）提出的赔偿请求不属于人民检察院赔偿，应向×××（赔偿义务机关名称）提出赔偿请求。"（3）如果本院不负有赔偿义务，应写明："你（单位）提出的赔偿请求本院不负有赔偿义务，应向×××（负有赔偿义务的人民检察院名称）提出赔偿请求。"（4）如果提出的赔偿请求不具备《国家赔偿法》第六条规定的条件，应写明："你（单位）提出的赔偿请求不具备《中华人民共和国国家赔偿法》第6条规定的条件，无权提出赔偿请求。"（5）如果赔偿请求人提出的赔偿请求已过法定时效，应写明："你（单位）提出的赔偿请求已过法定时效，丧失请求赔偿权。"（6）如果赔偿请求人提出的赔偿请求材料不齐备的，应写明："你（单位）提出的赔偿请求材料不齐备，需补充……（具体说明需补充的材料）"

4. 尾部。在审查刑事赔偿申请通知书的年、月、日（签发本法律文书的日期）上加盖人民检察院国家赔偿工作办公室的印章。

三、审查刑事赔偿申请通知书范例

**××省××市人民检察院
审查刑事赔偿申请通知书**

×检赔申通〔×〕×号

张××：

你于2013年3月11日提出的赔偿申请，我院于2013年3月11日收悉。经审查，你提出的赔偿申请不具备《中华人民共和国国家赔偿法》第六条规定的条件，无权提出赔偿请求。

特此通知。

××××年××月××日
（人民检察院国家赔偿工作办公室印章）

第二节　刑事赔偿立案通知书

一、刑事赔偿立案通知书概述

刑事赔偿立案通知书是人民检察院控告申诉检察部门依据《国家赔偿法》第2条、第6条、第17条、第18条和《人民检察院国家赔偿工作规定》第8条、第9条之规定，在受理赔偿请求人提出的赔偿请求后，经审查作出立案决定，并在收到赔偿申请之日起5日内，通知赔偿请求人所制作的法律文书。本文书一式两份，一份送达赔偿请求人，一份附卷。

二、刑事赔偿立案通知书的基本内容与制作要求

1. 首部。文书标题为：×××人民检察院刑事赔偿立案通知书，文书标题居中，分两行，上行为院名全称即"×××人民检察院"。除最高人民检察院外，各地人民检察院的名称前应写明省（自治区、直辖市）的名称；赔偿请求人为外国人时，各级人民检察院的名称前均应注明"中华人民共和国"的字样；下行为文书名称"刑事赔偿立案通知书"；文书编号为"×检赔立通〔×〕×号"，叉号处依次填写制作本文书检察院简称、制作本文书的年度、文书序号。

2. 赔偿请求人的姓名或名称。赔偿请求人为外国人时，应在其中文译名后面用括号注明外文姓名。

3. 对赔偿申请审查后的立案审查决定。赔偿请求人提出的赔偿申请符合国家赔偿法规定的赔偿条件的，应写明："你（单位）提出的赔偿申请符合《中华人民共和国国家赔偿法》第十七条的规定，本院决定立案审查。"

4. 尾部。在刑事赔偿立案通知书的年、月、日（签发本法律文书的日期）上加盖人民检察院国家赔偿工作办公室的印章。

三、刑事赔偿立案通知书范例

×× 省 ×× 市人民检察院
刑事赔偿立案通知书

×检赔立通〔×〕×号

刘××：

你于 2013 年 2 月 11 日提出的赔偿申请，符合《中华人民共和国国家赔偿法》第十七条的规定，本院决定立案审查。

特此通知。

××××年××月××日
（人民检察院国家赔偿工作办公室印章）

第三节 审查终结报告

一、审查终结报告概述

审查终结报告是人民检察院控告申诉检察部门承办人在办理刑事赔偿案件、复议案件、赔偿监督案件过程中，根据《人民检察院国家赔偿工作规定》第 17 条、第 24 条、第 33 条之规定对审查终结的刑事赔偿案件、复议案件、赔偿监督案件审查终结时，将审查所掌握的情况、认定的事实、证据及处理意见报检察长或检察委员会决定而制作的检察业务工作文书。

根据《人民检察院国家赔偿工作规定》第 17 条的规定，对审查终结的赔偿案件，应当制作赔偿案件审查终结报告，载明原案处理情况、赔偿请求人意见和协商情况，提出是否予以赔偿以及赔偿的方式、项目和数额等具体处理意见，经部门集体讨论、负责人审核后，报检察长决定。重大、复杂案件，由检察长提交检察委员会审议决定。

根据《人民检察院国家赔偿工作规定》第 24 条的规定，对审查终结的复议案件，应当制作赔偿复议案件的审查终结报告，提出具体处理意见，经部门集体讨论、负责人审核，报检察长决定。重大、复杂案件，由检察长提交检察委员会审议决定。

根据《人民检察院国家赔偿工作规定》第 33 条的规定，对审查终结的赔偿监督案件，应当制作赔偿监督案件审查终结报告，载明案件来源、原案处理情况、申诉理由、审查认定的事实，提出处理意见。经部门集体讨论、负责人审核，报检察长决定。重大、复杂案件，由检察长提交检察委员会讨论决定。

二、审查终结报告的基本内容与制作要求

1. 首部。文书标题应写为"审查终结报告"。

2. 赔偿请求人（复议请求人、赔偿监督请求人）及其代理人的基本情况。主要包括姓名、性别、年龄、身份证号码、工作单位、住址等情况。如是法人或者其他组织的，应当写明：名称、住所、法定代表人或者主要负责人姓名、职务等情况。如果是外国人作为赔偿请求人的，应当在其中文译名后面用括号注明外文姓名，并注明其国籍、护照号码、国外居所。

3. 申请赔偿（申请复议、申请赔偿监督）的时间、理由及具体事项。写明申请赔偿（申请复议、申请赔偿监督）请求的时间、申请赔偿的理由及具体事项。受理赔偿申请的时间应当自材料补充齐备之日起计算。

4. 原案办理情况。写明原案的案由、案件来源及各个诉讼环节的时间及简要处理情况。

5. 原赔偿案件办理情况（办理申请赔偿案件时，这部分内容可以不写）。简要摘录原最终处理决定认定的事实和处理结果、赔偿义务机关认定的事实和处理结果、复议机关认定的事实和处理结果、人民法院赔偿委员会认定的事实和处理结果，原最终处理结果与原案各诉讼阶段认定不一致的，可以视情况摘录。

6. 审查情况。详细写明经过审查认定的事实和证据，是否存在损害行为和损害结果，损害的起止时间和造成损害的程度，请求赔偿的事项是否属于国家赔偿法规定的范围，是否属于《国家赔偿法》第 19 条规定的免责情形，原赔偿决定是否与《国家赔偿法》的规定相符合等内容。

7. 听取意见和协商情况（办理申请复议案件、申请赔偿监督案件时，这部分内容可以不写）。写明赔偿义务机关听取意见情况，赔偿请求人与赔偿义务机关进行协商的时间、内容，是否达成一致意见等内容。

8. 承办人意见及理由。写明根据认定的事实和证据，原案处理决定是否正确，是否影响赔偿决定依法作出，是否需要纠正，是否赔偿以及赔偿的方式、项目和数额的具体意见及法律依据，赔偿义务机关、复议机关、人民法院赔偿委员会的决定是否正确，是否需要纠正，是否需要向人民法院赔偿委员会

提出重新审查意见等内容。

9. 部门集体讨论意见。写明部门集体讨论时间、意见及所依据的法律。有两种以上不同意见的，应当分别表述，并写明不同意见的理由及法律依据。

10. 尾部。承办人签名（应为两人以上），制作本检察业务工作文书的年、月、日。注意不得加盖院章。

三、审查终结报告范例

审查终结报告

一、赔偿请求人基本情况

赔偿请求人汪×，女，××××年××月××日出生，汉族，××省××县人，原 D 市化工总厂质检处原材料小组技术负责人，住 D 市××区××街道××村××单元 45 号。

二、申请赔偿的时间、理由及具体事项

赔偿请求人汪×，于 2012 年 1 月 9 日，以错误逮捕为由，要求我院对 2011 年 4 月 21 日至 2011 年 5 月 17 日被刑事拘留和逮捕期间进行国家赔偿。

三、原案办理情况

汪×在 2005 年至 2008 年 9 月担任 D 市化工总厂质检处原材料小组技术负责人期间，负责对进厂的煤炭等原材料的质量把关。2005 年下半年，供应商黄××向汪×提出，以低质煤炭冒充优质煤炭卖给 D 市化工厂，请汪×对其拉来的煤炭在质检时予以关照，以免被发现，汪答应。2005 年下半年至 2008 年 5 月期间，汪收受黄××感谢费、好处费人民币 25000 元。2011 年 4 月 21 日，D 市 F 区人民检察院对汪×涉嫌受贿一案进行立案调查，同日决定对汪×涉嫌受贿罪刑事拘留，并由 D 市 F 区公安局执行拘留。2011 年 4 月 25 日，经 D 市 F 区人民检察院决定逮捕，同日由 D 市 F 区公安局执行逮捕。2011 年 5 月 17 日，D 市 F 区人民检察院以证据不足，对汪×宣布不起诉决定，同日，汪×被释放。

认定以上事实的证据有：（1）F 区人民检察院 F 检职侦拘〔2011〕10 号拘留决定书；（2）F 区人民检察院 F 检侦监捕〔2011〕32 号逮捕决定书；（3）F 区人民检察院 F 检刑不诉〔2011〕11 号不起诉决定书；（4）F 区看守所释放证明书。

四、审查情况

经审查查明，汪×因涉嫌受贿罪被 D 市 F 区人民检察院决定刑事拘留和逮捕，羁押时间为：2011 年 4 月 21 日至 2011 年 5 月 17 日，共计 27 天。由于

2011年5月17日D市F区人民检察院对汪×宣布不起诉决定，属于国家赔偿法规定的赔偿范围。

五、听取意见和协商情况

赔偿义务机关D市F区人民检察院于2012年1月15日听取了赔偿申请人汪×的意见，并于2012年1月21日与赔偿申请人汪×就国家赔偿的事项、方式和数额进行协商。经初步协商，双方一致同意按照国家2012年度职工日平均工资×××元计算汪×被侵犯人身自由27天的赔偿金，赔偿汪×××元。

六、承办人意见及理由

经审查承办人认为：D市F区人民检察院的不起诉决定书已经发生法律效力，根据《中华人民共和国国家赔偿法》第十七条第（二）项、第二十一条之规定，对公民采取逮捕措施后，决定撤销案件、不起诉或者判决宣告无罪终止追究刑事责任的，受害人有取得赔偿的权利，做出逮捕决定的机关为赔偿义务机关。本院应当承担国家赔偿责任，本院属于赔偿义务机关。赔偿请求人汪×于2011年4月21日被我院决定刑事拘留，同月25日被我院决定逮捕，同年5月17日被释放，实际羁押27天。根据《中华人民共和国国家赔偿法》第三十二、三十三条之规定，侵犯公民人身自由的，我院应当支付赔偿金。国家2012年度职工日平均工资为×××元，实际应支付赔偿金×××元。

七、部门集体讨论意见

2013年1月29日，我院控申部门就汪×申请国家赔偿一案进行集体讨论，一致认为，本院决定对赔偿请求人汪×采取逮捕措施后，决定不起诉，本院应当承担国家赔偿责任，本院属于赔偿义务机关。汪×被实际羁押27天。根据《中华人民共和国国家赔偿法》第三十二、三十三条之规定，侵犯公民人身自由的，我院应当支付赔偿金。国家2012年度职工日平均工资为×××元，实际应支付赔偿金×××元。

承办人：×××　×××

×××年××月××日

第四节　刑事赔偿决定书

一、刑事赔偿决定书概述

刑事赔偿决定书是人民检察院为赔偿义务机关时，在审查有关法律文书证明材料后，作出决定赔偿或者不予赔偿结论的法律文书。本文书一式三份，一份送达赔偿请求人，一份报上一级人民检察院备案，一份附卷。

根据《人民检察院国家赔偿工作规定》第 18 条、第 19 条、第 20 条之规定，人民检察院审查赔偿案件，应当根据下列情形分别作出决定：（1）请求赔偿的侵权事项事实清楚，应当予以赔偿的，依法作出赔偿的决定；（2）请求赔偿的侵权事项事实不存在，或者不属于国家赔偿范围的，依法作出不予赔偿的决定。

二、刑事赔偿决定书的基本内容与制作要求

1. 首部。文书标题为：×××人民检察院刑事赔偿决定书，文书标题居中，分两行，上行为赔偿义务机关名称即"×××人民检察院"，除最高人民检察院、最高人民法院外，各地人民检察院、人民法院的名称前应写明省（自治区、直辖市）的名称；赔偿请求人为外国人时，应在赔偿义务机关名称前注明"中华人民共和国"的字样；下行为文书名称"刑事赔偿决定书"；文书编号为"×检赔决〔×〕×号"，叉号处依次填写制作本文书的人民检察院简称、制作本文书的年度、文书序号。

2. 赔偿请求人的基本情况。应写明赔偿请求人姓名、性别、年龄、民族、文化程度、籍贯、工作单位及职务、住所（应写其经常居住地，经常居住地与户籍所在地不一致的，须经常居住地后加括号注明户籍所在地）。如果是外国人作为赔偿请求人的，应当在其中文译名后面用括号注明外文姓名，并注明其国籍、护照号码、国外居所。如果是单位作为赔偿请求人的，则应写明法人或其他组织的名称、住所、法定代表人或主要负责人的姓名、职务等情况。

3. 赔偿请求的时间、理由及要求。写明赔偿请求人的姓名或名称、请求赔偿时间、申请赔偿的理由、赔偿义务机关名称、申请赔偿的具体事项。一般格式为："×××（赔偿请求人姓名或名称）于××年×月×日，以……为由，向本院提出赔偿申请，要求本院……（申请赔偿的具体要求）"

4. 审查查明的事实及证据。写明经审查查明是否存在应予赔偿或不予赔偿的事实及认定的依据，听取意见及协商的情况，叙述事实要清楚。法律依据要充分。

5. 审查意见。写明决定赔偿或不予赔偿的理由和法律依据。

6. 决定事项。写明决定结果。分两种情况：（1）决定赔偿的，表述为："赔偿×××……（赔偿请求人姓名或名称、赔偿方式及赔偿数额）"（2）决定不予赔偿的，表述为："对×××（赔偿请求人姓名或名称）的申请不予赔偿。"决定赔偿的，应写明每日赔偿标准和赔偿金额总和；如赔偿决定书制作

时，国家上年度职工日平均工资未公布的，不用计算出具体数额，只需在赔偿决定书中写明应予赔偿的具体天数，同时说明因国家统计局在本决定作出时还未公布上年度全国职工日平均工资标准，本决定的赔偿金额等于具体赔偿天数乘以上年度全国职工日平均工资。

此外在计算侵犯人身自由权具体天数时，不适用《刑事诉讼法》第103条规定中期间的计算，而应将实施强制措施或实际羁押当日与释放当日计算在内。

7. 告知事项。此部分格式固定表述为："如对赔偿决定有异议，可在收到本决定之日起三十日内向……（复议机关）申请复议。如对本决定没有异议，可以自收到本决定之日起向本院申请支付赔偿金。"如作出不予赔偿决定，关于申请支付赔偿金部分的内容不写。

8. 尾部。刑事赔偿决定书的年、月、日（为签发决定书的日期）上加盖人民检察院院印。

三、刑事赔偿决定书范例

××省C市人民检察院
刑事赔偿决定书

×检赔决〔×〕×号

赔偿请求人曹××，男，××××年××月××日出生，××省A县人，汉族，大专文化，无业，住××省D市区××居民点2栋1单元12号，户籍地C市B区××街××栋2单元××号。

委托代理人张××，C市××律师事务所律师。

赔偿请求人曹××于2013年2月11日，以C市人民检察院错误逮捕造成其合法权益被损害为由，向本院提出国家赔偿申请，要求本院赔偿羁押其92天的赔偿金×××元。本院于2013年2月12日决定立案办理。

本院查明：2011年12月1日，曹××因犯抢劫罪被C市公安局刑事拘留，同月5日被C市人民检察院批准逮捕。2012年1月13日C市人民检察院以C检刑诉〔2012〕70号起诉书，指控曹××犯抢劫罪，向C市中级人民法院提起公诉。在诉讼过程中，附带民事诉讼原告人张××、蒋××向C市中级人民法院提起附带民事诉讼。C市中级人民法院于2012年3月1日作出〔2012〕C中刑初字第43号刑事附带民事判决，认定曹××犯抢劫罪，事实不清，证据不足，判决曹××无罪。曹××于当日被释放，一共被羁押92天。

认定以上事实的证据有：(1) C 市人民检察院作出的 C 检刑诉〔2012〕70 号起诉书；(2) C 市公安局〔2011〕634 号拘留证；(3) C 市公安局〔2011〕622 号逮捕证；(4) C 市中级人民法院作出的〔2012〕C 中刑初字第 43 号刑事附带民事判决书；(5) C 市 L 区看守所释放证明书。

本院于 2013 年 2 月 13 日听取了赔偿请求人曹××的意见，并于 2013 年 2 月 20 日与赔偿请求人曹××进行了协商，双方就赔偿方式和金额达成一致意见。

根据《中华人民共和国国家赔偿法》第二十一条之规定，对公民采取逮捕措施后判决宣告无罪的，作出逮捕决定的机关为赔偿义务机关，曹××在刑事案件中的有罪供述不能确定是故意的虚伪供述，本案中不存在《中华人民共和国国家赔偿法》第十九条规定的国家不承担赔偿责任的情形。根据《人民检察院国家赔偿工作规定》第十八条之规定，请求赔偿的侵权事实清楚，应当予以赔偿的，依法作出赔偿的决定。本院应当按照国家 2012 年度职工日平均工资×××元计算曹××被侵犯人身自由 92 天的赔偿金，赔偿曹×××××元。根据《中华人民共和国国家赔偿法》第十七条第（二）项、第二十一条第三款、第三十三条规定，决定如下：

本院赔偿曹××被侵犯人身自由 92 天的赔偿金×××元。

如不服本决定，可以自收到本决定之日起三十日内向××省人民检察院申请复议。如对本决定没有异议，可以自收到本决定之日起向本院申请支付赔偿金。

××省 C 市人民检察院（院印）

××××年××月××日

第五节　刑事赔偿复议决定书

一、刑事赔偿复议决定书概述

刑事赔偿复议决定书是赔偿复议机关受理赔偿复议申请人提出的复议申请，并对复议事项作出决定时使用的法律文书。本文书一式三份，一份送达赔偿请求人，一份送达赔偿义务机关，一份附卷。

根据《人民检察院国家赔偿工作规定》第 26 条、第 28 条之规定，刑事赔偿复议案件的办案期限为 2 个月，实行一次复议制。

二、刑事赔偿复议决定书的基本内容与制作要求

1. 首部。文书标题为：×××人民检察院刑事赔偿复议决定书，文书标题居中，分两行，上行为院名全称即"×××人民检察院"，除最高人民检察院外，各地人民检察院的名称前应写明省（自治区、直辖市）的名称；赔偿请求人为外国人时，各级人民检察院的名称前均应注明"中华人民共和国"的字样；下行为文书名称"刑事赔偿复议决定书"；文书编号为"×检赔复决〔×〕×号"，叉号处依次填写制作本文书检察院简称、制作本文书的年度、文书序号。

2. 赔偿请求人的基本情况，赔偿义务机关名称。应写明赔偿请求人姓名、性别、年龄、民族、文化程度、籍贯、工作单位及职务、住所（应写其经常居住地，经常居住地与户籍所在地不一致的，须经常居住地后加括号注明户籍所在地）。如果是外国人作为赔偿请求人的，应当在其中文译名后面用括号注明外文姓名，并注明其国籍、护照号码、国外居所。如果是单位作为赔偿请求人的，则应写明法人或其他组织的名称、住所、法定代表人或主要负责人的姓名、职务等情况。赔偿义务机关名称，即"×××人民检察院"。

3. 申请赔偿的具体事项及理由，赔偿义务机关决定情况。分两段写明：第一段为申请赔偿的具体事项及理由，表述为："赔偿请求人×××（姓名或名称）于××××年××月××日，以……（申请赔偿理由）为由，请求××人民检察院（赔偿义务机关名称）……（申请赔偿的具体事项）"第二段为赔偿义务机关决定情况。写明赔偿义务机关决定赔偿或不予赔偿的内容。赔偿义务机关未作出赔偿决定的，写明逾期未作出赔偿决定。

4. 申请复议的具体事项及理由。（1）不服赔偿决定提出的复议的，表述为："赔偿请求人×××（姓名或名称）不服……（赔偿义务机关的决定情况）于××××年××月××日，请求本院……（申请复议的具体事项及理由）"（2）以赔偿义务机关逾期未作出赔偿决定提出复议的，表述为："赔偿请求人×××（姓名或名称）以×××人民检察院（赔偿义务机关）逾期未作出赔偿决定为由，于××××年××月××日，向本院申请复议，请求本院……（申请复议的具体事项及理由）"

5. 复议机关认定的事实和依据。写明审查认定的事实及依据，叙述事实要清楚。认定事实的依据要充分。主要应针对原刑事赔偿决定是否正确而阐述。

6. 复议决定的法律根据、理由和内容。应写明："根据《中华人民共和国国家赔偿法》第×条的规定，本院认为：……（根据不同情形，分别写明：

维持原决定、变更原决定、撤销原决定重新作出赔偿决定，以及作出赔偿或不予赔偿的理由）现决定如下："

（1）维持原决定的主文："原决定事实清楚，适用法律正确，赔偿方式、赔偿项目、赔偿数额适当，予以维持。"

（2）纠正原决定，重新作出决定的主文："原决定认定事实或适用法律错误，予以撤销……（重新作出决定的内容）"

（3）变更原决定的主文："原决定认定赔偿方式、赔偿项目、赔偿数额不当，决定……（予以变更的内容）"

（4）决定赔偿或不予赔偿的主文（适用于赔偿义务机关逾期未作出决定的情况）："×××（赔偿请求人姓名或名称）申请的赔偿，×××（赔偿义务机关名称）逾期未作出决定，经本院审查……（决定的内容）"

7. 告知事项。写明："如不服本决定，可以在收到本决定之日起三十日内向×××人民法院（复议机关所在地的同级人民法院名称）赔偿委员会申请作出赔偿决定。如对本决定没有异议，可以自收到本决定之日起向……（赔偿义务机关名称）申请支付赔偿金（如维持不予赔偿决定，这部分内容可以不写）。"

8. 尾部。在本文书制作年、月、日（签发本法律文书的日期）上加盖院印。

三、刑事赔偿复议决定书范例

××市人民检察院
刑事赔偿复议决定书

×检赔复决〔×〕×号

赔偿请求人：李×，男，××××年××月××日出生，汉族，高中文化，××省电力物资供销公司×分公司经理，住×市×区××路××号。

赔偿义务机关：××市人民检察院第×分院。

赔偿请求人李×于2013年1月3日，以"自己不构成犯罪却被羁押"为由，请求××市人民检察院第×分院赔偿其被羁押387天的赔偿金。

××市人民检察院第×分院认为赔偿请求人李×被羁押387天的情况属实，但×区人民检察院作出的×刑不诉〔2012〕7号不起诉决定书是依照《中华人民共和国刑事诉讼法》第十五条第（一）项之规定对其作出的不起诉决定，根据《中华人民共和国国家赔偿法》第十九条第（三）项之规定，国家对此不承担赔偿责任。据此，××市人民检察院第×分院于2013年2月18日作出×检赔决〔2013〕5号刑事赔偿决定书：对李×的赔偿请求不予主张。

赔偿请求人李×不服××市人民检察院第×分院作出的×检赔决〔2013〕5号刑事赔偿决定书，以张××烧毁治安案件卷宗与其无关为由，于2013年2月25日向本院提出赔偿复议申请，要求本院按照有关法律法规赔偿其被无罪羁押387天所造成的经济损失。

本院经审查查明：2010年12月10日，李×得知其弟李××被检察机关采取强制措施，又从张××、熊××处得知有李××的物品要处理，遂与张××、熊××一起将李××办公室拿出的物品转移到车上，后李×开车到其朋友袁×处，并与袁×一起把一辆别克车交给张××后，与袁×一同回到自己的办公室。随后，张××、熊××来到，熊××和袁×一起把从李××办公室拿出的物品转移到李×办公室，在清理物品的过程中，张××烧毁一治安案卷。

2011年1月24日，××市公安局以李×涉嫌窝藏、包庇罪对其立案侦查，2011年2月13日对其刑事拘留，同年3月11日××市人民检察院第×分院以其涉嫌帮助毁灭证据罪对其批准逮捕，同年8月8日本案由C市公安局××区分局移送××区人民检察院审查起诉，××区人民检察院两次退回公安机关补充侦查后于2012年3月6日对李×改变强制措施为取保候审，并于2012年4月10日对李×作出×检刑不诉〔2012〕7号不起诉决定书，认定李×的行为"情节显著轻微，危害不大，不构成犯罪"。在此刑事诉讼过程中，李×共被羁押387天。

根据《中华人民共和国国家赔偿法》第十七条第（二）项之规定，本院认为，没有证据证明赔偿请求人李×明知卷宗内有国家公文，客观上其也未实施毁灭卷宗的行为，故李×的行为不构成犯罪，作出逮捕决定的×分院为本案的赔偿义务机关。同时×分院对赔偿请求人李×批准逮捕不具有国家赔偿法第十九条所规定的免责情形，应当依法承担国家赔偿责任。根据《中华人民共和国国家赔偿法》第十九条第（三）项之规定，对"情节显著轻微，危害不大，不认为是犯罪"的行为，国家不承担赔偿责任。"不认为是犯罪"属于刑法调整的范围，也是检察机关根据《中华人民共和国刑事诉讼法》第一百七十三条第一款作出不起诉决定的依据。而赔偿请求人李×的行为"不构成犯罪"，不属于刑法调整的范围，不能作为免除国家赔偿责任的依据，对赔偿义务机关决定逮捕造成赔偿请求人李×被羁押387天的侵犯人身自由权情形应依法予以赔偿。×市人民检察院第×分院应当按照国家2012年度职工日平均工资×××元计算李×被侵犯人身自由387天的赔偿金，赔偿李××××元。根据《中华人民共和国国家赔偿法》第六条、第十七条第（二）项、第二十二条、第三十二条、第三十三条之规定，现决定如下：

××市人民检察院第×分院作出的×检赔决〔2013〕5号刑事赔偿决定书适用法律错误，予以撤销。由赔偿义务机关××市人民检察院第×分院对侵犯赔偿请求人李×人身自由权予以赔偿，支付赔偿请求人李×被无罪羁押387天的赔偿金×××元。

如不服本决定，可以在收到本决定之日起三十日内向××市高级人民法院赔偿委员会申请作出赔偿决定。如对本决定没有异议，可以自收到本决定之日起向××市人民检察院第×分院申请支付赔偿金。

××××年××月××日
（院印）

第六节　赔偿监督立案通知书

一、赔偿监督立案通知书概述

赔偿监督立案通知书是人民检察院控告申诉检察部门依据《国家赔偿法》第30条和《人民检察院国家赔偿工作规定》第29条、第30条和第31条之规定，在受理赔偿请求人或者赔偿义务机关提出的赔偿监督申请后，经审查作出立案决定，通知赔偿监督请求人和赔偿义务机关所制作的法律文书。本文书一式三份，一份送达赔偿请求人，一份送达赔偿义务机关，一份附卷。

二、赔偿监督立案通知书的基本内容与制作要求

1. 首部。文书标题为：×××人民检察院赔偿监督立案通知书，文书标题居中，分两行，上行为院名全称即"×××人民检察院"。除最高人民检察院外，各地人民检察院的名称前应写明省（自治区、直辖市）的名称；赔偿请求人为外国人时，各级人民检察院的名称前均应注明"中华人民共和国"的字样；下行为文书名称"赔偿监督立案通知书"；文书编号为"×检赔监立通〔×〕×号"，叉号处依次填写制作本文书检察院简称、制作本文书的年度、文书序号。

2. 赔偿请求人的姓名或名称或赔偿义务机关名称。赔偿请求人为外国人时，应在其中文译名后面用括号注明外文姓名。

3. 对赔偿监督申请审查后的立案审查决定。赔偿请求人提出的赔偿监督

申请符合国家赔偿法规定的赔偿监督立案条件的，应写明："×××不服×××人民法院赔偿委员会×××赔偿决定，向本院申诉。本院决定立案审查。"

4. 尾部。在赔偿监督立案通知书的年、月、日（签发本法律文书的日期）上加盖人民检察院国家赔偿工作办公室的印章。

三、赔偿监督立案通知书范例

××省人民检察院
赔偿监督立案通知书

×检赔监立通〔×〕×号

××省××市中级人民法院：

　　刘××不服××省××市中级人民法院赔偿委员会×检赔决〔2012〕10号赔偿决定，向本院申诉。本院决定立案审查。

　　特此通知。

××××年××月××日
（人民检察院国家赔偿工作办公室印章）

第七节　赔偿监督申请审查结果通知书

一、赔偿监督申请审查结果通知书概述

赔偿监督申请审查结果通知书是人民检察院控告申诉检察部门依据《国家赔偿法》第30条和《人民检察院国家赔偿工作规定》第29条、第30条和第31条之规定，在受理赔偿请求人或者赔偿义务机关提出的赔偿监督申请后，经审查作出不予立案决定，通知赔偿监督请求人所制作的法律文书。本文书一式二份，一份送达赔偿请求人，一份附卷。

二、赔偿监督申请审查结果通知书的基本内容与制作要求

1. 首部。文书标题为：×××人民检察院赔偿监督申请审查结果通知书，文书标题居中，分两行，上行为院名全称即"×××人民检察院"。除最高人民检察院外，各地人民检察院的名称前应写明省（自治区、直辖市）的名称；

赔偿请求人为外国人时，各级人民检察院的名称前均应注明"中华人民共和国"的字样；下行为文书名称"赔偿监督申请审查结果通知书"；文书编号为"×检赔监申通〔×〕×号"，叉号处依次填写制作本文书检察院简称、制作本文书的年度、文书序号。

2. 赔偿请求人的姓名或名称。赔偿请求人为外国人时，应在其中文译名后面用括号注明外文姓名。

3. 对赔偿监督申请审查后的立案审查决定。赔偿请求人提出的赔偿监督申请不符合《人民检察院国家赔偿工作规定》的赔偿监督立案条件的，应写明："你（单位）不服×××人民法院赔偿委员会××赔偿决定的申诉材料收悉。经本院审查认为，本案不符合《人民检察院国家赔偿工作规定》第三十条规定的立案条件，决定不予立案。"

4. 尾部。在赔偿监督申请审查结果通知书的年、月、日（签发本法律文书的日期）上加盖人民检察院国家赔偿工作办公室的印章。

三、赔偿监督申诉审查结果通知书范例

××省人民检察院
赔偿监督申请审查结果通知书

×检赔监申通〔×〕×号

张××：

你不服××省××市中级人民法院赔偿委员会××法赔决〔2012〕12号赔偿决定的申诉材料收悉。经本院审查认为，本案不符合《人民检察院国家赔偿工作规定》第三十条规定的立案条件，决定不予立案。

特此通知。

××××年××月××日
（人民检察院国家赔偿工作办公室印章）

第八节 重新审查意见书

一、重新审查意见书概述

重新审查意见书是人民检察院根据《人民检察院国家赔偿工作规定》

第34条、第35条之规定,对审查终结的赔偿监督案件,认为下级人民法院赔偿委员会的决定违反国家赔偿法的规定的,向同级人民法院赔偿委员会提出重新审查意见的法律文书。

根据《人民检察院国家赔偿工作规定》第37条之规定,对赔偿监督案件,人民检察院应当在立案后3个月审查办结,并依法提出审查意见。属于特别重大、复杂的案件,经检察长批准,可以延长2个月。

二、重新审查意见书的基本内容与制作要求

1. 首部。文书标题为:×××人民检察院重新审查意见书,文书标题居中,分两行,上行为院名全称即"×××人民检察院",除最高人民检察院外,各地人民检察院的名称前应写明省(自治区、直辖市)的名称;赔偿请求人为外国人时,各级人民检察院的名称前均应注明"中华人民共和国"的字样;下行为文书名称"重新审查意见书";文书编号为"×检赔重审〔×〕×号",叉号处依次填写制作本文书检察院简称、制作本文书的年度、文书序号。

2. 正文。正文主要包括以下内容:
(1)案件来源情况。案件的来源分为两种情况:一是来源于赔偿请求人或者赔偿义务机关的申诉。应写明:"赔偿请求人×××(姓名或者名称)或者赔偿义务机关×××(名称)不服×××人民法院赔偿委员会×××(赔偿决定书文号)赔偿决定,向本院提出申诉。本院对该案进行了审查。"二是来源于检察机关自行发现。应写明:"本院对×××人民法院赔偿委员会作出的×××(赔偿请求人)申请赔偿案的×××(赔偿决定书文号)赔偿决定进行了审查。"

(2)检察机关审查情况。应写明检察机关审查工作过程,如审查了原案卷宗、进行了调查等情况。

(3)检察机关审查认定的事实。应写明审查认定的事实及依据,叙述事实要清楚。认定事实的依据要充分。主要内容包括赔偿案件办理过程,写明赔偿义务机关、复议机关、人民法院赔偿委员会赔偿决定的作出日期、文号、理由、主文,如果检察机关认定的事实与赔偿义务机关、复议机关、人民法院赔偿委员会的赔偿决定有不同之处,要在该部分简要写明。

(4)检察机关认定人民法院赔偿委员会赔偿决定存在的问题及错误。此部分重点分析论证人民法院赔偿委员会赔偿决定存在的问题及错误。

(5)审查意见。此部分分为固定格式,应表述为:"综上所述,×××人民法院赔偿委员会对本案作出的赔偿决定……(指出赔偿决定存在哪几个方面

的问题）经本院第×届检察委员会第×次会议讨论决定（未经检察委员会讨论的，可以不写），依照《中华人民共和国国家赔偿法》第三十条第三款的规定，向你院赔偿委员会提出重新审查意见，请重新审查并依法作出赔偿决定。"

3. 尾部。本部分应写明同级人民法院名称、提出重新审查意见人民检察院的名称（加盖院印），以及制作文书的日期。

4. 附注。本部分应当写明随案移送的卷宗及有关证据材料情况。

三、重新审查意见书范例

××省人民检察院
重新审查意见书

×检赔重审〔×〕×号

赔偿请求人魏××不服××省××市中级人民法院赔偿委员会作出的×法赔决〔2013〕2号赔偿决定，于2012年7月12日向本院提出申诉，本院对该案进行了审查。

案件承办人审查了原案卷宗、进行了调查，现已审查终结。

经审查，2010年6月3日赔偿请求人魏××因涉嫌故意伤害罪被××省××市××区公安分局刑事拘留，同月10日被××省××市××区人民检察院批准逮捕，并于同月29日审查起诉。2010年12月5日，被××省××市××区人民法院以故意伤害罪判处有期徒刑三年。赔偿请求人魏××不服上诉至××省××市中级人民法院。2011年2月25日，××省××市中级人民法院以事实不清，证据不足为由，撤销一审判决，宣告魏××无罪，并于当日释放。2011年3月1日，赔偿请求人魏××向赔偿义务机关××省××市××区人民法院申请国家赔偿。2011年3月22日，××省××市××区人民法院作出×发赔决〔2011〕3号不予赔偿决定，理由为魏××故意虚假供述被判处刑罚。赔偿请求人魏××不服，向×省××市中级人民法院赔偿委员会申请作出赔偿决定。××省××市中级人民法院赔偿委员会于2011年5月29日作出×法赔决〔2011〕2号不予赔偿决定，理由为魏××故意虚假供述被判处刑罚。赔偿请求人魏××于2012年7月12日向本院提出申诉。

本院认为，从综合全案情况看，魏××在羁押期间，共有13次供述，一次法庭辩解，除了侦查期间的三次有罪供述外，其余均否认自己的犯罪事实。魏××的三次有罪供述是否是虚伪供述，要看是否同时具备虚伪供述的三个条件：一是公民的陈述或口供以及提供的其他证据是不真实的或者是不现实的；二是公民作这种供述或者提供其他伪证的目的不一定是意图陷害他人或者隐匿于己不利的罪证，而往往提供的是对自己不利的证据，而且证据足够证明自己有罪；三是供述人明知所提供的供述是不真实的，并会妨碍司法机关查明案件真相或者会导致自己不利的后果而执意或放任为之。从魏的有罪供述来看，一是没有其他直接证据加以印证，因此没有足够的证据来证明其有罪。二是魏××一到看守所（刑拘开始）就翻供，并未干扰司法机关去查明案件真相，也未使导致自己不利的后果而执意或放任为之。既然魏××的有罪供述不能同时具备虚伪供述的三个条件，因此就不能认定魏××的供述是虚伪供述，故××省××市中级人民法院赔偿委员会以魏××故意虚伪供述为由被判处刑罚，属于国家不赔偿为由所作的×法赔决〔2011〕2号不予赔偿决定决定是错误的。

综上所述，××省××市中级人民法院赔偿委员会对本案作出的赔偿决定，不存在因公民自己故意虚假供述被判处刑罚的国家不赔偿情形存在。经本院第12届检察委员会第47次会议讨论决定，依照《中华人民共和国国家赔偿法》第三十条第三款的规定，向你院赔偿委员会提出重新审查意见，请重新审查并依法作出赔偿决定。

此致
××省高级人民法院

××××年××月××日
（院印）

第九节 赔偿监督案件审查结果通知书

一、赔偿监督案件审查结果通知书概述

赔偿监督案件审查结果通知书是人民检察院控告申诉检察部门依据《人民检察院国家赔偿工作规定》第36条第2款之规定，在受理赔偿请求人或者赔偿义务机关提出的赔偿监督申请立案后，经审查决定不提出重新审查意见的，通知赔偿监督请求人和赔偿义务机关所制作的法律文书。本文书一式三份，一份送达赔偿请求人，一份送达赔偿义务机关，一份附卷。

二、赔偿监督案件审查结果通知书的基本内容与制作要求

1. 首部。文书标题为：×××人民检察院赔偿监督案件审查结果通知书，

文书标题居中，分两行，上行为院名全称即"×××人民检察院"。除最高人民检察院外，各地人民检察院的名称前应写明省（自治区、直辖市）的名称；赔偿请求人为外国人时，各级人民检察院的名称前均应注明"中华人民共和国"的字样；下行为文书名称"赔偿监督案件审查结果通知书"；文书编号为"×检赔监审通〔×〕×号"，叉号处依次填写制作本文书检察院简称、制作本文书的年度、文书序号。

2. 赔偿请求人的姓名或名称或赔偿义务机关名称。赔偿请求人为外国人时，应在其中文译名后面用括号注明外文姓名。

3. 对赔偿监督申请立案审查后不提出重新审查意见的决定。应写明："×××（赔偿监督请求人姓名或者名称）不服×××人民法院赔偿委员会×××（赔偿决定书文号）赔偿决定一案。经本院审查认为，本案不符合《人民检察院国家赔偿工作规定》第三十四条规定的提出重新审查意见的条件，决定不提出重新审查意见。"

4. 尾部。在赔偿监督案件审查结果通知书的年、月、日（签发本法律文书的日期）上加盖人民检察院国家赔偿工作办公室的印章。

三、赔偿监督案件审查结果通知书范例

××省人民检察院
赔偿监督案件审查结果通知书

×检赔监审通〔×〕×号

刘××：

　　刘××不服×××省×××市中级人民法院赔偿委员会×法赔决〔2012〕9号赔偿决定一案。经本院审查认为，本案不符合《人民检察院国家赔偿工作规定》第三十四条规定的重新提出审查意见的条件，决定不提出重新审查意见。

　　特此通知。

××××年××月××日
（人民检察院国家赔偿工作办公室印章）

第十节　国家赔偿金支付申请书

一、国家赔偿金支付申请书概述

国家赔偿金支付申请书是人民检察院依据《国家赔偿法》第 37 条、《人民检察院国家赔偿工作规定》第 41 条的规定制作。供人民检察院收到赔偿请求人支付赔偿金的申请后，依照预算管理权限向有关的财政部门提出支付申请时使用的法律文书。本文书一式二份，一份送财政部门，一份附卷。

二、国家赔偿金支付申请书的基本内容与制作要求

1. 首部。文书标题为：×××人民检察院国家赔偿金支付申请书，文书标题居中，分两行，上行为院名全称即"×××人民检察院"。除最高人民检察院外，各地人民检察院的名称前应写明省（自治区、直辖市）的名称；赔偿请求人为外国人时，各级人民检察院的名称前均应注明"中华人民共和国"的字样；下行为文书名称"国家赔偿金支付申请书"；文书编号为"×检赔支请〔×〕×号"，叉号处依次填写制作本文书检察院简称、部门简称、制作本文书的年度、文书序号。

2. 接收支付申请单位名称。应当写明接收支付申请的财政部门名称。

3. 国家赔偿金支付申请的内容。此部分为固定格式，应写明："赔偿请求人……（姓名或者名称）申请赔偿一案，本院（或者：复议机关×××人民检察院；或者：×××人民法院赔偿委员会）于××××年××月××日作出……（赔偿决定书或者复议决定书文号）赔偿决定（或者复议决定）。赔偿请求人……（姓名或者名称）于××××年××月××日向本院申请支付赔偿金。经审核，申请材料真实、有效、完整，符合支付条件。根据《中华人民共和国国家赔偿法》第三十七条第三款的规定，请依法支付国家赔偿金。"

4. 尾部。在国家赔偿金支付申请书的年、月、日（签发本法律文书的日期）上加盖院印。

三、国家赔偿金支付申请书范例

××省××县人民检察院
国家赔偿金支付申请书

×检赔支请〔×〕×号

××省××县财政局：

　　李××申请赔偿一案，本院于 2013 年 1 月 11 日作出×检赔决〔2013〕1 号赔偿决定。赔偿请求人李××于 2013 年 1 月 15 日向本院申请支付赔偿金。经审核，申请材料真实、有效、完整，符合支付条件。根据《中华人民共和国国家赔偿法》第三十七条第三款的规定，请依法支付国家赔偿金。

××××年××月××日
（院印）

第十三章
不立案复议业务文书

第一节 不立案复议审查报告

一、不立案复议审查报告概述

不立案复议审查报告是控告申诉检察部门的案件承办人根据《刑事诉讼法》第110条和《人民检察院刑事诉讼规则（试行）》第184条之规定，对控告人提出的不服检察机关不立案决定申请复议的案件进行审查后，为将审查所掌握的情况、认定的事实、证据及审查处理意见报请检察长或检察委员会决定，所制作的检察业务工作文书。

不立案的复议程序不同于刑事申诉程序，最高人民检察院刑事申诉检察厅在2003年8月19日对安徽省院《关于邵业科申诉案请示的批复》中指出："根据刑事诉讼法第八十六条规定，不立案决定是案件不进入诉讼程序的决定，不是诉讼终结的刑事处理决定；对不立案决定作出的复议决定，也不是人民检察院诉讼终结的刑事处理决定，不属于《人民检察院复查刑事申诉案件规定》第五条第（四）项规定的人民检察院其他处理决定。不服不立案决定及对不立案决定作出的复议决定，不属于刑事申诉（控告申诉）部门管辖的刑事申诉案件，不适用刑事申诉案件复查程序。"

二、不立案复议审查报告的基本内容与制作要求

1. 首部。标题一般为"×××不立案复议审查报告"。

2. 不立案复议申请人基本情况。写明不立案复议申请人姓名、性别、年龄、民族、文化程度、籍贯、工作单位及职务、住址及与本案当事人的关系等情况。如是单位申请复议的，则应写明法人或其他组织的名称、住所、法定代表人或主要负责人的姓名、职务等情况。

3. 案由、案件来源。写明不立案复议申请人不服本院的不立案通知书（应写清不立案通知书的文书编号）。写明复议申请人提出申请的时间，并写明复议申请是由不立案复议申请人直接向本院提出，还是由有关部门转办、交办。

4. 原不立案的理由及适用法律。写明本院侦查部门作出不立案决定的理由和依据的法律。

5. 申请复议的理由、依据及请求。对复议申请人提出的申请复议理由、依据和具体要求进行摘抄或归纳概括，语言要精练，不用照搬申诉书用语，但应客观、实事求是地反映申诉理由、依据及请求。

6. 复议审查认定事实及证据。该部分内容为本文书之核心内容，也是作出处理意见的依据和基础。需要写明承办人复议审查后根据审查掌握的证据材料能够确切认定的事实，证据指向上的分歧以及尚未查明的事实等内容。重点围绕本院侦查部门的不立案决定是否正确而阐述。

对证据的客观性、关联性和合法性以及证明力作出说明，要按照《刑事诉讼法》第48条所规定的证据总类和顺序分别写明：（1）物证。应写明物证的来源、特点、数量、形状等有关内容，能证实什么问题，有鉴定或辨认的，应把鉴定和辨认情况一并写明。（2）书证。应当写明书证的来源及内容，能证实的问题。（3）证人证言。应写明证人与犯罪嫌疑人、被告人的关系、证明的主要内容、说明什么问题。（4）被害人陈述。简明扼要地写明被害人陈述的内容，证明案件的什么问题。（5）犯罪嫌疑人、被告人供述和辩解。简明扼要地写明犯罪嫌疑人、被告人供述和辩解的主要内容以及认罪态度。（6）鉴定意见。应写明作何具体鉴定，意见是什么，鉴定意见与其他有关证据有何关系。（7）勘验、检查、辨认、侦查实验等笔录。应写明勘验的场所与案件事实有关作为认定根据的内容，提取的有关物品。（8）视听资料、电子数据。应写明视听资料及电子证据等的来源，该证据在何种情况下形成的以及真伪程度。证据部分尤其是言词证据应适当摘录。注意归纳总结所证明的问题，切忌照抄照搬、写成阅卷笔录。对事实、证据的认定没有争议的案件，证

据部分可以略写；如果与作出原诉讼处理决定机关认定不一致的，则应当重点写明争议部分的事实和证据。

7. 审查处理意见。应概括论述犯罪嫌疑人的行为性质及适用的法律依据，阐述本院侦查部门不立案决定是否适当，提出纠正或维持的审查处理意见。

8. 尾部。承办人签名（应为两人以上），制作本检察业务工作文书的年、月、日。注意不得加盖院章。

三、不立案复议审查报告范例

刘××不立案复议审查报告

一、不立案复议申请人的基本情况

不立案复议申请人刘××，男，××××年××月××日出生，汉族，高中文化，××省××县人，无业，住×市×区××镇××路×幢2-1号。

二、案由及案件来源

不立案复议申请人不服×区人民检察院×检职侦不立〔2013〕1号不立案通知书的决定，于2013年3月12日向我院提出不立案复议申请，2013年3月13日，经检察长批准，决定立案审查。

三、原不立案的理由及适用法律

×检职侦不立〔2013〕1号不立案通知书认为，刘××控告×市公安局×区××街派出所干警梁××滥用职权、非法拘禁一案，经调查没有犯罪事实存在，根据《中华人民共和国刑事诉讼法》第一百一十条之规定，决定不予立案。

四、申请复议的理由、依据及请求

不立案复议申请人刘××认为×区公安局××街派出所干警梁××在处理其与龙×的纠纷时，对其非法拘禁，威胁并索要现金1280元。要求×区人民检察院撤销不立案决定，追究梁××非法拘禁、滥用职权的刑事责任。

五、复议审查情况

经审查查明：2012年1月4日上午8时许，刘××驾驶机动三轮摩托车到加油站加油，因加油站忙未能及时给其加油，刘××遂将加油站用于给摩托车加油的油桶拿走一个。加油站职工发现后要求其放下油桶，但其不听，驾驶三轮摩托车搭乘一女客往瑞山路行驶。加油站职工龙×骑一辆二轮摩托车追赶，行至××小学门前，龙×追上并拦下刘的车，索要油桶，刘××不还，并启动摩托车与龙×所乘摩托车发生碰撞后，继续驶往××路车站停车下人。龙×追上来，用拳头打烂刘所乘的三轮摩托车侧面车窗，二人随即发生抓扯。经群众报警后，被"110"民警带到××街派出所交由民警梁××处理，梁××见龙×腹部、手部、脸部伤势较重，就叫龙×去医院看病，将刘××留在派出所配合调查。下午，梁××组织双方调解，刘××主动要求和解，并表示愿意赔偿龙×的损失。在梁××的主持下，刘××赔偿了龙×1280元，双方当事人离开了××街派出所。之后刘××向本院举报梁××非法拘禁、滥用职权。

认定上述事实的有证人龙×、王×、李×的证言，公安机关调解笔录，刘××在派出所的陈述等证据为据。

六、审查处理意见

承办人认为××街派出所民警梁××处理刘××与龙×的纠纷是依法进行的，当天的调解是双方当事人自愿进行的，并非梁××威胁所致，1280元赔偿款是付给了龙×，并不是派出所收取，处理纠纷中梁××并未滥用职权；刘××在派出所停留3个小时是为了查清情况，解决纠纷的需要，并非非法拘禁。

综上所述，刘××举报梁××滥用职权、非法拘禁一案没有犯罪事实存在。本院作出的×检职侦不立〔2013〕1号不立案通知书是正确的，应当维持。

承办人：×××　×××

××××年××月××日

第二节　不立案复议决定书

一、不立案复议决定书概述

不立案复议决定书是控告申诉检察部门的案件承办人根据《刑事诉讼法》第110条和《人民检察院刑事诉讼规则（试行）》第184条之规定，对控告人提出的不服检察机关不立案决定申请复议的案件进行审查后，根据审查情况对原不立案决定作出纠正或维持的决定时，答复不立案复议申请人所使用的法律文书。本文书一式二份，一份送达不立案复议申请人，一份附卷。

根据《人民检察院刑事诉讼规则（试行）》第184条之规定，不立案复议的审查部门是控告申诉检察部门。

二、不立案复议决定书的基本内容与制作要求

最高人民检察院在2002年制定的《人民检察院法律文书格式（样本）》

中对不立案复议的法律文书制作并未作出明确规定,在此借鉴检察院针对公安机关所作出的复议决定制作本法律文书,仅供参考。

1. 首部。文书标题为:×××人民检察院不立案复议决定书,文书标题居中,分两行,上行为院名全称即"×××人民检察院",除最高人民检察院外,各地人民检察院的名称前应写明省(自治区、直辖市)的名称;下行为文书名称"不立案复议决定书";文书编号为"×检×议决〔×〕×号",叉号处依次填写制作本文书检察院简称、部门简称、制作本文书的年度、文书序号。

2. 正文。写明不立案复议申请人姓名或名称,提出申请的具体时间,复议案由(即申请人是不服哪一个不立案决定,需写明不立案通知书的案号),复议认定的事实(如维持的可略写),法律依据,决定事项。

一般书写为:"×××(申请人姓名或名称)你于××××年××月××日对本院×检×不立〔×〕×号不立案通知书要求复议的申请书收悉。经本院复议认为:……(复议认定的事实),根据《中华人民共和国刑事诉讼法》第一百一十条之规定,本院决定维持(撤销)×检法〔×〕×号不立案通知书所作出的不予立案决定。"

3. 尾部。在本文书制作年、月、日(签发本法律文书的日期)上加盖院印。

三、不立案复议决定书范例

××省×市人民检察院
不立案复议决定书

×检控申议决〔×〕×号

李××:

你于2013年3月2日对本院×检职侦不立〔2013〕2号不立案通知书要求复议的申请书收悉。经本院复议认为:温××等人没有犯罪事实存在,根据《中华人民共和国刑事诉讼法》第一百一十条之规定,本院决定维持×检职侦不立〔2013〕2号不立案通知书所作出的不予立案决定。

××××年××月××日
(院印)

第十四章
控告申诉检察业务填充式法律文书

第一节　纠正阻碍辩护人/诉讼代理人依法行使诉讼权利通知书

一、纠正阻碍辩护人/诉讼代理人依法行使诉讼权利通知书概述

本文书根据《刑事诉讼法》第 47 条的规定制作。在人民检察院纠正有关机关阻碍辩护人或者诉讼代理人依法行使诉讼权利时使用。

根据《人民检察院刑事诉讼规则（试行）》第 57 条的规定，此类案件由同级或上一级检察院的控告部门接受、办理。反映看守所及其工作人员阻碍行使诉讼权利的，由监所部门办理。根据《人民检察院刑事诉讼规则（试行）》第 58 条的规定，应当在受理后 10 日以内进行审查，情况属实的，经检察长决定，通知有关机关或者本院有关部门、下级人民检察院予以纠正。

二、纠正阻碍辩护人/诉讼代理人依法行使诉讼权利通知书的基本内容及制作要求

本文书分三联，第一联统一保存备查，第二联附内卷，

第三联送达被申诉、控告单位。各联之间须填写文书编号，并加盖骑缝章。各联的基本内容与要求如下：

（一）第一联存根

本联主要用于审批程序，不附入卷中，而是由控告申诉检察部门统一存留。

1. 首部。包括制作文书的人民检察院名称；文书名称，即"纠正阻碍辩护人/诉讼代理人依法行使诉讼权利通知书"；文书名称下方标注"（存根）"字样；文书编号。文书编号为固定格式，即"检辩/诉纠〔〕号"。其中"检"前填写发文的人民检察院的简称；在"检"与"辩/诉纠"之间填写人民检察院具体办案部门的简称，即"控申"；在"〔〕"内应注明文书制作年度；在"号"前写明文书在该年度的序号。

2. 正文。依次写明：案由，案件编号，犯罪嫌疑人姓名、性别、年龄，申诉人/控告人姓名、工作单位，被申诉/控告单位，申诉/控告事由，批准人、承办人、填发人姓名，填发时间。

3. 在表格的下方注明"第一联统一保存"。

（二）第二联副本

本联由承办人附入内卷。

1. 首部。本部分与存根叙写内容基本相同，唯一不同之处在于文书名称下方注"（副本）"字样。

2. 正文。具体内容为：被申诉、控告单位名称；存在阻碍辩护人/诉讼代理人依法行使诉讼权利的情形；法律依据，即"根据《中华人民共和国刑事诉讼法》第四十七条之规定，通知纠正违法行为，依法保障辩护人/诉讼代理人的诉讼权利"。

3. 尾部。写明填发文书的日期，并加盖制文的人民检察院院印。办案机关收件人签名或盖章，并注明日期。

4. 备注。在表格下方注明"第二联附卷"。

（三）第三联正本

本联送达被申诉、控告单位。

正本与副本的制作内容与要求基本相同，不同之处在于：一是在首部文书名称下方无须加注；二是无办案机关收件人签收内容；三是在表格的下方注明"第三联送达被申诉、控告单位"。

三、纠正阻碍辩护人/诉讼代理人依法行使权利通知书范例

×××人民检察院
纠正阻碍辩护人/诉讼代理人
依法行使诉讼权利通知书
（存根）

检辩/诉纠〔　〕　号

案由
案件编号
犯罪嫌疑人　　性别　　年龄
申诉人/控告人
工作单位
被申诉/控告单位
申诉/控告事由
批准人
承办人
填发人
填发时间

×××人民检察院
纠正阻碍辩护人/诉讼代理人
依法行使诉讼权利通知书
（副本）

检辩/诉纠〔　〕　号

：

你单位在办理_____一案中，经审查，存在_____情形，阻碍了辩护人/诉讼代理人依法行使诉讼权利。根据《中华人民共和国刑事诉讼法》第四十七条之规定，现通知你单位纠正违法行为，依法保障辩护人/诉讼代理人的诉讼权利。

年　月　日
（院印）

本通知书已收到。
办案机关收件人：
年　月　日

×××人民检察院
纠正阻碍辩护人/诉讼代理人
依法行使诉讼权利通知书

检辩/诉纠〔　〕　号

：

你单位在办理_____一案中，经审查，存在_____情形，阻碍了辩护人/诉讼代理人依法行使诉讼权利。根据《中华人民共和国刑事诉讼法》第四十七条之规定，现通知你单位纠正违法行为，依法保障辩护人/诉讼代理人的诉讼权利。

年　月　日
（院印）

第一联 统一保存　　第二联 附卷　　第三联 送被申诉、控告单位

第二节　辩护人/诉讼代理人申诉/控告答复书

一、辩护人/诉讼代理人申诉/控告答复书概述

本文书根据《刑事诉讼法》第47条的规定制作。辩护人、诉讼代理人认为行使诉讼权利受到阻碍向人民检察院申诉或者控告，人民检察院答复时使用。

根据《人民检察院刑事诉讼规则（试行）》第57条的规定，此类案件由同级或上一级检察院的控告部门接受、办理。反映看守所及其工作人员阻碍行使诉讼权利的，由监所部门办理。根据《人民检察院刑事诉讼规则（试行）》第58条的规定，应当在受理后10日以内进行审查，情况属实的，经检察长决定，通知有关机关或者本院有关部门、下级人民检察院予以纠正，并将处理情况书面答复提出申诉或者控告的辩护人、诉讼代理人。

二、辩护人/诉讼代理人申诉/控告答复书的基本内容及制作要求

本文书分三联，第一联统一保存备查，第二联附内卷，第三联交申诉人、控告人。各联之间须填写文书编号，并加盖骑缝章。各联的基本内容与要求如下：

（一）第一联存根

本联主要用于审批程序，不附入卷中，而是由控告申诉检察部门统一存留。

1. 首部。包括制作文书的人民检察院名称；文书名称，即"辩护人/诉讼代理人申诉/控告答复书"；文书名称下方标注"（存根）"字样；文书编号。文书编号为固定格式，即"检辩/诉复〔〕号"。其中"检"前填写发文的人民检察院的简称；在"检"与"辩/诉复"之间填写人民检察院具体办案部门的简称，即"控申"；在"〔〕"内应注明文书制作年度；在"号"前写明文书在该年度的序号。

2. 正文。依次写明：案由，案件编号，犯罪嫌疑人姓名、性别、年龄，申诉人/控告人姓名、工作单位，被申诉/控告单位，申诉/控告事由，批准人、承办人、填发人姓名，填发时间。

3. 在表格的下方注明"第一联统一保存"。

（二）第二联副本

本联由承办人附入内卷。

1. **首部。** 本部分与存根叙写内容基本相同，唯一不同之处在于文书名称下方注"（副本）"字样。

2. **正文。** 具体内容为："申诉人、控告人姓名；你对　存在×××情形的申诉/控告已收悉。经调查，现将处理情况答复如下：×××的行为属于（是否违反刑事诉讼法的规定以及是否已经依法通知其纠正）。"

3. **尾部。** 写明填发文书的日期，并加盖制文的人民检察院院印。申诉人、控告人签名或盖章，并注明日期。

4. **备注。** 在表格下方注明"第二联附卷"。

（三）第三联正本

本联交申诉人、控告人。

正本与副本的制作内容与要求基本相同，不同之处在于：一是在首部文书名称下方无须加注；二是无申诉人、控告人签收内容；三是在表格的下方注明"第三联交申诉人、控告人"。

三、辩护人／诉讼代理人申诉／控告答复书范例

×××人民检察院
辩护人／诉讼代理人
申诉／控告答复书
（存根）

检 辩/诉 复 〔 〕 号

案由
案件编号
犯罪嫌疑人　　性别　　年龄
申诉人/控告人
工作单位
被申诉人/控告单位
申诉/控告事由
批准人
承办人
填发人
填发时间

第一联统一保存

×××人民检察院
辩护人／诉讼代理人
申诉／控告答复书
（副本）

检 辩/诉 复 〔 〕 号

　　你对　　　　　　　　存在　　　　　　情形的申诉/控告已收悉。经调查，现将处理情况答复如下：
　　　　　　　的行为，属于　　　　　　　（是否违反刑事诉讼法的规定以及是否已经依法通知其纠正）。
　　本答复书已收到。
　　申诉人/控告人：
　　　　　　　　　年　月　日
　　　　　　　　　（院印）
　　　　　　　年　月　日

第二联附卷

×××人民检察院
辩护人／诉讼代理人
申诉／控告答复书

检 辩/诉 复 〔 〕 号

　　你对　　　　　　　　存在　　　　　　情形的申诉/控告已收悉。经调查，现将处理情况答复如下：
　　　　　　　的行为，属于　　　　　　　（是否违反刑事诉讼法的规定以及是否已经依法通知其纠正）。
　　　　　　　　　（院印）
　　　　　　　年　月　日

第三联交申诉、控告人

602

图书在版编目（CIP）数据

检察业务文书制作方法与范例/刘晴主编．—修订本．—北京：中国检察出版社，2013.9
ISBN 978-7-5102-0928-4

Ⅰ.①检… Ⅱ.①刘… Ⅲ.①检察机关-法律文书-写作-中国 ②检察机关-法律文书-范文-中国 Ⅳ.①D926.13

中国版本图书馆 CIP 数据核字（2013）第 130881 号

检察业务文书制作方法与范例（修订版）

刘　晴　主编

出版发行：	中国检察出版社
社　　址：	北京市石景山区香山南路 111 号（100144）
网　　址：	中国检察出版社（www.zgjccbs.com）
电　　话：	（010）68630385（编辑）　68650015（发行）　68636518（门市）
经　　销：	新华书店
印　　刷：	河北省三河燕山印刷有限公司
开　　本：	720 mm × 960 mm　16 开
印　　张：	38.5 印张
字　　数：	706 千字
版　　次：	2013 年 9 月第一版　2013 年 9 月第一次印刷
书　　号：	ISBN 978-7-5102-0928-4
定　　价：	80.00 元

检察版图书，版权所有，侵权必究
如遇图书印装质量问题本社负责调换